Aus Freude am Lesen

Mark Seal – Der Mann, der Rockefeller war

Mark Seal

Der Mann, der Rockefeller war

Aufstieg und Fall
eines bayerischen Hochstaplers

Deutsch von Ingo Wagener

btb

Die Originalausgabe erschien 2011 unter dem Titel
»The Man in the Rockefeller Suit. The Astonishing Rise
and Spectacular Fall of a Serial Impostor« bei Viking,
Penguin Group, New York.

Verlagsgruppe Random House FSC-DEU-0100
Das für dieses Buch verwendete
FSC®-zertifizierte Papier *Super Snowbright*
liefert Hellefoss AS, Hokksund, Norwegen.

1. Auflage 2011
Satz: Uhl + Massopust, Aalen
Druck und Einband: GGP Media GmbH, Pößneck
Printed in Germany
ISBN 978-3-442-75354-3

www.btb-verlag.de

Wie immer für Laura – mit all meiner Liebe

Inhalt

Zweiter Teil

Anmerkung des Autors

Dieses Buch entstand aus annähernd zweihundert Gesprächen mit Menschen, deren Wege sich sowohl in Deutschland als auch in zahlreichen Staaten der USA mit dem jenes rätselhaften Mannes kreuzten, der viele verschiedene Identitäten annahm, die soziale Leiter immer weiter emporstieg und sich letztlich als Clark Rockefeller ausgab.

Sämtliche Fakten stammen aus den Interviews des Autors, aus Polizeiberichten, Gerichts- und Grand-Jury-Protokollen sowie Reportagen im Fernsehen und anderen Medien.

In einigen Fällen wurden auf Wunsch der Beteiligten die Namen geändert.

Jegliche Rekonstruktion von Ereignissen oder Meinungen der auftauchenden Personen basiert auf den oben genannten Interviews, Polizeiberichten, Gerichts- und Grand-Jury-Protokollen sowie Reportagen im Fernsehen und anderen Medien.

Prolog

Sonntag, 27. Juli 2008

Der Plan war idiotensicher. Die Route war ausgearbeitet, die Rollenbesetzung stand, der Ablauf schien perfekt organisiert. Nach außen machte er einen ruhigen Eindruck, aber in Wahrheit raste sein Herz. Endlich würde er das Unterfangen, das er bereits seit Monaten bis ins kleinste Detail vorbereitet hatte, zu einem Abschluss bringen.

Es war ein langer Weg gewesen, bis er es hierher geschafft hatte: an einen der renommiertesten Orte der USA, in ein Zimmer im vierten Stock des Boston Algonquin Clubs, jener ehrwürdigen Bastion der blaublütigsten Stadt der Vereinigten Staaten. Seit 1886 trafen sich US-Präsidenten, Staatsoberhäupter sowie die örtliche und nationale Aristokratie vorzugsweise an diesem Ort. Auch er *gehörte* hierher. Schließlich war er Vorstandsmitglied und ein wohlbekanntes Gesicht in den luxuriösen Gemächern des Clubs mit seinen hohen Decken, mit Gemälden, die auch Museen zur Ehre gereicht hätten, und den uniformierten Bediensteten, auf die er sich stets verlassen konnte und von denen er jeden kannte. Er war James Frederick Mills Clark Rockefeller. Seine Freunde durften ihn Clark nennen, alle anderen hatten ihn mit Mr. Rockefeller anzureden.

»Guten Tag, Mr. Rockefeller«, begrüßten ihn die Ober im Speisesaal mit den vier Kaminen und dem herrlichen Blick auf die Commonwealth Avenue, während er auf das Frühstück oder das Mittagessen wartete. Oder sie sagten: »Guten Abend, Mr. Rockefeller«, ehe sie ihm seinen allabendlichen Sherry brachten, während er in der gut ausgestatteten Bibliothek inmitten der Porträts ehemaliger Mitglieder – wie Präsident Calvin Coolidge und andere Würdenträger des Landes – wartete. Mit siebenundvierzig Jahren war er fester Bestandteil einer legendenumwobenen Familie des Landes und zählte John D. Rockefeller, den Gründer der Standard Oil Company und einer Dynastie von Philanthropen, zu seinen Vorfahren.

Zuletzt allerdings hatte sich ein Schatten über Clark Rockefellers Dasein auf der Sonnenseite des Lebens gelegt. Das erklärte auch, warum er nicht nur wie bisher im Algonquin dinierte, sondern auch dort lebte. Der Club war für seine Mitglieder nicht nur eine Oase in einer widerspenstigen Welt, sondern diente ihnen auch als Zufluchtsort vor vorübergehenden, aber dennoch schmerzlichen Ereignissen wie Ehekrisen oder – in Rockefellers Fall – Scheidung. Heute jedoch hatte er allen Grund zur Freude. Er wollte den Tag mit seiner kleinen Tochter Reigh verbringen, einem hinreißenden Mädchen von sieben Jahren, dem er den Kosenamen Snooks gegeben hatte.

Es war ein strahlender Sonntagmorgen, und er zog seine übliche Kluft an: eine Khaki-Hose, ein himmelblaues Lacoste-Hemd mit dem Krokodillogo auf der linken Brust, Top-Sider-Segelschuhe (wie immer ohne Socken) und eine rote Baseballkappe mit dem Aufdruck YALE. Er rückte das schwarze schwere Gestell seiner Brille zurecht, von der einige meinten, dass sie ihn wie Nelson Rockefeller aussehen ließe, und begab sich auf den Weg nach unten. Im Flur duftete es nach Möbelpolitur und Leder. Er stieg die breite Holztreppe hinunter und betrat das imposante Foyer. Dort wartete Snooks bereits auf ihn – zusammen mit einem Sozialarbeiter, der den achtstündigen Besuch beaufsichtigen sollte. Rockefellers Exfrau Sandra hatte durch einen Gerichtsbeschluss erwirkt, dass das gemeinsame Kind nur unter Beaufsichtigung eines Sozialpädagogen mit dem Vater zusammen sein durfte, obwohl sie nur wenige Blocks entfernt war.

»Hi, Daddy!«, rief Snooks und eilte auf ihn zu, um ihn zu umarmen. Sie war klein für ihr Alter, hatte einen blonden Pagenschnitt und ein schiefes Lächeln und trug ein leichtes Sommerkleid. Gegen Mittag hob Rockefeller sie auf seine Schultern und ging zum Boston Common, wo sie sich ein Schwanentretboot mieten wollten. »Guten Morgen, Mr. Rockefeller«, grüßten ihn manche der Passanten. Er war in Beacon Hill kein Unbekannter. Schließlich hatte er in dem Viertel vier Jahre lang in einem dreistöckigen, mit Efeu bewachsenen Stadthaus im Wert von 2,7 Millionen Dollar in einer der besten Straßen der Stadt gelebt. Das war vor der schmerzhaften und entwürdigenden Scheidung gewesen, nach der Sandra nicht nur das Haus in Beacon Hill, sondern auch ihren zweiten gemeinsamen Wohnsitz in New Hampshire zugesprochen bekommen hatte. Außerdem besaß sie nun das alleinige Sorgerecht für Snooks und war mit ihr nach London gezogen, wo sie nun arbeitete. Ihm blieben lediglich drei achtstündige Besuche pro Jahr. Heute fand der erste statt, und der Sozialpädagoge Howard Yaffe taperte wie ein fünftes Rad am Wagen hinter ihnen her.

Clark Rockefeller hatte jedoch noch immer seinen Namen, seine Intelligenz, seine außergewöhnliche Kunstsammlung, deren Wert auf eine knappe Milliarde Dollar geschätzt wurde, gute Freunde in besten Positionen und Mitgliedschaften in begehrten Privatclubs entlang der gesamten Ostküste, mit deren Hilfe er bürgerliche Hotels und Restaurants vermeiden konnte. Obwohl er Snooks mehr oder weniger verloren hatte, war er durch die Scheidungsvereinbarung um 800 000 Dollar reicher geworden und zudem in der Lage, heute mit seiner geliebten Tochter durch Boston zu spazieren.

Sie bogen um die Ecke in die Marlborough Street, eine mit großen Bäumen gesäumte Allee, in der Teddy Kennedy zeitweise gewohnt hatte. Ein schwarzer SUV war am anderen Ende des Blocks geparkt. Hinter dem Steuer saß Darryl Hopkins, ein vom Glück nicht gerade verwöhnter Chauffeur, dessen Weg sich an einem verregneten Tag zufällig mit dem von Clark Rockefeller gekreuzt hatte. Im vergangenen Sommer war er mit seinem Auto ziellos durch Boston gefahren, als er einen gediegenen Gentleman bemerkte – völlig durchnässt und so gekleidet, als käme er gerade von einem Segelboot. Dieser Mann versuchte vergebens, ein Taxi anzuhalten. Hopkins trat auf die Bremse und bot ihm seine Dienste an. Seitdem waren die beiden ein Team. Rockefeller besaß keinen Führerschein und bedurfte eines Chauffeurs, um zu diversen Terminen zu gelangen. Hopkins stand ihm mit seinem Wagen nur zu gern zur Verfügung.

Mr. Rockefeller wies genau jene sonderbaren Eigenheiten auf, wie sie der Fahrer bei Schwerreichen erwartete. Er sprach mit dem typischen Ostküstenakzent, was sich anhörte, als litte er unter einer Kieferklemme, und trug stets die Standardkleidung der WASP-Aristokratie: blauer Blazer mit Seidenkrawatte beziehungsweise Plastron oder Khaki-Hose und Polohemd. Ehe Rockefellers Frau und Kind nach London umgezogen waren, brachte Hopkins die Kleine regelmäßig nach Southfield, einer exklusiven Privatschule in Brookline.

Der heutige Ausflug sollte jedoch ungewöhnlich werden.

Rockefeller hatte Hopkins erklärt, dass er und Snooks mit dem Sohn Lincoln Chafees, einem ehemaligen Senator von Rhode Island, der als sogenannter Rockefeller Republican bekannt war, zu einem Segeltörn in Newport verabredet waren. Aber es gäbe noch ein kleines Problem: Ein überaus anhänglicher Familienfreund müsse abgeschüttelt werden und dürfe nicht in die Limousine steigen. Rockefeller hatte Hopkins für seine Hilfe 2500 Dollar angeboten.

Kurz nach Mittag parkte der Chauffeur in der Marlborough Street und sah gleich darauf, wie Rockefeller mit Snooks auf den Schultern, gefolgt von einem untersetzten Mann mittleren Alters in Jeans und einem hellgelben Polohemd, auf den Wagen zukam.

Ein Stück vor dem SUV setzte Rockefeller Snooks ab und hielt inne, um ihr eines der imposanten Gebäude der Straße zu zeigen. Als Yaffe ebenfalls in diese Richtung blickte, wurde er von Rockefeller seitlich gerammt und zu Boden geschleudert.

Hopkins ließ den Motor an, während Rockefeller die Hintertür aufriss und seine Tochter mit einem lauten »Rein mit dir!« in den SUV stieß. Er tat dies so heftig, dass sie die Puppe verlor, die sie in der Hand gehalten hatte. Dann folgte er ihr hastig.

Als Rockefeller die Tür hinter sich zuwarf, rappelte sich Yaffe auf, fasste nach dem Griff und versuchte, ebenfalls in den Wagen zu gelangen. »Fahren Sie!«, rief Rockefeller, und Hopkins trat auf das Gaspedal, so dass er den Sozialarbeiter mehrere Meter hinter sich herschleifte, ehe dieser die Tür endlich losließ. Sein Kopf wurde gegen den Wagen geschleudert, dann prallte er mit voller Wucht auf der Straße auf.

Im SUV begann Snooks laut zu weinen und sich den Kopf zu halten, den sie sich durch den Stoß ihres Vaters an der Karosserie angeschlagen hatte.

»Was ist passiert?«, erkundigte sich Hopkins und warf einen Blick in den Rückspiegel. »Hast du dir am Kopf wehgetan?«

»Ich habe mir nicht wehgetan, mein Kopf ist *zerschmettert*«, antwortete das kleine Mädchen.

»Zumindest sind wir Harold losgeworden«, meinte Rockefeller, womit er in Wahrheit Howard Yaffe meinte.

»Ich weiß, Daddy«, sagte Snooks. Sie beruhigte sich etwas.

Rockefeller gab Hopkins Anweisungen, wie er fahren sollte, bis sie neben einem Taxi vor dem White-Hen-Pantry-Laden in Beacon Hill ankamen.

»Anhalten!«, rief Rockefeller. Die Pläne für Newport hätten sich geändert, verkündete er. Jetzt wolle er seine Tochter ins Massachusetts General Hospital bringen, um ihren Kopf untersuchen zu lassen. Er würde ein Taxi nehmen. »Warten Sie auf dem Parkplatz vor Whole Foods auf mich«, befahl er und warf einen Umschlag mit der versprochenen Summe auf den Beifahrersitz.

Sobald sie im Taxi saßen, wies Rockefeller dessen Fahrer an, nicht zum Krankenhaus, sondern zum Boston Sailing Center zu fahren. Wenige Minuten später stiegen Snooks und er in einen weißen Lexus SUV. Aileen Ang, eine dreißigjährige Amerikanerin asiatischer Abstammung, die als Klavier- und Querflötenlehrerin sowie als Webdesignerin arbeitete, saß am Steuer. Sie hatte Rockefeller im Jahr zuvor bei einem Mitgliedertreffen des Segelvereins kennengelernt. Ang fand ihn exzentrisch, was sie angesichts seines Stammbaums nicht weiter verwunderte, und hatte sich mittlerweile mit ihm angefreundet.

Vor nicht allzu langer Zeit hatte er ihr mitgeteilt, dass er mit seiner Tochter in seinem neuen Segelboot um die Welt fahren wolle. Er schlug Ang vor, sie zu begleiten, sie könne

Snooks Klavierunterricht geben. Zwei Tage zuvor hatte ihr Handy geklingelt, als sie gerade im Kino gewesen war. Clark hatte ihr eine Nachricht hinterlassen: »Willst du segeln gehen?«

Sie rief zurück und erklärte, dass sie keine Zeit habe. Clark schien nicht sonderlich enttäuscht zu sein, fragte aber, ob sie ihn nach New York City zu seinem Boot fahren könne. Sie sagte zu, und er versprach ihr 500 Dollar für Benzin und den Zeitaufwand. Da Aileen wusste, dass er keinen Führerschein besaß, willigte sie ein.

Am Sonntag wartete sie in ihrem Auto vor dem Boston Sailing Center, bis Clark Rockefeller und seine Tochter auf sie zueilten und einstiegen. »Ich hoffe, es stört dich nicht, wenn ich hinten bei Snooks sitze. Sie hat Kopfschmerzen, und ich möchte mich um sie kümmern«, erklärte Rockefeller. Ang ließ den Motor an.

»Wohin fahren wir, Daddy?«, wollte Snooks wissen.

»Wir fahren zu unserem neuen Boot«, erklärte er.

Damit legten sich Vater und Tochter auf die Rückbank. Kurz nachdem Ang in Rhode Island angekommen war, kletterte Rockefeller auf den Beifahrersitz und fragte, ob er ihr Handy benutzen könne. Erst später bemerkte sie, dass er es ausgeschaltet hatte.

Wegen strömenden Regens und dichten Verkehrs dauerte die Fahrt geschlagene sieben Stunden. Einmal nahm Ang ihr Handy zur Hand, machte es an und sah, dass sie vier Nachrichten hatte.

»Lass es«, bat Rockefeller. Sie gehorchte und schaltete es wieder aus. Während der Fahrt beobachtete sie, wie er und Snooks sich unterhielten, miteinander spielten und Lieder sangen.

»Ich hab dich lieb, Daddy«, sagte Snooks.

In New York City angekommen erklärte Clark, dass Ang zur Kreuzung der 42nd Street und Sixth Avenue fahren solle, von wo aus er und Snooks ein Taxi nach Long Island zu ihrem Boot nehmen würden. Vor dem Grand Central Terminal war der Verkehr so dicht, dass sie nur noch schleppend vorwärtskamen. Noch ehe sie an den Bordsteig fahren konnte, meinte Rockefeller: »Wir steigen hier aus und nehmen ein Taxi.« Damit warf er ihr einen Umschlag auf den Beifahrersitz, nahm seine Tochter und verschwand, ohne sich zu verabschieden.

Ang sah den beiden hinterher und stellte dann ihr Handy wieder ein. Es klingelte schon nach wenigen Sekunden. »Wie heißt Ihr Rockefeller-Freund mit Vornamen?«, fragte ein unbekannter Anrufer.

Ang war verwirrt. »Clark«, antwortete sie.

»Er hat gerade seine Tochter entführt und einen Sozialpädagogen angegriffen. Er wird in ganz Massachusetts gesucht. Und in allen Medien kommt die Beschreibung des Mädchens!«

»Sie sind soeben ausgestiegen!«, rief Ang aufgeregt. »Was soll ich tun?«

»Die Polizei anrufen.«

Einige Stunden zuvor richtete sich Howard Yaffe in Boston mühsam auf. Seine Hüfte, seine Schulter und sein Knie waren zerschrammt und bluteten. Sein Kopf pochte schmerzhaft. Mühsam kramte er sein Handy hervor und wählte den Notruf. »Ein Vater hat gerade seine Tochter entführt«, meldete er. Nachdem er die Details mitgeteilt hatte, rief er im Hotel Four Seasons an, wo sich Rockefellers Exfrau befand.

»Sandy, er hat sie«, erklärte er. »Ich weiß nicht, wie ich es sagen soll – aber er hat sie. Ich bin in der Marlborough Street. Die Polizei kommt gleich.«

Sandra Boss, eine hochgewachsene, attraktive, selbstbewusste Frau raste mit dem Taxi nach Beacon Hill. Sie war am Boden zerstört und lief kopflos die Straße auf und ab. Tränen strömten ihr über das Gesicht. Kurz darauf gesellte sich ein dünner grauhaariger Privatdetektiv zu ihr. Sandra Boss hatte seine Firma damit beauftragt, Rockefeller und Snooks zu observieren, aber er hatte offenbar versagt. Yaffe und Boss blieb nichts anderes übrig, als auf die Polizei zu warten.

»Ich wusste, dass es so kommen würde«, rief Sandra Boss der Polizei entgegen, als diese eintraf. »Sie werden ihn *nie und nimmer* finden!«

»Warum?«, fragte einer der Beamten.

»Weil er nicht der ist, für den er sich ausgibt.«

Nach zwölf Jahren Ehe hatte sie das erst vor kurzem herausgefunden. Während des Scheidungsprozesses im Sommer 2007 hatte sie eine eidesstattliche Versicherung abgegeben, in der sie die Identität ihres Mannes in Frage stellte. Seine Antwort auf ihre Verdächtigung, signiert und vereidigt, hatte damals gelautet:

Sandra L. Boss und ich lernten uns am 5. Februar 1993 kennen. Seitdem kennt sie mich unter meinem einzigen Namen und zwar James Frederick Mills Clark Rockefeller. Sollte ich einen anderen Namen haben, ist es wohl kaum zu erklären, warum diese Tatsache in fünfzehn Jahren Ehe nicht ans Licht kam, insbesondere da Sandra während dieser Zeit viele andere Menschen kennenlernte, die mich unter meinem Namen bereits wesentlich länger kannten als sie selbst.

Jetzt hätte seine Antwort wohl eher gelautet: Catch me if you can.

19

Yaffe wurde in ein Krankenhaus gebracht, wo man eine Gehirnerschütterung feststellte. Detective Joe Leeman vom Boston Police Department fuhr hingegen eine verzweifelte Sandra Boss zurück in ihr Hotel, wo sie ihm Bilder ihrer Tochter und ihres Exmannes gab, die man in Windeseile veröffentlichte. Währenddessen wurde Rockefellers Name in der Polizeizentrale in sämtliche Datenbanken nachgeschlagen. Ohne Ergebnis. Einer der Beamten rief Joe Leemann an, der ihn an Sandra Boss weiterreichte. Zu seiner Überraschung erklärte sie ihm, dass Clark weder eine Sozialversicherungsnummer noch einen Führerschein besäße und sie nie einen Steuerbescheid von ihm zu Gesicht bekommen habe.

Und wie stand es mit Kreditkarten oder Handys?

Sämtliche Kreditkarten seien unter ihrem Namen gelaufen, erklärte sie. Außerdem habe er nach ihrer Kenntnis weder einen Reisepass noch ein eigenes Bankkonto. Seit der Scheidung habe sie ihn stets auf einem Handy erreicht, das auf den Namen eines seiner Freunde lief. Sie war nicht in der Lage, der Polizei irgendwelche Informationen zu geben, die ihr bei der Fahndung weiterhalfen.

Vierundzwanzig Stunden nach der Entführung wurde der sonderbare Fall des Clark Rockefeller von der FBI-Agentin Noreen Gleason übernommen. Sie beantragte Einsicht in die Akten über den Verdächtigen und erwartete ein Profil, wie es sich für einen Gentleman aus der Oberschicht ziemt: Ivy-League-Diplom, eine lange Liste von Top-Adressen und Steuererklärungen mit siebenstelligen Beträgen.

»Wir haben *nichts*«, lautete die Antwort.

Sie wollte seine Sozialversicherungsnummer wissen.

»Selbst die gibt es nicht.«

Gleason konnte es kaum glauben. Sie rief einen Sprecher

der Rockefeller-Familie an, einen jener achtundsiebzig direkten Nachfahren von John D. Rockefeller. Einen Clark gab es unter ihnen nicht. Vielleicht sei er ja ein entfernter Cousin, gab der Mann zu bedenken, aber angesichts der Umstände des Verbrechens schien ihm dies doch sehr unwahrscheinlich. Schließlich erklärte er: »Wir haben noch nie von ihm gehört.«

Schon bald hatte jedoch so gut wie jeder von ihm gehört, der fernsah oder sonst wie die Nachrichten verfolgte. Gleason, eine ganze Armee von FBI-Agenten sowie die Polizei verbrachten die nächsten sechs Tage damit, einen ungreifbaren Schatten zu jagen. Wie Darryl Hopkins und Aileen Ang dämmerte es bald auch den Behörden, dass man sie übertölpelt hatte. Bereits vor der Entführung hatte Rockefeller einen wasserdichten Fluchtplan ausgeheckt. Seinen betuchten Freunden hatte er mitgeteilt, dass er eine Reise machen wolle. Jedem hatte er ein anderes Ausflugsziel genannt – eine Lüge nach der anderen. Der eine dachte, Rockefeller segle zu den Bermudas, der andere, er fliege nach Peru. Ein weiterer glaubte, er befände sich auf den Turks- oder den Caicosinseln. Die Behörden folgten jedem Hinweis von Alaska bis zur Antarktis, doch jeder stellte sich als eine weitere Sackgasse heraus.

Dank der großen Medienaufmerksamkeit erhielten das FBI und das Boston Police Department Hinweise aus der ganzen Welt. Der wertvollste stammte von einem Freund Rockefellers aus Boston. Clark hatte ihn am Abend vor der Entführung besucht und dort ein Glas Wasser getrunken. Der Freund hatte dieses Glas noch nicht gespült. Die Agenten stellten es sicher. So konnte die Spurensicherung zumindest Fingerabdrücke nehmen, die sogleich zum FBI-Labor in Quantico in Virginia geschickt wurden.

Gleason blieb nichts anderes übrig, als geduldig auf das Ergebnis zu warten. Nicht nur hatte keiner einen blassen

Schimmer, wer der Entführer überhaupt sein konnte, sondern es wusste auch niemand, was er mit seiner Tochter vorhatte. Gleason war eine blonde FBI-Agentin mit siebzehn Jahren Erfahrung im Außendienst in Boston. Sie wusste, wie tragisch sich eine solche Entführung entwickeln konnte. Oft genug wurde der Entführer zwar aufgespürt, erklärte dann aber: »Wenn ich mein Kind nicht haben kann, kriegt sie es auch nicht.« Solche Fälle endeten häufig damit, dass er erst das Kind und dann sich selbst umbrachte. Sollte es so weit kommen, dass Rockefeller umzingelt war und das Kind noch in seiner Gewalt hatte, fürchtete Gleason auch um Snooks' Leben. Rockefeller würde damit alle Trümpfe in der Hand haben.

»Wir müssen ihn austricksen«, erklärte sie ihren Mitarbeitern. Doch dazu mussten sie ihn erst einmal ausfindig machen.

Als die Analyse der Fingerabdrücke endlich vom Labor zurückkam, war eines endgültig klar: Bei dem Entführer handelte es sich auf keinen Fall um einen echten Rockefeller. Sein richtiger Name lautete Christian Karl Gerhartsreiter. Er war ein siebenundvierzigjähriger deutscher Einwanderer, der als Student 1978 in die USA eingereist war. Kurz nach seiner Ankunft tauchte er unter und begann, so der zuständige Bostoner Staatsanwalt, »die am längsten dauernde Betrugsgeschichte meiner Laufbahn«. Die genau ausgeklügelten, oftmals abenteuerlichen Identitätswechsel Gerhartsreiters – von jenem Tag an, als er als siebzehnjähriger Student zum ersten Mal amerikanischen Boden unter den Füßen hatte, bis zu seinem Verschwinden in Boston – sind Teil einer so bizarren Geschichte, wie sie sich nicht einmal ein talentierter Krimi-Autor hätte ausdenken können.

Es geschah im Sommer 2008. Der wirtschaftliche Aufschwung stand kurz vor dem Zusammenbruch, und die darauf folgende Krise wartete bereits in den Startlöchern. Hauspreise hatten ihre Talfahrt begonnen, Beteiligungsfonds sollten schon bald im Keller sein, und Amerikas neue Blütezeit neigte sich dem Ende zu. In wenigen Monaten sollte die Ära des Überflusses abrupt vorbei sein. Die Krise rollte wie eine Welle über das ganze Land und zeigte deutlich, wie vieles auf reiner Illusion gebaut gewesen war. Alles in allem war es eine ideale Zeit für einen Mann wie Clark Rockefeller.

Meine Freundin Roxane West, die die Hälfte des Jahres in New York und die andere in Texas verbrachte, war die Erste, die mir von Clark erzählte. Einen Tag nach Snooks' Entführung erwähnte sie bei einem Telefonat seinen Namen. »Clark Rockefeller«, sagte sie. »Mark, hast du schon von Clark Rockefeller gehört?«

Roxane begann mit einer wilden und gänzlich unwahrscheinlich klingenden Geschichte. Sie ist eine temperamentvolle texanische Ölerbin, die erst vor kurzem nach New York kam, aber schon für einiges Aufsehen bei Milliardären, Rockstars, UN-Diplomaten und Staatsoberhäuptern gesorgt hatte. Zwei Monate zuvor war sie mit Freunden durch die Museen der Upper East Side spaziert und hatte dabei auch das Steigrad Fine Arts besucht, das in einem opulenten Stadthaus in der East 69th Street liegt und auf die Alten Meister spezialisiert ist. Während der Cocktail-Hour hatte sie einen ungewöhnlich charmanten Mann kennengelernt, der sich als ein Freund des Museumsbesitzers vorstellte.

»Hi, wie geht es Ihnen?«, fragte er in einem Akzent, der keinen Zweifel an seiner Zugehörigkeit zur Oberschicht zuließ. »Ich heiße Clark.« Dann hielt er kurz inne, ehe er seinen Nachnamen preisgab. »Rockefeller.«

»Oh, hallo«, erwiderte Roxane.

Er sieht wie ein Rockefeller aus, dachte Roxane. Alles passte: die Chinos, der blaue Blazer und die rote Seidenkrawatte, die lehrerhafte Brille, das ganze aristokratische Auftreten. Roxanes Freund Eric Hunter Slater, der sich mit Knochenbau beschäftigte und rühmte, blaues Blut überall ausmachen zu können, glaubte ebenfalls, eine gewisse Familienähnlichkeit zu erkennen. »Der hat eindeutig das Rockefeller-Kinn«, flüsterte er Roxane zu, nachdem sich der Mann wieder abgewandt hatte. »Schau dir die Kieferlinie an – schmal, aber markant. Unverwechselbar.«

Sekunden später hängte sich Rockefeller an Roxanes Fersen. Er schloss sich ihr an, als sie mit ihren Freunden die Galerie verließ, und als sie schließlich in der Wohnung einer Bekannten landeten, setzte er sich neben sie auf die Couch. Am Ende des Abends bestand er darauf, sie in einem Taxi nach Hause zu begleiten.

Am nächsten Tag erhielt sie eine SMS von ihm. »Entschuldigen Sie den unpersönlichen Ton. Gebe gerade eine kleine Führung im Met, wo man Handys schmäht«, schrieb er. »Treffen wir uns doch… Schreiben Sie bitte zurück… Ich wollte sagen, ich fand Sie einfach…« Mehr stand nicht da. Roxane sollte selbst erahnen, wie er sie fand.

Kurz darauf rief er sie an und lud sie zum Mittagessen ein. Sie trafen sich in einem angesagten Restaurant in der Upper East Side, und er erzählte ihr ein wenig über sein Leben. Seine Eltern seien bei einem Autounfall ums Leben gekommen, als er noch sehr jung war, und hätten ihm eine nicht unbeträchtliche Summe hinterlassen. Jetzt sei er vierzig, habe in Yale studiert und hätte eine siebenjährige Tochter. Er habe das Ei einer Ersatzmutter mit seinem Samen befruchten lassen. Er arbeite als Kernphysiker und müsse schon bald geschäftlich nach China. Gerade habe er seine Tochter und eine ihrer Freundinnen durch das Metropolitan Museum of Art geführt, dessen Sammlung er in- und auswendig kenne, da sie hauptsächlich aus dem Besitz seiner Familie stamme.

Nachdem er die Rechnung in bar beglichen hatte, verabschiedete sich Clark von Roxane vor dem Restaurant. Kaum war er verschwunden, erhielt sie bereits erste E-Mails und mehrere SMS von ihm. Er nannte das Text-Flirten. Sie las mir einige dieser Texte vor.

»Problem: Kann Sie nicht mehr vergessen. Was tun? Mist!«

»Gerade zehn Minuten lang Saturn betrachtet. Exzellente Sicht heute Nacht in Brookline. Wenn Sie es nur auch sehen könnten. Wenn ich Sie nur sehen könnte.«

»In einem U-Boot. Recht voll. Komisch. Gerade an Sie gedacht.«

»Nippe an einem merkwürdigen tropischen Getränk in Nantucket. Möchte Sie unbedingt wiedersehen. Nächste Woche vielleicht Central Park und Kuss? Klingt das gut?«

Dann aber erklärte er, dass er es nicht nach Manhattan schaffen würde, weil seine Privatclubs keine entsprechenden Räumlichkeiten für ihn bereithielten. Ein gewöhnliches Hotel würde er *niemals* in Betracht ziehen. »Habe Babysitter, aber Clubs morgen alle belegt… Lästig.«

Sie las mir noch einige Nachrichten vor, dann verriet sie mir, dass sie den mysteriösen Mann nach jenem Mittagessen nie wieder zu Gesicht bekommen habe. Schließlich rief sie aufgeregt: »Und jetzt hat er seine Tochter entführt!«

Am selben Abend schaltete ich den Fernseher ein. Auf fast jedem Kanal kam etwas über Roxanes geheimnisvollen Charmeur – allerdings in ziemlich reißerischen Tönen.

»Internationale Fahndung nach einem Rockefeller«, verkündete ein Nachrichtensprecher.

»Die Behörden suchen an Land und auf See nach einem siebenundvierzigjährigen Mann und seiner siebenjährigen Tochter«, erklärte ein anderer der Kamera.

Plötzlich war Clark Rockefeller Amerikas meistgesuchter Mann. Schon bald sollte er symbolisch für Zeiten stehen, in denen die Menschen mehr oder weniger alles glaubten, was man ihnen auftischte, solange das Ganze nur mit einem berühmten Namen verbunden war. Als sich das ganze Ausmaß der Geschichte schließlich langsam herauszukristallisieren begann, schien sie, genau wie ihr Hauptdarsteller, beinahe zu abenteuerlich zu sein, um ihr Glauben schenken zu können.

Erster Teil

KAPITEL EINS

Christian Karl Gerhartsreiter
aus Bergen in Bayern

Am 28. Mai 2009 erhaschte die Öffentlichkeit einen ersten Blick auf den angeblichen Clark Rockefeller im Gerichtssaal des Suffolk County Superior Court in Boston. Horden von Schaulustigen und die Medien konnten es kaum erwarten, endlich jenen mysteriösen Mann zu Gesicht zu bekommen, dessen Geschichte sie ein Jahr lang sowohl fasziniert als auch entsetzt verfolgt hatten. Es war unvorstellbar, dass gerade hier, in einer der renommiertesten, bildungsbürgerlichsten Städte der USA, ein Süßholz raspelnder Deutscher nicht nur erfolgreich als Mitglied der amerikanischen Oberschicht, sondern sogar als *Rockefeller* aufgetreten war.

Der Angeklagte wurde von einer Gruppe Sicherheitsbeamter durch die Menge gelotst. Als er schließlich zwischen seinen sündhaft teuren Anwälte Platz nahm, spielte er seine Rolle als Brahmane von Boston, als Mann von Welt perfekt. Um Carly Simons Worte zu benutzen: Er trat in den Gerichtssaal, als würde er auf eine Jacht schreiten – oder in einen der vielen Privatclubs, in denen er Mitglied gewesen war. Es schien fast, als geriete sein privilegiertes reiches Leben durch dieses unglückliche Verfahren nur kurzzeitig ins Stocken und sollte bald wieder seinen normalen Lauf nehmen.

»Ruhe bitte!«, rief der Gerichtsdiener in den Saal, um die Sitzung zu eröffnen. Dann forderte er die Anwesenden auf, sich zu erheben, und der Richter Frank M. Gaziano, ein attraktiver, geradliniger Amerikaner italienischen Ursprungs, betrat den Saal. Von dem Moment an, als er seine Stimme erhob, war klar, dass hier alles korrekt und ohne Voreingenommenheit ablaufen würde. Der Angeklagte stand auf und knöpfte seine Jacke zu. Zum marineblauen Blazer mit Messingknöpfen trug er perfekt ausgewaschene Chinos und Top-Sider-Schuhe ohne Socken – genau wie an jenem Tag, an dem er seine Tochter entführt hatte. Statt des Polohemds hatte er ein weißes Hemd und eine rot gestreifte Seidenkrawatte gewählt. Er starrte sphinxartig geradeaus, während der Staatsanwalt David Deakin die Anklagepunkte vorlas.

In seiner gewandten und zielstrebigen Art erinnerte Deakin an Atticus Finch, den sanftmütigen Anwalt in *Wer die Nachtigall stört*, der in der gleichnamigen Verfilmung des Romans von Gregory Peck gespielt wurde.

»Für Christian Gerhartsreiter gibt es keine Regeln«, begann Deakin.

Rockefeller zeigte keine Gefühlsregung.

»Die Beweise, die wir Ihnen vorlegen werden, werden Ihnen zeigen, dass er das tatsächlich glaubt.«

Deakin richtete sich an die Geschworenen, die hauptsächlich deswegen ausgewählt worden waren, weil sie es offenbar irgendwie geschafft hatten, von dem ganzen Medienrummel um den unglaublichen Fall des Clark Rockefeller nichts mitbekommen zu haben. Würde ein solcher Meister der Hochstapelei diese Gruppe hauptsächlich junger, leicht zu beeindruckenden Bostoner mit Leichtigkeit hinters Licht führen?

Rockefeller ließ sich zu keiner Aussage herab. Stattdessen schilderten seine Anwälte die Geschichte *genau so,* wie er sie ihnen erzählt hatte. Er saß auch regungslos da, als ein Belastungszeuge beschrieb, wie Rockefeller sie alle ausgetrickst hatte. Nur ab und zu blinzelte er oder spannte die Kiefermuskeln an.

Ich beschäftigte mich mit dem Fall des Clark Rockefeller seit vergangenem Sommer und war davon überzeugt, dass die Verhandlung meine letzten Fragen hinsichtlich seines erfundenen Lebens klären würde. Hier, in diesem Gerichtssaal, würden sämtliche Personen, die Rockefeller in dem kaum entwirrbaren Rätsel seines Lebens getäuscht hatte, gegen ihn aussagen. Die wichtigste Zeugin war wohl seine Exfrau, die extrem erfolgreiche Unternehmensberaterin Sandra Boss. Ich hoffte, dass mir wesentliche Informationen tellergerecht serviert werden würden. Die Zeugen tischten sie mir auf, und ich musste sie nur noch niederschreiben.

Wie falsch ich doch lag!

Während sich der Prozess über zwei Wochen hinzog und ich mir die Aussagen all jener anhörte, deren Vertrauen der Angeklagte missbraucht hatte, merkte ich, dass ich genauso leichtgläubig wie sie gewesen war. Ich hatte mir vorgaukeln lassen, dass ich diesen Mann tatsächlich *kannte*. In Wahrheit aber kannte ich bloß einen winzigen Teil der Geschichte. Selbst nach einem Jahr der Recherche hatte ich nur die Spitze des Eisbergs angekratzt. Der Rest lag noch unter Wasser, fernab von fremden Blicken.

»Um die Beweislage zu verstehen, müssen wir erst einmal ins Jahr 1978 zurückkehren«, erklärte David Deakin den Geschworenen zu Anfang der Verhandlung. »In jenem Jahr kam der siebzehnjährige Christian Karl Gerhartsreiter, geboren in Siegsdorf in Deutschland… mit einem Touristenvisum in die Vereinigten Staaten von Amerika.«

Er hatte Recht. Um überhaupt in die Nähe dieses Phantoms

zu gelangen, musste man zurück an den Anfang, zurück in das ländliche Deutschland, wo er wohl die ersten Opfer seiner lebenslangen Betrügerlaufbahn kennengelernt hatte.

Eines Nachmittags versuchte der Staatsanwalt im Gerichtssaal, sämtliche Stränge Clark Rockefellers Vergangenheit zu entwirren. Er las einen kurzen Brief des Angeklagten an die amerikanische Einwanderungsbehörde in Milwaukee vor, den er wenige Jahre nach seiner Ankunft in den USA am 26. Mai 1981 geschrieben hatte:

Sehr geehrte Damen und Herren, ich möchte Sie hiermit von meiner neuen Adresse in Kenntnis setzen, die ab morgen gilt:

Christian K. Gerhartsreiter
c/o Dr. Elmer Kelln
[Adresse nicht angegeben]
Loma Linda, California 92354

Der Name war ein erster Hinweis, der erste Schritt auf einer langen und unvergleichbaren Reise.

»Ja bitte?«, meldete sich eine Frau, als ich bei den Kellns in Loma Linda anrief. Sie unterbrach mich abrupt, sobald ich den Namen Clark Rockefeller genannt hatte.

»Elmer!«, rief sie am anderen Ende der Leitung. Ihr Mann kam ans Telefon. »Das ist eine recht wilde Geschichte«, erklärte Elmer und schlug vor, dass ich sie in Kalifornien besuchen solle.

Elmer und Jean Kelln lebten noch immer in dem gleichen kleinen Haus an einer typisch südkalifornischen Straße, wo sie den Mann kennengelernt hatten, der unter dem Namen

Clark Rockefeller bekannt geworden war. Jean, eine große, quirlige und gastfreundliche Frau, öffnete mir die Tür. »Ich habe Hühnchen und Salat gemacht«, begrüßte sie mich und führte mich in ein sonniges Wohnzimmer mit einem Klavier in der Ecke. »Ich hoffe, Sie bleiben zum Mittagessen.« Elmer stieß in der Küche zu uns. Er war ein kleiner, untersetzter Mann, der an den Schauspieler Mickey Rooney erinnerte. Erst vor kurzem hatte er seine Zahnarztpraxis aufgegeben und war stattdessen Mitglied der zahnmedizinischen Fakultät der Loma-Linda-Universität geworden.

Obwohl seit jener Zeit dreißig Jahre vergangen waren, stellte sich schon bald heraus, dass beide noch immer tief verletzt waren, als sie sich an die Details ihrer Erfahrungen mit Clark Rockefeller erinnerten. Elmer begann, mir ihre Geschichte zu erzählen. Seine Frau stand auf und kam kurz darauf mit einer Kiste voller Fotos zurück.

»Er hat *nichts* anderes getan, als sich selbst zu inszenieren«, sagte sie von dem Mann, den ich wochenlang stumm und mit versteinertem Gesicht im Gerichtssaal von Boston beobachtet hatte. Sie zeigte mir das Bild eines Teenagers mit langen braunen Haaren, einem Collegepullover und einem blauen Hemd, der schief in die Kamera lächelte. In rascher Reihenfolge legte sie mir Dutzende weiterer Bilder vor. Eines davon, auf dem keine Menschen zu sehen waren, weckte vor allem meine Neugier. Es zeigte eine Ansammlung von Gebäuden mit einer Art Totempfahl in der Mitte. Das war Christian Gerhartsreiters Heimatort Bergen. Nachdem ich Elmer und Jean Kellns faszinierende Geschichte gehört hatte, entschied ich mich, dass Deutschland der nächste Halt auf meiner Reise in Clark Rockefellers Vergangenheit sein würde.

Bergen ist ein winziges Städtchen – eigentlich ein Dorf – mit fünftausend Einwohnern. Hier kennt jeder jeden. Ich fuhr von München gemeinsam mit einem deutschen Journalisten, den ich als Dolmetscher und Fremdenführer engagiert hatte, etwa achtzig Kilometer bis hierher.

Mein erster Eindruck war der eines Märchenorts – ein pittoresker Weiler inmitten der bayrischen Alpen. Die Kirche und der Biergarten (Gott und Bier bilden bekanntlich die zwei Säulen, auf denen das bayrische Leben ruht) bildeten den Mittelpunkt des Dorfes und wurden nur von dem Totempfahl, den ich bereits von Jean Kellns Foto her kannte, überragt. Es handelte sich um einen Maibaum, der, wie ich später lernen sollte, in vielen bayrischen Dörfern aufgestellt wird.

Es war nicht schwierig, das Haus zu finden, in dem Christian Karl Gerhartsreiter aufgewachsen war. In der Bahnhofstraße 19. Als wir vor einer Reihe von Geschäften unweit des Hauses parkten, konnte ich fast hören, wie die Fensterläden zugeklappt und die Schlüssel in den Schlössern umgedreht wurden. In einem Café gegenüber dem Haus der Gerhartsreiters erzählte uns eine Frau, dass Irmengard Gerhartsreiter noch dort wohne und ihr Sohn Alexander in die Anliegerwohnung gezogen sei. Irmengards Mann, Simon, sei schon vor Jahren verstorben. Die Frau wusste das alles, weil Irmengards Eltern früher einmal ein Geschäft in dem jetzigen Café geführt hatten.

Das weiße zweistöckige Haus, in dem Christian Karl Gerhartsreiter groß geworden war, hatte man mit einem Strahlenkranz über der Tür und hübschen aufgemalten Schnörkeln um die Fenster geschmückt, welche von blauen Fensterläden und von einer Pracht roter Geranien umrahmt waren. Mehrmals klopfte ich an die Tür, aber niemand machte auf. Im Haus rührte sich nichts. Ich sah durch ein Fenster und entdeckte eine aufgeräumte Küche und andere offensichtlich bewohnte, sehr ordentliche Zimmer.

Mein Dolmetscher und ich riefen Alexander Gerhartsreiter bei der Arbeit an. Nachdem ein Reporter des *Boston Herald* an seiner Tür geklopft und ihm ein Foto des Entführers gezeigt hatte, war er es gewesen, der den amerikanischen Medien bestätigt hatte, dass der Mann, der sich als Clark Rockefeller ausgegeben hatte, tatsächlich sein älterer Bruder war. Jetzt schien es jedoch ganz so, als hätte er keine Lust mehr, über die ganze Sache zu reden. »Sie müssen es gar nicht weiter versuchen. Ich bleibe bei meinem Nein«, erklärte er, ehe er auflegte.

Die Nachbarn der Gerhartsreiters waren entgegenkommender. Kaum hatte ich bei ihnen angeklopft, öffnete sich bereits die Tür, und Helga Hallweger streckte mir die Hand entgegen. Wir erklärten den Grund für unsere Störung, und sie bat uns einzutreten.

Sie war eine zierliche, freundliche Frau, die die Gerhartsreiters nach zwei Jahrzehnten Nachbarschaft gut zu kennen glaubte. Wir saßen am Küchentisch ihres schlichten Hauses, und sie erzählte uns von der Familie nebenan. Simon und Irmengard Gerhartsreiter stammten beide aus Bergen und waren einander gegenüber aufgewachsen. Simon war sehr extrovertiert, Irmengard hingegen eher ruhig und in sich gekehrt. Sie heirateten in der Dorfkirche und zogen in das Haus nebenan, das Simons Vater, ein Schreiner, gebaut hatte.

Am 21. Februar 1961 kam ihr erster Sohn Christian auf die Welt. Da es kein Krankenhaus in Bergen gab, wurde er in der nahe liegenden Stadt Siegsdorf geboren. »Eltern: Simon Gerhartsreiter, katholisch, und Irmengard Gerhartsreiter, Mädchenname Huber, katholisch, beide in Bergen ansässig«, stand auf der Geburtsurkunde, die ich in seinem Dossier in Boston eingesehen hatte.

Laut Helga Hallweger sei Simon ein »Pfundskerl« gewesen. Er war Künstler und Anstreicher und hatte auch die Lüftlverzierungen um die Fenster seines Hauses gemalt, wie man sie so oft an bayrischen Häusern findet. »Er hat ständig Witze erzählt«, berichtete Helga Hallweger. »Und er war so dankbar, wenn man eines seiner Werke gekauft hat.« Er malte hauptsächlich die Berge und die Umgebung. Frau Hallweger holte das Bild, das sie und ihr Mann erstanden hatten. Es stellte eine verschneite bayrische Berglandschaft dar. Simon war offensichtlich ein talentierter Maler gewesen. Aber nicht nur das. Meine Gastgeberin fügte hinzu, dass er in Bergen wegen seiner Extrovertiertheit und als Mitglied jedes Vereins hohes Ansehen genossen habe.

»Irmengard hat ein eher zurückgezogenes Leben geführt«, fuhr Frau Hallweger fort. Die beiden Frauen hätten sich zwar über den Gartenzaun hinweg unterhalten, »aber sie ist nie zu uns ins Haus gekommen«. Ich fand es merkwürdig, dass Helga Hallweger in der Vergangenheit sprach, obwohl Irmengard Gerhartsreiter doch noch lebte – und zwar weiterhin nebenan. Ich sollte den Grund bald herausfinden. Seit dem 8. Oktober 2008 – jenem Tag, an dem Clark Rockefellers wahre Identität gelüftet wurde – war seine Mutter eine andere Frau.

»Irmengard hat für einige Tage eine Bekannte auf dem Land besucht und gehofft, dass sich der Medienrummel legen würde«, erklärte Frau Hallweger. »Als sie zurückkam, klingelte ich bei ihr und schenkte ihr Blumen. Sie dankte mir für meine Tapferkeit, hat die Tür geschlossen und seitdem kein Wort mehr mit mir geredet.«

Ich fragte, ob sie Frau Gerhartsreiter denn wiedergesehen habe. »Ja. Ich habe ›Guten Morgen, Irmengard‹ gesagt, aber sie ist sofort wieder im Haus verschwunden.« Es hatte den

Anschein, als hätte sich Irmengard Gerhartsreiter noch nicht von dem Schock erholt, den die Heerscharen von Journalisten und Fotografen bei ihr ausgelöst hatten, als sie ihr Haus stürmen wollten. Einer von ihnen war sogar erfolgreich gewesen. Eine Aufnahme, die ein Pressefotograf von ihr machte, als ihr Sohn gerade festgenommen worden war, sagt mehr als tausend Worte: Es zeigt das Haus der Gerhartsreiters mit einem gepflegten Vorgarten. Als ich dort hinkam, war dieser Vorgarten bereits verwildert und verwahrlost. Frau Hallweger vermied es, in unserem Gespräch zu erwähnen, dass Irmengard Gerhartsreiter verwirrt und dringend therapiebedürftig sei, wie ich später von anderen Bewohnern Bergens hörte. Aber auch bei Frau Hallweger war eine ähnliche Einschätzung zwischen den Zeilen herauszulesen.

Ein künstlerisch veranlagter Vater und eine introvertierte Mutter in einem kleinen Dorf, in dem jeder alles wusste – das Ambiente, in dem Christian Gerhartsreiters Charakter geformt worden war, gewann allmählich ein wenig an Gestalt.

Christians Bruder Alexander kam erst 1973 zur Welt. Christian war also zwölf Jahre lang ein Einzelkind gewesen, der umhegte Mittelpunkt in einem Haushalt, in dem neben seinen Eltern auch noch seine Tante und seine Großmutter lebten. Sie verwöhnten ihn nach Strich und Faden. Er durfte fernsehen, wann und was er wollte – selbst Science-Fiction-Sendungen, die von den meisten ortsansässigen Eltern verboten wurden.

»Ich dachte mir immer, dass er es mit der Disziplin nicht so hatte«, meinte Frau Hallweger. »Mein Sohn spielte oft mit ihm, als die beiden noch klein waren, und zusammen machten sie ein paar verbotene Dinge.« So durften die meisten Kinder aus Bergen nicht im oder am Fluss spielen. Doch Christian gefiel es dort, und er zögerte nicht, auch andere Kinder dorthin zu locken. »Als er älter wurde«, fuhr Frau Hallweger fort, »wurde er ein richtiger Teufelsbraten. Er hat stundenlang den Fußball gegen die Garagenwand gedonnert. Stundenlang! Obwohl alle zu Hause waren, hat ihm niemand Einhalt geboten. Als ich hinüber bin und ihn dafür rügte, störte ihn das nicht im Geringsten.«

Anstatt jedoch dankbar für seine laxe Erziehung zu sein, zeigte er sich zunehmend voller Groll. Es wurde bald offensichtlich, dass er nicht wie die anderen in diesem Dorf war – zufrieden mit dem Los, hier aufgewachsen zu sein, und entschlossen, hier zu leben und letztlich zu sterben. Als er in die Pubertät kam, hatte sich Christian ein Ziel gesteckt, das er zielstrebig verfolgte: seine Flucht.

Er unterschied sich nicht nur durch seine innere Einstellung, sondern auch durch seine äußere Erscheinung. »Er musste unbedingt cool aussehen«, meinte Frau Hallweger. »Er wollte anders sein und trug immer einen Hut, eine Sonnenbrille und lange Haare. So etwas gab es damals sonst nicht in Bergen. Christian war allen anderen immer weit voraus.«

Sie seufzte und warf einen Blick auf das Haus nebenan. Wenn ich mehr über Christian herausfinden wolle, schlug sie vor, solle ich hinüber in die Gastwirtschaft gehen und mich an den Stammtisch setzen, wo sich die Einheimischen täglich trafen, um Bier zu trinken und Geschichten auszutauschen. Ich warf einen Blick auf meine Uhr. Es war erst zehn Uhr vormittags.

»Ach, keine Sorge«, beruhigte mich Frau Hallweger. Der Stammtisch habe längst angefangen.

Sie sollte Recht behalten. Der Stammtisch war bereits im Gange, als ich eintraf. Draußen im Biergarten saß eine Gruppe Männer um einen Tisch unter einem Baum, jeder mit einem großen Bierkrug vor sich. Mein Dolmetscher und ich traten zu ihnen. Die meisten waren zwischen sechzig und siebzig, einige wohl zehn oder sogar zwanzig Jahre älter. Sie warfen uns kritische Blicke zu. Zwei Fremde mit Notebooks konnte nur eines bedeuten: Sie waren hier, um etwas über Christian herauszufinden. Sie hatten diese neugierigen Journalisten mehr als satt. Aber sobald sich mein deutscher Begleiter etwas mit ihnen unterhalten und ein paar Witze gerissen und insbesondere nachdem ich auch noch eine Runde spendiert hatte, begannen sie aufzutauen. Schon bald flossen die Geschichten so wie das Bier.

Unter ihnen saß auch Georg Heindlmeir. Er war dreiundachtzig, genauso alt wie Simon Gerhartsreiter, mit dem er aufgewachsen war.

»Wenn Simon noch am Leben wäre, dann würde er jetzt auch hier sitzen«, verkündete Heindlmeir.

»Hier?«, fragte ich. »Und noch vor dem Mittag Bier trinken?«

Das bejahte er kräftig, und die anderen Männer stimmten ihm zu. Simon war nicht nur irgendein Mitglied des Stammtischs gewesen, erklärten sie, sondern sozusagen sein Vorsitzender. »Weil er Künstler war«, erklärte ein weiterer Mann, »und Künstler haben keine festen Arbeitszeiten. Der war jeden Tag um Punkt zehn hier und blieb bis genau zehn vor zwölf, damit er rechtzeitig zum Mittagessen zu Hause sein konnte. Sobald Simon Gerhartsreiter den Mund aufgemacht hat, sind die anderen verstummt, denn Simon hatte immer was zu sagen.« Der Mann hob seinen Bierkrug, prostete dem verstorbenen Oberhaupt des Stammtischs zu und wiederholte dann ehrfürchtig: »Er war ein Künstler.«

Die Stunden vergingen, und der eine oder andere verschwand, um durch einen neuen Bewohner des Ortes ersetzt zu werden. Jeder hatte eine andere Sicht auf den Sonderling, der sich wohl oder übel zu Bergens berühmtestem Sohn entwickelt hatte. Einer kannte Christian noch aus Schulzeiten. Er meinte: »Christian hat immer versucht, den anderen in der Klasse zu imponieren. Der war für uns einfach zu seltsam.«

»Aber Köpfchen hat er schon immer gehabt«, fügte ein anderer hinzu.

»Christian hat viele Bücher gelesen«, fuhr der erste Mann fort. »Als wir elf oder zwölf waren, kam er oft mit den wildesten Zitaten daher. Er konnte gut reden, sehr gut sogar. Er konnte sich mit Leichtigkeit ausdrücken, in der Schule hat er aber nie etwas getaugt.«

»Das war vielleicht ein Muttersöhnchen«, rief ein dritter dazwischen.

Alle stimmten zu: ein Muttersöhnchen mit einem bekannten und beliebten Vater.

Christian versuchte offenbar stets, sich an seinem Vater zu messen. »Er ist in einem Anzug in die Schule gekommen«, erzählte sein Klassenkamerad. »Nicht in einer bayrischen Tracht, sondern in einem richtigen Anzug, wie man ihn sonntags zur Kirche oder zu einer Hochzeit trägt. Seine Mutter war sehr stolz auf ihn. Irmengard hatte etwas für Extravaganz übrig. Obwohl sie nur eine einfache Schneiderin war und die Kleidung ihrer Nachbarn flickte, benahm sie sich wie eine Dame, die Besseres gewöhnt war.«

Der Mittag kam und ging. Der Nachmittag zog an uns vorüber, und ehe wir wussten, wie uns geschah, war es Abend. Die Biertrinker zogen von draußen in die Wirtsstube an einen Tisch, auf dem ein großer Aschenbecher mit einem Metallschild mit der Gravur *Stammtisch* stand. Eine freundliche Bedienung ließ den Bierstrom nicht abreißen. Die Luft war vom Tabakrauch zum Schneiden dick, und die Geschichten über Christian Gerhartsreiter wurden immer wilder.

Christian hatte die Kreativität seines Vaters geerbt. Doch anstatt Bilder zu malen, mochte er Rollenspiele und tat so, als wäre er weit weg von dem kleinen Dorf, in dem er den Rest seines Leben verbringen sollte. Der Geräteschuppen im Garten der Familie wurde zu seiner Werkstatt, in der er mit allen möglichen Dingen hantierte: mit Radios, Fernsehern, einer Filmausrüstung. Zu seinen Hobbys gehörte es, den CB-Funk von Fernfahrern abzuhören und sich alte amerikanische Filme anzusehen. Je mehr er sah, desto größer wurde sein Verlangen, aus Bergen auszubrechen.

»Er hatte es sich zur Hauptaufgabe gemacht, die Lehrer durch den Kakao zu ziehen«, erklärte Christians ehemaliger Klassenkamerad. »In der Früh hat er uns gesagt: ›Passt genau auf‹, und wir wussten, dass etwas passieren würde.«

»Was hat er angestellt?«, fragten mehrere Trinker auf einmal.

»Einmal ging er auf die Lehrerin zu, die Hand zur Faust geballt. ›Was hast du in der Hand, Christian?‹, hat sie gefragt. ›Rück es schon raus.‹ Er gehorchte, öffnete die Hand und blies ihr Pfeffer ins Gesicht.«

Die Männer schüttelten die Köpfe. Einer von ihnen erinnerte sich an eine weitere Geschichte.

»Jeden Freitagabend hat Simon Christian mit zum Stammtisch gebracht«, erzählte er. »Sie saßen immer nebeneinander – genau dort, wo wir jetzt auch sitzen. Simon meinte, sein Sohn wäre ein verrückter Hund.«

Der Mann fuhr fort: »Das war als Kompliment gemeint. Simon hielt Christian zwar für seltsam, aber er war auch sehr stolz auf ihn und sagte: ›Der ist genauso verrückt wie ich. Irgendwie wird er sich durchschlagen und erfolgreich werden.‹« Er war stolz auf die Kühnheit und Beharrlichkeit, die sein Sohn an den Tag legte – beides Qualitäten, die er noch gut gebrauchen konnte, um sich außerhalb von Bergen zu behaupten.

Christian hatte nie nach Bergen gepasst. Darin waren sich alle Anwesenden einig. Sich eine neue Identität zuzulegen war seine einzige Möglichkeit, dem kleinen Dorf zu entkommen, in dem all seine Kameraden festsaßen. Um der geradlinigen und vorhersehbaren Zukunft zu entrinnen, die hier auf ihn wartete, musste er sich neu erfinden. Auch sein Vater hatte bereits versucht, aus Bergen wegzuziehen, und sich sogar an der Kunstakademie in München eingeschrieben – nur um nach dem Tod seines eigenen Vaters und einer erfolglosen Künstlerkarriere ins Dorf zurückzukehren. Vielleicht war das auch einer der Gründe, warum Simon stolz auf seinen Sohn Christian war. Schließlich strebte er nach dem gleichen Ziel wie sein Vater: etwas zu werden und zwar in einer anderen Umgebung als seine Vorfahren, an einem Ort jenseits der Grenzen des kleinen Dorfes, in dem er aufgewachsen war.

Ich erwähnte eine Geschichte, die ein Jugendfreund Christians der *New York Times* erzählt hatte:

»Christian hatte gern Spiele, in denen er in eine andere Rolle schlüpfen konnte«, berichtete Thomas Schweiger, ein ehemaliger guter Freund.

Im Alter von dreizehn Jahren, so Mr. Schweiger, habe Christian die Kfz-Zulassungsstelle angerufen, »er veränderte seine Stimme und behauptete, ein Millionär aus Holland zu sein, der seine zwei Rolls-Royce anmelden wolle«. Obwohl der Beamte anfangs skeptisch war, überzeugte Christian ihn rasch. Sein Freund erklärte: »Er hat die Rolle perfekt gespielt.«

Die Männer lachten. Das war ein weiteres Beispiel für den Charakter des jungen Christian Gerhartsreiter, der eine Reise antrat, um eine neue, unwahrscheinlich leichtgläubige Welt für sich zu erobern. Plötzlich stieß ein weiterer Mann zu unserer Gruppe. Er meldete sich sogleich mit einer Geschichte zu Wort, von der er glaubte, dass sie alle anderen in den Schatten stellen würde. Doch sobald er angefangen hatte, begann der gesamte Stammtisch »Der Leichenwagen!« zu rufen.

Einer der Biertrinker fuhr fort. »Kurz bevor Christian nach Amerika aufbrach, haben sich Simon und er überworfen. Es ging sogar so weit, dass ihn sein Vater rausschmiss und erklärte: ›Hier wohnst du nicht mehr!‹ Also hat sich Christian einen Leichenwagen gekauft und ihn vor dem Haus seiner Eltern geparkt. Ganz Bergen war schockiert. Zuerst glaubten die Leute, die Großmutter sei gestorben, aber Christian schlief in dem Fahrzeug! Das Dorf hat eine Weile über nichts anderes mehr gesprochen. Er fuhr in diesem riesigen schwarzen Gefährt zum Schützenverein und genoss es sichtlich, die Leute zu erschrecken.«

Da mischte sich ein anderer Mann ein. Er erklärte, es stimme zwar, dass eine Zeit lang ein Leichenwagen vor dem Haus der Gerhartsreiters geparkt habe, aber es sei Christians Bruder Alexander gewesen, der damit herumgefahren wäre. Mittlerweile war es weit nach Mitternacht, und es war mir im Grunde egal, wer von den beiden Recht hatte. Mein Magen war von Bier überschwemmt, und durch meinen Kopf kreisten unzählige Geschichten über Bergen. Ich wankte zu meinem Zimmer in der kleinen Pension direkt neben dem Maibaum mit seinen geschnitzten Szenen des gemütlichen bayrischen Alltags und fiel in der kleinen, friedlichen Ortschaft, die Christian Karl Gerhartsreiter so erfolgreich hinter sich gelassen hatte, in einen komatösen Schlaf.

Kurz nach dem Aufwachen am nächsten Morgen stieß ich auf eine weitere Quelle über Bergens missratenen Sohn –

Herbert Willinger, der Inhaber der Pension, der hinter der Rezeption saß. Er war mit Christian Gerhartsreiter zusammen zur Schule gegangen. Wie die anderen beschrieb er seinen ehemaligen Schulkameraden als distanzierten Jungen, der offensichtlich für Größeres bestimmt war.

»Christian hat uns immer gesagt: ›Hier in Bayern ist alles Mist. Wenn man vernünftig leben will, muss man nach Amerika.‹ Und wenn sich seine Klassenkameraden über ihn lustig machten, meinte er nur: ›Ihr werdet schon noch sehen.‹«

»Eines Tages«, fuhr Willinger fort, »verkündete Christian, dass er einen Job bei einem Radiosender in New York gefunden hat.« Aber Willinger war sich sicher, dass er das nur erfunden hatte. »Er hat immer etwas anderes vorgegaukelt. So war er.«

Christian hatte jedoch schon seit längerem Fluchtpläne ausgeheckt. Um einen Vorgeschmack von der Welt da draußen zu gewinnen, spazierte er manchmal einfach die Straße entlang bis zur nahe gelegenen Autobahn und streckte den Daumen in die Luft. Innerhalb weniger Minuten hielt ein Auto, ein Laster oder ein Motorrad an. So einfach war es also, in eine neue Welt zu gelangen. Zuerst klapperte er die größeren Ortschaften der Umgebung wie Traunstein und Rosenheim ab, wo er auch zur Schule ging. Nach und nach erweiterte sich dann der Radius seiner Ausflüge. Bald schon stand er regelmäßig an der Autobahn und wartete darauf, dass ihm jemand bei seiner Flucht helfen konnte. Dort war es schließlich auch, dass er Elmer und Jean Kelln kennenlernte, zwei Touristen aus Loma Linda in Kalifornien.

Es goss in Strömen. Die Scheibenwischer des kleinen Mietwagens konnten kaum mehr mithalten, und Elmer und Jean vermochten die Autobahn durch den Vorhang aus Wasser gerade noch zu erkennen. Sie kamen aus München und wollten eigentlich nach Berchtesgaden, um den Berghof zu sehen, Hitlers Feriendomizil in den bayrischen Alpen. Gegen siebzehn Uhr gaben die Kellns dieses Unternehmen jedoch wegen des Regens auf und fuhren in der Nähe von Bergen von der Autobahn ab, um eine Unterkunft zu suchen.

Elmer saß am Steuer und bemerkte einen jungen Mann am Straßenrand, der trampen wollte. Normalerweise nahm Elmer keine Anhalter mit, aber er hatte sich auch noch nie in einem solchen Unwetter mitten in Europa befunden. »Er weiß vielleicht, wo wir hier unterkommen können«, sagte Elmer zu seiner Frau. Ehe sie protestieren konnte, fuhr er an den Straßenrand und hielt an. Der völlig durchnässte junge Mann riss die hintere Wagentür auf und stieg ein.

Er konnte kaum älter als siebzehn sein, trug eine Sonnenbrille mit einem weißen Gestell, enge Jeans und einen Schlapphut, unter dem seine braunen Haare hervorquollen. Die nasse Kleidung klebte an seinem Körper.

»Ich bin Christian Karl Gerhartsreiter«, erklärte er und streckte seine feuchte Hand von der Rückbank nach vorne. So wie er sich vorstellte, glaubten die beiden, er wäre eine wichtige Persönlichkeit. Sie waren von Anfang an von ihm beeindruckt.

Jean bemerkte, dass Christian mit seiner markanten Nase und den vollen Lippen, die lächelten, sobald er zu sprechen anfing, ein attraktiver junger Mann war. Er hörte mit dem Reden gar nicht mehr auf. So erzählte er ihnen, dass er als Fremdenführer für englischsprachige Touristen in Rosenheim und manchmal auch in München arbeite. Sein fehlerfreies Englisch schien dies zu bestätigen. Jetzt war er auf dem Nachhauseweg nach Bergen, nur wenige Kilometer von der Autobahn entfernt.

Er war nicht nur charmant, sondern faszinierend. Obwohl

er ein Teenager aus einem anderen Land war, der um Jahrzehnte jünger als sie sein musste, glaubten Elmer und Jean Kelln, dass sie etwas Gemeinsames verband. Sie wollten den jungen Mann besser kennenlernen. »Wissen Sie, wo wir hier in der Gegend ein Zimmer für die Nacht bekommen können?«, erkundigte sich Elmer.

»Sie können gern bei mir zu Hause übernachten«, erklärte Christian. Die Kellns zögerten einen Moment lang, aber der Junge duldete keine Widerrede. Unter anderen Umständen hätten sie wohl ihre Bedenken geäußert. Doch der Regen prasselte erbarmungslos hernieder, es war kurz vor Sonnenuntergang, und der junge Mann hatte eine geradezu magnetische Wirkung auf sie. Kurzum: Sie nahmen seine Einladung an.

Die Kellns waren entzückt, als sie vor dem Haus der Gerhartsreiters anhielten. Es war ein typisch bayrisches Haus mit blühenden Geranien in den Blumenkästen vor den Fenstern. Der Regen hatte inzwischen aufgehört, und der Vater des jungen Anhalters war gerade auf dem Dach beschäftigt, während seine Mutter in der Küche hantierte. Christian begrüßte sie mit einem kurzen »Hallo« und führte seine amerikanischen Gäste ohne weitere Erklärung ins Haus. Es war sofort klar, dass er hier das Sagen hatte.

Jean staunte, als sie das Wohnzimmer sah. Christian hatte es sich offenbar völlig angeeignet und zu *seinem* Zimmer umgestaltet. Die Eltern schienen das zwar nicht unbedingt zu befürworten, doch zumindest zu dulden. In der Mitte des Zimmers befand sich ein großer Schreibtisch, auf dem alle möglichen Maschinen standen. Vor allem ein Filmprojektor stach ins Auge. Am anderen Ende des Wohnzimmers gab es eine Leinwand. Filme, erklärte Christian Elmer und Jean, seien seine Leidenschaft. Er sei im Begriff, nach Amerika zu ziehen, um dort Filmemacher zu werden. Er habe ein Faible für den Film Noir, wobei es ihm insbesondere die Werke Alfred Hitchcocks angetan hätten. Er wollte ihnen sogleich einen zeigen. Also machte er das Licht aus und schaltete den Projektor an.

Jean knurrte jedoch laut der Magen. »Wir haben nicht zu Mittag gegessen, ich bin sehr hungrig«, entschuldigte sie sich.

Die Kellns luden also die Familie zum Abendessen in ein Lokal ein, aber außer Christian lehnten alle ab. Dieser führte sie in ein typisches bayrisches Wirtshaus mit Blasmusik. Dort saßen sie in einer gemütlichen holzvertäfelten Nische, aßen leckere Würste, tranken Bier und unterhielten sich über Amerika.

»Ich möchte ein Foto von Ihnen machen«, bat Jean, als die Bedienung die Getränke auf den Tisch stellte.

»Warten Sie einen Moment«, erwiderte Christian und begann, nach der perfekten Pose zu suchen. »Gut – jetzt«, wies er sie an, die Hand lässig an der Schläfe. Die Kamera klickte, und der junge Deutsche mit seinen funkelnden Augen, die direkt ins Objektiv blickten, schaute so drein, als handelte es sich um ein Fotoshooting für die Twentieth Century Fox.

Nach dem Essen kehrten sie ins Haus der Gerhartsreiters zurück. Christian zeigte ihnen das Gästezimmer und verabschiedete sich dann für die Nacht.

»Ich fühle mich hier gar nicht wohl«, flüsterte Jean ihrem Mann zu, ohne jedoch zu wissen, was genau ihr nicht behagte. Das Haus war behaglich, Christians Mutter, sein Vater und sein Bruder waren freundlich, und Christian selbst hätte kaum zuvorkommender sein können. Doch er hatte seine Eltern völlig ignoriert.

»Schlaf einfach, Jean«, erwiderte Elmer.

»Ich weiß nicht, ob ich das hier kann.« Jean lag tatsächlich die ganze Nacht wach und grübelte darüber nach, was wohl mit diesem ungewöhnlichen jungen Mann und seiner Familie los war. »Ich hatte das Gefühl, dass er in einer Fantasiewelt lebt, an der seine Eltern nicht teilnehmen durften«, erinnerte sie sich später.

Als sich Elmer das Ganze noch einmal vor Augen hielt, erklärte er, die Nacht bei den Gerhartsreiters hätte ihn mehr verblüfft als alles andere, was ihnen auf ihrer Reise zugestoßen sei. »Christian hat sofort verkündet, dass er nach Amerika will«, sagte er. »Es ist meist gleich offensichtlich, ob ein Dörfler in seinem Dorf zufrieden ist oder aber in die Stadt will. Christian war davon überzeugt, dass er es zu etwas bringen würde. Das sah man in allem, was er so tat. Er wollte bekannt werden, Berühmtheit erlangen. Und es lag auf der Hand, dass er Deutschland und seine Kultur hinter sich lassen wollte, denn dort würde er seinen Traum nicht in die Tat umsetzen können.«

Am nächsten Morgen wollten die Kellns früh losfahren. Doch Christian tischte ihnen erst einmal Kaffee und Brötchen auf. Nachdem sie ihre Adressen ausgetauscht hatten, verabschiedete sich das Ehepaar und verließ Bergen in dem Glauben, den jungen Mann nie wieder zu sehen.

Schon bald zog Christian Karl Gerhartsreiter ein Blatt Papier aus der Schublade und legte es auf den Schreibtisch. Es war der Antrag für ein Touristenvisum für die Vereinigten Staaten von Amerika. Unter der Frage, wer ihn während seines Besuches im Land unterstützen würde, schrieb er: »Elmer und Jean Kelln.«

KAPITEL ZWEI

Der Fremde im Zug

Der Gerichtssaal glich einem bunten Zirkus. Es war ein Aufmarsch von offenbar gutgläubigen, vertrauensvollen Menschen, die von dem Angeklagten alle mehr oder weniger hinters Licht geführt worden waren. Der als stets freundlich und charmant bekannte Mann, der sich Clark Rockefeller nannte, stand jedes Mal höflich auf, wenn diejenigen, die über sein Schicksal bestimmen sollten – also Richter und Geschworene –, den Saal betraten oder verließen. Die Zeugen jedoch – insbesondere diejenigen, die gegen ihn aussagten – würdigte er keines einzigen Blicks.

Eines Nachmittags am Anfang der Verhandlung, als ein Beamter der Einwanderungsbehörde kurz schilderte, wie der Angeklagte als junger Mann in die USA eingereist war, klopfte mir jemand leicht auf die Schulter und flüsterte etwas in mein Ohr.

»Haben Sie heute Abend vielleicht Zeit?«, fragte mich der Mann, der später darum bat, seine Identität geheim halten zu dürfen.

Er nannte eine Bar in der Nähe, in der wir uns nach der Verhandlung treffen konnten. Ich saß also bei einem Getränk, als der Mann eintrat und mir einen großen braunen Umschlag mit den Worten überreichte: »Vielleicht wird das hier einige

Ihrer Fragen beantworten.« Damit war er wieder verschwunden.

Ich öffnete den Umschlag und schnappte vor Überraschung nach Luft. Er war voller Dokumente. Es waren Akten der Einwanderungsbehörde, Gerichtsnotizen und Polizeiberichte – von seiner Geburtsurkunde bis hin zum Haftbefehl des vergangenen Sommers –, alles Papiere, die etwas Licht in das Dunkel des Lebens unseres verhaltenen, beinahe stoisch wirkenden Angeklagten bringen konnten.

Ich begann mit dem Anfang, mit einem Abschlusszeugnis seiner Schule in Deutschland. Es folgte ein Brief von einer Firma in Bergen, in dem bestätigt wurde, dass sein Vater Simon Gerhartsreiter dort mit einem Einkommen von »1900 US-Dollar im Monat« als Designer beschäftigt war. Danach eine eidesstattliche Erklärung von Simon Gerhartsreiter, dass er seinen Sohn Christian in Amerika mit 250 Dollar im Monat »plus Krankenversicherung« unterstützen würde, wenn dieser »für ein Jahr in Amerika zur Schule ginge«.

Ich überlegte: ein Jahr lang. Und dann? Zurück nach Bergen? Zurück in das kleine weiße Haus in dem kleinen Dorf am Ende der Welt? Mir war klar, dass der Plan des jungen Mannes von Anfang an anders ausgesehen haben musste. Ein anderes Blatt war vom Angeklagten in säuberlichen Blockbuchstaben beschrieben worden. Es handelte sich um einen Antrag auf Änderung seines Touristenstatus. Das Visum lief am 15. April 1979 ab, sechs Monate nachdem er zum ersten Mal Fuß auf amerikanischen Boden gesetzt hatte. Nun beantragte er ein Visum für weitere vier Jahre. »Ich strebe einen Collegeabschluss in Business Administration an«, schrieb er.

Als Antwort auf die Frage, wovon er während seines Aufenthalts leben wolle, erklärte er: »Ich befinde mich derzeit im letzten Jahr der High School und erhalte 250 Dollar im Monat Unterhalt. Mein Vater wird sämtliche Kosten des Colleges für die nächsten vier Jahre übernehmen.« Ganz unten auf dem Formular stand Simon Gerhartsreiters Unterschrift.

Ich ging alle Papiere durch, da ich nach einer Adresse suchte, die er im Land der unbegrenzten Möglichkeiten als seine Heimatanschrift angegeben hatte. Doch ich fand lediglich einen mit der Schreibmaschine getippten zeitlichen Ablauf:

16. Oktober 1978: Gerhartsreiter triff mit der Lufthansa in Boston ein

21. Oktober 1978: an der Berlin CT High School eingeschrieben

31. Dezember 1979: Antrag auf Aufenthaltsverlängerung aufgrund des neuen Studentenstatus stattgegeben

Dann stieß ich auf einen Polizeibericht. »Der Ermittlungsbeamte verhörte Thomas Glavin, den Direktor der Berlin High School«, begann dieser und listete eine Reihe von Glavins Aussagen auf: Gerhartsreiter sei 1978 an seine Schule gekommen. Seine bisherigen Zeugnisse seien alle auf Deutsch gewesen. In Gerhartsreiters Akten hätten keinerlei Informationen über die Eltern gestanden. Zudem habe er nie seinen Abschluss an der High School gemacht.

Im Sommer 1978, in dem Christian Karl Gerhartsreiter Elmer und Jean Kelln kennengelernt hatte, machte er auch Bekanntschaft mit einem weiteren Amerikaner, einem jungen Mann namens Peter Roccapriore. Dieser war Rucksacktourist und reiste drei Monate mit einem InterRail-Ticket quer durch Eu-

ropa. In einem Zug in Deutschland begegnete er dem freundlichen, gut gekleideten, außergewöhnlich höflichen und gebildeten Christian Karl Gerhartsreiter.

Als Filmbegeisterter, dessen Lieblingsregisseur Alfred
Hitchcock war, musste Gerhartsreiter die Szene ihres Kennenlernens besonders genossen haben, da sie an den Klassiker des Meisters der Spannung von 1951 erinnerte – an *Der
Fremde im Zug*. Im Film drängt sich der mysteriöse Bruno
Anthony in das Leben eines Tennisstars, indem er sich zuerst
mit einem Drink zu ihm gesellt und letztendlich zusammen
mit ihm einen Mord plant und begeht.

Offenbar war Gerhartsreiter ständig auf der Suche nach
Menschen, die ihm dabei behilflich sein würden, Bergen zu
verlassen. Als er Peter Roccapriore traf, stellte er sich ihm
ohne Umschweife vor. Ähnlich wie Bruno Anthony war auch
Gerhartsreiter ausgesprochen umgänglich, machte Komplimente, erwies sich als höchst unterhaltsam und lud den jungen Amerikaner zu einem Mittagessen in einem guten Restaurant ein, ehe er ihm die Sehenswürdigkeiten der Umgebung
zeigte. Er schien alles über Bayern zu wissen und das aus gutem Grund, denn er sei – so erzählte er Peter Roccapriore –
hier in der besseren Gesellschaft groß geworden. Sein Vater
sei ein »Industrieller« und bekleide einen hohen Posten bei
Mercedes Benz. Der Amerikaner war derart beeindruckt, dass
er sich unmöglich weigern konnte, mit seinem neuen Bekannten auf dessen höfliche Frage die Adressen auszutauschen.

»Wenn du jemals in Meriden in Connecticut vorbeischauen
solltest, dann besuche mich«, sagte Peter Roccapriore beim
Abschied. »Du kannst gerne bei mir übernachten.«

Nur wenige Wochen später folgte Christian Peters Einladung. Laut Freunden der Familie Gerhartsreiter hatte Christian seinen Eltern erzählt, dass er einen Job als Discjockey in

New York gefunden hätte. Sie stimmten zu, ihm einen Unterhalt von 250 Dollar im Monat zu zahlen, bis er sich dort eingerichtet hätte. Seine alte Tante, die weiterhin bei der Familie wohnte, wollte ihm ebenfalls jeden Monat etwas Geld zukommen lassen. Sobald er sein Touristenvisum für sechs Monate (für das er Elmer und Jean Kelln als Gastgeber aufgeführt hatte) in der Hand hielt, packte er und flog von München nach Boston. Das geschah im Herbst 1978. Er war damals siebzehn Jahre alt.

Kaum in Boston gelandet, rief er seine Mutter an: Die Fluggesellschaft habe seinen Koffer verloren, behauptete er. Könne sie ihm extra Geld schicken, damit er sich das Nötigste kaufen könne? Natürlich willigte sie ein. Am nächsten Tag fuhr er nach Meriden in Connecticut – eine Stadt mit 58 000 Einwohnern auf halber Strecke zwischen New Haven und Hartford. Gerhartsreiter hegte sicherlich kein besonderes Interesse an dem Ort, aber schließlich wohnte hier einer von den drei Amerikanern, die er kannte. Er rief Peter Roccapriore an und sprach mit dessen Mutter. Ohne Hemmungen erklärte er, dass er die Einladung, die ihr Sohn freundlicherweise im letzten Jahr ausgesprochen habe, jetzt gerne annehmen würde. »Ich bin hier am Busbahnhof. Könnten Sie mich wohl abholen?«, fragte er. Peter sollte erst abends nach Hause kommen, aber seine Mutter fuhr sofort los. Wenn ihr Sohn einen netten jungen Mann in Deutschland kennengelernt hatte, der ihm sogar etwas geholfen haben wollte, wie konnte sie sich dann jetzt nicht revanchieren? Sie führte den schlanken blonden Teenager in das Gästezimmer, und ihre Familie hieß ihn in ihrem Haus aufs Herzlichste willkommen. Peter nahm ihn mit zur Platt High School in Meriden und half ihm, sich dort für das letzte Schuljahr einzuschreiben. Der extrovertierte Deutsche verriet niemandem, dass er in seinem Heimatland die Schule bereits abgeschlossen hatte.

Christian blieb nur wenige Wochen bei den Roccapriores. Laut den Papieren, die ich nun in Händen hielt, gewann ich zuerst den Eindruck, er wäre danach wieder nach Deutschland zurückgekehrt. Die wenigen Wochen genügten jedoch, um ihn auf seine amerikanische Odyssee gründlich vorzubereiten.

»Austauschstudent sucht Zimmer mit Halbpension«, lautete eine Kleinanzeige in der Lokalzeitung von Berlin in Connecticut. Eigentlich war dies irreführend, denn der junge Deutsche besaß nur ein Touristenvisum. Gwen Savio, eine Bibliothekarin an der Berlin High School, wusste das natürlich nicht. Ihre Familie hatte schon des Öfteren Zimmer an Austauschstudenten vermietet und den anregenden Austausch mit den Menschen aus anderen Kulturen stets genossen. Sie wählte also die angegebene Nummer, und schon bald versuchte Christian Karl Gerhartsreiter, von Meriden nach Berlin in Connecticut zu trampen. Als niemand anhielt, lief er die sechs oder sieben Kilometer zu seinem neuen Zuhause zu Fuß. Berlin mit dem für Gerhartsreiter passenden deutschen Namen hatte etwa 15 000 Einwohner.

Am späten Nachmittag stand er vor Gwen Savios Haustür. Seine wenigen Habseligkeiten trug er bei sich, und er machte nach der Wanderung nicht den gepflegtesten Eindruck. Edward, der älteste der vier Savio-Kinder, war damals fünfzehn Jahre alt. Der heute in Kalifornien lebende Drehbuchautor erinnert sich noch gut an Gerhartsreiters Ankunft. Er schien mit seiner Sonnenbrille, den engen Jeans und dem engen Hemd besonders darum bemüht zu sein, wie ein amerikanischer Teenager auszusehen, erklärte Edward. Seine langen Haare waren »vom Wind ganz zerzaust«. Edward Savio beeindruckte jedoch vor allem die Neugier des neuen Gastes. Ständig sah er sich um, als wollte er alles in sich aufsaugen.

Die Familie war genauso an ihm interessiert. Sie wollte wissen, wer er sei, woher er stamme und was ihn nach Berlin geführt habe.

»Ich heiße Christian Gerhartsreiter«, stellte er sich mit einem leichten deutschen Akzent vor. Wie immer war er der Inbegriff des freundlichen, kontaktfreudigen, zuvorkommenden jungen Mannes, der sehr mit seinem neuen Zuhause in diesem Land zufrieden zu sein schien. Die Savios hatten kein Gästezimmer. Doch er erklärte, dass er es sich gerne auch auf der Couch im Wohnzimmer bequem machen könne.

Gerhartsreiter lebte bei den Savios wie ein fünftes Kind. Edward hatte Zwillingsbrüder im Alter von zehn Jahren und eine achtjährige Schwester mit dem Spitznamen Snooks. Sein Vater Jim war Computertechniker. »Auf meiner Geburtsurkunde ist der Beruf meines Vaters als ›Computertechniker‹ angegeben, was damals so exotisch klang, wie wenn man heute ›Raumschiffingenieur‹ angeben würde«, erklärte mir Edward Savio. Das Haus der Familie war voller Computer und Videospiele, was Christian Karl Gerhartsreiter mit seinem Faible für Technik ausgesprochen fasziniert haben muss.

Sobald er umgezogen war, wechselte er von der alten High School in die von Berlin – vom Notendurchschnitt eine der besten öffentlichen Schulen in Connecticut. Er erklärte, dort in den letzten Jahrgang zu gehören. Da sämtliche Zeugnisse auf Deutsch waren, glaubte man ihm, ohne seine Angaben zu überprüfen.

Was Christians Herkunft betraf, erinnerte sich Edward Savio noch gut an dessen Behauptung, sein Vater sei ein Industrieller, der eng mit Mercedes Benz verbunden wäre. »Er tat so, als ob seine Familie viel Geld hätte.«

Christian und Edward, der die zehnte Klasse besuchte, gingen also gemeinsam zur Schule. Doch den Großteil seiner Bildung bezog Christian aus dem Fernsehen. Seine Lieblings-show war *Gilligan's Island*, und er begann Thurston Howell III nachzuahmen, einen von Jim Backus gespielten schiffbrüchigen Millionär. Immer öfter zog er die Silben in die Länge, um sich einen britischen beziehungsweise einen sogenannten Ivy-League-Akzent anzueignen. »Ähhhd«, sagte er zum Beispiel bei Tisch zu Edward. »Köönnteest duh miir biitte ein Stüüück Broot reichen?« Savio zufolge hörte sich das ein bisschen wie eine Mischung aus John Wayne und Thurston Howell III an.

Edward half dem Gast so gut es ging, sich an der neuen Schule einzugewöhnen, aber es lief dennoch nicht rund. »Die meisten Jungs, die Christian kennenlernten, fragten mich: ›Was ist los mit dem?‹ Allerdings waren viele Mädchen an ihm interessiert, und so hing er ständig mit den Mädchen ab.« Eine von ihnen holte ihn sogar mit dem Auto zum Abschlussball ab. Christian trug braune Socken zu einem schwarzen Anzug. Edward versuchte, ihm nahezulegen, dass Braun und Schwarz nicht zusammenpassten. Aber Christian weigerte sich, sich noch einmal umzuziehen.

In diesen frühen Tagen glich Christian Karl Gerhartsreiter in gewisser Weise einer Raupe, die davon träumte, eines Tages ein Schmetterling zu werden, erklärte Edward Savio in der Sendung *Dateline*. Er besaß noch kaum etwas von dem Schliff und der Finesse, die ihn später ausmachten. Doch trotz seiner Unbeholfenheit und seinem Hang, in Fettnäpfchen zu treten, blieb er weiterhin sehr kontaktfreudig und versuchte stets, so viele Leute wie möglich kennenzulernen, um sein Wissen über Amerika zu vertiefen.

»Ich habe damals an der High School in der Schülerberatung gearbeitet«, erzählte eine ebenfalls deutschstämmige Frau aus Berlin, die sich mit ihm angefreundet hatte. »Mia

McMahon, ein Mädchen im Medienzentrum der Bibliothek, wusste, dass Christian Deutscher war und ich ebenfalls. Sie glaubte wohl, dass er einsam sei und vielleicht mit einer Muttersprachlerin etwas Deutsch sprechen wolle.«

Sie seufzte, als sie an den Jungen dachte, der in Amerika Fuß zu fassen versuchte. »Als Mutter hatte ich natürlich Mitleid mit ihm«, erzählte sie. »Allerdings hat er sich selbst keineswegs leidgetan. Er war extrem selbstbewusst.«

»In der Nachbarstadt von New Britain gab es eine große deutsche Gemeinde, und meine Mutter pflegt alles, was sie an ihre deutsche Herkunft erinnert«, erklärte mir der Sohn der Deutschen. »Als ich fünf Jahre alt war, sprach sie nur noch Deutsch mit mir, und *Schuhplatteln* kann sie auch. Sie wissen schon, dieser deutsche Tanz, bei dem man sich auf die Schuhe haut. Sie wollte die deutsche Kultur in unserer Familie nicht aussterben lassen.«

Da gefiel es ihr natürlich besonders, einen echten Deutschen mit nach Hause nehmen zu können. »Wir luden ihn über die Osterferien zu uns ein und dann zu Thanksgiving«, erzählte die Frau. »Er war sehr nett, machte aber einen verlorenen Eindruck. Irgendwie passte er nirgendwo hin.« Wieder erfand er Geschichten, um sich lieb Kind zu machen und zu beeindrucken. »Er erzählte uns von seinem Vater, der angeblich ein wichtiger Importeur von Edelhölzern aus Südafrika war. Auch die Mutter arbeitete, aber ich weiß nicht mehr als was.«

»Er war intelligent. Das war eindeutig, aber er hatte auch etwas Seltsames an sich«, erinnert sich der Sohn. Diese seltsame Seite lernte die Familie allerdings erst besser kennen, als sie Gerhartsreiter in ihr Feriendomizil an einem See in New Hampshire einlud.

»Keines unserer Kinder freundete sich richtig mit ihm an«,

erzählte die Mutter. »Sport interessierte ihn nicht. Er liebte vielmehr Musik, insbesondere klassische. Jedes Mal, wenn wir an den See hinunterfuhren, brachte er seinen schottischen Dudelsack mit und spielte unentwegt. Wenn er uns für ein Wochenende besuchte, trug er nichts weiter als eine Badehose und Cowboystiefel, was meine Kinder unglaublich lächerlich fanden.«

»Mein Mann arbeitete als Anwalt und hatte viel mit Aktien und Rentenpapieren zu tun«, fuhr sie fort. »Er und Christian führten lange Gespräche, und es war bald klar, dass sich Christian mit Aktien, Rentenpapieren und Banken gut auskannte.« Mit Hilfe solcher Themen schaffte er es immer wieder, Kontakte zu knüpfen.

Zurück in Berlin brachte Gerhartsreiter seine Liebe zur Musik einen Teilzeitjob ein. Als er gegenüber seinen Eltern in Bergen behauptete, er würde in New York als Discjockey arbeiten, war das nur eine weitere Lüge gewesen. Doch nun sollte zumindest dieser Schwindel wahr werden.

»Ich hatte gerade ein neues Ausbildungsradio an der Berlin High School eingerichtet«, erinnerte sich Jeff Wayne, der als städtischer Medienbeauftragter die Bibliotheken und Schulen Berlins mit dem neusten Equipment ausstattete. Zu jener Zeit, als Gerhartsreiter dort auf die High School ging, schenkte ein Radiosender in Hartford der Stadt seinen riesigen Bestand an klassischen Schallplatten. Wayne zufolge handelte es sich um eine unglaubliche Sammlung. »Ganze Schränke voller Mozart und Chopin. Wahrscheinlich waren es über tausend LPs. Die konnte nicht irgendjemand auflegen. Das musste jemand sein, der sich auskannte. Aber die Schüler wollten nichts von klassischer Musik wissen.«

Keiner außer einem.

»Eines Tages kam die Bibliothekarin Mia McMahon mit Christian zu uns, einem langhaarigen, europäisch aussehenden Jungen mit deutschem Akzent«, berichtete Wayne. »Sie meinte, er sei ein Experte in Sachen Klassik und hätte Interesse an unserem Radiosender.«

»Das ließ ich mir natürlich nicht zweimal sagen«, fuhr er fort. Er zeigte sich von Gerhartsreiters Wissen beeindruckt und setzte ihn sofort ans Mikrofon. »Alles ging ganz schnell. Unsere Hörerschaft konnte es kaum fassen, dass ein Schüler das ganze Programm leitete. Er kündigte die Musik an, erzählte Wissenswertes über Stück oder Komponist und spielte sie dann ab. Alles echt professionell. Es war zwar nicht ganz das Niveau des öffentlich-rechtlichen Radios, aber für jemanden in seinem Alter war es unglaublich. Wenn man sich mit klassischer Musik auskannte, war man jedenfalls begeistert.«

Ich versuchte, mir Gerhartsreiter am Mischpult vorzustellen und wie er mit seinem leichten deutschen Akzent den nächsten Titel ankündigte: »Und jetzt kommt Charles Gounods eindringlicher *Trauermarsch einer Marionette* aus dem Jahr 1872.«

Im Nachhinein, erklärte Wayne, sei Gerhartsreiter vielleicht sogar etwas zu professionell, zu clever gewesen. »Er hat sich nie richtig integriert und echte Freunde gewonnen. Er schien auch deutlich älter und reifer zu sein als die anderen High-School-Schüler. Inzwischen frage ich mich, ob er nicht auch tatsächlich älter war und eigentlich gar nicht mehr an eine High School gehörte. Jedenfalls machte er diesen Eindruck, er gab sich so unglaublich kultiviert.«

Ab und zu saß Christian abends zusammen mit Edward in dessen Zimmer, in dem ein Schreibtisch, eine Hifi-Anlage und ein Klavier standen, auf dem Edward Lieder für High-School-

Musicals komponierte. Ähnlich wie Christian, der schon immer seinen Heimatort Bergen verlassen wollte, strebte auch Edward danach, Berlin hinter sich zu lassen und eine neue Welt zu erobern. Sein Traum war es, nach Los Angeles zu ziehen und Drehbuchautor oder Regisseur zu werden. »Ich wollte Filme machen«, erklärte Savio. »Das wusste ich bereits, als ich in die Oberstufe kam. Christian und ich unterhielten uns oft darüber.«

»Wie kannst du nur so leben?«, fragte Gerhartsreiter immer wieder. »Ich würde meine Zeit nicht in so einem Loch verbringen.«

»Mir gefällt es, hier aufzuwachsen«, antwortete Savio. »Ich will zwar nicht bleiben, aber von hier zu stammen, ist cool. Ich will einen guten Abschluss machen, und dann ab nach Kalifornien.«

»Aber New York ist doch unschlagbar«, entgegnete Gerhartsreiter.

»Ja, New York ist eine Weltstadt«, stimmte Savio zu, »aber in Kalifornien werden die meisten Filme gedreht. Da passiert unglaublich viel.« Dann erklärte er, dass er auf die USC oder die UCLA-Filmschule gehen wolle, ehe er Hollywood erobern würde. Wie immer hörte Christian Gerhartsreiter genau hin und nahm jedes Wort auf.

Obwohl sich Gerhartsreiter offenbar mit Edward anzufreunden begann, wurde er seiner Gastfamilie gegenüber immer abweisender. Sein neuer Job als DJ für klassische Musik, seine Wochenenden mit der deutschen Familie auf dem Land und sein neu antrainierter Akzent gaben ihm das Gefühl, etwas anderes zu sein, als er in Wirklichkeit war. Er kam sich wichtiger vor als seine Mitmenschen. »Mein Vaaater«, meinte er mit seinem aufgesetzten aristokratischen Akzent, »ließ mich nie mit dem Pöbel sprechen.«

»Wir haben *nie* so gegessen«, schimpfte er am Esstisch. »Wir hatten *Bedienstete*, die uns das Essen servierten.« Als er schließlich genug von Gwen Savios unspektakulärer italienisch-amerikanischer Küche hatte, beklagte er sich: »Ach, das schon wieder.«

»Ich werde bestimmt nie eine Italienerin heiraten«, verkündete er. »Die sind mir viel zu emotional.«

»Na, Gott sei Dank«, fuhr ihn Mrs. Savio an. »Da haben die italienischen Mädchen aber Glück gehabt.«

Immer wieder sagte Gerhartsreiter: »Ich würde *nie* so leben wollen.« Damit meinte er vor allem das kleine Haus in einer kleinen Stadt im Nirgendwo.

»Aber Chris, das tust du doch gerade! Du lebst genau so«, erinnerte ihn Edward.

Zur Verwandlung des deutschen Teenagers in einen Amerikaner gehörte auch die Namensänderung. »Als er zu uns kam, hieß er noch Christian Gerhartsreiter«, erklärte Savio. »Dann wurde er Chris Gerhart. Später nannte er sich Christopher Kenneth Gerhart.« Das musste ihm gut gefallen haben, denn es klang durchaus amerikanisch. Außerdem war es in den USA so unglaublich einfach, einen neuen Namen anzunehmen. Man änderte ihn einfach, und keiner kam auf die Idee nachzufragen.

Chris Gerhart benahm sich allerdings nicht anders als Christian Karl Gerhartsreiter und nahm auch wie zu Hause in Bergen das Wohnzimmer der Savios in Beschlag. Hier sah er Tag und Nacht fern und schlief auf der Couch.

»Etwas Ruhe, wenn ich bitten darf«, ermahnte er seine Gastfamilie, wenn sie sich morgens für den Tag herrichtete, während er noch schlafen wollte, weil er die halbe Nacht ferngesehen hatte. Er brauchte Ruhe und erwartete zudem, dass seine Wäsche gewaschen wurde und das Frühstück auf dem Tisch auf ihn wartete.

Nach etwa zwei Monaten saß er eines Tages auf der Couch im Wohnzimmer und sah fern – wahrscheinlich wie so oft *Gilligan*. Vielleicht lachte er darüber, wie Lovey mal wieder Thurston Honig um den Mund schmierte, oder er versuchte, Thurston nachzuahmen. Auf jeden Fall war er derart auf die Sendung konzentriert, dass er das Klopfen an der Tür nicht wahrnahm oder es einfach ignorierte. Er stand jedenfalls nicht auf, um Snooks ins Haus zu lassen, die darum mehrere Stunden vor der Tür in der Kälte warten musste.

Als Gwen Savio schließlich von der Arbeit heimkam, entdeckte sie ihre kleine Tochter zitternd vor dem Haus. »Du musst dir eine andere Bleibe suchen«, erklärte sie Gerhartsreiter daraufhin klipp und klar.

»Meine Mutter ist sehr höflich, auch wenn sie wütend ist. Aber da war sie stocksauer«, erinnerte sich Savio. »Sie erzählte mir, was vorgefallen war, und ich stimmte ihr zu. So etwas ging einfach nicht. Aber was sollten wir tun? Es war tiefster Winter. Sollten wir ihn auf die Straße werfen?«

»Er muss weg«, beharrte Gwen.

Sie machte ein paar Telefonanrufe, und Mia McMahon, die Schulbibliothekarin, die Christian Gerhartsreiter bereits einige Türen in Berlin geöffnet hatte, war bereit, ihn bei sich unterzubringen. Christian verließ also kurzerhand die Savios und zog zu ihr.

»Ich habe sowieso etwas Besseres verdient«, erklärte er und ging.

Ich versuchte mehrmals, mit Mia McMahon ins Gespräch zu kommen, aber sie lehnte es immer wieder ab, sich mit mir zu treffen. Sie zog es offensichtlich vor, ihre Erinnerungen für sich zu behalten. Allerdings fand ich eine kurze Zusammenfassung einer Aussage, die sie viele Jahre nachdem der junge Mann wieder bei ihr ausgezogen war bei der Polizei gemacht hatte.

Sie berichtete, dass sie Chris Gerhartsreiter 1978/79, nachdem er bei den Savios ausgezogen war, bei sich hatte wohnen lassen. Chris habe ihr erzählt, er käme aus Deutschland, habe das Land aber verlassen, weil er dem Wehrdienst entfliehen wollte. Sein Vater sei Ingenieur und seine Mutter eine Südafrikanerin. Chris habe während seines Aufenthalts bei ihr mehrmals lange Telefonate nach Deutschland geführt. Chris und sie hätten sich letztendlich überworfen, weil er sich geweigert habe, die Rechnung für die erwähnten Telefonate zu begleichen.

Nach dem Verschleiß von drei Familien in weniger als einem Jahr hatte Christian offenbar genug von Connecticut. Er wartete nicht einmal das Ende des Schuljahres ab, um den Bundesstaat zu verlassen. Er hatte bereits etwas Besseres, Größeres vor: Er wollte aufs College. Die University of Wisconsin in Stevens Point, eine Dependance der Universität von Madison, nahm ihn als ausländischen Studenten ohne Probleme auf.

Ich sah sämtliche Anmeldeformulare für Christian Karl Gerhartsreiter durch; seinen richtigen Namen benutzte er weiterhin bei allen Behörden. Es blieb mir allerdings unklar, wie er es aufs College geschafft hatte. Zwar war er intelligent und gebildet und hatte die meiste Zeit in Berlin in der Bibliothek verbracht, aber er besaß keinen Abschluss der Berlin High School. Nichtsdestotrotz gab es eine Immatrikulationsbescheinigung, auf der stand: »University of Wisconsin – Stevens Point. Der genannte Student ist zu einem vollständigen Studium berechtigt«.

Auf dem Immigrationsformular F1 gibt es ein Feld, in dem man den oder die engsten in den USA lebenden Verwandten angeben kann, und Gerhartsreiter nannte die im amerikanischen Berlin lebende deutschstämmige Frau mit dem Ferienhaus am See. »Er hat uns einmal angerufen«, erzählte sie mir auf die Frage hin, ob sie jemals wieder von ihm gehört habe, nachdem er Connecticut verließ. »Er meinte, seine Mutter habe gerade eine Krebsoperation hinter sich und bräuchte einen Ort, an dem sie sich erholen könne. Dazu wollte er unser Ferienhaus nutzen. Er behauptete, er ginge jetzt aufs College, und sprach wieder über irgendwelche Aktien und Rentenpapiere. Danach habe ich nie wieder von ihm gehört.«

Chris Gerhart immatrikulierte sich in Staatswissenschaften und wollte die gesamten vier Jahre in Stevens Point verbringen, bis er den Bachelor-Abschluss in der Tasche hatte. Im August 1979 war er in ein Studentenwohnheim namens Baldwin Hall in Wisconsin gezogen, wo ein Großteil der ausländischen Studenten untergebracht war. Hier wurden die Studenten verstärkt dazu angehalten, an den vielen Veranstaltungen teilzunehmen, die alle dem Ziel dienten, ihre sprachlichen und kulturellen Kompetenzen weiter auszubauen. Obwohl Gerhartsreiter bereits viel gelernt hatte, stellte sich das Wohnheim als optimale Umgebung für ihn heraus, um sein Vorhaben, »echter« Amerikaner zu werden, weiter voranzutreiben.

Ich kontaktierte sämtliche Leute, die ich in den Akten der Universität fand. Aber keiner konnte mir weitere Informationen über den jungen Mann liefern. »Wir hätten Ihnen gerne weitergeholfen, aber wir haben über ihn keine Unterlagen im Büro für Auslandsstudenten, und ich kann mich auch nicht an ihn erinnern«, schrieb mir zum Beispiel Gerhartsreiters Studienberater in einer E-Mail. Schließlich gelang es mir, Christians ersten Zimmerkollegen ausfindig zu machen, einen gewissen Chris Newberg. Er erinnerte sich noch gut an den jungen Mann, der im Studentenwohnheim mit neuen schwarzen Koffern und Golfschlägern aufkreuzte und sich als Aristokrat ausgab. »Seine Mutter oder sein Vater war als Botschafter tätig, irgendwo im Osten«, erzählte Newberg. »Er behauptete aus Boston in Massachusetts zu kommen.«

»Ich hatte eine Wand für meine Poster und hängte dort eine große amerikanische Flagge auf, die schon etwas zerfleddert war«, fuhr er fort. »Mir gefiel das, ich fand das irgendwie cool. Die Flagge stand für unser Land und die vielen Auseinandersetzungen, die es über sich hatte ergehen lassen müssen.« Christopher – so nannte sich Christian nun – hielt sie für geschmacklos und schäbig. »Tut mir leid, aber die musst du verbrennen. Das ist viel zu unordentlich«, teilte er seinem Zimmerkameraden mit seinem hochmütigen Akzent mit.

Er unterstrich das Image eines Mitglieds der Bostoner Oberschicht, indem er sein Golfspiel verbesserte und nur noch bestimmte Dinge zu sich nahm – und zwar ausschließlich Irish Coffee und Boston Cream Pie. »Wir alle glaubten, dass sein Vater irgendetwas mit dem FBI oder dem Zeugenschutzprogramm zu tun haben musste, denn er gab nie etwas von seiner Familie preis«, erinnerte sich ein weiterer Kommilitone namens Richie Riddle. Christopher gab sich sogar so mysteriös, dass er sämtliche Angaben und biographischen Details aus dem Buch des Baldwin-Studentenwohnheims streichen lassen wollte, das von der Verwaltung geführt wurde. Als Christopher eine Party im Mädchenflügel des Studentenwohnheims nach dem Ende gegen Mitternacht partout nicht verlassen wollte, sah sich eine der Studentinnen gezwungen, die Verwaltung zu informieren. »Wisst ihr eigentlich, mit wem ihr es zu tun habt?«, fuhr er sie an. »Ihr habt mir nichts zu befehlen.«

»Das war das letzte Mal, dass wir ihn gesehen haben«, erzählte Richie Riddle.

Tatsächlich verbrachte Gerhartsreiter insgesamt nur drei Monate in Stevens Point, ehe er im Januar 1980 an die University of Wisconsin in Milwaukee wechselte. In seinen Bewerbungsunterlagen war nun vermerkt, dass er für den Bachelor in Kommunikationswissenschaften eingeschrieben sei.

Aus jener Zeit liegt mir auch ein Stapel weiterer offizieller Dokumente vor – unter anderem ein Antrag zur Änderung seines Besuchervisums sowie ein Antrag für Studenten mit Besucherstatus (F1) für eine Aufenthaltsverlängerung. Alle wurden problemlos von Beamten namens Johns, Cynthis und Joes bewilligt, die den rätselhaften jungen Deutschen wahrscheinlich nie zu Gesicht bekommen hatten und seine Angaben fraglos als Fakten anerkannten.

Inzwischen aber war Christian Karl Gerhartsreiter, alias Chris Kenneth Gerhart, auf der Suche nach dem ultimativen Dokument, das ihm seinen Aufenthalt in den Vereinigten Staaten von Amerika für immer garantieren würde: Er hatte sich auf die Jagd nach einer Heiratsurkunde begeben.

KAPITEL DREI

Amerikaner werden

Ich kannte ihn nur als Chris Gerhart«, erklärte Todd Lassa, der an der University of Wisconsin in Milwaukee eingeschrieben war, als Gerhartsreiter dort im Januar 1981 sein Studium begann. »Ich war damals zweiundzwanzig Jahre alt und studierte Filmwissenschaften. Genau wie er. Einer unserer Kurse behandelte den Film Noir. Chris erzählte mir, dass er das Semester zuvor an der University of Wisconsin in Stevens Point verbracht hätte. Wir freundeten uns lose an.«

Todd Lassa, ein Journalist des Magazins *Motor Trend*, erinnerte sich zudem, dass Chris einen deutschen Akzent hatte, als er ihn das erste Mal traf. Er habe damals nicht einmal versucht, diesen zu vertuschen. Er wohnte in einem Vorort von Milwaukee, in Elm Grove. Dort besuchte Lassa ihn einmal, nachdem Chris ihn eingeladen hatte. Die Gegend und das Haus waren typisch für die obere Mittelschicht, und so schätzte Lassa ihn auch ein. Er konnte sich nicht mehr erinnern, ob Chris behauptete, das Haus gehöre seinen Eltern oder seiner Tante. Jedenfalls wohnte er allein dort. So etwas zu mieten, wäre sehr teuer gewesen. Vielleicht passte er auch auf das Haus auf, während die Besitzer im Urlaub waren.

»Chris, ein weiterer Kommilitone und ich«, fuhr Lassa fort, »sind im Grunde nur einige Male zusammen ein paar Bier trinken gegangen. Ich war deshalb ziemlich überrascht, als er mich eines Tages fragte, ob ich sein Trauzeuge auf dem Standesamt von Madison sein wolle. Damals kannte ich ihn gerade einmal drei oder vier Wochen. Aber ich sagte trotzdem zu.«

Der Name der Braut war Amy Janine Jersild.

Chris Gerhart hatte Amy durch ihre jüngere Schwester Elaine kennengelernt. Sie musste ihm wie ein wundersames Geschenk vorgekommen sein. Elaine war zweiundzwanzig Jahre alt und Tochter eines Ehepaars aus der unteren Mittelschicht. Die Familie stammte aus Elkhart in Indiana. Chris war in der Kirchengruppe auf sie aufmerksam geworden. Man konnte nicht behaupten, dass sie eine Schönheit war, dafür schien sie temperamentvoll und lebensfroh. Viel wichtiger war für Gerhartsreiter jedoch die Tatsache, dass sie einen amerikanischen Pass besaß und ihm somit das einbringen konnte, was er zu diesem Zeitpunkt am meisten begehrte: eine Green Card, die dem ausländischen Ehepartner eines amerikanischen Bürgers eine unbefristete Aufenthaltsgenehmigung garantierte.

Chris sagte ihr offen, er wolle sie heiraten, um in Amerika bleiben zu können und der Wehrpflicht in Deutschland zu entgehen. Dort würde man ihn sicherlich an die Front schicken, in die Schusslinie des amerikanischen Erzfeindes des Kalten Krieges, der Sowjets. Elaine hatte Mitleid mit ihm. Der freundliche, liebenswerte Chris Gerhart hatte in ihren Augen in der Tat keine Chance an der Front, falls es zu einem Krieg kommen sollte. Doch sie wollte ihm nicht helfen. Stattdessen brachte sie ihn mit ihrer älteren Schwester Amy in Kontakt, die ihrer Meinung nach an einem solchen Arrangement durchaus Interesse haben könnte.

Ich wählte die Nummer von Elaine Jersild, um in Erfahrung zu bringen, was als Nächstes passierte. Sie hob ab und klang fröhlich und gut gelaunt. Doch sobald ich den Namen Chris Gerhart nannte, wirkte sie auf einmal abweisend.

»Dazu habe ich nichts zu sagen. Kein Kommentar«, erklärte sie und fügte dann noch hinzu: »Ich dachte, das wäre alles lange passé, aber da habe ich mich wohl getäuscht.«

Amy Jersild konnte sich ihrer Vergangenheit nicht entziehen. Sie wurde zum Prozess in Boston vorgeladen, wo die Journalisten und Zuschauer gespannt auf sie warteten. Endlich sollten wir einen Bericht von jemandem hören, der den mysteriösen jungen Mann während seiner frühen Jahre in Amerika besser gekannt hatte.

Als Amy Jersild Duhnke den Gerichtssaal betrat, blickten die Medienleute einander an, als trauten sie ihren Augen nicht. *Das sollte sie sein?* Die Frau war fünfzig und machte einen verlebten Eindruck. Ihre Haare waren grauweiß, und ein langer Zopf hing über den Rücken ihres unifarbenen Kostüms. Die vielen Jahrzehnte als Angestellte in der Gastronomie waren wahrhaftig nicht spurlos an ihr vorübergezogen. Sie zeigten sich vielmehr in tiefen Fältchen auf ihrem ganzen Gesicht. Es war geradezu unmöglich, sich diese Frau als erste Gattin unseres angehenden Bonvivants vorzustellen.

Eigentlich hatten alle erwartet, dass das Erscheinen der ersten Ehefrau irgendeine Reaktion bei dem Angeklagten auslösen würde. Doch Gerhartsreiter starrte weiterhin stur geradeaus und zeigte keinerlei Gefühlsregung.

»Schildern Sie bitte, wie Sie Christian Karl Gerhartsreiter kennenlernten«, forderte der Staatsanwalt sie auf, nachdem sie geschworen hatte, die Wahrheit und nichts als die Wahrheit zu sagen.

»Er kam mit meiner Schwester zu mir und bat mich, ihn zu heiraten«, gab sie in dem trockenen Dialekt des Mittleren Westens zur Antwort.

Aus den wenigen Papieren, die aus jener Zeit erhalten sind, wusste ich, dass sie damals als Verkäuferin in einem Lebensmittelladen 5800 Dollar im Jahr verdient hatte, was gerade einmal einem Nettoverdienst von 400 Dollar im Monat entsprach. Ich wusste auch, dass sie sich mit ihrem Freund eine kleine Wohnung geteilt hatte. Was konnte sie dazu gebracht haben, einen wildfremden Mann zu heiraten? Hatte er ihr Geld angeboten? Zu jener Zeit war es nicht ungewöhnlich, dass ein Einwanderer für eine Schnellhochzeit mit einer Amerikanerin bezahlte. Später an jenem Tag fasste der Staatsanwalt zusammen, dass sich Amy also nicht daran erinnern könne, ob jemals von Geld die Rede gewesen sei. Doch eines wusste die Frau genau: Sie hatte nie auch nur einen Cent von Gerhartsreiter zu Gesicht bekommen.

»Wer hatte die Idee, dass Sie ihn heiraten?«, lautete die nächste Frage.

»Meine Schwester Elaine.«

»Hat sie Ihnen auch gesagt, warum sie das wollte?«

»Wortwörtlich weiß ich es nicht mehr. Aber es ging darum, dass er im Land bleiben wollte. Er war als Austauschstudent hierhergekommen.«

Sie habe sich damals geduldig angehört, was Chris und Elaine ihr erklärten, und schließlich zugestimmt. »Okay, ich werde ihn heiraten.«

Der Staatsanwalt bohrte nicht tiefer, und Amy sprach nicht weiter über ihr Motive. »Es war alles kinderleicht«, erklärte sie. Im Grunde habe sie nur lernen müssen, wie man den Nachnamen ihres zukünftigen Mannes aussprach und schrieb. »Ich weiß noch, dass wir ausmachten, nach Dane County in Madison in Wisconsin zu fahren, um dort zu heiraten.«

Kurz nachdem Amy eingewilligt hatte, fragte Chris Gerhart

Todd Lassa, ob er sein Trauzeuge sein würde. Die beiden Studenten hatten ein Semester damit verbracht, die großen Klassiker des Film Noir zu analysieren, in denen meist hinterlistige Leute in einer schwarz-weißen Welt fiese Pläne ausheckten. Gerharts Bitte an einen mehr oder weniger Fremden, sein Trauzeuge zu sein, wirkte im Vergleich zu diesen Filmszenarien beinahe bürgerlich und harmlos. Lassa hatte jedenfalls nichts dagegen einzuwenden.

»Die Hochzeit fand an einem Sonntagnachmittag statt«, erzählte Lassa. »Er holte mich ab, und zusammen fuhren wir in einen Vorort von Milwaukee.« Bei dem Auto handelte es sich um Chris' Plymouth Arrow, Baujahr 1980. Chris und Todd trugen beide dunkle Anzüge. Die Jersild-Schwestern warteten bereits auf sie. Todd Lassa glaubte, dass Chris und die jüngere Schwester ein Verhältnis miteinander hätten, und war deshalb recht überrascht, als sich herausstellte, dass Chris die ältere der beiden heiraten würde.

»Es kam mir irgendwie wie ein Insiderwitz unter Freunden vor«, erklärte Lassa. »Chris spielte natürlich mit. Er tischte mir irgendeine verrückte Geschichte auf – dass er die Schwester seiner Freundin heirate, um Steuern zu sparen, und plane, ein Buch zu veröffentlichen. Außerdem wolle er sich seiner Freundin gegenüber nicht verpflichten. Es war klar, dass er mir einen Bären aufband. Ich wusste natürlich, dass er die Green Card wollte.«

Todd merkte von Anfang an, dass es Christian gewohnt war, seinen Kopf durchzusetzen. Warum auch nicht? Er war jung, intelligent, attraktiv und ehrgeizig. Am 20. Februar 1981, einen Tag vor seinem zwanzigsten Geburtstag, standen Chris Gerhart und Amy Jersild also im Standesamt von Dane County und beantworteten die wenigen unkomplizierten Fragen des Beamten Richard W. Bardwell.

»Möchten Sie, Christian Karl Gerhartsreiter, die hier anwesende Amy Janine Jersild zu Ihrer rechtmäßigen Ehefrau…«

Die schlichte Zeremonie war nach wenigen Minuten vorbei. Hinterher gab es weder einen Empfang noch eine andere Art von Feier. Direkt nach dem Jawort trennten sich die Wege des frisch vermählten Paares. Chris und Todd brachten die Jersild-Schwestern nach Hause und kehrten dann ins College zurück. Einige Wochen später holte Chris Amy erneut ab und fuhr mit ihr noch einmal zum Standesamt in Milwaukee. Auf der Fahrt dorthin trichterte er ihr die Schreibweise und Aussprache seines echten Namens ein: Christian Karl Gerhartsreiter.

Am 7. April wurde die Ehe für vollzogen erklärt – nicht im Bett, sondern ausschließlich auf dem Papier. »Er gab mir einen Zettel mit seinem Namen, damit ich ihn mir einprägen konnte. Der Name war sehr lang«, erklärte Amy dem Staatsanwalt. »Außerdem musste ich mehrmals üben, den Namen zu schreiben, um ihn auf den Dokumenten einzutragen, die ich unterzeichnen sollte.«

»Was waren das für Dokumente?«, wollte der Staatsanwalt wissen.

»Es ging um seinen Rechtsstatus und ob er in USA bleiben durfte.«

»Hegten Sie je die Absicht, als Mann und Frau zusammenzuleben?«

»Nicht im Geringsten«, antwortete sie entschlossen, und zum ersten Mal konnte man so etwas wie Gefühl in ihrer Stimme wahrnehmen.

Als man ihr die Dokumente zur Unterschrift vorlegte, lieferte sie den Anwesenden keinen Grund, daran zu zweifeln, dass es sich um eine Liebesheirat handelte. Ich fand die Heiratsurkunde unter meinen Papieren und sah, dass Amy eine eidesstattliche Erklärung abgegeben hatte, in der es hieß, dass sie »in der Lage und bereit« sei, ihren »Mann finanziell zu unterstützen«. Sie gab ihr jährliches Einkommen an, ließ aber die Zeile leer, in der nach Ersparnissen oder Eigentum gefragt wurde. Sie stimmte jedoch zu, bei der amerikanischen Einwanderungsbehörde Bargeld zu hinterlegen, falls sie dazu aufgefordert werden würde, um so sicherzustellen, dass ihr Mann dem Staat nicht zur Last falle.

Auf die Frage, warum sie die eidesstattliche Unterstützungserklärung überhaupt ausgefüllt habe, gab sie an, dass sie so den Antrag ihres Mannes auf eine unbefristete Aufenthaltsgenehmigung hatte vorantreiben wollen. Sie unterschrieb sie als Mrs. Amy Gerhartsreiter und benutzte dabei dieselben kringeligen Buchstaben wie ihr Mann.

»Haben Sie ihn nach diesem Tag jemals wiedergesehen?«

»Nein«, erwiderte sie und fügte hinzu, dass sie zwölf Jahre danach die Scheidung einreichte, um den Mann heiraten zu können, den sie wirklich liebte. Inzwischen war Chris Gerhart längst aus Milwaukee verschwunden, und Amy hegte nicht die Absicht, ihn von der Scheidung zu unterrichten, die ihn sowieso nicht tangierte. Sie musste lediglich eine Annonce in die Lokalzeitung setzen und ihre Scheidung von Christian Karl Gerhartsreiter bekanntgeben.

»In den letzten Semesterwochen kam er nicht mehr in die Vorlesungen«, erzählte mir Todd Lassa.

Von diesem Zeitpunkt an wurde Chris nicht mehr in Milwaukee gesehen. Er hatte alles aus der Stadt herausgeholt, was er wollte, und es mit einem Jawort vor dem Richter besiegelt. Damit empfing ihn Amerika mit weit ausgebreiteten Armen.

Die mir vorliegenden Papiere geben einen Einblick in Christian Gerhartsreiters Geschichte:

21. Februar 1981: Bundesstaat Wisconsin... Heiratsurkunde – Bräutigam: Christian Karl Gerhartsreiter... Braut: Amy Janine Jersild. Die Trauung fand am 20. Februar 1981 statt und wurde ordnungsgemäß unterzeichnet und autorisiert.

7. April 1981: United States Department of Justice Immigration and Naturalization Service... Antrag auf unbefristete Aufenthaltserlaubnis. Ordnungsgemäß unterzeichnet und autorisiert.

Sobald Chris Gerhart eine amerikanische Ehefrau hatte, stieg er in seinen Plymouth Arrow und trat aufs Gaspedal, um einer besseren Zukunft entgegenzubrausen. Er war begierig darauf, was das Leben zu bieten hatte. Für einen Träumer seiner Größenordnung gab es letztlich nur ein Ziel: Los Angeles, wo eine ganze Industrie von Träumen lebte.

Kurz nachdem er die Einwanderungsbehörde über seine neue Adresse in Kalifornien unterrichtet hatte (wobei er die von Elmer und Jean Kelln angab), wurde das nächste Dokument – das bisher wichtigste für ihn und sein neues Leben – ordnungsgemäß unterzeichnet und den Akten beigefügt: »16. Juni 1981: Aktennotiz zur Erstellung einer unbefristeten Aufenthaltserlaubnis. Genehmigt. US Immigration – Chicago, Illinois.« Die Unterschrift darunter lautete auf Christian Karl Gerhartsreiter.

Es sollte das letzte Mal sein, dass er diesen Namen benutzte. Selbst sein neuer Name – Chris Gerhart – kam ihm inzwischen zu langweilig und zu deutsch vor, jedenfalls für die neuen Ufer, zu denen er aufbrechen wollte. Für das Leben, in das er sich von jetzt an stürzen wollte, brauchte er einen eleganten, ja aufsehenerregenden Namen, der an Geld, Macht und Prestige der Alten Welt denken ließ.

Auf seiner Fahrt in den Westen probierte er verschiedene Pseudonyme aus – darunter Dr. Christopher Rider, einen Namen, den er für kurze Zeit in Las Vegas benutzte. Zufälligerweise schloss er dort die Bekanntschaft mit einem Kardiologen und erklärte diesem, dass er es als echtes Glück betrachte, ihn kennenzulernen, denn er sei ebenfalls Kardiologe. Er behauptete, nach Las Vegas ziehen zu wollen und nach einem niedergelassenen Arzt zu suchen, dessen Praxis er möglicherweise beitreten könne.

»Glauben Sie, dass wir es miteinander aushalten könnten?«, fragte er.

Der Mann aus Las Vegas war derart von ihm verzaubert, dass er ihm anbot, ihn durch die gehobenen Viertel von Las Vegas zu kutschieren, damit er sich ein passendes Haus suchen konnte. Auf der Fahrt schmierte Dr. Rider seinem neuen Freund derart geschickt Honig um den Bart, dass dieser ihm schließlich 1500 Dollar lieh. Der Arzt verlor kein weiteres Wort darüber. Kurz darauf verließ Dr. Rider die Stadt und zahlte das Geld nie zurück.

Der junge Mann suchte noch immer nach einem neuen Namen, als er in Loma Linda in Kalifornien eintraf. Er parkte vor dem Haus von Elmer und Jean Kelln – jenen Eheleuten, die er beim Trampen in Deutschland kennengelernt und deren Namen er ohne ihr Wissen als Bürgen auf sämtlichen Dokumenten der Einwanderungsbehörde angegeben hatte. Auch jetzt gab er ohne ihr Wissen oder ihre Zustimmung ihre Adresse in Kalifornien als die seine aus, obwohl er sie lediglich einige Male kurz besuchte.

Zuerst wussten die beiden nicht, wen sie vor sich hatten, als sie die Tür aufmachten. Christians Haare, die in Deutschland noch lang und wuschelig gewesen waren, wie es damals als modisch galt, waren jetzt ordentlich kurz geschnitten. Seine

Kleidung, die sich damals an den Hippie-Stil der siebziger Jahre anlehnte, erinnerte inzwischen stark an einen Studenten einer Elite-Uni. Seine Verwandlung war jedoch noch nicht vollendet. Er träumte davon, ein hohes Tier in der Filmindustrie zu werden, wie er Elmer und Jean erzählte. Dazu brauchte er einen geeigneteren Namen. Also durchsuchte er im Wohnzimmer der Kellns das Telefonbuch von San Bernardino nach einem neuen Namen.

»Was stimmt denn nicht mit deinem alten?«, wollte Jean wissen. Elmer war jedoch derselben Meinung wie Chris. Chris wollte nach Hollywood, wo falsche Namen beziehungsweise Künstlernamen alltäglich waren und wo ein Bernard Schwartz im Handumdrehen zu einem Tony Curtis wurde. Hier entschied letztendlich immer der Erfolg darüber, ob es sich um Lug und Trug oder um einen märchenhaften Aufstieg handelte.

»Keiner im Filmgeschäft benutzt doch seinen eigenen Namen«, meinte Elmer zu seiner Frau. Später erklärte er mir: »Man darf nicht vergessen, dass wir hier in Kalifornien sind. Hier ist es nicht verboten, seinen Namen zu ändern. Viele Leute haben Pseudonyme. Ich war früher Dekan an der Universität und für die Diplomzeugnisse der Studenten zuständig. Wenn ein Student kurz vor dem Abschluss zu mir kam und sagte: ›Ich möchte, dass dieser oder jener Name auf meinem Diplom steht‹, dann geschah das auch, und er würde für den Rest seines Lebens als Zahnarzt diesen Namen führen. Die meisten Studenten waren asiatischer Abstammung. Ich kann mich noch an einen jungen Mann erinnern. Mit Nachnamen hieß er Duc. Er wollte nicht als Dr. Duc praktizieren. Also änderte er seinen Namen. So etwas ist hier legal. Deshalb habe ich mir auch nichts dabei gedacht, als Chris sich einen neuen Namen suchte.«

»Viel zu deutsch«, meinte Chris abfällig über seinen eigenen Namen, während er im Telefonbuch nach einem neuen suchte, der ihn deutlich aus der Masse herausstechen lassen würde.

Als er keinen fand, der ihm gefiel, legte er das Telefonbuch beiseite und ging sämtliche Leute durch, die er kannte. Er erinnerte sich an Berlin in Connecticut, und entsann sich der Lehrerin seiner Träume, einer gewissen Joan Chichester, die ihn dort in den Naturwissenschaften unterrichtet hatte. Sie war blond und auf eine beinahe britische Art auffallend hübsch. Der junge Gerhartsreiter hatte sich in sie verliebt. Ed Savio verriet mir dieses Geheimnis. Joan Chichester hingegen konnte sich an den jungen Mann nicht einmal erinnern. »Das ist schrecklich«, gab sie zu. »Ich bin ja auch schon alt, doch glaube ich kaum, dass es etwas mit Gedächtnisschwund zu tun hat. Ich war damals seine Klassenlehrerin, und er befand sich sicherlich unter meinen Schülern, aber er ragte einfach nicht aus der Menge heraus. Weiter kann ich leider nichts sagen. Alles, was ich über ihn weiß, haben *Sie mir* erzählt.«

»Die ist einfach umwerfend!«, hatte Chris Gerhart Ed Savio oft genug vorgeschwärmt. Außer ihrem attraktiven Äußeren und ihrer Intelligenz hatte Joan auch noch den perfekten Nachnamen: Chichester, den Chris wie »*Chiii*-chester« aussprach. So klang er herrlich britisch – insbesondere dann, wenn man noch einen illustren Vornamen davor setzte. Wie zum Beispiel Christopher.

Christopher Chichester. Um dem Ganzen weitere Finesse zu verleihen, legte er sich zudem den adeligen Mittelnamen Mountbatten zu. Christopher Mountbatten Chichester. Elmer und Jean konnten sich ein Lächeln nicht verkneifen. Es war brillant und wirkte harmlos, und sie freuten sich für ihn. Ihr junger deutscher Freund konnte jetzt tatsächlich Hollywood erobern. Er war weit gekommen, seitdem sie ihn das erste Mal als durchnässten Tramper an der Autobahn in Deutschland gesehen hatten. Seit jener Zeit hatte er gelernt, wie man schmeichelte, im passenden Moment zustimmte, wann man reden und wann man zuhören musste und wie man das amerikanische System zu seinem Vorteil nutzte.

In Hollywood – das wusste jeder – war die Neuerfindung der eigenen Persönlichkeit eine Art Lebensform. Dennoch entschied sich Christopher Mountbatten Chichester gegen Los Angeles als Ausgangspunkt für sein neues Leben. Das wäre ihm viel zu naheliegend, zu durchschaubar erschienen. Stattdessen ließ er sich in einer idyllischen Enklave voll waschechter Amerikaner nieder, die nur darauf warteten, einen Fremden in ihrer Mitte aufzunehmen – insbesondere einen mit einem so eindrucksvollen Namen.

KAPITEL VIER

Christopher Chichester:
San Marino in Kalifornien

In dem Stapel von Dokumenten, den mir mein geheimnisvoller Informant in Boston übergeben hatte, fand ich ein weiteres interessantes Papier. Es handelte sich um einen Bericht des Sheriff Department von Los Angeles County und stammte vom 4. Juli 1994:

Die ermittelnden Beamten beschreiben Chichester als ausnehmend gut gekleidet, adrett und sprachgewandt. Er geht regelmäßig in die Kirche und sucht vor allem Kontakte zu älteren Menschen in den reichen Vororten. Er gibt sich als Computerexperte, Filmemacher oder Börsenmakler aus und behauptet, sein Vater sei Architekt, Archäologe oder auch ein britischer Aristokrat. Er verfügt über fundiertes Wissen über die Themen, über die er sich auslässt. Obwohl Chichester mit britischem Akzent spricht, stammt er laut der ermittelnden Beamten nicht aus England, sondern aus einem anderen westeuropäischen Land.

Zudem stieß ich auf folgende Zeilen über den jungen Einwanderer:

26. Mai 1981: Zieht nach Kalifornien, nennt sich jetzt Christopher Chichester.

7. Februar 1983: Erhält kalifornischen Führerschein Nr. C309973. Zieht zwischen diesem Datum und dem 8. Februar 1985 in das Hinterhaus der 1920 Lorain Road in San Marino.

Ich war bis dahin noch nie in San Marino gewesen. Doch sobald ich mehr über diesen Ort in Erfahrung gebracht hatte, wurde mir klar, warum der Deutsche, der sich jetzt Christopher Chichester nannte, ihn ausgewählt hatte. Als »Garten der Lüste« titulierte die *New York Times* das Städtchen. In einem Artikel der *Los Angeles Times* von 1996 standen ein paar Zahlen über San Marino. Fläche in Quadratkilometern: 9,71. Einwohnerzahl: 12 959. Durchschnittsalter: 41,2. Durchschnittlicher Jahresverdienst pro Haushalt: 100 101 Dollar.

In dem Artikel hieß es:

San Marino, bekannt für seine großen Anwesen und das hohe Einkommensniveau, ist ein Städtchen der Superlative. Man muss sich nur eine der vielen Besonderheiten vor Augen halten: Der Name eines der Gründungsväter, des Eisenbahnmagnaten Henry E. Huntington, stand letztendlich in genauso vielen Grundbüchern von Los Angeles wie der des für die dortigen Grundstücke zuständigen Beamten. San Marinos erster Bürgermeister war George Patton, der Vater des gleichnamigen berühmten Generals aus dem Zweiten Weltkrieg. Als Junge schwamm Patton in Lake Vineyard, der zu einem 35 Hektar großen grünen Juwel namens Lacy Park umgestaltet wurde …

Das Leben folgt einem strengen Regelwerk, das einen privilegierten Lebenswandel gewährleistet: Ein Auto darf nicht länger als achtundvierzig Stunden in der Einfahrt parken. Pro Haus darf nur eine Familie leben, Mülltonnen dürfen von der Straße aus nicht sichtbar sein, Hausieren und Maschendrahtzäune sind strengstens untersagt. Der einzige Rettungsanker für die eine oder andere verlorene Seele mag da ein doppelter Espresso sein – das stärkste Getränk, das man in San Marino kaufen kann.

Im Herbst 2008 fuhr ich den Freeway 110 von Downtown Los Angeles bis ans Ende, wo er in eine normale Straße übergeht. Nachdem ich einen verwahrlosten Vorort von Pasadena hinter mir gelassen hatte, öffnete sich plötzlich der Himmel, die Vegetation wurde dichter, die Luft kühler und klarer. Die Straße verbreiterte sich zu einem sechsspurigen Boulevard. Schlagartig befand ich mich in einer anderen Welt – dem völligen Gegenteil zu der nur zwanzig Kilometer entfernten Metropole. San Marino schien aus einer anderen Zeit zu stammen. Es war ein makelloses kleines Städtchen wie aus einer Rückblende zurück in Norman Rockwells Amerika. Im Hintergrund ragten die San-Gabriel-Berge in die Höhe, überall standen Palmen und die Leute auf der Straße waren brave Bürger und Kirchgänger. Man fühlte sich in San Marino sehr viel sicherer als in dem ausufernden Stadtgebiet von Los Angeles, das ich hinter mir gelassen hatte.

Die äußerst hässlichen doppelstöckigen offenen Einkaufszentren, die ganz Los Angeles erobert hatten, gab es hier nicht. Stattdessen säumten kleine, ordentliche Tante-Emma-Läden und Unternehmen wie eine Tankstelle namens The Huntington (mit echten Tankwarten und keinen computergesteuerten Zapfsäulen), Diana Dees Geschenke, Carriage Trade Coiffeurs,

The Plantation House, die Reinigung Fashion Cleaners, The Collenetee Tanzschule (mit dem Schwerpunkt Ballett) und der Deluxe Schuhreparaturservice die Hauptstraße, den sogenannten Huntington Boulevard. Hier fand man alles – von Hautpflegeprodukten über Gesellschaftstanz und einer Maßschneiderei bis hin zu verschiedenstem Kunsthandwerk. An jeder zweiten Ecke gab es eine Kirche, wobei mir sofort der Christian-Science-Leseraum neben der First Church of Christian Science ins Auge sprang. Gegen Mittag zog es zahlreiche Einwohner in das Restaurant Colonial Kitchen, vor dem auf einem Schild stand: Ab 7 Uhr geöffnet, täglich wechselnde Menüs. Durch die Fenster des Lokals konnte ich lachende Bedienungen sehen, die zufrieden lächelnden Gentlemen Kaffee nachgossen, während diese vor ihrem englischen Frühstück saßen.

San Marino setzte auch mir ein Lächeln auf.

Das war also der Ort, in dem Christian Karl Gerhartsreiter seine erste, wahre Heimat in den USA fand. Etwa zur gleichen Zeit, als er hierherzog, verfasste ein Bürger das folgende Lied über den Ort:

I've heard of a town
Where millionaires stay
That's only 20 minutes outside of L.A.
They've got a Police Force, Fire Department
That they don't need
'Cause there's no crime, no riots, they're
Securitied

There're five limousines
In every carport
The schools are all so rich
They're teaching every sport

The streetlights burn all night
The trees are trimmed just right
What is its name?
San Marino

Hier also war Christopher Mountbatten Chichester 1981 gelandet. Er hatte seine Englischkenntnisse vervollkommnet und war nun bereit, seine bisher eindrucksvollste Identität auszuprobieren – aber nicht in Los Angeles, wo es Aufschneider an jeder Straßenecke gab, sondern hier, im Garten der Lüste, in San Marino.

Zuerst parkte ich vor dem Friseur Jann of Sweden, einem charmanten Geschäft an der Hauptstraße. Als ich eintrat, wähnte ich mich in einem Saloon statt in einem Friseursalon. Die Wände waren von oben bis unten mit Satteln, Bronzestatuen von Cowboys und Pferden, Jagdtrophäen von Hirschen und Rindern, Gitarren und Mandolinen, Rodeoschleifen und anderen Trophäen sowie unglaublich vielen Aufnahmen von einem blonden, bärtigen Cowboy auf sämtlichen Rose-Bowl-Paraden der letzten Jahrzehnte bedeckt.

Der Inhaber erschien. Es war ein riesiger Mann, der beinahe bis zur Decke reichte. Er trug ein knallrotes Westernhemd, ein Halstuch und Cowboystiefel aus Schlangenleder, in die er seine hautenge Jeans gesteckt hatte. Diese wurde von einem handgefertigten Ledergürtel mit einer riesigen silbernen Rodeoschnalle verziert. Sein langes Haar war schneeweiß. Man wusste nicht, wo es aufhörte und sein Bart anfing. Das Einzige, was ich klar ausmachen konnte, war sein gigantischer Walrossschnurrbart. Der Mann grinste breit und entblößte eine Reihe schiefer Zähne. Seine türkisblauen Augen leuchteten, als er sich vorstellte.

Jann Eldnor war 1971 in den USA angekommen. »Ich war

damals sehr gepflegt und sah wie Ross Perot aus«, erzählte er und bezog sich auf den Milliardär aus Texas, der einmal für das Amt des Präsidenten kandidiert hatte. Eines Tages war er mit einem Freund reiten gegangen, und daraus war rasch eine Leidenschaft entstanden. »Ich ließ meine Haare und den Schnurrbart wachsen und begann, meinen Friseurladen im Stil des Wilden Westen auszustatten. Kurz darauf war ich ein schwedischer Cowboy.« Seitdem fehlte er bei keiner Reitparade und ritt einmal sogar auf der Bühne der *Tonight Show* mit Jay Leno.

Als ich nach Christopher Chichester fragte, dröhnte er begeistert: »All right!« Das war sein Lieblingssatz, wie ich bald herausfinden sollte. »Genau dort hat er gesessen«, sagte er und zeigte auf einen alten Friseurstuhl, auf dem eine Plakette mit der Jahresangabe 1886 zu sehen war.

Jann schnitt seit 1972 ganz San Marino die Haare und kannte so gut wie jeden. Ich legte ihm kurz dar, was ich bisher wusste: Ein Einwanderer namens Christopher Chichester habe diesen Ort wegen seines ausgezeichneten Rufs auserkoren, da er hoffte, hier auf altes Geld und eine vornehme Gesellschaft zu stoßen. Ich wiederholte auch, was Elmer Kelln mir gesagt hatte: »Er wollte dort sein, wo sich reiche Leute aufhalten.« Aber Genaueres darüber, wie und wann Chichester eingetroffen war oder wo er gewohnt hatte, wusste auch Jann aus Schweden nicht.

»Ich glaube, er hat von einer Dame in der Bedford Road gelebt«, meinte Jann.

»*Von* einer Dame?«, wiederholte ich und glaubte einen Moment lang, dass diese Formulierung vielleicht auf sein Englisch zurückzuführen war und er in Wirklichkeit *mit* einer Dame meinte. Nein, versicherte er mir, *von* einer Dame sei völlig richtig. Die Damen in San Marino seien glücklich gewesen, ihn bei sich aufzunehmen. In ihm hätten sie einen jungen Mann gefunden, der nicht nur Geschmack besaß, wohlhabend und distinguiert wirkte, sondern in dessen Adern auch noch blaues Blut floss. »Er hat behauptet, dem englischen Königshaus zu entstammen und Christopher Chichester zu heißen.« Jann betonte den Nachnamen auf der ersten Silbe. »Obwohl er erst sechsundzwanzig war, benahm er sich wie ein Vierzigjähriger. Jedes Mal, wenn er eine neue Dame kennenlernte, begrüßte er sie mit einem Handkuss. Die Frauen glaubten, dass dieser Mann ein wahres Gottesgeschenk sei«, fuhr er fort. »Er benahm sich einfach tadellos. So *ganz* anders wie die meisten, die man hier trifft. Er konnte sich über die Börse, über Politik, einfach über alles unterhalten. Die Damen luden ihn in ihre großen Häuser ein und hatten immer ein Gästezimmer für ihn parat. Sie fütterten ihn durch und kleideten ihn auch ein.«

»Und wie haben Sie ihn kennengelernt?«, wollte ich wissen.

Jann hatte bereits von ihm gehört, ehe er ihn das erste Mal traf. Christopher war mehrmals in der Lokalzeitung zu sehen gewesen, stets mit Anzug und Krawatte gekleidet. »Ich dachte mir: ›All right, wer zum Teufel ist dieser Kerl? Dieser Chichester geht zu Gemeinderatsversammlungen und solchen Dingen.‹ Und plötzlich begann er dann auch, in den Clubs aufzutauchen.«

»Den Clubs?«, fragte ich.

»Dem City Club, dem Rotary und so weiter«, erwiderte Jann. »Ich kenne alle hier, und irgendwann hat jemand zu Chichester gesagt: ›Sie sind doch Brite. Da sollten Sie zu Jann zum Haare Schneiden gehen. Er ist auch Europäer.‹ Also kam er eines Tages in seinem Anzug hier vorbei und wollte sich die Haare schneiden lassen. Dabei erzählte er mir diese ganzen Geschichten: dass er ein Mountbatten sei und all das.«

Nicht nur sei er irgendein Mountbatten gewesen, fuhr Jann fort, sondern vielmehr der Neffe von Lord Mountbatten höchstpersönlich. Christian Gerhartsreiter hatte sich damit einen höchst imposanten Verwandten ausgesucht, wie jeder wusste, der die Biographie *Mountbatten* von Philip Ziegler gelesen hatte. Auf dem Buchumschlag steht:

Er kam 1900 auf die Welt. Seine Durchlaucht Prinz Louis von Battenberg, Großenkel von Königin Viktoria, Neffe des Zaren von Russland, Vetter des Königs von England. Als Lord Louis Mountbatten wurde er zum jungen Idol der britischen Marine und schließlich zu einem der drei Oberbefehlshaber der alliierten Streitkräfte während des Zweiten Weltkriegs (die anderen beiden waren Eisenhower und MacArthur) und hatte eine Viertelmillion Amerikaner unter seinem direkten Kommando. Zudem war er der letzte Vizekönig Indiens, der unter schwierigsten Umständen die indische Kolonie in die Unabhängigkeit entließ ...

Es war ein Leben, das sich beinahe jeder Beschreibung entzieht. Mountbatten hatte Macht über Millionen von Menschen auf der ganzen Welt. Doch dieser unerschütterliche Befürworter nationaler Souveränität und Demokratie war zugleich auch zutiefst royal geprägt: bester Freund seines Vetters, des Herzogs von Windsor, Onkel des Herzogs von Edinburgh und ausschlaggebend für dessen Ehe mit Elizabeth II., geliebter »Ehrengroßvater« von Prinz Charles.

Er war mondän, unverschämt gut aussehend und mit einer von Europas hübschesten und reichsten Erbinnen verheiratet ... Alles an ihm war überdimensional.

Und da war dieser junge Mann, der sich als Neffe dieses Mountbatten ausgab und zwar in einem winzigen Ort im südlichen Kalifornien. Niemand hatte Grund, ihm nicht Glauben zu schenken, denn alles an ihm – seine Kleidung, sein Akzent, seine Bildung und sein Charme – schien echt zu sein.

Jann zeigte auf seinen alten Friseurstuhl. »Seit 1886 haben da viele Idioten gesessen«, sagte er und verriet noch im gleichen Atemzug, dass er dies jedem neuen Kunden erklärte. Dann machte er eine einladende Geste, als wollte er sagen: »Setz dich, und probiere, wie es sich anfühlt.« Ich ließ mich nicht zweimal bitten, und kurz darauf fuhr Jann fort. »Also begann dieser Chichester, zu mir zu kommen – mindestens zweimal im Monat. Wie viele andere erzählte er mir dabei von den Dingen, die ihm widerfahren waren, von seinen Problemen. Meine Kunden wissen, dass ich ihnen zuhöre. Die benutzen mich manchmal fast wie einen günstigen Therapeuten oder einen Barkeeper.«

Ich sank immer tiefer in den alten, knarrenden Stuhl, der weich und gemütlich war. Jann hatte ebenso wie die anderen Bewohner von San Marino eine verdammt spannende Geschichte zu erzählen.

Ein junger Mann, der es sich zum Ziel gesetzt hatte, in die höchste Gesellschaft von San Marino vorzustoßen, hätte es schlechter treffen können, als sich mit Kenneth Veronda zu befreunden. Er gehörte zu den Honoratioren der Gemeinde und war seit 1961 Direktor der Southwestern Academy – einer exklusiven Privatschule in San Marino, die Verondas Vater Maurice bereits 1924 gegründet hatte. Als Direktor geleitete Kenneth Veronda, der in Stanford studiert hatte, unzählige junge Männer und Frauen ins Erwachsenenleben und zwar sowohl mit Hilfe des rigorosen Lehrplans als auch durch seine intelligente und verständnisvolle Schulleitung.

Eines Tages zu Beginn der achtziger Jahre trat ein junger

Mann namens Christopher Chichester in Verondas kleines Büro in einem altmodischen Häuschen auf dem makellos gepflegten Gelände der Southwestern Academy.

»Er war neu, und jemand hatte ihn zu mir geschickt, um herauszufinden, wie er sich bei uns einbringen könnte«, erinnerte sich Veronda, ein beleibter, freundlicher Herr, der hinter einem riesigen Schreibtisch voller Papiere saß. Ich nahm ihm gegenüber Platz, auf dem gleichen Stuhl, auf dem auch Christopher Chichester vor vielen Jahren gesessen hatte. Es fiel mir nicht schwer, mir den gut gekleideten Neuling in diesem Büro vorzustellen – wie er mit diesem zuvorkommenden, gastfreundlichen älteren Mann sprach und ihn in wenigen Sekunden für sich eingenommen hatte. »Er sagte, er gehöre der Chichester-Familie aus England an. Seine Mutter verbringe ihre meiste Zeit auf einem Familienanwesen in der Schweiz, und er sei hierhergekommen, um an der USC Kommunikations- oder Fernsehwissenschaft zu studieren. Er wirkte recht bescheiden und meinte: ›Oh ja, wir gehören dem britischen Adel an, aber ich bin nur ein armer Verwandter.‹«

Jeder in San Marino hieß ihn mit offenen Armen willkommen, insbesondere Veronda, was für den jungen Mann eine Eintrittskarte in diese neue Welt bedeutete. »Ich lud ihn zu einem Treffen der Wirtschaftskammer ein, zu einem Nachmittag des Kennenlernens und des Informationsaustauschs. Es waren etwa fünfzig Leute da«, berichtete Veronda. »Als Nächstes wollte er dem Rotary Club beitreten. Er nahm an den wöchentlichen Mittagessen teil. Natürlich war er wesentlich jünger als die meisten anderen, die fünfzig oder älter waren. Neue Mitglieder des Clubs müssen an einem Tisch weiter hinten sitzen, der übrigens mein Lieblingstisch ist. Chichester war stets gut gekleidet und trug elegant geschnittene englische Anzüge, Hemden und Krawatten. Er war auch sehr höflich und zuvorkommend. Aber bei diesen Treffen gab es kaum Gelegenheit, sich richtig zu unterhalten. Sobald man seinen Teller am Buffet bekommen hat, geht man zum Geschäftlichen über. Ankündigungen werden vorgelesen, dann folgt das Abendprogramm, und am Schluss wird ein Vortrag gehalten.«

Schon bald sollte Christopher Chichester zu einem Stammgast der Clubs und der Gemeinderatssitzungen sowie auf den Partys der Reichen werden, die sich allesamt glücklich schätzten, ein Mitglied des englischen Königshauses zu ihren Bekannten zählen zu dürfen.

»San Marino ist in drei Bereiche geteilt«, erklärte Jann Eldnor. »Da gibt es Super-Marino auf dem Hügel, mit Villen ab fünf Millionen Dollar. Dann der flache Teil mit seinen schönen großen Häusern für Ärzte und ähnliche Leute und schließlich die Vororte, wo die Häuser günstiger sind – für Ingenieure, Lehrer und diejenigen, die weniger verdienen.« Wir fuhren in Janns Auto durch den Ort. Ich hatte in seinem Salon auf ihn gewartet, bis er seinen Wagen holte. Es war ein großer weißer GMC-Pick-up mit knatterndem Motor und voller Pferdemist. Wie alles an Jann passte auch das Auto nicht hierher. Aber der schwedische Cowboy galt schon seit langem als Exzentriker, von dem die Leute fast erwarteten, dass er sie überraschte.

»Ehe ich diesen Truck kaufte, hatte ich einen roten mit den Hörnern eines Texas-Langhornrinds vorne am Kühler«, erzählte er. »Hinten im Wagen hatte ich immer eine doppelläufige Flinte und einen Ballen Heu auf der Rückbank – so als Dekoration. Die Cops hielten mich dauernd an und fragten: ›Jann, ist die Flinte geladen?‹ Und ich gab zurück: ›Was soll ich mit einer leeren Flinte anfangen?‹« Er lachte und verriet mir, dass sie nie geladen war. Sie hatte in seinen Augen einfach nur gut ausgesehen.

Ich stieg ein, und Jann fing wie immer zu erzählen an. Wir fuhren durch die Straßen des flachen Teils von San Marino und hatten die günstigste Gegend bereits hinter uns gelassen. Jann wollte nach Super-Marino, wo die Reichen lebten. Als wir durch die bereits gediegen wirkenden Straßen kurvten, meinte er: »Die Häuser hier sind größer und schöner, so ein oder zwei Millionen Dollar wert. Aber hier ist nicht das *große* Geld, das *alte* Geld zu Hause. Chichester hätte hier nur die Nase gerümpft. Er wollte nur etwas mit den *richtigen Leuten*, den *Reichen* zu tun haben.«

Als der Pick-up die Ausläufer der San-Gabriel-Berge erklomm, wurden die Häuser größer und imposanter. Ich konnte ein Lächeln unter Janns Weihnachtsmannbart erkennen. Jetzt befanden wir uns also in jener edlen Welt, auf die Christopher Chichester so scharf gewesen war.

Super-Marino beginnt mit der Huntington Library, dem zweihundertsieben Hektar großen ehemaligen Anwesen von Henry Huntington, dem Eisenbahnmagnaten und Stadtgründungsvater. Heutzutage befindet sich dort eine Kunstgalerie, ein botanischer Garten und eine Forschungsbibliothek mit mehr als sechs Millionen seltenen Büchern und Manuskripten, die Huntington aus aller Welt zusammentrug.

Es leuchtete mir ein, dass sich Chichester einen Ort mit einer der bedeutendsten Bibliotheken der Vereinigten Staaten ausgesucht hatte. Bibliotheken hatten stets eine wichtige Rolle in seinem Leben gespielt. Er verbrachte viel Zeit dort, um zu lernen, wie er jemand anderer werden konnte.

Die Huntington Library erinnerte mich an San Simeon nördlich von L A an der Küste, wo das mehrstöckige Hearst Castle des Zeitungsmagnaten William Randolph Hearst steht. Das sagte ich auch Jann. »Huntington war *bedeutender* als Hearst. All right?«, erwiderte er stolz. »Ihm gehörte die Pacific Railroad, er hatte Ranches in Australien, im Staat von Washington – einfach überall. Er reiste nach England und riss sich dort ganze Bibliotheken unter den Nagel, um sie nach San Marino zu bringen.«

Wir fuhren auf das Haus zu, das Chichester als seine erste Adresse in San Marino angegeben hatte: 1405 Circle Drive. Laut Jann war das hier nicht nur Super-Marino, sondern Super-Super-Marino, sozusagen der absolute Höhepunkt des Ortes. »Ich weiß nicht, wo er anfangs gewohnt hat. Niemand ist sich da sicher«, sagte er. »Er war vorher wohl in einem Motel abgestiegen oder so.« Natürlich nicht in einem Motel in San Marino, fügte er hinzu. Hotels und erst recht die billigeren Motels waren hier nicht erlaubt. Mit größter Wahrscheinlichkeit hatte sich der junge Einwanderer in dem relativ gewöhnlichen Pasadena, in San Gabriel oder Alhambra eingemietet – nur wenige Autominuten von hier entfernt, aber trotzdem eine andere Welt als das hübsche, grüne San Marino.

Jann hatte bisher Chichesters Adresse im Circle Drive nicht gekannt und wollte sie genauso sehen wie ich. Circle Drive formte einen Halbkreis auf einem hohen Hügel, und die Anwesen dort hatten einen privilegierten Blick auf ganz San Marino. Die Adresse kannte ich von einem der Dokumente, die mir gegeben worden waren. Das Grundstück war riesig – das größte an einer Straße mit großen Grundstücken. »All right!«, rief Jann, als wir davor standen. Chichester hatte wahrscheinlich im Gästehaus im hinteren Garten in der Nähe des Swimmingpools und des Tennisplatzes gewohnt – wenn er überhaupt hier gewesen war.

Aber wenn er nicht hier gewohnt hatte, wo hatte er sich dann niedergelassen? Jann konnte mir diese Frage auch nicht beantworten. Doch schon am nächsten Tag sollte ich jemanden kennenlernen, der das konnte.

Nach meinem Ausflug mit Jann besuchte ich eine der älteren Damen von Super-Marino, die sofort von Chichester eingenommen waren. »Ich lernte ihn in der Kirche kennen«, erzählte die Frau. »In der Church of Our Saviour. Er war *so* liebenswert. Wir saßen auf der Terrasse und tranken nach dem Sonntagmorgengottesdienst Kaffee, als er zu uns stieß und sich vorstellte.«

Die Church of Our Saviour lag jenseits der Grenzen von San Marino im benachbarten San Gabriel, stellte aber einen festen Bestandteil des Lebens der Episkopalkirchenanhänger von Super-Marino dar. Sie war von General George Patton Senior gegründet worden, dessen Sohn als Statue in Reithose im Garten verewigt worden war.

Kaum jemand beachtete Chichester, als er das erste Mal in der Church of Our Saviour erschien und in der vordersten Kirchenbank Platz nahm. Aber nach dem Gottesdienst überreichte er jedem der Kirchengänger, die sich alle zum Kaffee auf der Terrasse trafen, eine Visitenkarte.

Christopher Chichester XIII, Bt.
SAN MARINO, KALIFORNIEN
SAN RAFAEL, KALIFORNIEN

Bt. stehe für Baronet – also für einen britischen Adelstitel, erzählte er, falls ihn jemand danach fragte. Die römischen Ziffern bedeuteten, dass er der dreizehnte Baronet sei. (Wenn die Einwohner von San Marino motiviert genug gewesen wären, sich in die Materie etwas einzulesen, hätten sie vermutlich herausgefunden, dass der elfte Baronet, Sir Edward John Chichester, noch am Leben war und der dreizehnte deshalb nicht existieren konnte.)

Die Visitenkarte wurde gekrönt von dem Familienwappen, einem Silberreiher, der einen Aal im Schnabel trug, und dem Familienmotto: *Firm en foi*. Für Neugierige übersetzte er: »Standhaft im Glauben.«

Bald schon ging der junge Baronet nicht nur jeden Sonntag zur Church of Our Saviour, sondern war auch in Arbeitskreise eingebunden und half, den Altarraum für die Gottesdienste vorzubereiten. Er war so ruhig, so ehrerbietig und so offensichtlich allein, dass sich diverse weibliche Gemeindemitglieder verpflichtet fühlten, ihn aufzunehmen. Zu ihnen gehörte auch Betty Woods, eine Mutter, die zwar nicht zu den Super-Marinos gezählt wurde, aber durchaus gutsituiert in San Marino lebte. Sie lud Chichester zum Frühstück und bald darauf auch zum Mittagessen ein. Kurz darauf fragte sie ihn, ob er nicht den Heiligabend mit ihrer Familie verbringen wolle. »Ich nehme über Weihnachten gern Streuner bei uns auf«, erklärte sie.

Jedes neue Mitglied der Church of Our Saviour bekommt Informationsmaterialien überreicht. Unter anderem erfährt man so Folgendes:

Die Menschen werden Sie willkommen heißen … weil der gemeinsame Gottesdienst zu einer großen Familie führt. Eines der vielen Geschenke, die uns der Gottesdienst gibt, ist nicht zuletzt die Gemeinschaft. Um uns sitzen unvollkommene, schwierige, wunderbare Menschen, die sich auf dem gleichen Weg wie wir selbst befinden. Auch sie versuchen, einen Sinn in diesem Leben zu erkennen und an sich zu arbeiten. Sie suchen nach Herausforderungen, um an ihnen zu wachsen und die Welt zu verbessern. Bei uns werden Sie Herzensfreunde finden, um sich mit ihnen viele Jahre lang auf eine Reise zu begeben, indem Sie mit ihnen zu Abend essen, spazieren gegen oder im Kreis der Familie kochen.

Niemand erlebte die Einwohner von San Marino und die Gemeinde der Church of Our Saviour wohl gastfreundlicher als Christopher Chichester. Insbesondere die Witwen. Ich unterhielt mich mit mehreren von ihnen, und sie erzählten mir, dass Chichester regelmäßig die Kirche besucht habe. Oft ging er um halb acht zum Morgengottesdienst und um halb zwölf zum Mittagsgottesdienst, gefolgt von den Heilsgebeten. Danach gab es Kaffee und Kuchen.

»Ich lernte ihn in der Church for Our Saviour kennen. Nach dem Gottesdienst gesellte er sich zu uns auf die Terrasse und unterhielt sich. Er sah stets blendend aus und war sehr zuvorkommend und freundlich«, berichtete Meredith Bruckner, eine langjährige Bewohnerin von San Marino. »Er hatte eine sehr gepflegte Aussprache und war immer an anderen Menschen interessiert. Er trug einen marineblauen Blazer mit einem Wappen, aber es war kein Familienwappen, sondern nur das Wappen des Herstellers auf der Brusttasche. Er sah immer elegant aus. Wenn man möchte, dass einen die Leute von San Marino in ihrer Mitte aufnehmen, muss man elegant aussehen. Sobald ihn die tonangebenden Mitglieder auf der Terrasse angenommen hatten, wurde er von jedem in San Marino akzeptiert. Die Leute waren alle nett zu ihm.«

»Der gute Christopher konnte über Gott und die Welt plaudern«, fuhr sie fort. Seine Vielseitigkeit habe sich am deutlichsten gezeigt, wenn sie Trivial Pursuit spielten. Meredith Bruckner behauptete, Christopher Chichester hätte eigentlich *immer* gewonnen.

Das war vermutlich nicht leicht. Aber wenn jemand einen Crashkurs über Amerika anhand eines Brettspiels absolvieren müsste, dann wäre Trivial Pursuit bestimmt ein gutes Hilfsmittel. Ich stöberte die eine oder andere Trivial-Pursuit-Frage aus jener Zeit auf, zu der Chichester gespielt hatte:

Wie lautete Rhodas Mädchenname? (Morgenstern)

Wie viele Tage lagen zwischen dem Attentat auf John F. Kennedy und der Ermordung Lee Harvey Oswalds? (2)

Wie viele Staffeln von *Gilligan's Island* gab es ursprünglich? (3)

Was legten sich 100 000 ihres Aussehens unsichere Amerikanerinnen im Jahr 1980 200 000 Mal zu? (Brustimplantate)

Der junge Mann war allerdings nicht nur gut, wenn es um Brettspiele ging. Ein Brief, den Chichester später an einen Freund verfasste, zeigte auch sein Wissen über die Klassiker der Literatur. »Bin sehr froh, dass du dich mit Shakespeare beschäftigst«, schrieb er. »Wohl der beste Schriftsteller aller Zeiten! Richard II. und Richard III. gehören zu meinen Favoriten. Natürlich stehe ich dir jederzeit zur Verfügung. Falls du etwas brauchst, lass mich einfach das Stück, den Akt, die Szene und die Zeilennummer wissen, und ich gebe dir gerne Auskunft.«

»Er wusste über alles Bescheid«, schwärmte Meredith Bruckner über Chichester. »Er kannte sich mit Sport aus, dem Theater, mit Filmen … Er besaß einfach ein unschlagbares Allgemeinwissen. Er war fantastisch … Und so ein Charmeur! Er war ein ausgesprochen charmanter Zeitgenosse.«

Chichesters Ansehen stieg noch einmal gewaltig, als 1982 eine Geschichte in der Lokalzeitung erschien. Ein Reporter wollte herausgefunden haben, dass es sich bei dem jungen Mann, der erst vor kurzem nach San Marino gezogen war, um einen Nachfahren von Sir Francis Chichester handle, jenem legendären Abenteurer, der 1967 von Elizabeth II. zum Ritter geschlagen worden war, weil er allein die Welt umsegelt hatte. Eine Frau erinnerte sich daran, wie ihr Christopher stolz den Artikel zeigte. Dann errötete er und fügte hinzu, dass ihm die ganze Aufmerksamkeit, die der Artikel ihm und seinem berühmten Verwandten schenkte, doch sehr peinlich sei.

»Wir alle dachten: ›Wow! Wie aufregend! Es ist alles also wahr!‹«, erzählte sie. Sein regelmäßiges Auftauchen in der Lokalzeitung machte ihn bald zum Stadtthema und zu einem begehrten Gast. Auch in San Marinos öffentlicher Bibliothek, wo er einen Großteil seiner Zeit verbrachte, wurde er gerne gesehen. Ehrenamtliche Mitarbeiter pflegten ihn des Öfteren zu fragen: »Sind Sie wirklich mit Sir Francis Chichester verwandt?«, woraufhin er ihnen gerne und ausführlich Auskunft gab.

Wie es der Zufall wollte, wurde zu jener Zeit oft ein Song der Dire Straits im Radio gespielt. Er hieß »Single-Handed Sailor« und handelte von Sir Francis Chichester und seiner 226-tägigen Reise, die in Plymouth in England begann und endete. Nur einmal lief er zwischendurch einen Hafen an, in Sydney. Wie konnten die Bewohner von San Marino anders, als Chichesters Enkel ebenfalls als potentiellen Helden einzustufen, nachdem sie das Lied gehört hatten?

»Ich wurde nach der Stadt Chichester in England benannt«, verkündete er einer Frau gegenüber nach einem Gottesdienst am Mittwochabend.

»Chris, da war ich schon mal!«, rief sie aus, und sie tauschten Erinnerungen über die historische Stadt aus, die vor allem für ihre Kathedrale aus dem elften Jahrhundert bekannt ist.

»Was für ein Zufall! Ich habe erst vor kurzem die Kathedrale geerbt«, erklärte Chichester. »Ich habe sogar in Erwägung gezogen, sie in die USA versetzen zu lassen. Aber keine Gemeinde war bereit, ein solches Projekt mitzutragen.«

Die Frau dachte offensichtlich weder an die gewaltigen Schwierigkeiten, die der Umzug eines solchen mittelalterlichen Gebäudes tatsächlich mit sich bringen würde, noch an die offensichtlich abstruse Idee, dass ein derart bedeutendes historisches Monument einer einzigen Familie gehören sollte.

»Oh, Chris, wäre es nicht wunderbar, wenn wir die Kathedrale nach San Marino bringen könnten?«, schlug sie vor und fügte hinzu, dass sie ein Grundstück besäße, das einen idealen Standort bieten würde.

»Ich werde sicherlich jegliche Angebote in Betracht ziehen«, erwiderte Chichester.

Am Tag darauf sprach die Frau mit dem Bürgermeister von San Marino, schwärmte von der Kathedrale und erklärte, dass sich San Marinos illustrer neuer Einwohner bereiterklärt habe, diese nach Kalifornien zu bringen. Sie würde der Huntington Library als Sehenswürdigkeit echte Konkurrenz machen. »Es muss doch möglich sein, dass wir das schaffen!«

»Nicht wenn wir es selbst bezahlen müssen«, lautete die Antwort.

»Verstehe. Nun gut, Chris hat viel Geld«, behauptete sie. Doch als sie die Angelegenheit das nächste Mal mit Christopher besprechen wollte, meinte er nur noch, er glaube leider nicht, dass seine Eltern ihn eine derart große Summe für ein solches Unterfangen aus seinem Treuhandfond entnehmen lassen würden.

Ganz gleich was die Bewohner von San Marino im Nachhinein auch sagen mochten – es war offensichtlich, dass sich die meisten von ihnen mehr als bereitwillig von Christopher Chichester täuschen ließen. Eines Nachmittags war ich mit einigen der wichtigsten Damen der Gegend zum Tee eingeladen. Wir saßen auf Chintz-Stühlen in einem riesigen Wohnzimmer, das zu einer der Villen von Super-Marino gehörte. »Hier in der Straße gibt es sehr viel Geld«, erklärte die Hausherrin. »Zwei Häuser weiter wohnt ein Milliardär, nebenan ein Millionär und auf der anderen Straßenseite gibt es einen weiteren Milliardär.«

Die Frauen waren ausgesprochen freundlich und großzügig. Sie waren zudem fest entschlossen, auch höflich zu bleiben, selbst als wir zum Thema Christopher Chichester kamen. Eine von ihnen erklärte, dass sie ihn fast jeden Mittwoch zur Church of Our Saviour gefahren habe. Weil sein alter Plymouth Arrow nur noch selten ansprang, hatten es die Ladys von Super-Marino auf sich genommen, ihn durch die Gegend zu kutschieren. Wenn sie ihn abholte, fuhr die Dame fort, habe er vor einem wunderschönen Anwesen in Super-Marino auf sie gewartet, und wenn sie ihn wieder zurückfuhr, meinte er stets: ›Ach, Sie müssen mich nicht bis vors Haus fahren. Lassen Sie mich einfach an der Ecke raus.« Dann stieg der junge Mann aus ihrem Cadillac und verschwand. Nach einem Jahr wusste sie immer noch nicht, wo er genau wohnte.

Eine andere Dame erzählte: »Wir gaben eine Annonce in der *San Marino Tribune*, unserer Lokalzeitung, auf, in der wir nach Freiwilligen suchten, um die High School zu streichen«, berichtete sie. Solche Aktionen sind typisch für San Marino. Die Bewohner und die Geschäftsleute spenden meist alle großzügig für einen guten Zweck. In diesem Fall brachten Mütter den Anstreichern ein Mittagessen zur High School, und ein Mann stellte sogar eine Jukebox mit Musik aus den fünfziger Jahren vor der Schule auf, damit es den Leuten nicht langweilig wurde. Die meisten fanden es einfach großartig, als sich Christopher Chichester, ein echter Baronet und Spross der Mountbatten-Familie, für eine solche handwerkliche Arbeit freiwillig meldete.

»Ich stellte ihn allen vor«, fuhr die Frau in einem bedauernden Tonfall fort. »Ich fragte: ›Kennen Sie schon Christopher Chichester?‹ Alle waren so freundlich zu ihm! Er hat durch die Malaktion *sehr viele* Leute kennengelernt. Was besaß er doch für gute Manieren! Und er sah stets so adrett aus. Es gab nichts, was einen Verdacht begründet hätte.« Sie stellte ihre Teetasse auf dem Tisch ab, und ich glaubte für einen Moment, dass sie nun die Contenance verlieren und sich kritischer über Chichester auslassen würde. Doch dem war nicht so. Sie meinte nur: »Er war kein sehr guter Anstreicher.«

Nachdem Chichester mitgeholfen hatte, die High School zu streichen, hatte er Zugang zum bedeutendsten gesellschaftlichen Ereignis in San Marino: zur sogenannten Vater-Nacht. Die Väter des Ortes – hauptsächlich führende Politiker und Geschäftsleute – traten dabei in einem Musical auf. Es war seit 1932 Tradition, und die Produktion von 1982 wurde von hundert der prominentesten Männer des Ortes auf die Beine gestellt. Sie spielten verschiedene Szenen aus Broadwayklassikern wie *Cabaret, Guys and Dolls* oder *The Music Man* mit speziell auf San Marino abgeänderten Texten (»You got trouble, my friend. I say trouble. Right here in San Marino!«). Um den Unterhaltungswert noch zu steigern, traten viele der Männer in Frauenkleidung auf.

Ganz San Marino war nach der Vater-Nacht begeistert. Geschäfte gaben Annoncen in der Lokalzeitung auf, in denen sie »Hals- und Beinbruch!« wünschten oder verkündeten: »Wir haben schon gespendet.« Auch die Frauen, mit denen ich beim Tee saß, versicherten mir begeistert, dass die Veranstaltung stets einem guten Zweck diene. Es handle sich um die größte Spendenaktion der Stadt für San Marinos City Club, der wiederum die örtlichen Wohltätigkeitsvereine und den Elternbeirat unterstützt. Es war zudem meine Gastgeberin, die diese Vater-Nacht üblicherweise organisierte. Doch 1982 übernahm Chichester die Führung und bestand darauf, dass diesmal er für alles zuständig sein würde. Er kenne sich gut mit Computern aus, meinte er, und würde alles elektronisch regeln, was den Verwaltungsaufwand ungemein verringern würde.

Doch als es dann tatsächlich losging, sah sich Chichester einem riesigen Papierberg gegenüber. Da gab es Produktionsnotizen, Texte und Besetzungslisten, und er gab bereits auf, ehe er auch nur das Geringste getan hatte. Ohne weitere Erklärung tauchte er bei der ersten Probe auf und erwartete offensichtlich, in der Show eine Rolle zu übernehmen. »Ich schlug vor: ›Steckt ihn doch in ein Hundekostüm‹«, erinnerte sich meine Gastgeberin. Und dementsprechend kam der illustre Baronet an jenem Abend auch wirklich als Hund auf die Bühne. Seine Rolle bestand darin, einen Hydranten anzupinkeln.

»Er war eine echte Niete«, meinte sie. Endlich gab es einen Riss in ihrer sonst so makellos freundlichen Fassade. Sie deutete auf ihre beiden Freundinnen, die ihr Chichester vorgestellt hatten, und wiederholte: »Ich habe ihnen gesagt, dass Chichester eine Niete ist. Aber sie behaupteten immer wieder: ›Oh nein! Er ist wunderbar!‹« Sie schüttelte den Kopf. »Diese beiden alten Jungfern sind zu viel zu leichtgläubig. Sie schließen einfach jeden ins Herz. Jeder ist perfekt, und schlimme Dinge passieren nicht. Die Welt ist genau so, wie sie sein soll, glauben sie. Wir haben nie eine Atombombe abgeworfen, und es hat noch nie eine Katastrophe oder einen Krieg gegeben.«

Ich warf einen Blick auf die zwei alten Jungfern mir gegenüber, die gerade diese Breitseite hatten einstecken müssen. Doch sie lächelten weiter vor sich hin, während unsere Gastgeberin ungeniert mit ihrer Tirade fortfuhr. Sie zeigte auf eine der beiden, die angeblich zu ihren besten Freundinnen gehörte. »Ich habe sie eines Morgens angerufen und gesagt: ›Bei uns hat gestern Nacht der Blitz eingeschlagen!‹ Sie meinte einfach nur: ›O je! Uns hat er verschont.‹ Wir waren einfach die naivste Stadt von ganz Amerika mit den leichtgläubigsten Menschen, die man sich vorstellen kann. Wir sind ihm bereitwillig auf den Leim gegangen. Nur so hat er es hier geschafft.

Ich komme ursprünglich aus San Francisco und war zuerst gar nicht begeistert, als ich nach San Marino umzog. Ich dachte: ›Wer lebt denn freiwillig in diesem flachen Kaff?‹« Sie machte eine ausladende Geste in Richtung ihres Gartens und der dahinterliegenden Berge. »Sehen Sie? Ich habe den größten Hügel ausgesucht, den ich finden konnte. Aber die Leute hier, die waren so nett. San Marino besaß viel Charme. Und genau das ist auch der Grund, warum es dieser Christopher Chichester hier geschafft hat. Heute ist San Marino nicht mehr so wie früher.«

Heutzutage ist der Ort weniger in sich geschlossen und fühlt sich nicht mehr so stark als eine Gemeinschaft, wie das zu Beginn der achtziger Jahre gewesen war. Etwa die Hälfte der Einwohner ist heute asiatischer Abstammung – hauptsächlich wohlhabende Taiwaner, die während der achtziger und neunziger Jahren San Marino wegen seiner erstklassigen Schulen, die zu den besten von ganz Kalifornien zählen, und seines Kleinstadtcharakters für sich entdeckten.

Die Ladys waren sich einig, dass sich während der letzten fünfundzwanzig Jahre vieles geändert hatte. Die Zeit des Vertrauens, der Offenheit und der Unschuld war vorbei, und das lag nicht allein an den demographischen Veränderungen. Ein Großteil hatte auch das rätselhafte Verschwinden eines jungen Mannes bewirkt, den alle nur als Christopher Chichester gekannt hatten.

Nach dem Teetrinken nahm mich Peggy Ebright, eine der leichtgläubigen Jungfern und zudem eine aufgeweckte blonde Frau, mit zu sich nach Hause. In ihrem schönen Heim reichte sie mir einen vergilbten Zeitungsartikel und einige Inszenierungspläne.

Der Artikel war aus der *Pasadena Star News* vom 15. Januar 1984. Es handelte sich um die Klatschspalte, in der über eine Party bei Joyce und Howard Monroe berichtet wurde. Die Gastgeber waren Eigentümer des Morrow Nut House, einer amerikanische Kette, die geröstete Nüsse vertrieb. Sie hatten 40 000 Dollar gespendet, um 22 olympische Athleten aus San Marinos Namensvetter, dem Kleinstaat mit knapp 40 000 Einwohnern im italienischen Apennin, nach Kalifornien bringen zu lassen. Während der Olympischen Spiele 1984 in Los Angeles wurden sie von den Bewohnern von San Marino liebevoll aufgenommen und versorgt.

Laut Zeitungsartikel besuchten 150 Gäste die Party der Morrows. Das Essen und die Getränke bestanden vor allem aus »Champagner und Nüssen, Nüssen und noch mehr Nüssen«, wie der Klatschreporter schrieb. Aber die Gastgeber selbst schienen an jenem Abend dennoch nicht im Rampenlicht zu stehen:

Ein weiterer Gast war Christopher Chichester, ein ehemaliges Mitglied des englischen Adels und Enkel des legendären Seglers, Sir Francis Chichester. Christopher Chichester hat inzwischen die amerikanische Staatsbürgerschaft angenommen und lebt in San Marino.

»Ich war es, der Howard Morrow mit den Spendensammlern für das Olympische Team der Republik von San Marino in Kontakt brachte«, erklärte Chichester, dessen Mutter eine Baufirma im *anderen* San Marino besitzt.

Peggy Ebright holte noch mehr Zeitungsartikel heraus – darunter auch eine Werbeanzeige voller Sterne und gezeichneter Scheinwerfer, die den folgenden Text beleuchten sollten: »Was ist gerade wichtig? Verpassen Sie nicht *Inside San Marino*, um das herauszufinden. Um 19 Uhr auf Kanal 6 Cable Vision. *Inside San Marino* ist eine Produktion der Gipsy Moth Production.« Gipsy Moth hieß zufälligerweise auch das Schiff, mit dem Sir Francis Chichester die Welt umsegelt hatte.

Man schrieb das Jahr 1984, und Kabelfernsehen war groß im Kommen. Der Stadtrat von San Marino vergab die ersten Kabelfernsehrechte an einen Autohändler in Pasadena, der hauptsächlich Werbung für sein Geschäft machte. Die erste Bedingung für den Neueinsteiger im Fernsehgeschäft war es, Lokalnachrichten zu senden. Als Christopher Chichester zwischen Kirchenveranstaltungen, Gemeinderatssitzungen und diversen Clubs und Gesellschaften hin und her eilte, hörte er eines Tages auch vom Kabelfernsehen und wollte sich die Gelegenheit nicht entgehen lassen.

Kurz darauf klingelte bei Peggy Ebright das Telefon.

»Hallo, Peggy. Hier ist Christopher Chichester.«

»Oh hallo, Chris«, begrüßte sie ihn. Selbstverständlich wusste Peggy, wer er war. Mittlerweile kannte in San Marino jeder diesen Christopher Chichester. Er war allgegenwärtig. Er erzählte ihr eine aufregende Neuigkeit. Das Kabelfernsehen werde in San Marino Einzug halten. Ihm solle die Ehre zuteilwerden, die erste Sendung zu produzieren, und er bat sie, diese zu moderieren.

»Peggy, das liegt Ihnen im Blut«, versicherte er ihr. Und er hatte Recht. Peggy war stets adrett gekleidet und erhielt bei Theateraufführungen regelmäßig die Doris-Day-Rollen. Das lag daran, dass sie wie Doris Day aussah und sich auch wie diese gab: stets heiter und gut gelaunt. Peggy sei perfekt für seine Sendung, die hauptsächlich aus Gesprächen bestehen werde, erklärte Chichester. Einen Namen habe er auch schon und zwar *Inside San Marino*. Sie werde das Gesicht der Sendung sein, während er im Hintergrund die Strippen zöge.

»Chris, das hört sich fantastisch an! Natürlich bin ich mit von der Partie!«, rief Peggy begeistert.

Als sie jetzt in ihrem Wohnzimmer saß, lachte Peggy Ebright immer wieder. Ihre Fröhlichkeit durchzog unser gesamtes Gespräch, und ihr sonniges Gemüt ließ sich auch von mir, dem Fremden, nicht im Geringsten verstören. »Wir konnten uns einfach nicht vorstellen, dass jemand nicht die Wahrheit sagt«, erklärte sie. »Hier in San Marino? Unmöglich!«

Sie wurde tatsächlich zum Gesicht von *Inside San Marino*.

Obwohl es sich nur um eine Drei-Mann-Produktion – Christopher Chichester, Peggy Ebright und ein Student als Kameramann – mit minimalem Budget und verschwindend geringen Einschaltquoten handelte, verfolgte Chichester das Projekt mit dem gleichen Elan, den er stets an den Tag legte. Er gab sein Bestes. »*Inside San Marino* – 19 Uhr auf Kanal 6 der American Cable Vision« war auf Chichesters mittlerweile vergilbten Werbeanzeige in der Lokalzeitung zu lesen, die mir Peggy Ebright gegeben hatte. Er entwarf den genauen Zeitablauf und überreichte ihn jedes Mal Peggy, wenn sie ihn mit ihrem Auto zu den Dreharbeiten fuhr. Sie trafen sich mit dem Kameramann und eroberten die Büros und Spielplätze der Elite von Super-Marino.

Chichester organisierte die Einladung der Gäste. »Wunderbar, also um 10 Uhr bei Ihnen«, glaubte man ihn beinahe zu der Frau des Bürgermeisters, dem Leiter der Bibliothek oder dem Museumskurator sagen zur hören. »Kleiden Sie sich wie immer. Es gibt keinen Grund, nervös zu sein. Sie sind für so etwas wie geboren.«

Die Gäste genossen die Aufmerksamkeit, obwohl sie die Sendung so gut wie nie ansahen. Damals kümmerte sich noch niemand um das Kabelfernsehen, und *Inside San Marino* war nicht gerade eine solche Attraktion, dass man jemanden dazu gebracht hätte, sein Geld in das neue Medium zu investieren. Aber wie konnte man dem hinreißenden, kultivierten, liebenswürdigen Chris widerstehen? Viele in San Marino wollten Christopher Chichester bei allem, was er tat, tatkräftig beistehen. Zudem sah er so unglaublich gut aus – als wäre er ein aufsteigender Stern am Entertainment-Himmel. An den Drehtagen ließ er sein Ivy-League-Jackett zu Hause und trug stattdessen lässige LA-Klamotten in Form von weißen Jeans, einem Pullover mit V-Ausschnitt über einem gestreiften Polohemd mit hochgestelltem Kragen und einer Pilotensonnenbrille.

»Als besonderen Gast von *Inside San* Marino möchten wir Ihnen am 29. Mai den Abgeordneten Richard Mountjoy vorstellen«, verkündete ein Zeitungsartikel mit dem Foto eines lächelnden Christopher Chichesters, der mit verschränkten Armen neben Peggy Ebright stand. Die Bildunterschrift lautete: »Mountjoy und Produzent Christopher Chichester besprechen das Programm.«

Schon bald gingen Chichester die lokalen Würdenträger wie der Bürgermeister, der Schuldirektor und diverse Einwohner von Super-Marino aus, die er für das Programm gewinnen konnte, und er musste sich jenseits der Grenzen der Stadt nach neuen Gästen umschauen. Innerhalb von zwei Monaten vergrößerte er seinen Aktionsradius und konnte auch LA-Berühmtheiten dazu bringen, bei ihm aufzutreten. Schon bald musste Chichester das Programm von *Inside San Marino* nur noch *Inside* nennen. »Willkommen bei *Inside!*«, lautete jetzt die Einführung. »Ich bin Peggy Ebright, und heute befinden wir uns im Büro von Mr. Daryl Gates, dem Polizeichef von Los Angeles.«

Chichester, der zwar hinter der Kamera blieb, aber stets die Kontrolle behielt, hob Stichwortkarten in die Höhe und gab Anweisungen. »Polizeichef Gates, für die Sicherheit von wie vielen Menschen tragen Sie die Verantwortung?«, wies er zum Beispiel Peggy an zu fragen.

Nach den Filmarbeiten für *Inside* fuhr Peggy ihren Produzenten immer nach Hause – oder zumindest an den Ort, den sie für sein Zuhause hielt. Peggy war so freundlich, auch mich dorthin zu chauffieren. Sie bezeichnete das Haus, das auf einem großen Eckgrundstück lag, als »Monterrey-Haus«. Der Name bezog sich offenbar auf den spanisch anmutenden Baustil. Es war terracottafarben, hatte viele Bogen, einen üppig grünen Garten und – so fügte sie hinzu – Wappen an den Fenstern, was Chichester wohl am meisten zugesagt hatte.

Eines Abends, als sie ihn wieder einmal zu der großen Hacienda fuhr, von der er behauptete, sie gehöre seinen Eltern, meinte Peggy: »Wissen Sie, mir hat dieses Haus schon immer gefallen. Ich würde es mir so gerne einmal von innen ansehen!«

»Sie lassen mich darin wohnen, damit es ordentlich instand gehalten wird«, erklärte er ihr, ehe er sich verabschiedete.

»Ich würde es mir wirklich gern mal ansehen«, beharrte Peggy.

»Selbstverständlich«, wiederholte er mehrmals. »Aber leider geht das heute Abend nicht. Mutter und Vater haben mich gebeten, sorgfältig damit umzugehen. Aber ich komme diesen Anforderungen nicht unbedingt immer nach und könnte es nicht ertragen, wenn Sie meine augenblickliche Unordnung sehen müssten. Ich lade Sie aber gerne zum Tee ein, sobald ich etwas aufgeräumt habe.«

Das geschah jedoch niemals.

»Ich dachte mir, vielleicht ist er ja ein Leichtfuß«, sagte sie und meinte damit, er sei das schwarze Schaf der Familie Chichester, das man nach Amerika geschickt habe, damit es sich hier weiterbildete, Erfahrungen sammelte und den rechtschaffenen Familienmitgliedern nicht in die Quere kam. Aber es wäre ihr im Traum nicht eingefallen, dass die ganze Identität des Christopher Chichester erfunden war.

Selbst in San Marino waren begehrte Junggesellen rar – insbesondere solche, die beste Manieren hatten und einen blaublütigen Stammbaum aufweisen konnten. Chichester hatte also keine Schwierigkeiten, Frauen zu finden, die sich gerne zu einem Date mit ihm trafen.

»Ich habe *Nummer 6* produziert«, erklärte er der Tochter einer wichtigen Familie von San Marino, die er bei einer Veranstaltung der Bibliothek kennengelernt hatte. Sie arbeiteten beide ehrenamtlich, und nachdem sie ihre Eltern dazu ermutigt hatten, nahm sie Chichesters Einladung an, mit ihm auszugehen.

»Sie wissen schon – die Serie mit Patrick McGoohan«, fügte er hinzu. »Sie war in Großbritannien wirklich ein großer Erfolg.«

Die junge Frau hatte noch nie von *Nummer 6* gehört und überprüfte auch nicht, ob sie von Christopher Chichester tatsächlich produziert worden war. Ansonsten wäre schnell herausgekommen, dass *Nummer 6* ausgestrahlt wurde, als Christopher sieben Jahre alt war. Es handelte sich um eine englische Fernsehserie der sechziger Jahre über einen ehemaligen Geheimagenten, der immer wieder versucht, einem Ort zu entfliehen, der sich als Gefängnis für diejenigen entpuppt, die zu viel wissen.

»Ich liebe Musicals«, erklärte eine andere junge Frau aus San Marino, nachdem ihre Eltern sie Christopher Chichester bei einem Buchverkauf der Bibliothek von San Marino vorgestellt hatten.

»Welch ein Zufall«, antwortete dieser. »Ich auch.«

Er war einfach zuvorkommend. Ganz gleich, was sein Gegenüber auch schätzte, er schätzte es ebenfalls. Durch sein gutes Allgemeinwissen gelang es ihm, die Leute zu überzeugen. Wenn es um Musicals ging, konnte er sich über *My Fair Lady* oder die *West Side Story* auslassen und sie so begeistert vergleichen und analysieren, dass seine Zuhörer glaubten, etwas mit diesem jungen englischen Aristokraten gemein zu haben.

Er lud das Mädchen, das er bei dem Buchverkauf getroffen hatte, zu den Los-Angeles-Philharmonikern im Dorothy-Chandler-Pavillon ein. Dort führte er sie immer höher und höher, bis sie in der letzten Reihe des am höchsten gelegenen Balkons angekommen waren.

»Sie werden die *Hebrides-Ouvertüre* einfach hinreißend finden, meine Liebe«, sagte er, als sie sich auf den Klappsitzen niedergelassen hatten, und meinte damit Felix Mendelssohns Werk aus dem Jahre 1830. »Sie wird Ihre ganze Sicht auf die Welt verändern!«

Das geschah zwar nicht, doch das hielt ihn nicht davon ab, sie weiterhin über die feinen Dinge des Lebens zu belehren. Einige Tage später spazierten sie an den Geschäften in der Lake Avenue der benachbarten Gemeinde von Pasadena vorbei.

»Sie kennen sicher Godiva-Schokolade, nicht wahr?«, fragte Chichester seine junge Bekannte.

»Nein, leider nicht«, erwiderte sie.

»Kommen Sie«, forderte er sie auf, nahm sie am Arm und führte sie in den Godiva-Laden. Dort ging er zur Verkaufstheke und nahm eine goldene Pralinenschachtel mit einer roten Schleife.

»Das sind die besten Pralinen der Welt«, erklärte er. »Gentlemen schenken sie gerne ihren Herzensdamen. Nachdem diese die Pralinen dann aufgegessen haben, verwahren sie ihre Liebesbriefe in der Schachtel.«

Als die junge Frau kurz darauf nach San Francisco gezogen war, brachte ihr der Briefträger eines Tages ein Päckchen von C. Chichester aus San Marino. Darin befand sich eine goldene Pralinenschachtel von Godiva.

»Genießen Sie die Pralinen. Die Schachtel können Sie dann für Ihre Liebesbriefe verwenden«, hatte er auf ein Kärtchen geschrieben.

Als Chichesters Name fünfundzwanzig Jahre nachdem er das letzte Mal in San Marino gesehen worden war in sämtlichen Zeitungen erschien, meldete sich keine der jungen Damen, mit denen er damals ausgegangen war. Es gab nur eine Ausnahme: Carol Campbell. Die heiter wirkende dunkelhaarige Mutter von drei Kindern lud mich in ihr Haus in San Marino ein und führte mich auch durch das Städtchen.

Für Carol war ihre Begegnung mit Christopher Chichester noch immer schmerzhaft. Ihr Vater hatte ihn bei einer Veranstaltung eines Clubs kennengelernt – sie wusste nicht mehr, ob es der Rotary oder der City Club gewesen war. Dort glaubte man gern die Geschichte des dreizehnten Baronet Chichester, weshalb Carols Vater, Dick Campbell, diesen auch mit seiner Tochter zusammenbringen wollte. Carol war gerade aus Texas zu Besuch in San Marino. Dick sagte zu Chichester: »Chris, ich würden Ihnen gerne meine Tochter Carol vorstellen.«

»Aber mit dem größten Vergnügen«, erwiderte dieser.

Am nächsten Sonntag nach dem Gottesdienst der San Marino Community Church war es so weit.

»Sie müssen Carol sein«, begrüßte Chichester das junge Mädchen.

»Genau.«

»Es wäre mir eine große Ehre, Sie ausführen zu dürfen«, sagte er. »Würde es Ihnen zum Beispiel morgen um halb zwölf passen?«

In der Annahme, dass er sie zum Mittagessen einladen wollte, nahm Carol an. Doch statt wie ein Ritter hoch zu Ross zu erscheinen, holte Chichester sie mit seiner alten Rostlaube von zu Hause ab. Ihr fiel zudem auf, dass seine Kleidung ebenfalls nicht mehr die neueste war. Es sollte auch kein gewöhnliches Date werden. Er fuhr Carol lediglich durch die Gegend, während er gleichzeitig seine Erledigungen tätigte. Er holte Post vom Postfach ab und brachte seine schmutzige Kleidung zur Reinigung, ehe er Carol schließlich wieder nach Hause geleitete – ohne Mittagessen oder eine weitere Erklärung. Carol konnte sich auch jetzt noch genau an seinen Wagen erinnern, insbesondere an das Innere, das mit gelben Haftnotizen vollgeklebt war. Auf diesen hatte er, wie sie später vermutete, seine zahlreichen kleinen Geschichten notiert, damit er sie nicht vergaß oder sich aus Versehen widersprach.

»Mom, er ist unheimlich«, erklärte sie, als sie wieder zu Hause eintraf. Es blieb ihr einziges Treffen. Doch nachdem sie wieder nach Texas zurückgekehrt war, erhielt sie ein oder zwei Briefe von Chichester, in denen er seine Bewunderung für sie in seiner akkuraten Druckschrift bekundete. Die Briefe lösten bei ihr jedoch nur Kopfschütteln aus.

Etwa zur gleichen Zeit wurde Carol von einer Freundin aus San Marino angerufen, die als Hochzeitskoordinatorin arbeitete.

»Bist du nicht mit Christopher Chichester ausgegangen?«, fragte sie.

»Wenn man das so nennen kann.«

Ihre Freundin erzählte ihr daraufhin, dass Chichester un-eingeladen bei Hochzeiten auftauchte. Sie hatte bisher noch nicht den richtigen Zeitpunkt gefunden, um ihn hinauszuwer-fen, und hätte es wahrscheinlich sowieso nicht getan, da sich so etwas in San Marino nicht geziemte. Doch am Wochen-ende zuvor war sie aus der Kirche gekommen, um die Türen für die gerade beginnende Zeremonie zu schließen, als er die Treppe hinaufeilte. Er war wie immer gut gekleidet, wirkte allerdings etwas verstört. Als er die Koordinatorin bemerkte, drehte er sich wortlos um und ging zu seinem Wagen zurück.

Je berühmter und angesehener Chichester in San Marino wurde, desto häufiger zog er in Erwägung, in die Politik ein-zusteigen. Diese Karriere wollte er mit einem Sitz im Stadtrat beginnen.

»Ich wohne augenblicklich bei Freunden, möchte sie aber lieber nicht bitten, ihre Adresse benutzen zu dürfen«, meinte er, als er auf einem Formular für seine Kandidatur seine Ad-resse angeben sollte. Also fragte er Carol und Joe Iliff. »Wäre es wohl möglich, eure Adresse anzugeben?«

Es war einigermaßen glaubwürdig, denn Chichester kam sowieso häufig zu Besuch und lud Joe zum Frühstück ein – auch wenn er nie Geld bei sich hatte, um es auch zu bezahlen. Der Hochadel trug gewöhnlich kein Bargeld mit sich herum. Er und Joe Iliff verbrachten viel Zeit damit, über Investitio-nen und Anlagen zu sprechen, und Chichester hatte stets eine neue, geniale Idee, wie man Geld verdienen konnte. Zum Bei-spiel plante er noch immer die Kathedrale von Chichester nach San Marino bringen zu lassen – ein Projekt, das er im-mer wieder ansprach. Und auch sonst mangelte es ihm nie an Investitionsvorhaben, von denen jedoch nie eines durch-geführt wurde.

Er war davon überzeugt, etwas in San Marino bewegen zu können, ob er nun selbst Stadtrat wurde oder nur die Strippen im Hintergrund zog. »Er hatte Ideen und wollte, dass entweder ich oder mein Mann kandidierte, damit er hinter den Kulissen bleiben konnte, um uns Anweisungen zu geben«, erzählte Carol Iliff und fügte hinzu, dass Chichester sogar einmal angefragt hatte, ob er nicht bei ihnen einziehen könne.

»Es sieht so aus, als ob ich die Gastfreundlichkeit meiner Freunde etwas überstrapaziert hätte«, berichtete er den Iliffs. »Würde es euch etwas ausmachen, wenn ich einen Monat oder so hierbliebe, bis ich etwas Neues gefunden habe?«

Joe, der geschäftlich viel unterwegs war, zeigte sich wenig begeistert von der Idee. Das Haus hatte nur drei Zimmer und war eigentlich nicht groß genug für ihn, seine Frau und auch noch Christopher Chichester. »Mein Mann verbrachte nur jede zweite Woche zu Hause und wollte auf keinen Fall, dass ein anderer Mann in der Zwischenzeit allein bei seiner Frau lebte«, erklärte Carol.

Nach seinem ersten Jahr in San Marino gewann Chichester immer mehr an Selbstvertrauen und Sicherheit – und zwar nicht nur in dem kleinen Ort, der ihm schon bald zu provinziell für einen Mann seines Status und seines Hintergrunds wurde. Bei den vielen gesellschaftlichen Verpflichtungen und seiner Fernsehsendung grenzte es beinahe an ein Wunder, dass er noch für anderes Zeit hatte. Doch nebenbei führte er ein Leben als Student und spielte auch auf dem fünfzehn Kilometer entfernten Campus der Filmhochschule von Southern California keine kleine Rolle.

»Ich lernte Chris durch meine Tante Victoria kennen«, erzählte Dana Farrar, eine freundliche dunkelhaarige Frau. Ich traf sie an einem sonnigen Nachmittag im südlichen Kalifornien. Wir saßen auf ihrer Terrasse und sahen uns Fotos von einem jungen Mann an, der sich auch ihr gegenüber als Christopher Chichester ausgegeben hatte. Sie hatte ihn lange nicht gesehen, aber die Bilder halfen ihrer Erinnerung schnell auf die Sprünge.

Auf dem ersten Bild sah man eine lächelnde Dana, damals eine junge Schönheit, die neben einem sehr schmalen jungen Mann in engen Jeans und einem Pullover mit V-Ausschnitt stand. Er trug drei kegelförmige Partyhüte auf dem Kopf. Das zweite Bild zeigt denselben Mann, wie er nachdenklich ein Glas Wein betrachtete, das er mit ausgestrecktem kleinen Finger in der Hand hielt. Auf dem dritten Foto zog er ein komisches Gesicht und streckte die Finger nach der Kamera aus – wieder ein Pose. Dana Farrar erklärte, dass er stets Posen einnahm.

»Tante Victoria wohnt auch heute noch in San Marino«, fuhr Dana fort. »Sie ist inzwischen allerdings schon zweiundneunzig Jahre alt.«

Victoria war eine echte Dame der Super-Marino-Gesellschaft und lernte Christopher Chichester kurz nach dessen Ankunft bei einem Essen der sogenannten Bibliotheksfreunde kennen.

»Sie saß neben einem ihrer Nachbarn, einem alten Mann, der ihr gegenüber wohnte. Chris kam irgendwie ins Gespräch mit ihr. Damals überreichte er jedem seine Visitenkarte, auf der so etwas wie ›Christopher Chichester, dreizehnter Baronet‹ stand. Das Essen der Bibliotheksfreunde war eine Wohltätigkeitsveranstaltung, zu der hauptsächlich Rentner, andere Senioren und Philanthropen gingen«, erklärte Dana. »Ich habe keine Ahnung, wie Chichester davon gehört hat. Aber dort hat sie ihn getroffen.«

Er hatte ihre Tante bald umgarnt und sie davon überzeugt, dass er im Filmgeschäft tätig sei oder auch mit der Filmindustrie der USC – einer berühmten Filmhochschule – zu tun habe. »Ich studierte damals Journalismus an der USC, und mein Freund war scharf darauf, auf die Filmhochschule zu kommen. Tante Victoria meinte, dass Chris meinem Freund vielleicht helfen könne, dort einen Platz zu ergattern.

Sie lud uns also zusammen mit ihm zum Brunch ein. Oh, er war sehr charmant und lustig. Er kannte sich gut aus und verfügte über ein beeindruckendes Allgemeinwissen.« Aber er habe auch affektiert gewirkt und mit einem halb britischen, halb undefinierbaren Akzent gesprochen. »Bei jedem Wort zog er die letzte Silbe in die Länge.«

»Day-*nahhhhhh*«, äffte sie seine Art nach, wie er ihren Namen aussprach. »Ich glaube, er muss viele amerikanische Filme gesehen haben. Ich begreife es immer noch nicht ganz. Ich spreche Deutsch und habe die Sprache sechs Jahre lang studiert, aber bei ihm konnte ich nicht die Spur eines deutschen Akzents ausmachen.«

Nicht nur sein Akzent war schwer auf den Punkt zu bringen, auch das, was er an der USC angeblich machte, blieb diffus.

»Ich kann mich noch erinnern, wie wir alle zusammen mit Tante Victoria im Restaurant saßen und ich versuchte, Chris festzunageln, indem ich ihn fragte: ›*Was machen Sie denn dort? Was ist Ihre Aufgabe?*‹ Aber er wich mir immer wieder aus.«

Er kannte sich allerdings gut genug aus, um das Interesse der Anwesenden aufrechtzuhalten. Nachdem er beiläufig den Namen Arthur Knight erwähnt hatte – der bedeutendste Filmhochschullehrer jener Zeit –, glaubten Dana und ihr Freund, dessen Augen immer größer wurden, dass er Assistent bei Arthur Knights Vorlesungen sein musste. Arthur Knight war ein berühmter Autor, Filmkritiker und Universitätsprofessor, dessen sagenumwobener Kurs »Einführung in den Film« von Leuten wie George Lucas besucht worden war und der Gastdozenten wie Orson Welles, Frank Capra, Clint Eastwood und Chichesters Liebling Alfred Hitchcock an die Schule gebracht hatte.

Chichester behauptete, er könne gerne »mal mit Arthur reden«, was natürlich heißen sollte, dass Arthur Knight vielleicht ein gutes Wort für Danas Freund einlegen würde. Nach dem Brunch, den Chichester offensichtlich genossen hatte, verabschiedeten sie sich voneinander. Obwohl Chichester Danas Freund Arthur Knight niemals vorstellte und ihm auch nicht half, auf die Filmhochschule zu kommen, war der Brunch der Anfang einer immer merkwürdiger werdenden Freundschaft zwischen Dana Farrar und dem jungen angeblichen Engländer.

An der USC lief Dana Christopher von diesem Moment an ständig über den Weg. Er schien überall zu sein – in der Bibliothek, bei Filmvorführungen, stets auf dem Sprung in die nächste Vorlesung. Immer trug er ein Drehbuch unter dem Arm und behauptete, er sei in den letzten Zügen, seinen Abschluss in Filmstudien zu machen.

Dana und ihre Freunde fragten ihn nie, warum er einen alten Plymouth Arrow fuhr, obwohl er doch so reich war. Auch hielten sie sich zurück, was seine manchmal schlecht riechende Kleidung betraf. Dabei gehörte sie eindeutig in die Reinigung. War das vielleicht der Geruch alten Geldes? Warum tauchte er so oft unangekündigt bei Dana zum Mittagessen auf? »Oh, das duftet ja herrlich, *Day*-nah!«, rief er, ehe sie ihn entweder auslud oder – was wesentlich öfter passierte – ihn zum Essen hereinbat. Er schlug sich den Bauch voll, als hätte er eine Woche lang nichts bekommen, und Dana nahm wohl das Gleiche an wie die anderen auch: Christophers exzentrisches Benehmen gehörte eben zu seinem Reichtum und seiner adeligen Abstammung.

Auch den Professoren der Hochschule war er bekannt. So nahm zum Beispiel Geoffrey Green, sein Lehrer für englische Literatur, fest an, dass Chichester immatrikuliert war. Schließlich stand er auf der Liste seiner Studenten. »Ich hatte eine Liste aller Studenten von der Verwaltung bekommen, und um darauf zu stehen, musste er irgendjemandem dort Honig ums Maul geschmiert haben«, erinnerte er sich. »Ich habe ihn nicht einfach in meinen Kurs aufgenommen, sein Name stand eindeutig auf meiner Liste.« Dennoch hatte die Hochschule keinerlei Aktenvermerk mit dem Namen Christopher Chichester oder auch Christian Karl Gerhartsreiter. Er war also weder immatrikuliert gewesen noch hatte er jemals Studiengebühren bezahlt.

»Ich wurde auf ihn aufmerksam, weil er in meinem Prosakurs an der Anglistikfakultät eingeschrieben war«, fuhr Green fort. »Er war ein aktiver Teilnehmer und kam des Öfteren in mein Büro. Er war bei uns als Christopher Chichester bekannt und gab vor, ein Nachfahre des Earl of Chichester zu sein. Er zeigte mir ein Wappen und meinte, dass er auch mit dem berühmten Weltumsegler Chichester verwandt war.

Außerdem rühmte er sich, in einer großen Villa zu wohnen und ein Zimmer im Pförtnerhaus zu haben, das er gerne für Gäste bereithielt. Solche Dinge. Er wollte unbedingt Filme machen und war davon überzeugt, dass er ein berühmter Drehbuchautor und Filmemacher werden würde. Wie ein Philosoph der Ästhetik. Er redete gerne und viel und musste stets Recht behalten.«

Chichester lud Dana Farrar häufig ins Kino ein, darunter auch in die Vorführung von zwei seiner Lieblingsfilme: *Frau ohne Gewissen* und *Alles über Eva*. Er besuchte besonders gerne Programmkinos, insbesondere das New Beverly in Beverly Hills. Dana begleitete ihn. Außerdem organisierte er Karten für eine Premiere von Barbra Streisands neuem Film *Yentl* in der USC. Das schaffte nicht jeder. Doch als er Dana und ihre Freunde fragte, ob sie Lust hätten, zur Eröffnung des Marcia-Lucas-Post-Production-Gebäudes zu kommen, einer hochmodernen Multimedia-Einrichtung, die nach der Frau des *Star-Wars*-Regisseurs George Lucas benannt war, glaubten sie, dass er sich über sie lustig machte. Chichester versicherte ihnen, dass er es ernst meine, und fügte hinzu, George Lucas, Steven Spielberg, Robert Zemeckis und viele andere Hollywood-Größen würden zugegen sein.

»Ich bekomme euch da hinein«, meinte er zu Dana. Und es gelang ihm tatsächlich.

Kaum befanden sie sich im Gebäude, spielte Chichester auch schon den Gastgeber. Der auffallend schlanke Filmliebhaber in seinem V-Ausschnitt-Pulli überschlug sich in der größten Kunstform Hollywoods – den richtigen Leuten zu schmeicheln.

»Er liebte gefährliche Frauen«, erinnerte sich Dana und entsann sich der Filme, die sie zusammen gesehen und über die sie bei Kaffee und Kuchen diskutiert hatten. Er redete meist über seine Begeisterung für den Film Noir sowie die großen Schauspielerinnen wie zum Beispiel Barbara Stanwyck, deren Leistungen ihn immer wieder verzauberten.

Eines nicht allzu fernen Tages würde er die Regie in seinem eigenen Film Noir übernehmen, der die gleiche Größenordnung wie die seiner Vorbilder haben sollte. Doch für den Augenblick war er vor allem damit beschäftigt, sich die bereits vorhandenen anzusehen und – was wesentlich beunruhigender war – sie auch zu verinnerlichen.

KAPITEL FÜNF

In geheimer Mission

Obwohl die Bewohner von San Marino kaum genug von Christopher Chichester bekommen konnten, schien niemand zu wissen, wo er während seines Aufenthalts in dem Städtchen wohnte – zumindest nicht bis kurz vor seinem Wegzug. Sein letzter bekannter Aufenthaltsort war die Lorain Road Nummer 1920, was mittlerweile als die berühmt-berüchtigtste Adresse von ganz San Marino gilt.

Christopher Chichester verschlug es dank zwei junger, entgegenkommender Gemeindemitglieder der Church of Our Saviour dorthin – der Schwestern Muffy und Tasha Whitmore. Sie lernten ihn bei einer Bibelstunde kennen und sahen es schon bald als ihre Pflicht, den jungen Europäer – »den lieben, kleinen Chris« – unter ihre Fittiche zu nehmen. Sie luden ihn regelmäßig zu sich nach Hause zum Mittagessen ein, was er stets akzeptierte. Er fuhr mit seinem alten klapprigen Auto bei ihnen vor und trug immer ein abgewetztes Tweedjackett und eine Krawatte. Die Schwestern dachten, dies sei typisch für einen Aristokraten, der nicht mit seinem Geld protzen wollte.

»Ich würde Ihnen gerne mein Haus in Glendale on the Hill zeigen«, sagte Chichester. Die Ortschaft war eine der reichsten an der südkalifornischen Küste. Obwohl sie ahnten, dass er vielleicht gar nicht dort wohnte, waren sie viel zu höflich, seine Einladung anzunehmen oder seine Aussage in Frage zu stellen.

Einmal erkundigte sich eine der Schwestern bei ihm, ob er denn ihre Großmutter kenne. »Sie ist von den Bermudas nach San Marino gezogen, um in unserer Nähe zu sein. Zuerst wohnte sie in einem entzückenden Gästehaus in der Lorain Road mit Schonbezügen auf dem Sofa und einem orientalischen Teppich im Wohnzimmer.«

»Zuerst?«, fragte Chichester.

»Inzwischen ist sie wieder umgezogen und lebt im Heim der Episkopalkirche für Senioren.«

Kurz darauf klopfte Chichester in dem Gästehaus mit den zwei Schlafzimmern an, das im spanischen Stil gebaut war. Die Lorain Road Nummer 1920 befand sich am Stadtrand von San Marino in der Nähe der Grenze zu San Gabriel. Es ist nicht schwer, sich auszumalen, was als Nächstes passierte. Chichester setzte sein hinreißendstes Lächeln auf und zückte vielleicht seine Visitenkarte. Die Frau namens Ruth »Didi« Sohus, die die Tür öffnete, trug wohl einen schäbigen Hauskittel, da sie diesen fast immer anhatte. Man kann auch davon ausgehen, dass sie eine Zigarette im Mund hatte und ein Glas ihres Lieblingsgetränks in der Hand hielt – einem Sherry mit drei oder vier Schuss Wodka –, auch wenn es noch einige Zeit bis zur Cocktailstunde war.

»Christopher Mountbatten Chichester«, stellte sich der schneidige junge Mann vor und streckte die Hand zur Begrüßung aus. »Sie müssen Mrs. Sohus sein.« Wie viele Frauen aus San Marino vor ihr errötete wohl auch diese, lächelte und hielt ihm ihre Hand hin. Er gab ihr vermutlich einen eleganten Handkuss, und so begann eine höchst unwahrscheinliche Freundschaft.

Als Christopher Chichester an die Tür der Lorain Road 1920 klopfte, hatten sowohl das Haus als auch seine Bewohnerin ihre besten Tage bereits hinter sich. Didi Sohus war im Alter von zwei Jahren mit ihren Eltern hierhergezogen und hatte eine für San Marino typische Kinderstube genossen. Ein Foto der Abschlussklasse von 1935 einer angesehenen privaten Mädchenschule im benachbarten San Gabriel zeigt eine zierliche, brünette Didi in einem langen weißen Kleid. Sie lächelt in die Kamera und hält einen großen Blumenstrauß im Arm. Schon ehe sie zwanzig war, schenkten ihr die Eltern ein Cabriolet, und kurz nach ihrem Abschluss an der USC wurde sie als Debütantin in die südkalifornische Gesellschaft eingeführt. Danach arbeitete sie für eine Zeitung und flog ihr eigenes Kleinflugzeug – damals beides gewagte Unternehmen für eine Frau.

Was ihren allmählichen Niedergang bewirkte, waren Männer – oder genauer gesagt, ihr Männergeschmack. Ihr erster Mann hieß Barney, doch selbst Didis beste Freundinnen konnten sich nicht an ihn erinnern. Sie wussten nicht einmal seinen Nachnamen. Ehemann Nummer zwei, Harry Sherwood, war ein im ungefähr 110 Kilometer entfernten Camp Pendleton stationierter Marineoffizier gewesen. Harry hatte einen Sohn, der in die Fußstapfen des Vaters trat und ebenfalls zur Marine ging, ehe er zur US-Grenzpolizei und dem Zoll ging. Harry starb früh. Didis dritter Mann, Bob Sohus, war Börsenmakler. Sie hatte die Wechseljahre bereits hinter sich, als sie ihn heiratete. Doch ihr Wunsch nach einem eigenen Kind war so groß, dass sie einen sechs Monate alten Jungen namens John adoptierten, der seiner jungen Mutter zu viel geworden war.

Sie lebten in Didis Elternhaus in der Lorain Road. Didis Mutter, Frieda Detrick, bekannt auch als Mama D., wohnte in einem kleinen Gästehaus auf dem Grundstück. Das Häuschen war nichts Besonderes, es bestand nur aus einem Schlafzimmer und einem Badezimmer. Es wäre gegen die strengen Regeln in San Marino gewesen, wenn die Sohuses ein Nebenhaus für Geld vermietet hätten.

Im Jahr 1960, als John noch ein Kleinkind war, kam es zwischen Didi und Bob zu einer heftigen Auseinandersetzung. Laut Bob schlug ihn Didi oder verpasste ihm eine dicke Lippe, wie er das später nannte. Jedenfalls zog er danach aus und ließ sie mit John allein. Mama D. half, so gut sie konnte, aber eines Morgens tauchte sie zum gemeinsamen Frühstück mit Tochter und Enkel nicht auf. »Ich habe Angst, nach ihr zu schauen«, erklärte Didi einem Nachbarn, der daraufhin ins Nebenhaus ging und Mama D. tot auffand. Jetzt war John der Einzige, der Didi noch blieb. Sie jobbte in einer Autowerkstatt im benachbarten Pasadena, um die Rechnungen für das Haus begleichen zu können. Den Rest der Zeit verbrachte sie mit ihrem Sohn.

John war in gewisser Weise ein Muttersöhnchen – klug, aber schüchtern, ein Einzelgänger, der an Diabetes und Magengeschwüren litt. Seinem Vater zufolge war er vertrauensvoll und leicht beeinflussbar. Im Gegensatz zu den meisten Jungs in San Marino war er nicht an schnellen Autos interessiert und wollte nicht einmal einen Führerschein machen. Er zog es vor, mit dem Fahrrad zur Schule zu fahren. Als Teenager fand er seine wahre Liebe, als ihm jemand einen Computer zeigte. Er war derart von dem Gerät fasziniert, das zu jener Zeit noch ziemlich primitiv war, dass er eines aus der Schule mitgehen ließ und in sein Zimmer stellte. Als der Diebstahl bemerkt wurde, forderte die Schule John lediglich auf, den Rechner wieder zurückzugeben.

Computer sollten sein Leben sein, beschloss er, und stürzte

sich begeistert auf sein Vorhaben. Statt auf ein College zu gehen, verbrachte er die meiste Zeit mit Gleichgesinnten am California Institute of Technology in Pasadena. Schon bald erfuhr er, dass seine neuen Freunde neben Computern noch eine zweite Leidenschaft hatten – das komplizierte Rollenspiel *Dungeons and Dragons*. John fing ebenfalls zu spielen an und lernte so das Mädchen kennen, das später seine Frau werden wollte.

Die rothaarige Linda Mayfield, zu deren Vorfahren auch Schwarzfußindianer gehörten, war etwa einen Meter achtzig groß und wog mehr als hundert Kilo. John wirkte neben ihr sehr klein, denn er maß nicht einmal einen Meter fünfundsechzig. Wie er war auch sie nicht im Geringsten angepasst. Sie hatte die Schule abgebrochen und arbeitete als Bedienung, während sie auf der Suche nach ihrem wahren Selbst war – bis sie eines Tages Science-Fiction für sich entdeckte. Sie wurde zu einem großen Fan von *Raumschiff Enterprise*, liebte es, *Dungeons and Dragons* zu spielen, und malte für ihr Leben gern. Sie zeichnete Dutzende von fantasievollen Enten und Häschen, aber ihre Spezialität waren Pferde – meist wild verzierte Hengste und Einhörner, die durch die Luft flogen und dabei blühende Zweige und Blumen abwarfen. Schon in jungen Jahren hatte Linda zu reiten begonnen. Als sie sechzehn wurde, zog sie aus ihrem Elternhaus in Venice Beach aus, um bei ihrer Großmutter in einem Vorort von Los Angeles zu wohnen. Ihre Oma schenkte ihr schon bald ein Pferd.

Nachdem Linda die Schule abgebrochen hatte, verbrachte sie den Großteil ihrer Zeit im Mekka für Science-Fiction-Fans, der Los Angeles Science Fiction Fantasy Society (LASFS). Sie trat dem Verein im Juli 1976 im Alter von zwanzig Jahren bei. Der Verein war 1934 gegründet worden, was ihn zum ältesten noch existierenden Science-Fiction-Club macht. Berühmte

Persönlichkeiten wie der Autor Ray Bradbury und der Mega-fan Forrest J. Ackerman, der Herausgeber des Horror-Magazins *Famous Monsters of Filmland*, zählen zu seinen Mitgliedern. Heutzutage befindet er sich in einem maroden Gebäude am Burbank Boulevard und dient als Treffpunkt für Autoren und Künstler, Computerfreaks und Experten, Trekkies und Verschwörungstheoretiker. Robert Bloch, der Autor von *Psycho*, war ebenfalls Mitglied, und sein Buch *The Eighth Stage of Fandom*, das von dem süchtig machenden Sog handelt, den Science-Fiction auf ihre Fans ausübt, gilt als Bibel des Clubs. Block schildert den Verlauf des Fandaseins von Anfang bis zum Ende. Den ersten Schritt nennt er noch schlicht »das Interesse des Lesers«, während er den letzten mit den Worten »torkelnd am Rande des Abgrunds« bezeichnet, wenn man in einer Fantasiewelt gefangen ist, »ohne die Möglichkeit zu haben, in die Wirklichkeit zurückzugelangen. Der Fan kann jetzt nur noch den waghalsigen Sprung in den Abgrund wagen.«

Linda Mayfield stand wohl noch nicht ganz vor dem Abgrund, aber man konnte sie als ernsthaften Fan bezeichnen. Sie suchte sich einen Job als Verkäuferin in einem Science-Fiction-Buchladen in Los Angeles, der Dangerous Visions hieß. Inmitten von Büchern wie *The Trouble with Humans* und *Monsters, Mutants and Heavenly Creatures* fühlte sich Linda durch und durch zu Hause.

Jedes Mal, wenn sie sich der Realität stellte, merkte sie, dass sie unglücklich war, insbesondere was die Liebe betraf. Im Alter von achtzehn hatte sie sich verlobt, aber der Junge türmte. Acht Jahre später verlobte sie sich erneut, diesmal mit einem jungen Mann aus San Marino. Er arbeitete als Nachtwächter und bat seinen Freund John Sohus, bei Linda zu bleiben, wenn er nicht da war. John, ein freundlicher, harmloser Junge, war nicht gerade der typische Leibwächter. Er war klein und rundlich und trug eine dicke Brille, schloss Linda aber sofort in sein Herz. Sie verbrachten viel Zeit miteinander, spielten *Dungeons and Dragons* und unterhielten sich über Science-Fiction. Als sich sein Freund 1982 gegen eine Heirat mit Linda entschied und sie kurz vor Weihnachten plötzlich verließ, war John für sie da, um sie zu trösten und aufzubauen. Sie gaben ein komisches Paar ab, aber es dauerte nicht lange, ehe sie sich ineinander verliebten und bei Johns Mutter in die Lorain Road 1920 einzogen. Zu jener Zeit hatte sich Christopher Chichester bereits in dem kleinen Gästehaus eingerichtet.

Offenbar hatte sich Chichester irgendwann zwischen Ende 1982 und Anfang 1983 dort eingemietet. Lindas beste Freundin Sue Coffman erinnerte sich: »Ich war zu einem Grillfest eingeladen, das am 4. Juli 1983 stattfand. Damals wohnten John und Linda bereits bei seiner Mutter. Linda hatte mir etwas von einem merkwürdigen Mieter in dem kleinen Gästehaus erzählt.«

Didi Sohus war der Ansicht, dass ihr Sohn für Linda Mayfield viel zu nett war. Je mehr Zeit die beiden miteinander verbrachten, desto mehr zog sich Didi zurück. Sie trug den ganzen Tag über ihren Morgenmantel und stapelte alte Zeitungen bis zur Decke. In ihrem Haus herrschte vollkommenes Durcheinander. Ihr Leben hatte sich um John gedreht, doch jetzt war sie dabei, ihn zu verlieren. So tauchte sie auch bei der Hochzeit nicht auf, die John und Linda an Halloween 1983 um Mitternacht im Garten von Sue Coffman feierten. Einige der Gäste kamen als *Dungeons-and-Dragons*-Figuren oder andere Monster verkleidet, doch Braut und Bräutigam sowie Lindas Familie waren konservativ angezogen.

Trotz Didi Sohus' Missbilligung der Ehe wohnten John und Linda weiterhin bei ihr in der Lorain Road. Sie verdienten beide wenig, da sie immer noch als Verkäuferin und er als unbedeutender Computerprogrammierer arbeitete. Dennoch waren sie darauf erpicht, so schnell wie möglich ein eigenes Haus zu mieten, wo unter anderem auch Lindas Katzen unterkommen konnten.

Das Leben mit Didi war für das junge Paar nicht einfach. Didi schlief tagsüber und verbrachte die Nächte damit, nach Johnny zu rufen. Außerdem gönnte sie den beiden so gut wie keine Privatsphäre. »Um Himmels willen! Hört sie denn nie auf?«, stöhnten John und Linda, als ihre Demenz schlimmer wurde. Didi begann, gegen die Zimmertür zu schlagen, um ihre Aufmerksamkeit zu erregen, bis den beiden nichts anderes übrigblieb, als die Tür mit einem Vorhängeschloss zu sichern. Sie konnten es kaum erwarten, endlich auszuziehen und Didi sich selbst zu überlassen. Doch noch immer hatten sie kaum Geld und keine sicheren Jobs. Sie waren gefangen.

Dangerous Visions, die Science-Fiction-Buchhandlung, in der Linda arbeitete, war die größte ihrer Art in Los Angeles und lag an der Ecke des Ventura Boulevards und der Woodman Avenue im sogenannten Valley, dem tiefsten Abschnitt des Los-Angeles-Beckens westlich der Innenstadt. Sie verdankte ihren Namen den Geschichten von Harlan Ellison aus dem Jahr 1967 und gehörte seit 1981 dem Science-Fiction-Bestseller-Autor Arthur Byron Cover und seiner Frau Lydia Marano. Am Morgen des 8. Februar 1985 fuhr Marano zu ihrem Geschäft, um nach dem Rechten zu sehen. Seltsamerweise hatte es noch nicht geöffnet. Linda Sohus, die hätte da sein sollen, war offensichtlich nicht erschienen. Verärgert öffnete Lydia Marano selbst den Laden und rief Linda an.

Eine offenbar betrunkene Didi Sohus hob ab. »Die sind nach Paris«, sagte sie.

»Nach Paris in Texas?«, fragte Marano.

»Nein, meine Gute. Nach Paris in *Frankreich*«, erwiderte Didi und legte auf.

Linda hatte ihrer Freundin Sue Coffman eine andere, aber genauso unwahrscheinliche Geschichte erzählt: John habe die Chance seines Lebens erhalten. Ihm sei in New York eine Stelle bei der Regierung angeboten worden, die strikter Geheimhaltung unterliege. Angeblich müssten sie alles stehen und liegen lassen, um den nächsten Flug nach New York zu nehmen.

»Es hatte etwas mit seinen Kenntnissen als Systemanalyst zu tun«, erzählte Sue Coffman später. »Linda meinte, dass die Regierung auch sie einstellen würde. Aber sie wusste noch nicht, in welcher Funktion. Sie dachte, ihre künstlerischen Fähigkeiten könnten vielleicht bei der Erstellung von Computergrafiken von Nutzen sein. Ich nahm an, dass sie einfach beide einstellten, weil sie den Mann auf jeden Fall haben wollten.«

Linda sagte, dass sie Sue nicht mehr erzählen könne, versicherte ihr aber, sie würden nicht lange weg sein. Sie versprach, rechtzeitig zum Science-Fiction-Kongress in Phoenix zurückzukehren, den die beiden besuchen wollten. Linda und John wollten offenbar ihren brandneuen Pick-up nehmen. Kurz bevor sie San Marino verließen, brachte Linda ihre sechs Katzen in einer Tierpension unter und bezahlte zwei Wochen im Voraus. Sie beteuerte, dass sie ihre geliebten Tiere schon bald wieder abholen werde.

Wie sich herausstellte, tauchten John und Linda wenige Tage nach ihrer Abfahrt nach New York wieder in der Lorain Road auf, allerdings nur, um einige Sachen zu packen. Dann erklärten sie Didi, sie flögen jetzt nach Paris. Didi konnte es zwar kaum glauben, wünschte ihnen aber dennoch alles Gute. Die beiden nahmen mehrere von Didis Kreditkarten mit sich.

Während der nächsten zwei Monate hörten die Besitzer von Dangerous Visions zweimal telefonisch indirekt von Linda. Der erste Anruf kam von einem Angestellten von Robinsons-May, einer Kaufhauskette in und um Los Angeles. Er wollte Informationen über sie einholen, weil sie sich für einen Job beworben hatte. Der zweite Anruf stammte von einer Kreditkartenfirma. Linda hatte eine Kreditkarte beantragt und Dangerous Visions als ihren Arbeitgeber angegeben.

Von den beiden Verschwundenen allerdings gab es keine Neuigkeiten. Linda meldete sich nie wieder bei der Tierpension. Kurz bevor die Katzen eingeschläfert werden sollten, kam eine Unbekannte, die behauptete, Linda habe sie geschickt, um die Tiere zu holen. Lindas Halbschwester Kathy begann sich irgendwann Sorgen zu machen und rief Didi an.

»Ist Linda von ihrer Reise zurück?«, fragte sie laut eines Berichts.

»Ich darf nichts darüber sagen«, antwortete Didi, hielt inne und fügte dann geheimnisvoll hinzu: »Sie sind auf einer Mission.«

»Auf was für einer Mission?«, wollte Kathy wissen. »Was meinst du damit?«

»Mehr darf ich nicht sagen«, erwiderte Didi. Die folgenden Telefonate zwischen Kathy und Didi waren nicht viel aufschlussreicher, denn je nachdem, wie betrunken Didi gerade war, gab sie mehr oder weniger unzusammenhängendes Zeug von sich.

Sue Coffman erging es ähnlich, als sie Didi einmal anrief. »Ich wünschte, ich könnte dir mehr erzählen, darf aber nicht«, sagte Didi, als wollte sie unter keinen Umständen die streng geheime Mission gefährden. »Ich kann nur sagen, dass es ihnen gutgeht und ich nicht weiß, wann sie wiederkommen.«

Nach einem Monat entschied sich eine Bekannte, die Linda

in Dangerous Visions kennengelernt hatte, sich ebenfalls bei Didi nach den beiden zu erkundigen. »Ich suchte im Telefonbuch nach Sohus, und die Einzige war Johns Mutter«, erzählte die Bekannte, die von ihrem Erlebnis unter dem Pseudonym PanLives im Web berichtete. »Ich rief sie also an, wobei ich mich etwas schämte, dass ich mir solche Sorgen machte. Didi nahm ab. Ich stellte mich vor und fragte, ob alles in Ordnung sei. Sie brach sofort in Tränen aus und meinte, dass sie keine Ahnung habe, wo sich die beiden befänden oder was eigentlich los war. Dann erzählte sie wirre Geschichten und erwähnte auch Frankreich. Ich sagte: ›Frankreich? Ich dachte, sie seien nach New York geflogen.‹ Didi weinte weiter.«

Zwei Monate nach Johns und Lindas Verschwinden wurde die Polizei benachrichtigt. Am 8. April 1985 klopften zwei Polizisten um 19.30 Uhr bei Didi an, und sie öffnete die Tür einen Spaltbreit. Die beiden Beamten teilten ihr mit, dass man ihren Sohn und ihre Schwiegertochter als vermisst gemeldet habe. Ob sie denn wisse, wo sie sich aufhielten?

»Sie sind nicht verschwunden«, soll Didi geantwortet haben. »Ständig erkundigt man sich nach ihnen, aber ich kann immer nur sagen, dass sie sich auf einer geheimen Mission befinden.«

Die Polizisten sahen einander an. »Können Sie uns vielleicht mitteilen, wie wir sie erreichen können?«

»Ich habe eine Kontaktperson«, offenbarte Didi und fügte hinzu, dass diese John und Linda jederzeit erreichen könne. Aber sie dürfte den Namen nicht nennen, denn falls sich ein anderer mit dem Paar in Verbindung setzen wolle, könne die geheime Regierungsmission scheitern.

»Verstanden?«, fragte sie und warf die Tür ins Schloss.

Kurz darauf trafen Postkarten an drei verschiedenen Adressen ein. Alle zeigten den Eiffelturm und hatten eine französische Briefmarke, die am selben Tag abgestempelt war. Die erste war an Dangerous Visions adressiert und lautete: »Nicht ganz New York, aber auch ganz passabel. Bis bald, Linda und John.«

Die zweite ging an Sue Coffman. »Sind an New York vorbeigeflogen – ups! Aber damit können wir leben. Bis bald, Linda und John.«

Die dritte Postkarte war an Didi gerichtet, was merkwürdig war, denn die drei hatten seit längerer Zeit nicht mehr miteinander geredet. Sie lautete: »Sind in Europa irgendwo falsch abgebogen.«

Niemand schenkte dem verschwundenen Paar viel Aufmerksamkeit. Zumindest noch nicht. Zehn Jahre später jedoch, als die Vermissten Schlagzeilen machten, kochte in San Marino die Gerüchteküche. Warum hatte John San Marino bei der Fahrt nach New York einen Tag vor Linda verlassen, wunderte sich jemand, der mit den Fakten des Falls vertraut war. Und warum hatte John seinen Chef bei Dual Graphics, der Computerfirma, für die er arbeitete, um eine Vorauszahlung von zwei Wochen gebeten und versprochen, sie auf jeden Fall zurückzuzahlen, nur um dann spurlos zu verschwinden? Das passte so gar nicht zu dem ehrlichen Johnny Sohus. Konnte das Ganze etwas mit dem Mieter Christopher Chichester zu tun haben?

Nachdem die beiden verschwunden waren, blieb Chichester noch einen weiteren Monat im Gästehaus. Mittlerweile hatte er sich auch in Didi Sohus' Haus breitgemacht und lud sogar Freunde ein, um dort sein Lieblingsspiel zu spielen: Trivial Pursuit.

In John und Lindas Abwesenheit erlaubte Didi Chichester auch, deren Pick-up zu fahren. Eines Tages beschloss er, damit nach Loma Linda zu fahren, der Heimat von Elmer und Jean Kelln, jenem Ehepaar, das er sieben Jahre zuvor in Deutschland kennengelernt hatte. »Ich habe es geschafft«, verkündete er dort. »Ich bin jemand im Filmgeschäft.«

Er behauptete, als Regisseur große Erfolge zu haben. Außerdem habe er sich in San Marino ein Haus gekauft. Die Schauspielerin Linda Evans, die in der Serie *Der Denver-Clan* mitspielte, wohne nebenan. Er könne über ihren Gartenzaun schauen. Woher sollten die Kellns wissen, dass Linda Evans in Wahrheit in Los Angeles wohnte und nicht in San Marino? Sie glaubten alles, was Christopher ihnen erzählte, sogar dass er in einer Poststelle eines Studios arbeite, um sich etwas dazuzuverdienen, und dass er dort nicht abgestempelte Briefmarken ablöse und weiterverkaufe.

Später kam er noch einmal zu ihnen zu Besuch und gab dabei an, gerade 5000 Dollar verdient zu haben, indem er Fotoemulsion verkaufte, die er umsonst von USC erhalten habe. Warum sollte sich ein aufstrebender Regisseur auf solche dubiosen Geschäfte einlassen? Er sei gerade auf dem Weg zu den Filmfestspielen von Cannes, erklärte er mit einem Augenzwinkern, und brauche dort eben etwas Taschengeld für Champagner und Kaviar.

Als der Sohn der Kellns, Wayne, seine Eltern besuchte, bemerkte er einen unbekannten Pick-up in der Einfahrt. Wayne stieg aus und warf einen Blick ins Wageninnere. Der Fahrersitz war leer, doch auf dem Beifahrersitz saß eine große Frau. Sie sei *riesig* gewesen, erklärte er später. Sie habe rötliche Haare und ein rotes Gesicht gehabt und ausgesehen, als hätte sie geweint.

Wayne stand vor der Haustür, als Chichester mit einer Kiste voller Sachen heraustrat, die er bei Elmer und Jean deponiert hatte.

»Hi, Wayne«, begrüßte er den Sohn.

»Hi«, erwiderte dieser. Er spürte instinktiv, dass etwas nicht stimmte. Es lag nicht daran, dass Chris seine Eltern besuchte – das war nichts Neues –, sondern daran, dass er eine Frau dabeihatte. Wayne hatte Chris noch nie zuvor zusammen mit einer Frau gesehen.

»Das ist heute leider das letzte Mal, dass Sie mir die Haare schneiden«, erklärte Chichester Jann of Sweden im Frühling 1985.

»Wirklich?«, fragte der schwedische Cowboy.

»Ja, leider. Ein Angehöriger ist in London gestorben, und ich muss sofort zurück, um mich um den Nachlass zu kümmern«, erwiderte der junge Mann. Er schüttelte Jann zum Abschied die Hand, stieg in John Sohus' Pick-up und fuhr davon. Weder Jann Eldnor noch Elmer und Jean Kelln, Didi Sohus oder Dana Farrar sollten ihn jemals wieder zu Gesicht bekommen.

Fünf Monate nach Johns und Lindas Verschwinden brach Didi Sohus zusammen und rief die Polizei von San Marino an. Zwei Beamte wurden zu ihr geschickt. Didi bat sie herein. Sie wolle eine Vermisstenmeldung aufgeben, erklärte sie.

»Ich dachte, ich wüsste, was los ist, aber ...«

»Hatten Sie Kontakt zu John oder Linda, seitdem sie fort sind?«, wollten die Beamten wissen.

»Also, ich habe meine Briefe über die Kontaktperson weitergeleitet«, antwortete Didi. »Dieser Mann stand immer in Kontakt mit ihnen, und er hat mir erzählt, was sie gerade machen.«

Laut dieses geheimnisvollen Mannes arbeiteten John und Linda für Dassault Aviation, den französischen Luft- und

Raumfahrtgiganten. Die Familie des Mannes sei dort sehr einflussreich, und die Firma habe Niederlassungen in der ganzen Welt. Der Mann hatte auch erklärt, Linda wünsche ihren wertvollen Sattel nachgeschickt zu bekommen und Didi solle sämtliche Post an ihn weiterleiten – darunter auch eine Flut von Mahnungen aller möglichen Geldinstitute, Kaufhäuser und Kreditkartenfirmen. Didi fügte hinzu, dass er angeblich alles an eine Adresse in Iredell County in North Carolina schicke, von der sie annahm, es handle sich um eine Art Zwischenstation des Ehepaares. Warum gerade da? Sie hatte keine Ahnung. Bei *ihm* handelte es sich natürlich um keinen anderen als Christopher Mountbatten Chichester.

»Wir müssen mit dem Mann reden«, erklärte einer der Beamten.

»Das geht nicht«, erwiderte Didi. »Verstehen Sie nicht? Er ist auch verschwunden. Deswegen mache ich mir ja solche Sorgen.«

Nachdem Didi Sohus die Polizei gerufen hatte, ging es rapide mit ihr bergab. Sie erlitt einen Herzinfarkt. Gewaltige Arzt- und Krankenhausrechnungen zwangen sie, ihr Haus in der Lorain Road zu verkaufen und in eine Wohnwagensiedlung in La Puente zu ziehen, dreißig Kilometer von San Marino entfernt. »Wenn Johnny nach mir sucht, dann richten Sie ihm aus, wo ich jetzt wohne. Er wird sich garantiert an Sie wenden«, sagte sie zu einem Nachbarn. »Er wird wissen wollen, was mit mir geschehen ist.«

Sie sollte nie wieder von ihrem Sohn oder ihrer Schwiegertochter hören. Im Herbst 1988 starb Didi an einem weiteren Infarkt. Sie hatte Linda und Don Wetherbee gebeten, ihren letzten Wunsch zu erfüllen und sie einzuäschern. Ihre Asche sollte auf dem Meer verstreut werden. Die beiden hatten Didi erst kennengelernt, als sie der älteren Frau einen Wohnwagen in der Nähe ihres eigenen verkauften.

Obwohl sich nur wenige Menschen für Didis klägliches Ende interessierten, weckte ihr Testament doch großes Interesse. Die kalifornischen Journalisten Frank Girardot und Nathan McIntire berichteten, dass sie laut Gericht eine Summe von 180 000 Dollar hinterließ. Linda und Don Wetherbee erließ sie einen Kredit von 40 000 Dollar und vermachte ihnen zudem den Profit, den die beiden aus dem Verkauf ihres Wohnwagens schlagen konnten – immerhin 32 000 Dollar. Was John Sohus betraf, so änderte sie das Testament ein Jahr vor ihrem Tod und enterbte ihren Sohn. Warum also war Didi Sohus in die Wohnwagensiedlung gezogen? Und warum enterbte sie ihren Sohn? Warum hat sie alles Linda und Don Wetherbee vermacht, deren einzige Verbindung mit der Verstorbenen wohl im Verkauf eines Wohnwagens bestand? Keine dieser Fragen wurde beantwortet, und Mitte der achtziger Jahre wurden sie noch nicht einmal gestellt.

Zu jenem Zeitpunkt war der Mann, der sich Christopher Chichester nannte, bereits weit weg von San Marino und brauchte weder Didi Sohus noch ihr Haus für sein Weiterkommen.

Im Jahr 1994 – sechs Jahre nach Didis Tod – veröffentlichte die Zeitungsgruppe San Gabriel Valley einen Artikel mit der Schlagzeile: »EINE BUNTE MISCHUNG. Ermittler wollen endlich das Rätsel um das Haus in der Lorain Road lösen.« Er handelte von Didi Sohus' tragischem Leben und dem bedauernswerten Zustand ihres Hauses. »Der bunte Mix aus Bewohnern erwies sich für Melanie Whitehead als unwiderstehlich«, schrieb die Journalistin Bernice Hirabayashi. »In den sechziger Jahren schielte sie auf Zehenspitzen über den Gartenzaun. ›Ich kann mich noch gut erinnern, wie ich als Kind über den Zaun spähte und die Leute dort drüben beobachtete. Der ganze Garten war überwachsen. Ich glaube kaum, dass sie jemals etwas im Garten gemacht haben.‹«

Der Zeitungsartikel beleuchtete die Hauptakteure der Geschichte. »Zuerst einmal war da Ruth ›Didi‹ Sohus, eine USC-Debütantin, die irgendwann zu trinken begonnen und ihren Ehemann Bob Sohus während eines Streits ins Gesicht geschlagen haben soll. Dann gab es ihren Adoptivsohn John Sohus sowie dessen Frau Linda, die ein gemeinsames Interesse an Science-Fiction und Fantasy verband… Und schließlich war da noch Didis Untermieter – ein Mann auf der Durchreise, der sich entgegen den strikten Gemeinderegeln in Didis Gästehaus eingemietet hatte.«

Es war eine perfekte Situation für einen Mieter, der sein Leben geheim halten wollte. Eine Witwe aus Super-Marino meinte zu mir: »Man muss es ihm lassen. Hat es *jemals* jemanden gegeben, über den die Gemeinde in San Marino *weniger* wusste als über Didi Sohus und die beiden anderen?« Mit den »beiden anderen« meinte sie natürlich John und Linda Sohus.

Wie üblich hatte Jann of Sweden, der John seit seiner Kindheit die Haare geschnitten hatte, auch in diesem Fall einen guten Einblick. »Oh, ich kannte Didi«, erzählte er mir. »Chichester wohnte bei ihr in der Lorain Road, und er hatte genügend Platz.« Zudem erklärte er, dass Chichester möglicherweise bereits zum Ende des Jahres 1982 bei Didi eingezogen sei, noch ehe John und Linda ebenfalls dort wohnten.

Jann warf mir einen scharfen Blick zu, um zu sehen, ob ich begriffen hatte, was er damit sagen wollte. Als ich nickte, fuhr er fort. »All right. Also ziehen sie dort ein und finden diesen Mann vor – diesen Christopher Chichester.« Er lächelte wissend. »John fängt an, sich für alles zu interessieren, was Chichester so treibt, und steckt seine Nase in dessen Angelegenheiten. Er sieht, wie es seiner Mutter geht und denkt: ›Vielleicht nimmt dieser Chichester meine Mutter ja aus.‹ Er wurde misstrauisch.«

Jann war sich sicher, dass er des Rätsels Lösung kannte. »Jeder wusste, dass sich dieser Chichester stets um Frauen bemühte – ganz gleich, ob sie jung oder alt waren. Es ist also auch nicht unmöglich, dass er sich sogleich auf Johns Frau Linda gestürzt hat. Da er weiß, wie man Frauen um den Finger wickelt, hat es vielleicht nicht lange gedauert, ehe Linda anfing, ihn zu mögen. Natürlich bekommt John das mit. Es gefällt ihm überhaupt nicht, bis Chichester plötzlich...« Jann tat so, als ob er etwas Schweres in die Hand nehmen und damit ausholen würde.

Ich ließ ihn nicht weiterreden. Schließlich hatte er keine Beweise gegen Chichester. Als ich jedoch abends in meinem Hotelzimmer saß, stellte ich fest, dass Jann nicht der Einzige war, der einen solchen Verdacht hegte. Ein Artikel in der *Pasadena Star News* zitierte Frank Wills, den ehemaligen Polizeichef von San Marino. »Laut Wills vermuteten die Ermittler, dass Chichester und Linda Sohus ein Verhältnis gehabt haben könnten, ehe sie und ihr Mann verschwanden. ›Es gab die Vermutung, dass [Chichester] an der Frau interessiert war‹, meinte Wills. ›Er entwarf eine sehr ausgeklügelte und komplizierte Geschichte und überzeugte sie davon, dass er Geheimagent sei.‹ Wills fügte hinzu, die Ermittler glaubten, Chichester könne eifersüchtig auf John Sohus gewesen sein und diese Eifersucht könnte ihn zum Mord getrieben haben.«

Ich holte den Umschlag hervor, den mir der namenlose Informant in Boston hatte zukommen lassen. Darin fand ich einen ordentlich getippten Bericht der Polizei von San Marino, der nach einem Gespräch mit Didi Sohus' Nachbarin angefertigt worden war. »Mrs. Sohus schien viel zu trinken«, berichtete die Frau den Beamten. Gegenüber Chichester, der »an der Filmschule der University of Southern California lehrte«, war sie skeptisch eingestellt. »Er war merkwürdig, ein schräger Vogel... Er sprach nie über seine Familie, außer wenn es darum ging, wie reich er war und was für gute Beziehungen er in England besaß.« Die Nachbarin konnte sich nicht daran erinnern, dass er jemals Besuch von Freunden empfangen hätte. Sie glaube, Chichester hätte finanzielle Probleme. Der Postbote habe ihr erzählt, dass Chichester sehr viele Rechnungen erhielte und ständig Gläubiger nach ihm fragten.

Es gab noch einen weiteren Bericht über Didis Gespräch mit der Polizei über ihren Sohn und ihre Schwiegertochter. »Sie erklärte, die beiden hätten sehr viele Schulden. Sie erhielte unentwegt Telefonanrufe und Mahnungen von Banken und Geschäften wie der Bank of America, Sears, Broadway, Holiday Hotel for Cats und so weiter, die wissen wollten, wo sie die beiden erreichen könnten.«

Ich legte die Berichte beiseite und stellte mir vor, wie das Leben in dem Anwesen in der Lorain Road 1920 wohl im Jahr 1985 ausgesehen hatte. Es gab ein junges Ehepaar, sechs Katzen und Christopher Chichester – alle knapp bei Kasse – sowie eine einsame, verwirrte Vermieterin, die im Gegensatz zu den dreien relativ wohlhabend war. Alles in allem ein Szenario, das dem Drehbuch eines Film Noir hätte entstammen können. Christopher Chichester, der sich in diesem Genre ausgezeichnet auskannte, fand sich auf einmal im wahren Leben in einem solchen Umfeld wieder.

KAPITEL SECHS

Christopher Crowe:
Greenwich in Connecticut

Als ein Reinigungstrupp in dem Gästehaus in der Lorain Road 1920 eintraf, wo Christopher Chichester gewohnt hatte, fand er ein großes Zimmer mit grünem Betonboden und einem Bett sowie ein winziges Badezimmer vor. Die Behausung befand sich in verwahrlostem Zustand. Es herrschte große Unordnung. Überall lag Müll, und es war klar, dass der Mieter Hals über Kopf verschwunden sein musste und nur das mitgenommen hatte, was er für wertvoll hielt.

Christopher Chichesters Verschwinden hinterließ in San Marino eine Lücke. Die Flucht des jungen Mannes, mit dem man sich über jedes Thema hatte unterhalten können und der die Antworten auf alle Trivial-Pursuit-Fragen kannte, stellte das Städtchen vor ein echtes Rätsel: Warum hatte er seine Zelte abgebrochen, und wohin war er verschwunden? Niemand hatte ihn wegfahren sehen. Hätte er sich nicht zumindest von denjenigen verabschieden können, die ihm Vertrauen und Freundschaft entgegengebracht hatten? Außerdem waren seine Rechnungen für zahlreiche Mittagessen im Rotary Club und im City Club noch nicht beglichen.

Als Chichester drei Monate nach seinem plötzlichen Abgang wieder auftauchte, bekam niemand in San Marino etwas davon mit. So sollte das auch viele Jahre bleiben. Er fuhr mit Johns und Lindas neuem Nissan-Pick-up und einem Wohnwagen Marke Eigenbau auf der Ladefläche durch die USA bis an die Ostküste, wo er sich im Juni 1985 in der ultimativen Bastion des wohlhabenden weißen Bürgertums niederließ. In Greenwich in Connecticut. Auch hier wandte er die gleiche Methode an, die ihm schon in San Marino so ausgezeichnete Dienste geleistet hatte: »*Je größer die Lüge und je unwahrscheinlicher die Lüge, desto eher wird sie geglaubt*«, wie der nationalsozialistische Propagandaminister Goebbels einmal erklärte. Die Leichtgläubigkeit kennt keine Grenzen, weder eine bestimmte Klassenzugehörigkeit noch die Abstammung schützen davor. Diesmal brauchte Chichester kein Telefonbuch, um sich einen neuen Namen zu suchen, denn er wählte einen aus der Filmindustrie – genauer gesagt aus dem Umfeld seines Lieblingsregisseurs Alfred Hitchcock. Er nannte sich Christopher Crowe.

Dieser Name klang nicht nur melodisch, sondern es war auch der Name eines renommierten Drehbuchautors, Regisseurs und Produzenten, der gerade zum Produktionsleiter der neuen Fernsehserie *Alfred Hitchcock Presents* geworden war, die auf der Originalserie *The Alfred Hitchcock Hour* von 1955 basierte. Hitchcock stellte jeden Fall mit dem für ihn so typischen »*Good Evening*« vor, während im Hintergrund der *Trauermarsch einer Marionette* spielte.

Die Serie wurde das erste Mal im Sommer 1985 im Fernsehen gezeigt – zu jenem Zeitpunkt, als Christopher Chichester San Marino verließ. Am 12. Juni mietete er in Greenwich ein Postfach unter dem Namen Christopher C. Crowe an und zeigte dem zuständigen Beamten ein Dokument, mit dem er sich als C. Mountbatten auswies.

Nach seinem in San Marino erprobten Erfolgsrezept wurde

er auch in Greenwich Mitglied einer Kirche. In diesem Fall suchte er sich die wohlhabende, bekannte und sehr sozial eingestellte Episkopalgemeinde Christ Church aus. Seit ihrer Gründung im neunzehnten Jahrhundert hatte sie diverse berühmte Gemeindemitglieder aufzuweisen, darunter auch die Mutter von Präsident George H. W. Bush, diverse Rockefellers sowie viele andere Honoratioren.

Der Pastor, Reverend John Bishop, erzählte, Crowe sei eines Tages in der Kirche aufgetaucht und habe erklärt, »dass er neu sei und Freundschaften knüpfen wolle«. Der Reverend berichtete weiter: »Crowe war schon bald ein sehr aktives Kirchenmitglied und hat sich bereitwillig als Platzanweiser betätigt.« Ein Gemeindemitglied ergänzte: »Als Crowe zu uns kam, halfen wir ihm … Einer unserer Kirchgänger gab eine Annonce wegen einer Mietwohnung auf … und Crowe war interessiert. Nachdem der Vermieter ein paar Erkundigungen über ihn eingeholt hatte, überließ er ihm die Wohnung.« Das Apartment befand sich in der Rock Ridge Avenue 34, und der Vermieter hieß John Callahan Maddox.

Als ich nach Greenwich hineinfuhr, konnte ich nicht umhin, wieder einmal die Chuzpe dieses raffinierten Chamäleons bei der Wahl seines neuen Standorts zu bewundern. In einem Artikel der *Los Angeles Times* von 2008 heißt es: »Die feudale Enklave nördlich von New York City ist Heimat für Dutzende von Hedgefonds- und Investment-Bankern und hebt sich deutlich von den anderen Hautevolee-Vororten New Yorks einschließlich Scarsdale und Chappaqua ab. So kann sich zum Beispiel nur Greenwich eines Verkehrspolizisten mit weißen Handschuhen für seine ruhige Hauptstraße rühmen … Das durchschnittliche Jahreseinkommen pro Haushalt lag vergangenes Jahr in Greenwich bei 115 644 Dollar, während der nationale Durchschnitt 49 314 Dollar betrug.« Der durchschnittliche Hauspreis hingegen betrug etwas unter ein-einhalb Millionen.

Als ich vor der Rock Ridge Road 34 parkte, stockte mir fast der Atem. Es handelte sich um eine riesige Villa an einer der besten Straßen des Ortes. Das großzügig angelegte Gebäude besaß drei Stockwerke und lag inmitten einer vier Hektar gro-ßen Hügellandschaft. In der Einfahrt stand ein Luxusauto ne-ben dem anderen. Als sich Christopher Crowe einmietete, wohnte dort ein betagtes Ehepaar: John Maddox und seine Frau Gretchen.

In dem Stapel Papiere, der mir gegeben wurde, fand ich auch folgenden Bericht: »Mr. John C. Maddox, Eigentümer der Rock Ridge Road 34, wurde telefonisch kontaktiert. Er teilte mit, dass Crowe vor circa zweieinhalb oder drei Jahren ein Apart-ment von ihm gemietet habe… und dass Crowe eine Art klei-nen Camper fuhr, den er vermutlich selbst umgebaut habe.«

Das erklärt vielleicht, dachte ich, wo er während der drei oder vier Monate schlief, die zwischen seinem Verschwinden aus San Marino und seinem Auftauchen in Greenwich ver-gangen waren.

»Mr. Maddox berichtete weiterhin, dass… er Crowe bald als zwanghaften Lügner enttarnte, da dieser diversen Leu-ten verschiedene Geschichten über seine Herkunft erzählte«, hieß es weiter.

Der Bericht wurde drei Jahre nachdem Maddox Christo-pher Crowe als Mieter aufgenommen hatte angefertigt. Als er damals Crowes Referenzen eingeholt hatte, hatte Maddox dem jungen Mann guten Gewissens die Wohnung mit zwei Zimmern samt Bad und eigenem Eingang im zweiten Stock des Hauses mit den zehn Schlafzimmern überlassen.

Maddox war längst verstorben, als ich in Greenwich eintraf. Seine Tochter half mir, mehr über Crowes Zeit in diesem Ort in Erfahrung zu bringen. Ihr Vater war ein typischer Vertreter des Ostküsten-Establishments gewesen, ein pensionierter Werbemanager und Mitglied diverser Clubs, unter anderem des Metropolitan Clubs, der von Leuten wie J. P. Morgan, William K. Vanderbilt und William C. Whitney 1891 in einer italienischen Villa an der East Sixtieth Street in New York gegründet worden war. Maddox war ein passionierter Erfinder und nahm jede Gelegenheit wahr, um über seine Leidenschaft – die Quantenphysik – in der Christ Church zu reden. Als Christopher Crowe 1985 in Greenwich ankam, war Maddox vierundsiebzig Jahre alt. Seine Kinder hatten alle das Elternhaus verlassen, so dass John und Gretchen die riesige Villa alleine bewohnten. Um ihr Einkommen aufzubessern, vermietete das Paar »still und leise Zimmer an Singles«, wie mir Maddox' Tochter erklärte. Als der betrügerische Neuankömmling die Annonce in der Kirche sah, rief er sofort Maddox an und zog kurz darauf mit seinen wenigen Habseligkeiten bei ihm ein.

»Ich glaube, meine Mutter hat mir erzählt, dass er kaum Möbel besaß«, sagte die Tochter. »Dafür hatte er aber umso mehr elektronische Ausrüstung. Außerdem schaffte er es, sich bei der Kirchengemeinde schnell beliebt zu machen und die Leute von sich zu überzeugen. Das weiß ich nicht aus erster Hand, das hat mir alles meine Mutter erzählt. Er scheint sich immer wieder gerne bereiterklärt zu haben, der Gemeinde mit ihrem Computer zu helfen und vielleicht sogar ihre Adressliste zu digitalisieren.«

Sie holte tief Luft.

»Eines Tages hatte er jedenfalls Zugang zu der Adressliste. Die Namen dieser Leute waren etwas Besonderes, wenn Sie wissen, was ich meine. Das hier ist Greenwich in Connecti-

cut. Und es war die wichtigste Episkopalkirche von Greenwich. Hier herrscht noch altes Geld. Er schaffte es jedenfalls,
schon bald in sämtlichen Zeitungen erwähnt zu werden. Jedes
Mal, wenn jemand von Bedeutung oder politischem Einfluss
abgelichtet wurde, stand er daneben. Man konnte keine Zeitung aufschlagen, ohne dass er neben einer wichtigen Persönlichkeit zu sehen war.«

Als ich meinen Papierstapel durchforstete, fand ich tatsächlich einen Bericht, der sich auf Christopher Crowe in Greenwich bezog und in dem es hieß: »Während eines Treffens der
Republikaner wurde Crowe zusammen mit einigen Partei-
mitgliedern, darunter Prescott Bush [Bruder des Präsidenten
George H. W. Bush] fotografiert.«

Ich fragte Maddox' Tochter, was ihre Eltern von Crowe gehalten hatten. »Sie waren stark von ihm eingenommen«, erinnerte sie sich. »Er sah gut aus und war charmant. Er faszinierte sie. Außerdem besaß er ausgezeichnete Manieren und
war stets gut gekleidet. Meine Mutter war sehr empfänglich
für so etwas.«

Natürlich war Christopher Crowe seinerseits wohl von
John Maddox mehr als nur eingenommen – von seinen Beziehungen in höchsten Kreisen und von seinem neuen Ste-
ckenpferd. »Als er in Pension ging, begann er, diese merkwürdigen Sachen zu erfinden«, erzählte mir seine Tochter. »Was
ihn damals besonders begeisterte, waren diese mit visuellen
Effekten ausgestatteten Jukeboxes. Er war der Erste, der sich
damit befasste.« Es handelte sich dabei um Lichteffekte, die
sich im Takt der Musik rhythmisch bewegten.

»Ich habe keine Ahnung, ob Christopher Crowe jemals die
Videogeräte meines Vaters zu Gesicht bekam«, fuhr sie fort.
»Aber wenn Dad jemanden fand, der sein Interesse teilte, dau-
erte es nicht lange, bevor er ihn in den Keller einlud.«

Ich konnte mir gut vorstellen, wie Christian Gerhartsreiter die tanzenden Lichter mit großen Augen betrachtete, von der klassischen Musik verzückt war und sich glücklich schätzte, an einem solch privilegierten Ort gelandet zu sein und sich sofort einen Logenplatz ergattert zu haben.

Die Adresse in der Rock Ridge Road 34 diente vor allem dazu, den jungen Mann noch glanzvoller erscheinen zu lassen. Die Gemeindemitglieder beglückwünschten ihn höchstwahrscheinlich für die weise Wahl seiner Wohnung, während er ihnen das Programm für den Gottesdienst aushändigte und sie zu ihren Plätzen führte.

»Er war Mitglied des Cotton Clubs, einer Gruppe für Singles«, erklärte mir die vornehme Pfarrsekretärin, ehe sie mich zur Pressesprecherin begleitete. Diese, so versicherte sie mir, habe Crowe ebenfalls gekannt. Im Laden der Kirche traf ich die Frau zusammen mit ihrer Mutter, die das kleine Geschäft leitete. Es war Thanksgiving, und die beiden schenkten mir einen dekorativen Truthahn aus Holzstäben. Sie wirkten sehr gastfreundlich und großzügig, und ich war mir sicher, dass sie den jungen Neuankömmling, der so erpicht darauf war, Bekanntschaften zu knüpfen, ähnlich herzlich aufgenommen hatten.

Christopher Crowe wurde schnell zu einem allgegenwärtigen und anerkannten Gemeindemitglied. Der inzwischen verstorbene Reverend Bishop begann, sich für ihn zu interessieren, und stellte ihn auch seinem Sohn Chris vor. »Christopher Crowe und der Sohn des Reverends, Chris Bishop, der ebenfalls Priester ist, waren gute Freunde«, teilte mir eine Frau mit. »Mit dem sollten Sie reden.«

Eines Abends sagte Reverend Bishop zu seinem Sohn: »Es gibt da einen Filmemacher, einen jungen Mann in deinem Alter, der unserer Gemeinde angehört. Er scheint sehr nett zu sein. Möchtest du ihn kennenlernen?« Chris Bishop studierte an der Filmhochschule der Columbia University in New York. Natürlich interessierte ihn der junge Mann. Mir gegenüber erklärte er später: »Ich konnte es kaum erwarten, einen richtigen Filmemacher und Produzenten kennenzulernen. Also trafen wir uns. Er war nicht der Typ Mensch, mit dem ich normalerweise viel Zeit verbringen würde. Ein sehr merkwürdiger Kerl, einerseits ein Nerd, andererseits schick und teuer angezogen. Aber er kannte sich *extrem* gut im Filmgeschäft aus.«

Crowe behauptete bald, Produzent der neuen Serie zu sein, die damals in aller Munde war: *Alfred Hitchcock Presents.* Er umriss gerne kurz seine Karriere. »Er hatte wirklich seine Hausaufgaben gemacht«, meinte Chris Bishop. »Christopher Crowe hatte einige Lowbudget-Fernsehprojekte geleitet [*Darkroom* und *The Hardy Boys/Nancy Drew Mysteries*]. Daraufhin wurde er als Produzent der Serie *Alfred Hitchcock Presents* engagiert.« Es schien nichts zu geben, was Christopher Crowe aus Greenwich nicht über Alfred Hitchcock wusste, meinte der Sohn des Reverend. »Er sprach darüber, als ob er tatsächlich dabei gewesen wäre. Er kannte sämtliche Szenen, alle Schauspieler und Leute hinter den Kulissen, und einmal kam er mit einer Kopie der Pilotsendung daher, ehe sie im Fernsehen ausgestrahlt wurde. Er zeigte sie mir.«

Crowe schien auch darauf erpicht zu sein, Bishop den Weg in das Filmgeschäft zu ebnen. »Ich gab ihm ein oder zwei Drehbücher, die ich geschrieben hatte«, meinte Bishop. »Seine Kritik war intelligent und hilfreich. Ich war mir sicher, dass er Film studiert hatte. Er hatte einen Sechzehn-Millimeter-Film ohne Ton, dafür aber mit einer sehr guten Kameraführung. Damit kam er zu mir, als ich meinen Film fürs Studium schnitt. Ich hatte einen Sechzehn-Millimeter-Projektor, und wir schauten uns seinen Film an.«

Er hielt inne und überlegte einen Moment, ehe er fortfuhr: »Er ist wirklich gut in dem, was er tut. Ein unglaublich selbstbewusster Lügner. Alles, was er sagt, mag zwar gelogen sein. Aber er ist echt gut darin.«

Eines Tages bat Crowe seinen neuen Freund, ihn ins Lincoln Center in New York zu fahren, wohin er zu Dreharbeiten für eine neue Serie müsse. Bishop willigte sofort ein. »Er trug immer teure Anzüge. Darauf hat er sehr geachtet«, berichtete er. Wie nicht anders zu erwarten, standen überall Filmleute mit Hitchcock-Logos auf den Jacken herum, als Bishop Crowe absetzte. Dieser schnappte sich seine Aktentasche, bedankte sich und verschwand – angeblich, um die große Crew anzuweisen. In Wahrheit jedoch produzierte er nichts anderes als ein weiteres Lügennetz.

»Er war wirklich gut – ein absoluter Psychopath, ein pathologischer Lügner«, sagte Bishop. »Mir gegenüber behauptete er, aus einer wohlhabenden Familie aus L A zu stammen. Außerdem habe er Verwandte in Bayern, aber er sei Amerikaner. Besonders merkwürdig war es, als wir in Greenwich waren und er mich fragte, ob ich ihn mitnehmen könne. ›Klar‹, meinte ich, woraufhin er sagte: ›Ich möchte, dass du mich zu meiner Mutter fährst. Sie hat diesen extrem reichen Mann geheiratet.‹«

Bishop erzählte weiter: »Ich bin eigentlich kein schlechter Menschenkenner und merke schnell, wenn mir jemand etwas vormacht. Aber dieser Mann hatte mich wie alle anderen um den Finger gewickelt. Also stieg er ein, und ich fuhr ihn zu einem Haus nicht weit außerhalb von Greenwich.«

Es war dunkel, und niemand schien da zu sein. Sie befanden sich weitab der anderen Anwesen.

»Ich würde deine Mutter gern kennenlernen«, meinte Bishop.

»Ein anderes Mal«, erwiderte Crowe, ehe er in der Nacht verschwand.

Ich bat Bishop, mir mehr zu erzählen.

»Irgendwann trafen wir uns nur noch sporadisch«, fuhr er fort. »Ich meine, er hat mir noch immer Spaß gemacht. Er war clever, kannte den Filmjargon und wusste, wie Drehbücher funktionieren.«

Ich fragte, ob er wüsste, wie sich Crowe über Wasser gehalten hatte. »Er behauptete zu arbeiten«, lautete die Antwort. »Aber was oder woran er arbeitete, habe ich nie herausgefunden. Er teilte mir mit, dass er aus dem Filmgeschäft aussteigen und stattdessen in Pfandbriefe investieren wolle, und ich ermutigte ihn: ›Das schaffst du bestimmt.‹ Er war ein Computercrack.«

Wenn Bishop ein Problem mit dem Rechner hatte, auf dem er auch seine Drehbücher verfasste, wandte er sich immer an Crowe. »Innerhalb kürzester Zeit war wieder alles in Ordnung. Er war sehr schnell, seiner Zeit irgendwie voraus. Er hatte einen Compaq-Computer und kannte sich aus. So war das mit Christopher Crowe: Er war höllisch clever.«

Der mysteriöse junge Mann war dabei, seine Intelligenz und sein Computerwissen für den bisher größten Coup seiner Laufbahn einzusetzen. Bishop gegenüber hatte er bereits erklärt, Pfandbriefhändler werden zu wollen. Das konnte doch nicht so schwer sein. Natürlich brauchte er die richtigen Beziehungen dazu, aber Beziehungen waren für einen cleveren Mann wie ihn kein Problem – vor allem dadurch, dass er in der Christ Church die Gebetsbücher aushändigte.

Trotzdem schien das Vorhaben, Pfandbriefhändler zu werden, ein gigantischer Sprung zu sein – insbesondere wenn man den Informationen von Lewis Krog Glauben schenkt, einem weiteren Einwohner von Greenwich, der später ebenfalls ein Zimmer seines Hauses an Christopher Crowe vermietete.

»Mr. Krog erklärte, dass Mr. Crowe ihm zu verstehen gegeben habe, im Filmgeschäft zu sein und mit dem verstorbenen Regisseur Alfred Hitchcock in Verbindung gestanden zu haben«, stand in einem Polizeibericht, der sich ebenfalls unter meinen Papieren befand. »Weiterhin berichtete Mr. Krog, Crowe habe in einem Geschäft namens The Junk Barn an der Milbank Avenue gearbeitet, habe diese Stelle aber aufgegeben, um bei einer japanischen Firma im World Trade Center in New York City anzufangen.«

Den letzten Satz musste ich mir gleich zweimal durchlesen: Wie wollte Christopher Crowe es geschafft haben, von seinem Job bei The Junk Barn – was sich wie ein Ramschladen anhörte – in die hohen Gefilde der New Yorker Finanzwelt aufzusteigen?

Die Türen zur Wall Street öffneten sich für Christopher Crowe im Indian Harbor Jacht Club in Greenwich. Ich besuchte den Club an einem warmen Sommerabend und stand vor einem weißen Holzgebäude, das voller Segelflaggen war. Obwohl die größte Party des Jahres gefeiert wurde, sah ich nirgendwo Sicherheitspersonal. Es gab lediglich einen Parkservice, bestehend aus zwei Männern in Ralph-Lauren-Anzügen, die mich freundlich anlächelten und begrüßten.

»Stellen Sie sich hunderte von Besuchern vor, die hier zu einer Regatta kamen«, forderte mich die Frau auf, die mich begleitete und sich hier auskannte. Ich nenne sie Samantha. »Da herrschte ein unglaublicher Trubel, und Crowe konnte einfach vom Ufer hochkommen und hereinspazieren.« Crowe konnte sich tatsächlich irgendwo hier hingesetzt und seine Geschichten zum Besten gegeben haben. Niemand wäre wohl auf den Gedanken gekommen, an seiner Zugehörigkeit zu zweifeln.

Drinnen tanzten die Leute zu Klassikern wie *It had to be you*. Die Männer trugen weißen Hosen und blaue Blazer, die Damen Chiffonkleider. Um die Tanzenden konnte man überall Schiffsmodelle und die Porträts aktiver und früherer Mitglieder bewundern, die teilweise noch aus dem Gründungsjahr 1899 stammten.

Vor der Tür befand sich der Indian Harbor, der in den Long-Island-Sound mündete und in dem die Boote von Mitgliedern des Clubs vor Anker lagen. Es sah aus wie in einem Bilderbuch – ein perfekter Hintergrund, vor dem sich ein winziger Teil der privilegierten amerikanischen Elite tummelte. Wie brachte Crowe den Mut auf, sich gerade diese piekfeine Gesellschaft auszusuchen?

Samantha schien meine Frage zumindest ansatzweise beantworten zu können. Sie war Mitglied des Segelclubs und langjährige Einwohnerin von Greenwich sowie eine ehemalige Bankerin und gute Wall-Street-Kennerin. Genau diese Eigenschaften hatten Christopher Crowe angelockt und sie zu einer seiner weiteren Eroberungen werden lassen.

»Laut Presseberichten soll Christopher Crowe einfach in den Indian Harbor Jacht Club stolziert sein und so getan haben, als ob das alles ihm gehöre«, meinte ich. Ja, antwortete sie, das sei durchaus möglich. »Ich bin mir allerdings nicht sicher, wie er auf Greenwich gekommen ist«, fuhr sie fort, während sie durch den holzvertäfelten Club schritt. »Er erzählte uns, dass er in LA bei seinem Vater wohne. Seine Mutter und Schwester würden in Paris leben. Seine Eltern waren angeblich geschieden. Aus welchem Grund auch immer wollte er an die Ostküste. Er hatte etwas leicht Arrogantes an sich und war stets darum bemüht, den Eindruck extremen Reichtums zu erwecken.«

Natürlich hatte er Fotos von dem Anwesen in LA, von dem er behauptete, dass es sich dabei um sein Elternhaus handelte. Aber darauf war keinerlei persönliche Note auszumachen. »Es war fast so, als ob er einfach zum Vanderbilt-Anwesen in Hyde Park gegangen wäre«, sagte Samantha. Sie wollte damit andeuten, dass er die Bilder in einem Souvenirladen erstanden hatte, sie aber als seine eigenen ausgab. »Er war sehr von sich eingenommen. Außerdem sah er stets so aus, als wäre er gerade einem Magazin entsprungen. Er hatte immer einen Burberry-Wintermantel und teure weiße Hemden an, auf deren Brusttasche sein Monogram CCC gestickt war. Immer gepflegt, immer perfekt.«

»CCC?«, unterbrach ich sie.

»Ja, CCC für Christopher Chichester Crowe«, erklärte sie. »Immer in seiner Rolle.«

Ich sah mich im Segelclub um. Die meisten Männer waren genauso angezogen, wie es die Kleiderordnung vorschrieb. Christopher Crowe jedoch hätte sie wohl alle in den Schatten gestellt und ihnen imponiert. »Er sprach immer etwas von oben herab, als ob er klüger und wohlhabender wäre, bessere Beziehungen besäße und einfach in allem besser als die anderen wäre – ganz gleich mit wem er sprach«, berichtete Samantha. »So kam er eines Tages auch zu S. N. Phelps and Company und behauptete, er sei unser neuer IT-Mann. In der Tat kannte er sich sehr gut mit EDV aus.«

Ich kannte den Namen der Firma – wie wohl die meisten, die sich im amerikanischen Finanzwesen auskennen. Samantha, die ihren Abschluss an der Wharton School der University of Pennsylvania gemacht hatte, war Vizepräsidentin bei

S. N. Phelps gewesen, als Crowe versuchte, mit der Brechstange in die renommierte Firma zu gelangen. Sie verwies mich auf einen Artikel im *Forbes*-Magazin von 1990 über den Gründer Stan Phelps, dessen Überschrift lautete: »Geld her ... oder ...«

Dürfen wir Ihnen Stanford N. Phelps, 56, den Inhaber einer erfolgreichen Investmentfirma mit Hauptsitz in Greenwich in Connecticut vorstellen? Phelps suhlt sich in Risikopapieren wie eine Sau im Schlamm. Er hat Bondmail zu einer hohen Kunst erhoben, indem er im Markt einsteigt, eine große Menge an Risikoanleihen kauft und dann dem Emittenten erklärt: Geld her oder ich leite ein Konkursverfahren ein, und Sie verlieren Ihre Firma. Meistens funktioniert das. Diejenigen, denen die Firma gehört, machen Phelps – und manchmal auch anderen Anleihenbesitzern – ein gutes Angebot. Wenn nicht, zieht Phelps sie in ein langes und schmerzhaftes Konkursverfahren. Zu den Firmen, bei denen er seine Drohung wahrgemacht hat, zählen MGF Oil Corp., Mcorp., SCI Television Inc. und AP Industries Inc. ...

Phelps ist nicht nur einer der schillerndsten Akteure im Bondmail-Geschäft, sondern auch einer der härtesten und unnachgiebigsten. Seine normale Taktik besteht darin, die Kontrolle über strategisch wichtige Anleihen zu erlangen ... Dann stellt er sein Ultimatum: Entweder ihr ändert die Konditionen für meine Anleihen oder ich werde euch für immer und ewig vor Gericht zerren ...

Phelps gehört dem alten Ostküsten-Establishment an. Sein Vater war ein bekannter Rechnungsprüfer, während die Familie seiner Mutter eine Schuhfirma in Rochester im Staat New York besaß. Phelps besuchte Exeter, Yale und die Harvard Business School. Nachdem er 1960 seinen MBA. machte, ging er an die Wall Street, die zu jener Zeit von Männern seines Standes und Hintergrunds dominiert war.

Der Artikel beschreibt im Detail, wie Phelps die Bond-Abteilung der Firma aufbaute, die bald Drexel Burnham Lambert heißen sollte und beinahe im Alleingang den boomenden Risikopapierhandel der achtziger Jahre schuf:

Phelps wurde im Sommer 1972 kurzerhand entlassen ... Stan Phelps ist ein Besessener – nicht nur wenn es um Geld geht, sondern auch als er sich an seinen ehemaligen Kollegen bei Drexel rächen wollte. Oft spricht er in einem Ton von ihnen, der einem rechtschaffenen Menschen als anstößig erscheinen mag. Seine persönlichen Feldzüge sind kaum von Interesse für die Öffentlichkeit, aber indem er das Gleichgewicht zwischen den oft beschimpften und geschmähten Risikopapierbesitzern und den allmächtigen Händlern wiederherstellt, leistet er gute Arbeit.

Der Artikel berichtet zudem, dass Phelps einen brillanten jungen Mann namens Michael Milken einstellte, der direkt von Wharton gekommen war, damit dieser das Geschäft übernehmen konnte.

»Wie kam es, dass dieser gewitzte und mächtige Stan Phelps dem unerfahrenen Christopher Crowe einen Job gab?«, fragte ich Samantha.

Sie war sich selbst nicht ganz sicher. Aber sie wusste, wie Crowe den Kontakt zu Phelps hergestellt hatte – nicht durch alte Seilschaften oder Ivy-League-Beziehungen, sondern durch eine Frau namens Catherine, die bei S. N. Phelps arbeitete.

»Catherine hat Chris in Indian Harbor kennengelernt«, erklärte Samantha. »Soweit ich weiß, hat sie ihn Phelps und der Firma als potentiellen Computerexperten vorgestellt.«

»Einfach so?« Ich war verblüfft. Jemand, der keinerlei Erfahrungen im Finanzwesen besaß, wurde von einem der Giganten im Börsengeschäft an der Ostküste angestellt und durfte sich sofort an dessen Computersystem zu schaffen machen, in dem ungeheure Mengen von vertraulichen Daten gespeichert waren?

Es schien auch ihr beinahe die Sprache verschlagen zu haben.

»Ja … also … Stan hatte jede Woche etwas anderes, das ihn ritt. Er wollte immer wieder etwas Neues. Und um ehrlich zu sein: Catherine hat Stan überredet, Christopher einzustellen. Ein Technikfreak liegt vielleicht einen Entwicklungsschritt oberhalb einer Amöbe. Warum also die Aufregung? Wen konnte das schon stören?«

Christopher Crowe war jedoch keine Amöbe. Der brillante Betrüger konnte in jede Rolle schlüpfen, die ihm nützlich war. Nachdem er Catherine umgarnt hatte, machte er sich sofort an andere wohlhabende junge Männer und Frauen bei S. N. Phelps heran. Catherine war nur die Erste von vielen.

»Er wollte ein Mädchen aus Greenwich heiraten«, erzählte mir Chris Bishop, »das in der Wall Street arbeitete. Ich habe sie oft genug getroffen. Ja, es war Catherine. Einmal ist er mit einem Diamanten aufgetaucht – nicht mit einem Ring, sondern mit einem großen ungefassten Diamanten.«

Ich fragte Samantha im Indian Harbor Jacht Club, wo denn das Hauptquartier von S. N. Phelps and Company in Greenwich lag.

»Ich zeige es Ihnen«, sagte sie und erhob sich. »Es ist nicht weit von hier.«

Wir ließen ihr Auto vom Parkservice holen, fuhren um die Ecke und hielten vor einem schlichten, kleinen grün gestrichenen Gebäude. Samantha erklärte, dass es nicht nur außen, sondern auch innen völlig in Grün gehalten sei – grüne Wände, Decken, ja sogar grüne Schreibtische. Grün – die Farbe des amerikanischen Geldes.

Crowe musste nicht nur ein persönliches Vorstellungsgespräch mit dem gewieften Stan Phelps hinter sich bringen, sondern hatte auch strenge Tests über sich ergehen lassen. Jeder, der für einen Broker arbeiten wollte, musste bestimmte Akkreditierungen vorweisen. »Wir wurden von der SEC und der North American Securities Administrators Association beaufsichtigt. Das heißt, dass ich eine Akte mit seinem Namen hatte«, erklärte Samantha. »Man muss ein U4-Formular ausfüllen. Auf diesem steht der jeweilige Name, die Adresse und Sozialversicherungsnummer. Dann muss man den Lebenslauf eintragen: Arbeitgeber während der letzten zehn Jahre, genaue Daten und Beruf.«

Sie fügte hinzu: »Oft bestand Stan auch darauf, einen Persönlichkeitstest zu machen.«

»Bei Crowe auch?«, wollte ich wissen.

»Ich glaube schon.«

Sie fuhr fort: »Auf der ersten Seite werden sämtliche Anstellungen aufgelistet, auf der zweiten Seite stehen Fragen: *Sind Sie jemals verhaftet worden? Sind Sie jemals verurteilt worden?* Eine ganze Seite mit solchen Fragen. Man kann nur hoffen, sie alle mit Nein beantworten zu können. Nur so wird man überhaupt als Broker in Erwägung gezogen. All das wird natürlich von der SEC überprüft.«

Sie versicherte mir, dass Christopher Crowe sein Formular gewissenhaft ausgefüllt und es keine Probleme mit seiner Akte gegeben habe. Allerdings war diese nicht mehr auffindbar, seitdem sie die Firma verlassen hatte. Doch das Formular sei nur ein Vorlauf für die Tests gewesen. Es gab verschiedene Prüfungen, die zusammen mehr als sieben Stunden dauerten und die der Kandidat bestehen musste, ehe er oder sie bei einer Firma arbeiten durfte, die mit Wertpapieren handelte.

Allein der erste Test bestand aus zweihundertfünfzig Multiple-Choice-Fragen und dauerte sechs Stunden; Crowe absolvierte ihn höchstwahrscheinlich im One Police Plaza in New York. »Damals musste man alles noch mit der Hand ausfüllen. Zweimal drei Stunden mit einer Stunde Pause. Das war der sogenannte Series-Seven-Test. Manche brauchten zwei oder drei Anläufe, weil sie ihn das erste Mal nicht bestanden. Ich habe ihn auch gemacht und kann ehrlich sagen, dass es nicht leicht ist durchzukommen.«

Erinnerte sie sich daran, wie Crowe im Test abgeschnitten hatte?

»Er hat ihn geschafft. Er mag seltsam gewesen sein, aber dumm war er nicht. Im Gegenteil.«

Nachdem er die harten Prüfungen bestanden hatte, musste es ein Leichtes gewesen sein, mit seinen Kollegen bei S. N. Phelps fertig zu werden. »Man stand sich dort sehr nah«, erläuterte Samantha. »Jeder kannte jeden, und man schloss Freundschaften. Einige von den Angestellten kannten sich schon aus der Kindheit, waren gemeinsam in Brunswick gewesen [der exklusiven Privatschule für Jungen in Greenwich, die 1902 gegründet worden war] oder in Country Day [eine ebenso exklusive Privatschule in Greenwich, die 1926 in einer Scheune auf dem Gelände William A. Rockefellers eröffnet wurde]. Die beiden Schulen sind zusammen zum Skifahren gefahren. Es war wie ein Klub.«

»Und Christopher Crowe?«, fragte ich.

»Christopher war komisch. Er war wie das hässliche Entlein, das darauf wartet, ein wunderschöner Schwan zu werden. Doch er glaubte, dass er schon längst dieser Schwan wäre.«

Er erklärte Samantha und den anderen bei S. N. Phelps, dass er nicht nur Technikexperte, sondern auch Produzent von *Alfred Hitchcock Presents* sei. »Und wenn man sich den Abspann ansah, dann stand da tatsächlich der Name Christopher Crowe«, meinte Samantha. »Einmal habe ich zu ihm gesagt: ›Christopher, das verstehe ich nicht. Du bist *Produzent*. Und dann wirst du Technikexperte bei einem Makler für Risikopapiere, um 24 000 Dollar im Jahr zu verdienen?‹ Er erwiderte darauf nur, dass er eben einmal etwas anderes hatte ausprobieren wollen.«

Ständig erzählte er ihr Geschichten aus seiner Zeit als Hollywood-Produzent und gab den Klatsch um die neue Hitchcock-Serie zum Besten. Was Samantha jedoch auffiel, war sein merkwürdiges Verhalten in der Technikabteilung. »Sobald ich ins Büro kam, drehte er seine Monitore weg. Jedes Mal, wenn ich die Tür aufmachte. Ich dachte: ›Der macht doch etwas anderes, als er soll.‹ Später, als die Ermittler kamen und mir all diese Fragen stellten, war mein erster Gedanke, dass er sämtliche Konten durchgegangen war und sich überall ein halbes Prozent abgezweigt haben musste, um sein Einkommen aufzustocken. Denn er hatte immer teure Kleidung. Burberry und Brooks Brothers. Und dann diese ganzen Lügengeschichten. Einmal erzählte er mir, dass er über einer Tankstelle in der North Street wohne. Ich dachte mir nur: ›Wie kann das sein?‹«

Nachdem ich mir Crowes ersten prunkvollen Wohnsitz in der Rock Ridge Road angesehen hatte, bat ich nun Samantha, mir seine zweite Wohnung an der North Street zu schildern.

Ihre Augen leuchteten. »Oh, das ist eine *herrliche* Straße. An der North Street steht eine Villa neben der anderen. Sie verläuft parallel zur Round Hill Road.« Round Hill ist das nobelste Viertel von Greenwich und die Heimat von Filmstars und Milliardären. Außerdem steht es unter Denkmalschutz.

Während Crowes Zeit bei S. N. Phelps, die nicht länger als ein Jahr dauerte und Mitte 1987 bereits endete, hatte er laut Samantha keine Pläne für das Weihnachtsfest 1986.

»Fahren Sie zurück nach Paris, um Ihre Mutter und Ihre Schwester zu besuchen?«, fragte sie ihn.

»Nein.«

»Warum kommen Sie dann Heiligabend nicht zu uns?«, schlug sie vor.

»Okay.«

»Er stolzierte ins Haus und meinte: ›Wissen Sie, Samantha, meine Mutter, meine Schwester und ich haben uns das Haus direkt neben Ihnen angesehen, als es auf dem Markt war. Wir hätten Nachbarn sein können.‹ Das Haus neben uns hatte für eine Summe zwischen sechs und acht Millionen Dollar den Besitzer gewechselt«, erzählte Samantha, als wir vor dem grünen Bürogebäude saßen. »Aber Christopher hatte immer eine Geschichte parat, und sie hatte immer mit Geld zu tun. Er war besser und wohlhabender als alle anderen. Das war reine Angeberei. Und obwohl er kleiner als ich war, tat er so, als ob er stets auf mich und auf jeden anderen herabsehen würde. Eigentlich bereute ich meine Einladung zum Heiligabend ziemlich schnell.«

Schon bald hatten auch die Kollegen genug von Crowes Arroganz. Samantha war es leid, wie er sie stets hochmütig mit einem »Nun, Samantha?« ansprach und dann versuchte, irgendetwas Schlagfertiges oder Witziges folgen zu lassen. Die Händler in seinem Alter waren alle gute Freunde, aber Crowe wurde nie Mitglied dieser Clique. »Sie dürfen nicht glauben, dass man ihn ausgeschlossen hätte. Ich glaube vielmehr, dass er sich selbst nie dazugezählt hat«, sagte Samantha. Letztendlich fing er auch an, dem Mann auf die Nerven zu gehen, mit dem man sich auf keinen Fall anlegen durfte. »Stan mochte Crowe nicht mehr. Er nervte ihn immer mehr, und schließlich wollte er ihn loswerden.«

Der Tropfen, der das Fass für Stan zum Überlaufen brachte, war Crowes Weigerung, ihm zu zeigen, wie er sich in seinen Computer einloggen konnte. Für einen zupackenden Geschäftstitanen, der sein Unternehmen stets fest im Griff haben wollte, bedeutete so etwas Befehlsverweigerung, ja Blasphemie. Versuchte Crowe etwa, unentbehrlich zu werden? Später hieß es, genau dies sei sein Plan gewesen, aber Stan Phelps ließ es nicht so weit kommen.

Samantha konnte sich nicht mehr erinnern, ob sie persönlich Crowe entlassen musste oder nicht, nahm es aber an. Sie erinnerte sich jedoch, dass es ohne Christopher Crowe bei S. N. Phelps noch merkwürdiger als zuvor wurde. Der Grund dafür sollte sich erst einige Jahre später herausstellen. Damals packte Christopher seine Siebensachen, zog seinen Burberry-Mantel an und verließ das Gebäude für immer.

Zwei Jahre später kam ein interessantes Detail aus seiner Bewerbung zutage. An der Stelle, wo er seine Sozialversicherungsnummer hätte eintragen sollen, schrieb Christopher Chichester Crowe die Nummer eines gewissen David Berkowitz, jenes Serienmörders, der auch unter dem Namen Son of Sam bekannt war und zwischen 1976 und 1977 mindestens sechs Menschen in New York City ermordet hatte.

KAPITEL SIEBEN

Wall Street

Im Sommer 1987 ging es mit Nikko Securities bergauf. Die Firma zählte zu Japans vier größten Börsenmaklern und wollte sich weiter auf dem boomenden amerikanischen Wertpapiermarkt etablieren. Die Zahl der Angestellten sollte von 250 auf 500 verdoppelt und eine neue Abteilung für Unternehmensanleihen gegründet werden. All das stand in einer Pressemitteilung vom 13. Juli 1987. Nachdem die Details der neuen Abteilung erläutert worden waren, folgte der Satz: »Christopher Crowe, der zuvor die Battenberg-Crowe-von-Wettin-Familienstiftung leitete, wird als Vizepräsident das Vorhaben anführen.«

Jener Christopher Crowe, der sich den Bossen von Nikko Securities vorstellte, war oberflächlich betrachtet der perfekte Kandidat für die Wall Street der boomenden achtziger Jahre. Er war intelligent und gebildet und verfügte über gute Beziehungen. Außerdem kannte er sich in der Sprache der langfristigen Anleihen und Leerverkäufe aus. Er konnte einen Lebenslauf mit Erfahrungen bei S. N. Phelps vorweisen, einer der bekanntesten Maklerfirmen der Ostküste, und rühmte sich, eine Familienstiftung mit adeligem Namen geleitet zu haben. Zudem schien er viel Geld zu haben. Mindestens ebenso wichtig war es, dass er sich passend kleidete und stets Anzüge von J. Press und Books Brothers trug. Im Wirbelsturm des Geldes, dem Sinnbild für die achtziger Jahre, war Christopher Crowe wie so viele andere auf Erfolg aus und darauf vorbereitet, Unmengen Geld zu verdienen.

Er ließ sein Scheitern bei S. N. Phelps hinter sich, und statt Schaden zu nehmen oder aus der Bahn geworfen zu werden, landete er sicher auf beiden Füßen bei einer größeren, noch renommierteren Firma in einer höheren Position. Er sollte dort eine ganze Abteilung leiten und für extrem hohe Investitionen und finanzielle Transaktionen verantwortlich sein. Ein Börsenmakler erzählte mir, dass Summen unter einer Million Dollar überhaupt nicht gehandelt wurden. Crowes ehemalige Kollegen bei Nikko Securities schätzten, dass sein jährliches Grundeinkommen wohl um die 125 000 Dollar betrug – dazu kamen noch die Boni.

Wie landete Crowe einen solchen Coup? Wie üblich verschaffte er sich Eintritt durch einen leicht zu beeindruckenden Menschen – diesmal durch den inzwischen verstorbenen Don Sheahan. Dieser hatte langjährige Erfahrungen im Wertpapiergeschäft gesammelt, und Nikkos japanische Manager vertrauten ihm die Aufgabe an, einen Großteil des neuen Teams in New York zusammenzustellen. Richard Barnett, dessen Vorgesetzter Christopher Crowe wurde, berichtete: »Anscheinend hat Crowe Sheahan auf einer Cocktailparty kennengelernt und ihn sofort nach Strich und Faden belogen.«

Ein weiterer Wall-Street-Veteran, der mit Sheahan und Crowe bei Nikko zusammengearbeitet hatte, wusste Folgendes über Sheahan zu berichten: »Don war kein Greenhorn. Er war ein ehemaliger Pilot der Air Force und hatte für Goldman Sachs gearbeitet. Don war wahrlich kein Trottel.« Aber wie hatte ihn dann dieser Scharlatan für sich gewinnen können? »Dieser Crowe besaß eine große Gabe«, erwiderte der Wall-

Street-Veteran. »Er war wie Tony Curtis in *Ein charmanter Hochstapler*, der sich als Pilot, Arzt und alles Mögliche ausgibt. Ich glaube, Don fiel auf ihn herein, weil ihn viel Geld und ein toller Stammbaum immer beeindruckten. Ein Name wie Mountbatten hat ihn bestimmt sofort hellhörig werden lassen.« (Obwohl Gerhartsreiter seine San-Marino-Identität nie mehr benutzte, behielt er die Namen, die er für sich auserkoren hatte; laut meinen Papieren legte er bei Nikko eine Geburtsurkunde vor, auf der er sich als Christopher Chichester Crowe Mountbatten aus Los Angeles ausgab.)

»Don Sheahan war von Adeligen schon immer fasziniert«, erklärte Bob Brusca, der für die New Yorker Dependance der US-Notenbank gearbeitet hatte, ehe er unter Sheahan Chefökonom bei Nikko wurde. »Er war nicht einer, der unbedingt immer Referenzen einholte. Wenn ihm jemand gesagt hat, dass Christopher ein fähiger Mann sei, dann nahm er ihn beim Wort.«

Ich fragte nach, ob die Firma sich einfach auf Sheahans Bauchgefühl verlassen hatte und ob seine japanischen Vorgesetzten nicht hatten wissen wollen, warum er diesen Amateur einstellte. »Die Japaner hatten ein System, bei dem sie für fast jeden Amerikaner, der eine Führungsposition bekleidete, einen Japaner in der gleichen Stellung positionierten, der ihm über die Schulter schaute«, sagte Brusca. »Don Sheahan durfte schalten und walten, wie er wollte, aber dieses System galt auch für ihn. Sheahans japanischer Aufpasser war Akira Tokutomi [ein Vizepräsident bei Nikko], und er musste Christopher Crowes Einstellung absegnen.«

Crowes neue Position wurde in einem Artikel des Fachmagazins *Bond Buyer* besprochen, der die Überschrift trug: NIKKO SECURITIES INTERNATIONAL BETRITT GROSSE BÜHNE MIT FOKUS AUF DIE INDUSTRIE

Christopher Crowe, der die neue Unternehmensanleihenabteilung der Firma als deren Vizepräsident leiten wird, berichtete, dass die Abteilung derzeit Konsortiumsanleihen erprobe und sich an einem Chevron-Capital-Deal von 250 Millionen beteilige, der gestern auf den Markt kam. Zugleich steige sie mit einem Angebot von 150 Millionen für Colgate-Palmolive Co. ein, deren Preis gestern Abend festgesetzt werden sollte. Was die Zukunft betreffe, sagte er, so hoffe er die Abteilung langfristig ins Rückversicherungsgeschäft zu führen.

Weiter führte er aus, dass sich die Abteilung hauptsächlich auf den langfristigen Industriesektor konzentrieren und ihr Portfolio mehr oder weniger folgendermaßen ausrichten werde: 65 Prozent Industrieanlagen, 25 Prozent Versorgungspapiere und der Rest eine Mischung aus Banken-, Finanzwesen- und Transportanleihen. »Kunden schätzen Industrieanlagen«, erklärte er und fügte hinzu, dass »der Markt mit Banken- und Finanzwesenanleihen übersättigt ist«.

Noch besteht die Abteilung aus fünf Mitarbeitern einschließlich Mr. Crowe, der zuvor die Battenberg-Crowe-von-Wettin-Familienstiftung führte ... Zum Jahresende erwartet er jedoch eine Verdreifachung der Mitarbeiter auf insgesamt fünfzehn.

Noch keine dreißig Jahre alt und mit wenig Fachwissen war Crowe bereits für die Besetzung der Stellen jener neuen Abteilung verantwortlich. Er wählte ausschließlich erfahrene Finanzexperten. Richard Barnett, der gerade einen Posten als Aktienanalyst bei der angesehenen Brokerfirma E. F. Hutton verlassen hatte, gehörte zu den Ersten, die eingestellt wurden. »Der Leiter der Researchabteilung von Merrill Lynch gab meinen Namen an Christopher Crowe weiter«, erzählte Barnett. Es sollte nicht lange dauern, ehe er den jungen, gut gekleideten Abteilungsleiter kennenlernte, den er als »gebildet« und mit »aristokratischem Auftreten« beschrieb. »Wir trafen uns in der Lobby des Grand Hyatt an der 42nd Street. Er sagte: ›Die Japaner wollen eine Unternehmensanleihenabteilung aufbauen, und mir wurde der Auftrag erteilt, das so rasch wie möglich auf die Beine zu stellen.‹ Das Vorstellungsgespräch dauerte gerade einmal zwanzig Minuten, und als ich das Hotel verließ, hatte ich den Job in der Tasche. Er meinte, es würde sehr viel Geld im Spiel sein, und er erzählte mir von seinen Plänen, einen richtigen Aktienhandel mit Unternehmensanleihen und eine Researchabteilung aufzubauen. Außerdem sollte ich mehrere Analysten einstellen.«

Sie arbeiteten in einem Trading Room in den Büroräumen von Nikko, die sich im World Financial Center neben dem World Trade Center mitten in Manhattan befanden. Wie bei S. N. Phelps gab es auch hier wenig Platz, und jeder wusste gut über die anderen Bescheid. Nur der Chef, der normalerweise allein in seinem großen Büro saß und oftmals Löcher in die Luft starrte, blieb ein Unbekannter.

»Ich kann mich noch erinnern, wie er einmal zu mir kam und fragte: ›Kennen Sie jemanden, der diese Art von Eurobonds kauft?‹«, erzählte Bob Brusca. »Ich habe ihn nur verdutzt angesehen und Nein gesagt. Es war so merkwürdig, denn das war doch eigentlich sein Job. Das war so ähnlich, als würde ein Zahnarzt fragen, was eigentlich ein Prämolar ist.«

Doch Crowe war der Abteilungsleiter, zumindest noch für eine Weile. Schon bald kam das Ganze jedoch ins Stocken. »Es wurde nichts gemacht. Niemand handelte auch nur mit einer Aktie«, fuhr Barnett fort. »Wir saßen nur da und drehten Däumchen. Einmal lud er mich zum Essen ein. Er versuchte, mir mal wieder einen Bären aufzubinden, aber so etwas funktioniert nicht mit Leuten, die schon seit zehn oder fünfzehn Jahren im Geschäft sind.«

Allerdings stimmten all jene, die mit Crowe bei Nikko arbeiteten, darin überein, dass etwas Angeberei für einen Verkäufer von Unternehmensanleihen in den achtziger Jahren durchaus nicht unwichtig war. Und Christopher Crowe war gut darin. Die Fähigkeit, überzogene, ja, unwahrscheinliche Geschichten an den Mann zu bringen, war »offen gesagt, eine fantastische Eigenschaft für einen Händler«, erklärte Brusca. »Sie behaupten oft Dinge, die komplett erfunden und verrückt sind, aber genau solche Leute sind meist ausgezeichnete Händler.«

Niemand ließ Crowe auffliegen, zumindest anfangs nicht, denn laut Crowes Kollege Stan Forkner glaubte man ihm und seinen Märchengeschichten oder man war zu sehr damit beschäftigt, an die eigene Karriere zu denken: »Ich konzentrierte mich ganz auf mich selbst und habe gar nicht auf ihn geachtet. Ich nehme an, dass er sich so gut wie möglich informierte, damit er die Rolle auch überzeugend spielen konnte.«

Das Wesentliche an dieser Rolle war das Geldverdienen. Crowe musste sich bewusst gewesen sein, dass er dazu Hilfe brauchte. Denn er holte sich einen Finanzexperten ins Haus, den ich hier einmal Jim Rivers nennen möchte.

»Jim ist eine echte Persönlichkeit«, sagte Richard Barnett. »In einem Fachmagazin gab es einen Artikel, in dem sie ihn den Bürgermeister der Wall Street nannten. Wir gingen einmal zusammen essen, und ein Obdachloser bat ihn um Geld. Jim spendierte ihm daraufhin eine Nacht in einem Hotel. Er kannte jeden Barkeeper von Manhattan – nicht nur sie, sondern auch ihre Kinder. Er war früher bei der Marine gewesen, und sobald er einen Fuß in eine Bar setzte, begann man sofort die Hymne des Marine Corps zu spielen.«

Ich rief Jim Rivers an, und er war – selbstverständlich – bereit, sich mit mir in einer Bar zu treffen. Dort wurde zwar nicht die Hymne des Marine Corps gespielt, als ich eintraf, aber ich entdeckte den großen, umgänglich wirkenden Mann sogleich mit einem Glas in der Hand in einer Ecke. Bei der Erinnerung an jenen Mann, den niemand wirklich gekannt hatte, wirkte er trübselig.

»Er heuerte mich im August 1987 an, um das Geschäft mit den Unternehmensanleihen anzukurbeln«, begann er. »Er sollte der Vorgesetzte von drei Verkäufern sein. Niemand hatte bisher viel Erfahrung in diesem Metier, aber Crowe wusste so gut wie gar nichts.« Mittlerweile hatte Nikko auch Mary Clarkin engagiert. Sie blickte auf siebenundzwanzig Jahre bei der US-Notenbank in New York zurück und sollte die Geschäfte in Übersee im Auge behalten. Doch schon bald erhielt sie auch den Auftrag, den Verkaufsleiter Christopher Crowe zu beobachten.

»Er war Mary unterstellt und saß mir direkt gegenüber«, berichtete Rivers. »Wir haben ein paar Scherze gemacht. Er zog sein Jackett nie aus und wies ständig auf seine neuen Klamotten hin. ›Schauen Sie sich meinen neuen Anzug von J. Press an‹ – oder von wem auch immer. Stets die beste Qualität.«

Zwei Monate nachdem Rivers bei Nikko angefangen hatte, am 19. Oktober 1987, ereignete sich der große Börsencrash, der als Schwarzer Montag in die Geschichte einging. An diesem Tag kam es zum größten prozentualen Sturz der Börse innerhalb eines Tages, und am Ende des Monats waren die Märkte in Hongkong um 45,5 Prozent und in den Vereinigten Staaten um 22,68 Prozent abgerutscht.

Die Krise flößte den Managern in Nikkos Hauptfirmensitz in Tokio eine ungeheure Furcht vor einem erneuten Crash ein, wie Rivers berichtete, aber für Crowe war der Schwarze Montag ein Tag wie jeder andere. »Er saß einfach in seinem Büro und telefonierte«, erinnerte sich Rivers. »Er hat nie etwas anderes gemacht. Er saß einfach den ganzen Tag da. Mit wem er sprach, weiß ich nicht. Die Hälfte der Zeit redete er auf Deutsch.«

Während Crowe die Rolle des Überfliegers an der Wall Street spielte, hielt er auch seine Fassade als unermesslich reicher Aristokrat aufrecht. Immer wieder erwähnte er seinen Verwandten Lord Mountbatten und die Battenberg-Familie sowie die Battenberg-Crowe-von-Wettin-Familienstiftung, die er geleitet haben wollte. Er behauptete sogar, die Stiftung besäße eine riesige Sammlung von Luxusautos und Schlössern in ganz Europa (wobei eine solche Stiftung in Wahrheit gar nicht existierte).

Rivers erzählte zudem, dass er sich mit seinem Vorgesetzten Don Sheahan eines Abends auf dem Weg zu einem Steak-Restaurant an der East 46th Street befand, um dort Vorstellungsgespräche mit neuen Verkäufern zu führen. »Eine Limousine wartete auf uns, und Crowe fragte, ob er mit einsteigen könne. ›Klar‹, lud ich ihn ein. Es war kurz vor Thanksgiving, und Don und ich unterhielten uns über unsere Pläne für den Feiertag. Ich fragte Crowe: ›Und was machen Sie?‹, und er antwortete: ›Ich bleibe zu Hause und lese Prognosen.‹« Darunter versteht man detaillierte Geschäftsberichte und Wertpapieranalysen. »»Das klingt nach einem *großartigen* Thanksgiving‹, spottete ich. ›Haben Sie keine Freunde oder Bekannten, die Sie besuchen können?‹ Er verneinte. Also fragte ich ihn, ob er zu mir nach Hause kommen wollte, und er willigte schon ein, ehe ich den Satz zu Ende gesprochen hatte. Dann fügte er hinzu: ›Ich komme mit einem meiner Autos.‹ Das machte mich natürlich neugierig. ›Wie viele Autos haben Sie denn?‹ Er antwortete:

›Ach, eine ganze Sammlung – Ferraris, Alfa Romeos, Lamborghinis.‹ Ich sagte: ›Also gut, suchen Sie sich einen aus und kommen Sie zu uns. Das würde ich mir gerne ansehen.‹«

Rivers trank aus und lachte. »Er kam in einem Chevrolet Baujahr 1965, aus dem mehr Rauch als aus dem Mount St. Helens stieg. Im Ernst. Die Farbe war so verblasst, dass man die Karosserie darunter durchscheinen sah. Also fragte ich: ›Und wo haben Sie Ihren Lamborghini oder Ferrari gelassen?‹ Er winkte ab und behauptete nur, dass er aufgrund eines Stromausfalls das Garagentor nicht habe öffnen können. Deswegen hätte er sich diesen Wagen von seinem Hausmädchen leihen müssen.«

Crowe trug zum Thanksgiving-Abendessen bei den Rivers ein Halstuch. »Man hätte glauben können, dass er bei einem Kentucky Derby sei.« Zudem unterhielt er die Familie mit Geschichten über seine Verwandtschaft. »Er hörte einfach nicht mehr mit der Nummer auf: ›Lord Mountbatten ist mein [Onkel], und ich stamme von einer langen Linie ab, die bis ins Königshaus zurückreicht.‹ Er hatte Hunderte von Fotos dabei – alle von Häusern, die angeblich ihm gehören. Einige waren von einer Villa in Greenwich in Connecticut, von der er meinte, dass sie gerade modernisiert werde und einen neuen Pool bekäme.« Selbstverständlich erzählte er der Familie auch von seinen Tagen als Filmproduzent und dass er *Alfred Hitchcock Presents* produziert habe.

Rivers schüttelte den Kopf. »Er blieb nicht nur für Thanksgiving, sondern mehrere Tage. Sein Monogramm CCC war auf alles gestickt, was er besaß, selbst auf seine Hausschuhe, seinen Morgenrock und seinen Schlafanzug. Mein Sohn, der damals sechzehn Jahre alt war, fragte neugierig: ›Haben Sie das Monogramm auch auf Ihrer Unterwäsche?‹ Crowe meinte nur lapidar: ›Natürlich.‹«

Crowe zeigte sich von einer anderen Seite, als ein Wertpapierhändler, ein Freund Rivers', diesen in seinem Büro besuchte. »Mein Freund ist fast zwei Meter groß, Crowe hingegen nur etwa einen Meter siebzig. Mein Freund nahm etwas von Crowes Schreibtisch, das ein Souvenir gewesen sein muss. Crowe rastete aus, als er das sah, und fing an, ihn anzubrüllen. Mein Freund sagte: ›Tut mir leid. Ich habe nicht gewusst, dass das Ihnen gehört.‹ Als ich ihn zum Lift brachte, meinte er zu mir: ›Der Typ tickt nicht ganz richtig. Pass lieber auf.‹ Ich ging zu Crowe zurück und erklärte ihm: ›Christopher, wir reden hier nicht auf diese Weise miteinander – mit niemandem!‹«

Crowe schnappte zurück: »Wenn man jemals wieder etwas auf meinem Schreibtisch anfasst, dann komme ich mit meiner Luger!« Rivers horchte bei dieser Drohung auf, denn nur wenige Wochen zuvor hatten sich die Händler im Büro über Waffen unterhalten und Crowe hatte so getan, als würde er sich damit nicht auskennen.

»Ich fragte ihn also: ›Welches Kaliber hat Ihre Luger?‹, und er antwortete: ›Neun Millimeter.‹«

»Sie wissen also doch mehr über Schusswaffen, als Sie zugegeben haben«, entgegnete Rivers und wurde dafür mit einem unsicheren Lächeln bedacht. »Von da an habe ich mir mehr Gedanken über seinen wahren Charakter gemacht.«

Christopher Crowe lebte das typische Leben eines Wall-Street-Händlers: mit einem sechsstelligen Gehalt, einem Büro im World Financial Center und einer Villa in Greenwich – oder zumindest einigen Zimmern darin. Einige Auszüge seiner Kreditkartenrechnungen (auf den Namen CCC Mountbatten ausgestellt) zwischen 1987 und 1988 spiegeln seinen üppig werdenden Lebensstil wider. Er besuchte Manhattans beste Restaurants: Den »21«-Club, Le Bernading, die Quilted Giraffe und Bellini von Cipriani, um nur einige zu nennen. Er ging regelmäßig in die Theater am Broadway und in die Oper und sah sich unter anderem das *Phantom der Oper* und *Madame Butterfly* an. Er kaufte ständig Kleidung bei Burberry, Church's English Shoes und J. Press – alles exklusive Herrenausstatter. Seine Kollegen bei Nikko berichteten, dass er des Öfteren Pakete in seinem Büro zugestellt bekam. Jede Woche kaufte er zudem Blumen und Pralinen – wohl Geschenke für Leute, bei denen er sich einzuschmeicheln gedachte.

Crowe lud diverse Kollegen zu sich nach Hause ein, wobei er jedes Mal erklärte, dass er nur vorübergehend im Pool-Haus seiner Villa wohne, während diese renoviert wurde.

»Das Haus in Greenwich war verdammt schick«, meinte Stanley Forkner, der ähnlich wie Crowe Vizepräsident bei Nikkos Unternehmensanleiheabteilung war. Forkner erklärte, selbst nie dort gewesen zu sein, aber er nannte mir bereitwillig die Namen derjenigen, die Crowes Zuhause gesehen hatten. Sie hatten mit ihm im Pool-Haus gesessen und durften sich Filme ansehen, deren Drehbücher er angeblich selbst geschrieben und bei denen er Regie geführt hatte. Meine Versuche, mit ihnen in Kontakt zu treten, blieben erfolglos. Möglicherweise war es ihnen einfach peinlich, ihm auf den Leim gegangen zu sein. Schließlich hatten sie für ihn gearbeitet, und manche von ihnen waren auch von ihm eingestellt worden. Obwohl Crowe am Telefon deutsch sprach und seine Luger erwähnte – die Standardpistole der deutschen Armee während der beiden Weltkriege –, ahnte niemand, dass es sich bei ihm um einen ganz gewöhnlichen Einwanderer handelte.

»Er sprach das beste Englisch, das man sich vorstellen kann. Sämtliche Spuren eines Akzents waren verschwunden«, erklärte Wayne Campbell, ein langjähriger Bibliothekar in der öffentlichen Bücherei von Greenwich. Über die Jahre lernten sich er und Crowe besser kennen, denn der Deutsche tauchte dort regelmäßig auf, um sich alte Filme auszuleihen – hauptsächlich aus dem Genre Film Noir. Meist kam er samstags, um den Stress der Wall Street hinter sich zu lassen, freitags besuchte er häufig die öffentlichen Filmvorführungen, die Campbell im Vorführsaal der Bibliothek organisierte.

Ich suchte Campbell auf. Er hatte zwar weiße Haare, aber noch immer etwas Jugendliches an sich. Die Bücherei von Greenwich war mittlerweile dank einer Privatspende von 25 Millionen Dollar in einem großen weißen Gebäude untergebracht. Obwohl die Filmsammlung inzwischen hauptsächlich aus DVDs bestand, gab es auch noch zwei Regale voller VHS-Kassetten, wie sie Christopher Crowe ausgeliehen hatte. Campbell führte mich zu den Regalen, wo er sich oftmals mit dem jungen Mann, der behauptete, nicht nur ein Gigant an der Wall Street, sondern auch ein Hollywood-Regisseur zu sein, über Filme unterhalten hatte.

»Ich wusste natürlich, dass Filme fast ausschließlich in Hollywood produziert werden. Was hatte er also in Greenwich verloren?«, wunderte sich Campbell. »Er wusste so viel über Filme! Er kannte die Regisseure, wusste über die Technik Bescheid. Keine Ahnung, wieso. Vielleicht war er ein unermüdlicher Leser.«

Campbell ging die alten Kassetten durch und holte Crowes Favoriten heraus. »Die Klassiker«, sagte er. »Alfred Hitchcock und Orson Welles – alles von Kritikern hochgeschätzte Filme. Jedes Mal, wenn er einen Film zurückbrachte, lieh er sich einen neuen aus. Das ging so weiter, bis er unsere gesamte Sammlung von insgesamt fünfzehntausend Titeln angesehen hatte.«

Er habe genauso viel über die Finanzwelt wie über das Filmgeschäft gewusst, fuhr Campbell fort. »Ich begrüßte ihn,

und er erklärte: ›Die langfristigen Anleihen sind um vier oder
fünf Punkte gestiegen, mit einer Rendite von so und so viel.‹
Ich nickte nur und wartete darauf, dass er das Thema ab-
hakte, damit wir uns über Filme unterhalten konnten. Aber
er redete weiter und wirkte dabei sehr überzeugend.« Dennoch gab es das eine oder andere Detail, das Campbell bei
Crowe irritierte. Zum Beispiel behauptete er, mit seiner Mutter in Greenwich zu leben. Doch warum sollte ein erfolgreicher Wall-Street-Manager mit Ende zwanzig bei seiner Mutter wohnen? Und warum erwähnte er nie ihren Namen?

Und dann war da sein Frauengeschmack. »Er war sehr an
einem Mädchen interessiert, das in der Filmabteilung arbeitete«, erinnerte sich Campbell. »Sie war keck, lebhaft, hübsch
und intelligent.«

In meinem Dossier über Gerhartsreiter fand ich einige Informationen über diese junge Frau:

Sie lernte Christopher Crowe kennen, während sie als Film-
vorführerin in der öffentlichen Bibliothek von Greenwich
arbeitete. Crowe besuchte die Vorführungen alter Schwarz-
Weiß-Filme etwa einmal im Monat.

Crowe erzählte ihr, dass er der Produzent von *Alfred Hitchcock Presents* sei. Er behauptete auch, seine Mutter sei eine
Stummfilmschauspielerin gewesen. Wenn das wahr gewesen
wäre, hätte sie mindestens fünfzig sein müssen, als Crowe geboren wurde. Er erklärte, seine Mutter lebe in einem Viertel
von Greenwich, das man nur über eine private Straße erreichen könne.

Die junge Frau und Crowe trafen sich des Öfteren zum Kaffee. Sie hatte nichts dagegen, da Crowe angeblich verlobt war
und bald heiraten wollte, weshalb er sich auch nie offen um
sie bemühte.

Crowe bot ihr einmal einen Job bei einer japanischen Firma an, für die er arbeitete. Dort stelle man gerade neue Leute. Das Gehalt betrug 40 000 Dollar, doch sie wusste, wie teuer das Leben in Manhattan war, und lehnte den Job ab.

Es war ein Leichtes, mir vorzustellen, wie Christopher Crowe vor diesen Regalen stand, die großen Klassiker des Film Noir begutachtete und ihre Handlung und Charaktere wie ein Schwamm in sich aufsog, da sie ihm weiteren Stoff für seine eigenen Rollen lieferten. Ich betrachtete die Hüllen von *Psycho*, *Chinatown* und *Ein Köder für die Bestie*. »Das ist genau sein Geschmack gewesen«, sagte Campbell. »Schwungvoll, gut inszeniert und unglaublich spannend.«

Passte da auch Mord dazu?

»Das habe ich nicht gesagt«, erwiderte Wayne Campbell.

Im Wertpapiergeschäft kennt man sich, weshalb sich letztlich auch jemand an Crowes qualvolle Zeit bei S. N. Phelps and Company erinnerte. Und es war nicht irgendwer, sondern der große Mann höchstpersönlich. »Stan Phelps rief mich eines Tages an«, sagte Jim Rivers und starrte auf seinen Drink. »Er fragte: ›Warum zum Teufel habt ihr diesen Kerl namens Crowe eingestellt?‹ Ich entgegnete: ›Einen Moment mal, Sam. Das war nicht meine Entscheidung. Außerdem habe ich gehört, dass du ihm ebenfalls einen Job gegeben und ihn dann wieder rausgeworfen hast.‹ Er meinte: ›Stimmt, ich habe ihn rausgeworfen, weil seine Sozialversicherungsnummer die von Son of Sam war.‹ Ich fragte: ›David Berkowitz?‹ Er antwortete: ›Genau.‹ Das machte mich stutzig: ›Weiß Sheahan davon? Das kann ich mir nämlich nicht vorstellen.‹«

Kurz darauf unterrichtete Rivers Don Sheahan davon, dass Crowe die Sozialversicherungsnummer eines geistesgestörten Serienmörders angab, der behauptete, die Befehle seines Hundes auszuführen. »Don versicherte mir, dass er sich darum kümmern würde. Es dauerte recht lange, denn Crowe blieb mindestens weitere sechs Monate bei Nikko, ehe alles aufflog.«

Bob Brusca zufolge waren Phelps' Warnung und die falsche Sozialversicherungsnummer allerdings nicht die wahren Gründe, warum Crowes Tage bei Nikko gezählt waren. »Es ist ganz einfach. Crowe war nicht erfolgreich, weil er keine Kunden hatte«, erläuterte er. »Er war nur ein einsamer Typ. Ganz gleich, wo man herkommt und welchen Stammbaum man vorweist – es kommt der Punkt, an dem man einen Beitrag leisten und ein Geschäft abschließen muss. *Irgendetwas*.«

Man erklärte mir, dass die anderen allmählich die Geduld verloren. »Ich erinnere mich, wie man ihm das eine oder andere Mal den Marsch geblasen hat«, fuhr Stan Forkner fort. »Die hohen Tiere und auch die Händler, die von Natur aus ein angriffslustiges Völkchen sind.« Trotzdem waren die Angestellten bei Nikko überrascht, als Crowe tatsächlich entlassen wurde, denn die Firma hatte noch nie jemanden gefeuert. Sie alle glaubten an einen Job fürs Leben, zumindest noch damals, ehe eine Krisenwelle nach der anderen das Land erschütterte und derartige Vorstellungen mit sich fortspülte.

»Kurz nachdem er entlassen worden war, ging ich ins Museum of Modern Art, und ich bin mir ziemlich sicher, ihn dort gesehen zu haben«, erinnerte sich Bob Brusca. »Ich stand keine zwei Meter von ihm entfernt, doch er ignorierte mich und lief weiter, als ob er mich nicht kennen würde.«

Damals war Christopher Crowe bereits dabei, sich eine neue Identität zuzulegen.

KAPITEL ACHT

Vermisst

Wie bei seinem Einstieg in die Finanzwelt fiel Christopher Crowe auch jetzt weiter die gesellschaftliche Leiter nach oben. Ganz gleich wie desaströs seine Zeit bei Nikko gewesen sein mochte – sie diente ihm dennoch als Sprungbrett zu größeren Dingen.

Bei Kidder, Peabody & Co. handelte es sich um eine altehrwürdige, amerikanische Brokerfirma, die 1865 gegründet wurde und für ihre unfehlbare Investmentabteilung bekannt war (nach der Akquisition von PaineWebber im Jahr 1994, das von UBS aufgekauft wurde, existiert sie inzwischen allerdings nicht mehr als unabhängige Firma). Eines Tages im Sommer 1988 tauchte Christopher Crowe im Firmensitz auf, der im Zentrum der Finanzwelt von Lower Manhattan lag, und gelangte unangemeldet bis ins Büro von Ralph Boynton. Dieser hatte erst vor kurzem die Firma Goldman Sachs verlassen, um nun die internationalen Geschäfte von Kidder Peabody zu leiten.

»Damals gab es noch kein Sicherheitspersonal in den Gebäuden«, erinnerte sich Boynton an die Zeit vor dem 11. September 2001 (und vor dem Bombenanschlag auf das World Trade Center von 1993), als Bürogebäude noch nicht als Terroristenziele eingestuft wurden. »Er klopfte an meine Tür und erklärte, dass er Arbeit suche. Ich war neu bei Kidder und wollte ein kleines Team in New York zusammenstellen, das sich mit Eurobonds beschäftigte [eine Art Wertpapier, das von multinationalen Korporationen ausgestellt wurde und nur minimalen gesetzlichen Regelungen unterlag]. Natürlich besaß ich kein Budget dafür, denn Kidder war im Gegensatz zu Goldman Sachs eine reine Kommissionsfirma.«

Crowe machte einen klugen und bescheidenen Eindruck, und er legte gute Manieren an den Tag. Das einzige Manko bestand vielleicht darin, dass er etwas zu höflich und formell wirkte. Aber er wollte für Kidder arbeiten. Ungeachtet der Tatsache, dass er wortwörtlich von der Straße kam, war Boynton recht beeindruckt von ihm – zumindest am Anfang. »Ich glaubte, er sei der Richtige. Intelligent, höflich und exzellent gekleidet. Um Eurobonds zu verkaufen, muss man kein Genie sein, und im Vergleich mit einigen der anderen Verkäufern war er sicherlich nicht der schlechteste.«

Also entschied sich Boynton, wie so viele andere vor ihm, diesem Mann eine Chance zu geben. Er gab ihm eine Probezeit von zwei Wochen. »Wir überprüften seine Angaben gar nicht erst. So weit ist es nicht gekommen«, erzählte er. »Ich nahm ihn nach Los Angeles zu einem Treffen mit Kunden mit, die Eurobonds kauften. Ich wollte herausfinden, wie er sich als Verkäufer machte und wie er mit diesen Leuten zurechtkommen würde.«

Sie flogen zusammen nach Los Angeles. Crowe erschien in seinem typischen Jackett und der Krawatte.

»Und? Wie hat er sich geschlagen?«, fragte ich.

»Er war intelligent, wortgewandt, angenehm im Umgang, nicht allzu geschwätzig oder gar anmaßend. Er machte einen netten Eindruck.«

Nachdem Gerhartsreiter einen weiteren Vorgesetzten um

den Finger gewickelt hatte, war er scheinbar auf dem besten Wege, seinen dritten prestigeträchtigen Job in der Finanzwelt zu ergattern. Doch diesmal sollte ihn die Vergangenheit einholen.

Die mir vorliegenden Polizeiberichte schildern, was genau geschah. Sie beginnen mit Crowes Kreditkartenauszügen zwischen seinem Rauswurf bei Nikko im Juli 1988 und seinem Arbeitsbeginn bei Kidder Peabody. Die meisten Einträge sind kaum erwähnenswert: Tankstellen, Delikatessenläden (darunter auch des Öfteren das Zabar's in New York) und Essensrechnungen von Ham Heaven oder Curry & Tandoor. Am 12. September, jenem Tag, an dem er bei Kidder Peabody begann, kehrte er im Popover Café ein, einem beliebten Brunch-Café in Manhattans Upper West Side, das für seine luftig leichten Blätterteigpasteten bekannt ist.

Zwei Monate später, am 3. November 1988, erhielt die Polizei von Greenwich eine Fernschreibernachricht von ihren Kollegen aus San Marino, die sie um Hilfe bei einem älteren Fall baten. Die Beamten in San Marino suchten nach »Personen, die Informationen haben hinsichtlich des Aufenthaltsorts von John Robert Sohus – weiß, männlich, geboren am 20. Dezember 1957 – sowie seiner Frau Linda Christine – weiß, weiblich, geboren am 17. September 1956«. Eine dieser gesuchten Personen war ein gewisser »Chris Gerhartsreiter alias Chichester – weiß, männlich, geboren am 21. Februar 1961, Connecticut OP #024192788 –, [der] mit der Familie Sohus das Haus teilte, einen Monat später aber ebenfalls verschwand«. In der Nachfrage wurde auch der Nissan-Pick-up der Sohus' Baujahr 1985 samt Kennzeichen erwähnt.

Der Beamte, der diese Nachricht erhielt, war Daniel Allen. Als ich mich in Greenwich mit ihm traf, hatte Allen den Rang

175

eines Leutnants. Er erwartete mich vor der Polizeistation, um mich zum Frühstück in ein kleines Café an der Greenwich Avenue, der Hauptstraße des wohlhabenden Städtchens, einzuladen. Ich fühlte mich stark an San Marino erinnert. Greenwich war genauso sauber und reich, die Luft wirkte frisch, und auch hier schien man die Werte eines Norman Rockwell zu vertreten. Als wir vor unserem gebratenen Speck und Spiegeleiern saßen, erzählte Allen, der sein ganzes Leben in Greenwich verbracht hatte, von jenem Tag, als er den Namen Christian Gerhartsreiter zum ersten Mal hörte.

»Es war reine Routine. Ein anderes Revier wollte einfach Informationen über Personen, die vermisst wurden«, erklärte er und fügte hinzu, dass dies nur eine von Dutzenden von Anfragen gewesen war, die er während seiner Schicht von sechzehn Uhr bis Mitternacht erhalten hatte. »Eine vermisste Person ist keine strafrechtlich relevante Angelegenheit. Sobald man erwachsen ist, kann man abhauen, ohne jemandem davon erzählen zu müssen. Das ist an sich noch kein Verbrechen.«

Natürlich war die Geschichte von Linda und John Sohus wesentlich komplizierter. Aber woher hätte Allen das zu jener Zeit wissen sollen? »Es gibt eine Vielzahl von Gründen, warum Leute verschwinden«, sagte er und versuchte, mir klarzumachen, warum ein im Nachhinein außergewöhnlicher Fall damals völlig unspektakulär angefangen hatte. »Es handelte sich um seit drei Jahren vermisste Personen aus Kalifornien. Das Revier von San Marino fragte bei uns an, um zu erfahren, ob wir etwas von den Vermissten wüssten. Schließlich war der Pick-up bei uns aufgetaucht. Es war also durchaus möglich, dass wir etwas von dem Ehepaar wussten.«

Allen glaubte, dass es sich um eine rasche, einfache Sache handeln würde. Man musste nur diesen »Chris Gerhartsreiter alias Chichester« befragen, wie es in dem Fernschreiben stand, und die Ergebnisse dann den Kollegen in Kalifornien mitteilen. Allen fand rasch heraus, dass sich der Mann mittlerweile Christopher Crowe nannte, und je mehr Informationen er über ihn sammelte, desto stärker wurde das Gefühl, das auch ich kannte. Er erklärte:»Ich konnte nicht einschätzen, mit wem ich es da zu tun haben würde.«

Nach dem Frühstück fuhr Allen mich an jenen Ort, an dem seine Ermittlungen hinsichtlich des vermissten Ehepaars ihren Ausgang nahmen: zur Christ Church, der imposanten Kirche aus Stein, in der Christopher Crowe Zuflucht gefunden hatte und in der am Tag vor unserem Besuch des Bruders des Präsidenten George H. W. Bush, Prescott Bush, nach seinem Tod im Alter von siebenundachtzig gedacht worden war.

Im Jahr 1988 hatte Allen die Kirche besucht, um Reverend John Bishop und seinen Sohn Chris, den Filmstudenten, der mit Crowe befreundet gewesen war, zu befragen. Der Reverend war im Urlaub, aber Chris erzählte dem Ermittler alles über den Pick-up ohne Zulassung, was er wusste. Ich hatte Allens Bericht durchgelesen, in dem er die Einzelheiten des Gesprächs mit Chris Bishop festgehalten hatte.»Im Juli des gleichen Jahres wandte er sich an Crowe mit der Bitte, sich seinen Pick-up für einen Film ausleihen zu dürfen, den er gerade drehte. Crowe gab ihm zu verstehen, dass er den Wagen gerade zum Verkauf anbiete, dieser aber keine Zulassung habe.«

Die Zulassung stamme aus Kalifornien, wie Crowe seinem Freund mitteilte. Wenn Chris Bishop also den Truck haben wolle, müsste er»sich selbst darum kümmern«, das Fahrzeug von der kalifornischen Zulassungsbehörde umschreiben zu lassen. Crowe habe weder Zeit noch Lust gehabt, sich damit zu befassen.

Chris kontaktierte also die kalifornische Zulassungsbehörde und erfuhr, dass er einen Scheck über zehn Dollar für die Suche der Zulassungspapiere schicken solle. Chris war damals siebzehn und hatte noch kein eigenes Girokonto. Also bat er seine Eltern darum, den Scheck auszustellen, was sie auch taten. Kurz darauf erhielt er den Anruf einer Bank. Man sagte ihm, dass im Gegensatz zu Crowes Behauptung, der Besitzer des Wagens zu sein und ihn vollständig abbezahlt zu haben, noch Zahlungen ausstünden – und zwar eine große Summe, die erst beglichen werden müsse, ehe die Zulassung weitergeleitet werden könne.

Chris stellte Crowe zur Rede. »Du willst mich über den Tisch ziehen«, warf er ihm vor. Doch Crowe behauptete, nichts von der Angelegenheit zu wissen.

Die Nachforschungen des Polizeibeamten brachten immer merkwürdigere Dinge zutage. Allen befragte verschiedene Vermieter von Greenwich, bei denen Crowe gewohnt hatte und von denen einer berichtete, Crowe habe während einer Unterhaltung erwähnt, einen Pick-up zu besitzen. Er habe den Wagen jedoch nie zu Gesicht bekommen, da Crowe ihn in einer Garage an einem ihm unbekannten Ort aufbewahrte. Eine Überprüfung bei der für Connecticut zuständigen Kfz-Zulassungsbehörde ergab, dass sich ein gewisser Christopher K. Gerhartsreiter tatsächlich hier aufhielt oder aufgehalten hatte, aber sein Führerschein abgelaufen sei und er keine Nachsendeadresse angegeben habe. Laut eines Polizeiberichts »riefen die Ermittler bei der für Crowe eingetragenen Telefonnummer an … Aber die Telefongesellschaft in New York unterrichtete sie davon, dass die Nummer … nicht mehr vergeben war.«

Detective Allen sprach mit zahlreichen Leuten, die Crowe gekannt und ihn bei sich zu Hause aufgenommen hatten. Immer und immer wieder musste er sich die bizarre Behauptung anhören, dass Crowe der Produzent von *Alfred Hitch-cock Presents* sei. Doch schon sehr bald war ihm klar: Das war reine Erfindung. Er fand heraus, dass der Mann mit den vielen Namen, den zweifelhaften Jobs und den ständig wechselnden Adressen keine Spuren hinterlassen hatte, mittels derer die Polizei ihn hätte finden können.

Allen und seinen Kollegen blieb nichts anderes übrig, als sich an eine der wenigen Firmen zu wenden, die ihnen noch einen Anhaltspunkt liefern konnten. Sie forderten eine Liste von American Express mit Kreditkartenauszügen von Christopher C. Crowe Mountbatten an, die vom Los Angeles County Sheriff's Department zusammengetragen worden war. Hier folgen einige Auszüge:

28. September 1988: Crowe kauft bei Bloomingdale's in New York City ein

3. Oktober 1988: Crowe besucht das Eugene-O'Neill-Theater am Broadway

4. Oktober 1988: Crowe verlässt seine letzte bekannte Adresse in Greenwich – Loch Lane 8 –, ohne eine Nachsendeadresse anzugeben

14. Oktober 1988: Crowe meldet sein Auto, einen Chrysler-Kombi in Stamford in Connecticut als gestohlen, wo er ihn geparkt haben will, um den Zug nach Boston zu nehmen. Sechs Tage später wird der Chrysler in New York gefunden. Crowe wartet beinahe einen Monat, um ihn abzuholen. Er bezahlt die Abschleppgebühren, verweigert aber die Übernahme des Wagens (was ihm von seinem Anwalt Solomon Rosenbaum geraten wurde, wie Crowe behauptet. Er macht aber keine weiteren Angaben zu seinem Rechtsbeistand).

22. Oktober 1988: Crowe holt zum letzten Mal seine Post aus dem Postfach in Greenwich.

Es war schnell klar, dass Crowe nicht vorhatte, sich mit Daniel Allen zu unterhalten. Der Polizeibeamte versuchte, ihn telefonisch zu erreichen, aber es wurde nie abgenommen. Jedes Mal, wenn Allen glaubte, ihm näher zu kommen, verlief die Spur im Nichts. Jegliche Informationen, die Crowe auf offiziellen Formularen angegeben hatte, stellten sich als erfunden heraus. Die letzte Adresse in Greenwich, die er genannt hatte – jene in der Loch Lane –, existierte nicht einmal. »Crowe erfand die Nummer acht, als er in Nummer sieben ein Telefon installieren ließ«, schrieb Allen in einem Bericht. Als man Crowes Sozialversicherungsnummer genauer ansah, stellte sich heraus, dass sie nicht Christopher Crowe, sondern einem gewissen Steven J. Biodrowski gehörte, einem Filmstudenten der USC, den Chichester kennengelernt hatte, als er noch viel Zeit auf dem Campus verbrachte. Biodrowski hatte keine Ahnung gehabt, dass Crowe seine Sozialversicherungsnummer benutzte.

Als die Polizei schließlich Chrysler Financial kontaktierte, wo Crowe das Fahrzeug leaste, das er später als gestohlen meldete, wurde ihr mitgeteilt, dass »Christopher Crowe einen gewissen H. Crowe, wohnhaft in Rock Ridge Road 34 in Greenwich/Connecticut als seinen Vater angegeben habe. Diese Adresse ist jedoch der Wohnsitz von dem bereits erwähnten Mr. [John] Maddox.«

Nachdem Allen sämtliche Frauen, die Crowe aus der öffentlichen Bibliothek von Greenwich kannte, kontaktiert hatte, stellte sich heraus, dass die Identität seiner Mutter ebenso nebulös wie die seines Vaters war. Crowe hatte behauptet, seine Mutter sei eine Schauspielerin mit dem Künstlernamen Gloria Jean. Tatsächlich gab es eine Hollywood-Schauspielerin und Sängerin namens Gloria Jean, die zwischen 1939 und 1959 in 26 Filmen mitgespielt hatte – darunter in *Gib einem Trottel keine Chance.* Als Allen jedoch die Schauspielergewerkschaft anrief, um Informationen über sie einzuholen, wurde ihm mitgeteilt, sie habe ihre Mitgliedschaft bereits 1956 gekündigt. Wieder eine Sackgasse.

Die Mitglieder der Christ Church hatten die Adresse von Crowes Arbeitgeber S. N. Phelps and Company, für den er zu jenem Zeitpunkt schon lange nicht mehr tätig war. Ermittler in San Marino überprüften eine weitere Adresse, die er anfangs dort angegeben hatte – und zwar die des herrlichen Anwesens am Circle Drive. Es stellte sich heraus, dass das Haus bereits seit 1977 unbewohnt war. Der junge Einwanderer war erst ein Jahr später nach Amerika gekommen. Die Polizei versuchte ihr Glück auch bei einer Frau, die ich Rose Mina nennen will. Crowe sollte angeblich bei ihr in New York untergekommen sein. Sie arbeitete für Moody's Investment Services und teilte den Ermittlern mit, dass sie Crowe »seit jenem Tag, als ich ihm Ihre Nachricht weiterleitete, Sie doch zu kontaktieren, nicht mehr gesehen habe«. Ein Anruf bei der Einwanderungsbehörde in Hartford war ähnlich erfolglos. »Die Behörde hatte keine Akten über einen Mann namens Gerhartsreiter, Chichester oder Crowe mit dem Geburtsdatum vom 21. Februar 1961«, schrieb Detective Allen.

»Nachdem ich alles versucht hatte, Crowe ausfindig zu machen, und er sich nicht bei mir meldete, unterrichtete ich die Behörden in Kalifornien darüber«, erklärte Allen. »Sie forderten mich auf, ihn unbedingt persönlich zu treffen. Also ging ich zu Kidder Peabody, seinem damaligen Arbeitgeber.«

Ich erzählte ihm, dass Crowe bei Kidder Peabody lediglich eine Probezeit absolviert hatte, soweit ich das wusste. Allen schüttelte den Kopf. »Ich hatte damals den Eindruck, dass er für die Firma arbeitete«, sagte er. »Sein Arbeitgeber war als Kidder Peabody angegeben. Also bin ich nach New York gefahren. Es war eine große Investmentgesellschaft. Ich wartete, dass er zur Arbeit erscheinen würde, aber er hatte sich für den Tag krank gemeldet.«

Jetzt konnte ich meine Neugier kaum noch zügeln. Ich begann, Allen etwas zu drängen. Wie war es möglich, dass er so ruhig und nüchtern über einen Fall reden konnte, der mich beinahe verrückt werden ließ? »Hat dieser Fall Sie denn nicht gepackt?«, wollte ich wissen.

»Nein.«

»Kam es Ihnen nicht vor, als würden Sie einen Geist jagen?«, bohrte ich weiter. Ich fügte hinzu, dass ich während meiner Nachforschungen, für die ich quer durch Amerika und sogar ins Ausland gereist sei, um dem Schatten eines Mannes mit zahllosen Identitäten auf die Spur zu kommen, immer wieder genau dieses Gefühl gehabt hätte.

»Ich möchte vorsichtig sein«, gab Allen zu bedenken und schien jedes Wort genau abzuwägen. »Je mehr Zeit verging und je mehr Informationen ich sammelte, desto häufiger stellte sich mir die Frage, wer dieser Mann wirklich ist. Als ich dann auch noch auf seine verschiedenen Namen stieß, kamen durchaus Zweifel auf.«

»*Zweifel?*«, wiederholte ich. Aber Allen erinnerte mich daran, dass Lügen kein Verbrechen war – es sei denn, es führte zu einem Verbrechen oder verschleierte ein solches. Man konnte auch niemanden festnehmen, nur weil er nicht mit der Polizei in Kontakt treten wollte, insbesondere dann nicht, wenn kein Delikt vorlag. »Wir konnten keinen Haftbefehl ausstellen und ihn auch nicht festnehmen«, erklärte Allen. »In Kalifornien wurde zwar ein Ehepaar vermisst, aber bei den dortigen Ermittlungen gab es keinerlei Hinweise darauf, dass irgendetwas nicht mit rechten Dingen zugegangen war oder gar ein Verbrechen vorlag. Rechtlich gesehen, konnten wir Crowe nicht belangen oder auch nur zu einer Zusammenarbeit zwingen.«

Allen schien abgeneigt, weiter ins Detail zu gehen. Entweder konnte er sich nicht mehr genau erinnern oder er dachte, es wäre nicht richtig, mir weitere Einzelheiten seiner Ermittlungen zu schildern. Ich hatte sowieso bereits Einsicht in die Akten des Falls, und darin wurde beschrieben, wie es weiterging. Als Allen bei Kidder Peabody auftauchte, ging er zu Crowes Vorgesetzten Ralph Boynton, der dem Detective mehr oder weniger das Gleiche wie mir zwanzig Jahre später erzählte.

Während ihrer Reise nach Los Angeles hatten sich Boynton und Crowe über dessen Familie unterhalten. »Er behauptete, seine Eltern arbeiteten für eine geheime Organisation und seien Agenten auf der Flucht«, erinnerte sich Boynton. »Er meinte, er hätte früher einmal in der Nähe der San Gabriel Mountains gewohnt und würde die Gegend so gern wieder einmal besuchen. Ich ließ ihn reden. Ich gewann den Eindruck, er habe einen sehr dubiosen Hintergrund. Spionage, wohin man auch blickte... Er schien sich auch Sorgen um seine Eltern zu machen, weil sie angeblich jeden Augenblick festgenommen werden konnten.«

Crowe wollte nicht mit Boynton zusammen zurück nach New York fliegen, sondern zog es vor, eine Weile in Kalifornien zu bleiben. Ich bediente mich wieder seiner Kreditkartenauszüge und anderer Papiere aus meinem Dossier, um herauszufinden, was er genau getrieben hatte. Er stieg im Biltmore Hotel in Los Angeles ab, ehe er in San Marino vorbeischaute, wo er an Halloween eine Gebetsstunde seiner alten Gemeinde Church of Our Saviour besuchte. Es war der dritte Hochzeitstag von John und Linda Sohus, wie es der Zufall so wollte. Crowe blieb zum Mittagessen in der Kirche und erzählte den Gemeindemitgliedern, er sei gerade aus Hongkong zurückgekommen, wo er Bankgeschäfte tätige. Er habe die Gelegenheit nutzen wollen, kurz in San Marino vorbeizusehen, könne aber nicht lange bleiben, da er weiter nach Oregon müsse.

Crowe flog dann von San Diego nach San Francisco, wo er sich im St. Francis Hotel einmietete und bei Ernie's zu Abend aß – einem der besten Restaurants der Stadt.

Zurück in New York machte Boynton gerade ein Mittagsschläfchen, als er durch das Klingen des Telefons geweckt wurde. Es war sein alter Freund Richard Cook, Vizepräsident bei S. N. Phelps and Company.

»Kennst du einen Burschen namens Christopher Crowe?«, wollte er wissen.

»Ja, kenne ich«, antwortete Boynton.

»Ich habe nichts Gutes über ihn gehört«, unterrichtete ihn Cook. »An deiner Stelle würde ich die Finger von ihm lassen.«

»Mist. Ich wünschte, ich hätte das gewusst, bevor ich mit ihm nach Kalifornien geflogen bin«, erwiderte Boynton.

Zu jenem Zeitpunkt befand sich Crowe auch wieder in New York. Wie Cook später der Polizei berichtete, hatte er zuerst bei Boynton im Büro angerufen, ehe er ihn zu Hause erwischte, um ihn vor dem Gauner zu warnen, der sich als Aktienexperte ausgab.

»Mr. Cook versuchte, Mr. Boynton bei Kidder Peabody zu kontaktieren, wurde aber darüber unterrichtet, dass Mr. Boynton bis Freitag außer Haus sei«, schrieb Detective Allen. »Nach einem Telefonat mit ihm stellte sich heraus, dass Chris Crowe tatsächlich der Mann war, der von der Polizei in San Marino gesucht wurde.«

Boynton fuhr mit der Geschichte fort: »Einige Stunden später klingelte das Telefon erneut. Diesmal war es die Polizei von Greenwich. Der Beamte fragte: ›Was haben Sie mit Christopher Crowe in Kalifornien gemacht?‹«

Boynton erklärte, er und Crowe seien auf Geschäftsreise für Kidder Peabody in Kalifornien gewesen.

»Als Nächstes wollte er wissen, wo sich der Pick-up befände. Aber woher sollte ich etwas über einen Pick-up wissen? Ich habe ein Auto von Hertz gemietet. Der Beamte gab nicht auf: ›Wir würden uns gerne mit Mr. Crowe in Zusammenhang mit einem Vermisstenfall unterhalten. Haben Sie etwas dagegen, wenn wir ihn in Ihrem Büro aufsuchen?‹«

Boynton erklärte, Detective Allen sei selbstverständlich jederzeit bei Kidder Peabody willkommen, um Crowe zu befragen. »Drei Tage lang stand jeden Morgen um sechs Uhr, als ich kam, sowohl die Polizei von Greenwich als auch die vom Staat Connecticut vor den Türen des Büros und wartete auf Christopher Crowe«, sagte Boynton.

Aber Crowe tauchte nicht auf. Er musste Wind von den Ermittlungen bekommen haben. Nachdem er sich an jenem Tag krank gemeldet hatte, an dem Allen bei Kidder Peabody auf ihn wartete, rief er Boynton an und gab vor, New York auf der Stelle verlassen zu müssen. Es handele sich um einen Notfall, der mit seinen Eltern in Zusammenhang stünde. Laut Boynton sagte er: »Meine Eltern wurden entführt. Entweder befinden sie sich auf der Flucht oder es droht ihnen große Gefahr!«

Der Polizeibericht vermochte etwas mehr Licht in die Angelegenheit zu bringen:

Mr. Boynton kontaktierte den Ermittler, um ihm mitzuteilen, dass Chris Crowe um eine Beurlaubung von mindestens zwei Monaten gebeten habe, da er seine Eltern ausfindig machen wolle, die entweder in Pakistan oder Japan verschollen seien. Mr. Crowe träfe bereits entsprechende

Vorbereitungen mit der pakistanischen und der japanischen Botschaft und plane, das Land zu einem unbekannten Zeitpunkt zu verlassen, um nach seinen Eltern zu suchen.

Die Polizei bat Boynton, Crowe so rasch wie möglich zu kontaktieren, damit Allen diesen »wegen bestimmter Informationen über Mr. und Mrs. Sohus und jenem Kraftfahrzeug befragen könne, das mit ihrem Verschwinden in Verbindung gebracht wird«. Crowe hatte Boynton gegenüber erklärt, er würde noch einmal ins Büro kommen, um sich mit ihm zu treffen und einige Fragen hinsichtlich des einen oder anderen Geschäfts zu klären. Deshalb hoffte Detective Allen, ihn bei dieser Gelegenheit bei Kidder Peabody zu erwischen. Aber wie Allen später in seinem Bericht festhielt, »rief Crowe erneut bei Mr. Boynton an... und teilte ihm mit, er könne ihn aufgrund äußerer Umstände nicht dort [bei Kidder Peabody] treffen, sondern sie sollten stattdessen ihre Angelegenheiten in einem Restaurant an der 52nd Street besprechen.«

Boynton wollte den Termin einhalten, wie er mir gegenüber erklärte. »Aber die Beamten meinten, dass sie mich nicht ohne Personenschutz dorthin lassen könnten, weil der Mann vielleicht eine Bedrohung darstelle.«

Crowe erschien sowieso nicht zu dem Termin im Restaurant. Doch es gelang Allen, ihn am 18. November 1988 im Haus eines Bekannten endlich telefonisch zu erreichen. Crowe erklärte sich bereit, den Polizeibeamten auf dem Revier drei Tage später, also am 21. November um 16.30 Uhr zu treffen. Aber als der Tag kam, rief Crowe ihn an und verlegte den Termin um weitere zwei Tage auf den 23. November. Natürlich tauchte er auch da nicht auf, und der Detective sollte nie wieder von ihm hören.

»Ich habe den Fall so weit verfolgt wie möglich, zumindest was seinen Aufenthaltsort betraf. Und ich habe alles in meiner Macht Stehende unternommen, ihn zu sprechen«, versicherte mir Allen. »Ich musste den Kollegen in Kalifornien mitteilen, dass es mir nicht gelungen war. Außerdem hatte ich viele andere Fälle auf meinem Schreibtisch, um die ich mich kümmern musste.«

Nach dem 21. November tauchten elf weitere Einträge auf Crowes Kreditkartenauszügen auf – alle von Geschäften in New York City: der erlesenen Buchhandlung des renommierten Rizzoli-Verlags, der japanischen Buchhandlung Kinokuniya, dem Tower-Records, dem Sam Goody Records, Raoul's Restaurant, der Oyster Bar in der Grand Central Station, dem Rhinelander Restaurant, Zabar's Delikatessen und J. Press (zweimal). Der letzte Eintrag stammte vom 6. Dezember 1988 und listete einen Betrag im japanischen Restaurant Hayato auf.

Dann verschwand der Mann, auf dessen American-Express-Karte der Name CCC Mountbatten stand. Er verschwand nicht nur aus New York und Greenwich, sondern er schien wie vom Erdboden verschluckt zu sein.

KAPITEL NEUN

Clark Rockefeller: New York, New York

Vom 6. Dezember 1988 bis irgendwann im Laufe des Jahres 1992 wurde Crowe von fast niemandem gesehen, der ihn von früher kannte. Jedenfalls meldete sich niemand. Manche nahmen an, dass er sich in Tokio oder in Delhi aufhielt, worauf auch die Flugtickets hinweisen, die auf seinen Kreditkartenauszügen aufgelistet sind. Die Ermittler aber gehen davon aus, dass er sich mitten in New York City aufhielt, und zwar mit Rose Mina, der ruhigen, klugen, hochgebildeten Amerikanerin asiatischer Abstammung, die er während seiner Zeit bei Nikko Securities kennengelernt hatte, für die sie Übersetzungen anfertigte. Er hatte seinen Computer in einem winzigen Zimmer ihrer Wohnung aufgebaut und sich dort eingerichtet. Nur selten verließ er das Appartement, um mit seinem Hund Gassi zu gehen. Er verbrachte die Tage damit, *Raumschiff Enterprise* im Fernsehen anzusehen und an seinem Computer herumzuspielen, während er den nächsten Schachzug plante. Rose Mina ging weiterhin zur Arbeit und stieg langsam, aber sicher die Leiter in der New Yorker Finanzwelt empor. Nach beinahe zwei Jahren hatte sie genug von ihrem merkwürdigen Freund und wollte sich von ihm trennen. Doch sie merkte bald, dass es nicht einfach war, sich aus der Beziehung zurückzuziehen. Letztlich überließ sie ihm die Wohnung und siedelte in ein neues Appartement um.

Später behauptete der geheimnisvolle Deutsche, ein Gentleman namens Harry Copeland habe ihn während der vierjährigen Auszeit unter seine Fittiche genommen und ihn zu seinem Patensohn auserkoren. Es gab Vermutungen, dass es sich um einen ehemaligen Stammgast der Pferderennbahn Belmont Park auf Long Island handelte, der wegen seiner Fähigkeit, Rennresultate vorherzusagen, auch als Harry the Horse bekannt war. Aber Harry Copeland starb in den späten neunziger Jahren, und weder seine Tochter noch andere, die ich ausfindig machen konnte, wussten von einer Verbindung zu Christian Gerhartsreiter, Christopher Chichester oder Christopher Crowe.

Aber alle stimmen in einem Punkt überein: Wenn er bereits während seiner ersten zehn Jahre in Amerika gelegentlich zu einem Geist geworden war, dann hatte er diese Fähigkeit, sich unsichtbar zu machen, während jener vier Jahre offenbar perfektioniert.

»Er war einfach verschwunden«, erklärte Thomas Lee, stellvertretender Superintendent der Bostoner Polizei. Der lang gediente Beamte war beinahe vollständig im Bilde über das ständig wechselnde Leben des Mannes. Nur über die Jahre 1988 bis 1992 wusste er nichts. »Wir besitzen keine zuverlässigen Informationen hinsichtlich seines Aufenthaltsorts während dieser Zeit«, sagte er.

»Und was glauben Sie?«, fragte ich.

»Er war irgendwo und gab sich wieder als ein anderer aus. Aber ich weiß nicht, welche Identität er annahm.«

»Vier Jahre – und es gibt keine Hinweise?«, bohrte ich weiter.

»Nein, zumindest keine verlässlichen«, antwortete er. »Erst

ab 1992 konnten wir seine Spur wieder aufnehmen. Diesmal in einer Wohnung in New York.«

Wie für Gerhartsreiter üblich tauchte er in einer Kirchengemeinde auf.

Die Kirche von St. Thomas, 1823 gegründet, ist das Zentrum der Episkopalen von New York City und steht in einer der teuersten Gegenden an der Fifth Avenue. Das Gebäude wurde im Stil der französischen Hochgotik gebaut und 1913 fertiggestellt. Laut Kirchenbroschüre hat die Kirche »die Ausmaße eines Doms. Allein das Gewölbe des Kirchenschiffs reicht knapp dreißig Meter in die Höhe.« Als sich Crowe der Gemeinde anschloss, traf er vermutlich viele wichtige Persönlichkeiten der New Yorker Geschäftswelt, Politik und Gesellschaft – wie Brooke Astor, die oftmals mit ihrer Freundin Hope Preminger, dem ehemaligen Modell, das den Filmregisseur Otto Preminger heiratete, hierherkam, sowie den legendären Pianisten George Shearing und seine Frau Ellie.

Die Kirche muss einen magischen Anziehungspunkt für den mittlerweile dreißigjährigen Hochstapler dargestellt haben, der sich allein wegen des unzivilisierten Theaters einiger Polizeibeamter, wie er das vermutlich gesehen haben dürfte, vier Jahre lang hatte verstecken müssen. Die Kirchtürme müssen für ihn, der sich mittlerweile in eine völlig andere Person verwandelt hatte, ein Leuchtfeuer der Hoffnung gewesen sein. »Wenn Sie noch keine Kirche Ihre Heimat nennen oder neu in New York sind und noch keine Kirche gefunden haben, dann ziehen Sie doch bitte auch unsere Gemeinde in Betracht«, fordert die Broschüre den Besucher auf.

Der Mann, der dieser Aufforderung gerne nachkam, war nicht mehr Christopher Crowe. Als er die prächtige Kirche betrat, hatte er einen ebenso prächtigen Namen und verbarg sich hinter einer perfekt einstudierten Rolle. »Hallo«, begrüßte er die Gottesdienstbesucher mit seinem mustergültigen Akzent der Ostküsten-Oberschicht. Er trug einen blauen Blazer und eine Seidenkrawatte. Dazu hatte er gewöhnlich eine mit kleinen Enten, Hunden oder Hummeln bestickte Khakihose und Top-Sider-Segelschuhe *ohne* Socken an. Seine Stimme war ebenso markant wie sein Auftreten. Sie klang ausgesprochen sonor und kam tief aus der Kehle – eine Stimme, die für ihn und alle, die ihn kennenlernten, den Inbegriff guter Erziehung und Bildung, unschätzbaren Reichtums und ausgezeichneten Geschmacks darstellte. »Ich bin Clark«, stellte er sich vor, »Clark Rockefeller.«

Wo, wie und wann er auf diesen Namen kam, ist nicht bekannt. Aber es sollte nicht lange dauern, ehe er in aller Munde war. Erst in St. Thomas und dann in der ganzen Stadt. Später sollte daraus James Frederick Mills Clark Rockefeller werden. Doch für alle, die seine Bekanntschaft in dieser frühen Phase machten, war er schlicht und ergreifend Clark Rockefeller – der widerstrebende Nachkomme der wohl bekanntesten Familie der Vereinigten Staaten.

»Im späten neunzehnten Jahrhundert war St. Thomas die Kirche des großen, aber neuen Geldes – für die Vanderbilts und Konsorten, aber nicht für die alten Yankee New Yorker«, erläuterte ein langjähriges Gemeindemitglied, das ich hier John Wells nennen will. John Wells sollte einer der Ersten sein, der Bekanntschaft mit Clark Rockefeller machte, als dieser Anfang 1992 in St. Thomas auftauchte – eine Bekanntschaft, die lange anhielt. Wir saßen in einem der vielen Parks von New York. Ehe Wells auf Clark zu sprechen kam, wollte er mir erst einmal die Bühne beschreiben, auf der der gerissene Deutsche seine größte Rolle spielen sollte. »Die Kirche besitzt Schenkungen im Wert von Hunderten von Millionen Dollar«, erklärte er. »Das Musikprogramm ist das beste im Land, der Chor einzigartig. Der Organist war zuvor in St. Pauls in London tätig. Der Pfarrer war damals, als ich zuerst in die Kirche kam, ein gewisser John Andrew, der Kaplan beim Erzbischof von Canterbury gewesen und mit der englischen Königinmutter befreundet war. Es ist also nicht verwunderlich, dass die Kirche einen Anlaufpunkt für Menschen darstellte, deren Ziel es war, die feine New Yorker Gesellschaft aus der Nähe kennenzulernen. Die Gemeinde bestand aus solchen, die schon dazugehörten, und solchen, die dazugehören wollten.«

Ich traf Wells an einem Samstag und versicherte ihm, dass ich am nächsten Morgen früh aufstehen würde, um den Gottesdienst in St. Thomas zu besuchen. Ich wollte erleben, wie es sich in der Kirche anfühlte, in der Clark Rockefeller endlich auf Gold gestoßen war. »Das werden Sie morgen sehen«, sagte er. »Die Platzanweiser tragen sonntags immer gestreifte Hosen und graue Jacketts. An wichtigen Sonntagen tragen sie lange Cutaways, das ist so etwas wie ein Smoking. St. Thomas ist die Kirche, in der die Tradition der Osterparade aufkam. Man brachte die Altarblumen von St. Thomas zum Krankenhaus St. Luke's, als es noch an der Fifth Avenue stand, und die Leute kamen heraus, um der Prozession zuzusehen.« Wells deutete an, dass es sich um eine Kirche handelte, in der viele mehr oder auch viel mehr darstellen wollten, als sie tatsächlich waren. »Damals zu meiner Zeit gab es einen Mann, der sich als Lord bezeichnete, aber es in Wirklichkeit gar nicht war. Er kam mit einer englischen Jägerjacke und Reithose zum Gottesdienst«, fuhr Wells fort. »Hier wirkten viele etwas grotesk. Clark Rockefeller war nur etwas grotesker als die anderen. Natürlich sind hier auch viele nette und ehrliche Menschen. Es ist nicht so, als ob die gesamte Gemeinde verrückt wäre. Aber zweifelsohne haben wir ein gewisses Maß an Menschen, die ihre Fantasien ausleben.«

Genau solche Leute würden den neu erschaffenen Clark Rockefeller mit offenen Armen willkommen heißen. Dessen war sich Gerhartsreiter sicher, denn die meisten hofften wohl, dass etwas von dem Glanz der Rockefeller-Dynastie auf sie abfärben und ihren gesellschaftlichen Status erhöhen würde. John Wells spielte eine Schlüsselrolle, als es darum ging, Rockefeller mit einigen der jungen und leicht beeinflussbaren Gemeindemitglieder bekannt zu machen. Und sie sollten ihm wiederum helfen, die Gesellschaftsleiter immer höher zu erklimmen.

»Ich kann mich noch daran erinnern, wie ich Clark bei einem Kaffeestündchen kennengelernt habe. Ein Kaffeestündchen ist nichts weiter als ein kleiner Empfang nach dem Gottesdienst am Sonntag. Man stellt lange Tische mit silbernen Kaffeekannen auf, und zwei Gemeindemitglieder, meist ältere Damen, schenken ein. Die Kirche war gut im Inszenieren solcher Zusammenkünfte. Clark stellte sich vor, oder ich wurde ihm vorgestellt. Vielleicht habe ich ihn sogar gefragt: ›Sind Sie einer der Rockefeller-Cousins?‹, und er erwiderte: ›Nein, ich bin einer der Cousins der Cousins.‹«

Wells interpretierte diese Antwort als subtile Andeutung, die bedeuten sollte: *Ja, ich bin zwar ein Rockefeller, aber ich nehme weder meine Familie noch mich selbst allzu ernst.*

Rockefeller war schon bald ein fester Bestandteil von Wells' Freundeskreis, der nach der Kirche oft noch etwas zusammen unternahm. Als er mit den jungen Wilden der St. Thomas Church dinierte, hatte der Neue eine hübsche Geschichte zu erzählen – eine Geschichte, die völlig unglaubwürdig geklungen hätte, wenn ein normal Sterblicher sie erzählt hätte. Doch da sie von einem Rockefeller stammte, war sie nicht nur wild und verrückt, sondern musste entgegen aller Wahrscheinlichkeit auch wahr sein.

»Er deutete an, dass er von der Linie Percy Rockefellers abstammte und nicht von John D. Er war also nicht ultrareich, sondern nur sehr, sehr reich«, erzählte Wells. »Er besaß ein altes Gemälde, von dem er behauptete, dass es Percy Rockefeller darstellte. Außerdem gab er an, in Sutton Place aufgewachsen zu sein.« Sutton Place ist eine East-Side-Enklave mit einigen der prunkvollsten Stadthäuser und prominentesten Namen New Yorks. »Als Kind habe er die Kirchtürme von Queens sehen können. Dazu habe er sich nur auf die Zehenspitzen stellen und über den Gartenzaun schauen müssen. Außerdem meinte er, dass er mit vierzehn in Yale aufgenommen worden sei. Er hatte einen Yale-Schal – den mit den blauen Streifen. Zudem besaß er eines der J-Boote seiner Großeltern. Sie wissen schon – die klassischen Segeljachten der zwanziger und dreißiger Jahre.«

Er sprach von jenen großen Jachten, die während der Weltwirtschaftskrise für Männer wie Vincent Astor und Cornelius Vanderbilt gebaut worden waren. »Wenn ich doch nur seine Stimme nachahmen könnte«, wünschte sich Wells. Sie symbolisierte seiner Meinung nach all das, was man sich unter einem Angehörigen der höchsten Kreise vorstellte. Rockefeller erzählte Wells, sein J-Boot hieße *True Love* und die Familie ärgere sich darüber, dass die Produzenten des Films *Die Nacht vor der Hochzeit* mit Cary Grant und Katharine Hepburn aus dem Jahr 1940 den Namen für die Jacht in ihrem Film geklaut hätten. Doch dann behauptete Rockefeller, er habe nun die *True Love* an den Popstar Mariah Carey und ihren Mann, den CEO von Sony Music, Tommy Mottola, verkauft, »der eine schicke Jacht brauchte, um sich von ihr aus das Feuerwerk anzusehen«. Wells erinnerte sich noch daran, wie Rockefeller diesen letzten Satz voll tiefer Verachtung für das neureiche Ehepaar ausgesprochen hatte. »Er konnte nicht umhin, bei der Vorstellung zu lachen, dass es die beiden als Vergnügungsboot nutzen wollten, obwohl ›ein J-Boot ein Rennboot ist und nicht dafür gebaut wurde, dass man Partys darauf feiert‹.«

Wie schon oft zuvor hatte auch diesmal das Feuer, das Gerhartsreiter entfachte, mit kleinen Funken begonnen – mit einem oder zwei gutsituierten Leuten, die sich von dem aufregenden Leben des liebenswerten Fremden beeindruckt zeigten. Im Fall des neu erfundenen Clark Rockefeller war es diesmal ein vierzehnjähriges Mädchen, das mit ihrem Hund in Hammarskjöld Plaza im wohlhabenden Midtown Manhattan spazieren ging. Sie ging auf das Spence, eine exklusive Privatschule für Mädchen. Ihre Eltern arbeiteten Tag und Nacht. Die Mutter war Ärztin und der Vater Rechtsanwalt. Nicht eines der vielen Kindermädchen hatte es bis dato geschafft, sie in der Wohnung am glanzvollen United Nations Plaza festzuhalten.

Sie suchte Gesellschaft und flüchtete mit ihrem English Pointer und ihren Hausaufgaben in den Park. Und genau dort traf sie Anfang 1992 einen charmanten Mann, damals einunddreißig Jahre alt, mit einer großen Brille, der seinen schwarzbraunen Gordon Setter – eine vierhundert Jahre alte Rasse, die in Großbritannien gewöhnlich für die Jagd auf Fasane, Birkhühner, Rebhühner und Waldschnepfen geschätzt wird – an der Leine führte. Er nannte den Hund Yates, nach dem britischen Autor und Dramatiker Edmund Hodgson Yates aus dem neunzehnten Jahrhundert. Die beiden kamen ins Reden, und das Mädchen, das ich hier Alice Johnson nennen möchte, war sofort von ihm eingenommen. Er war so freundlich, so klug und vor allem mochte er sie. Schon bald half er ihr bei den Hausaufgaben, und sie gingen mit ihren Hunden zusammen im Park spazieren.

Am nächsten Tag war Alice mit ihrer Cousine im Park, die gerade in ihrer neugierigen Phase steckte. Sie wollte *unbedingt* einen Blick in das Portmonee des mysteriösen Fremden werfen.

»Ihr könnt doch nicht mein Portmonee durchwühlen!«, protestierte dieser, was die Mädchen natürlich nur noch neugieriger machte.

»Sind Sie ein Gangsterboss?«, versuchten sie, ihn aus der Reserve zu locken.

»Nein…«

»Sind Sie James Bond? Oder ein CIA-Agent?«

»Nein, nein…«

Alice, die an Geschichte interessiert war, fragte: »Sind Sie das Lindbergh-Kind?«

Letztlich gab er nach und öffnete verlegen das Portmonee, um ihnen seinen Ausweis zu zeigen, auf dem der Name CLARK ROCKEFELLER stand.

»Ein Rockefeller!«, kreischten die Mädchen. Sie hatten die Familie in der Schule behandelt. Nachdem seine Identität offenlag, überschüttete Clark die Mädchen mit einem Schwall von Informationen. Er könne genau 450 Millionen Dollar sein Eigen nennen, behauptete er. Wegen seines Reichtums und seines berühmten Familiennamens müsse er sehr vorsichtig sein. »Das ist natürlich nichts Neues für einen Rockefeller«, gab er zu. Aber es sei nicht einfach, ständig mit der Angst zu leben, jeden Augenblick entführt werden zu können, um gegen »etliche Millionen« Dollar Lösegeld wieder freigelassen zu werden. Natürlich bringe es auch Vorteile mit sich, fügte er hinzu. So besaß er zum Beispiel die ganzen Schlüssel für das Rockefeller Center. Vielleicht würde er Alice eines

Abends mitnehmen, um zusammen mit ihr dort einen Streich zu spielen. »Wir könnten alle Lichter des General-Electric-Gebäudes ausschalten!«, schlug er vor. Das General-Electric-Gebäude war das im Art-déco-Stil gebaute Zentrum des Rockefeller Centers. »Das wäre das Tollste, was ich je gemacht habe!«, rief Alice aufgeregt. Oder sie könnten durch das *Saturday-Night-Live*-Set im NBC-Studio laufen, das ebenfalls im Rockefeller Center war. Clark habe genau das oft gemacht, bis sein »Onkel David« – der Philanthrop David Rockefeller – ihn ermahnt habe, es zu unterlassen. Er sei gerade dabei, ein Buch zu schreiben mit dem Titel *American Standard*. Es solle »der Mittelschicht zeigen, wie man sich bekleidet und benimmt«. Es war selbstverständlich, dass Clark Rockefeller seiner Garderobe und Aussprache wegen ein echter Kenner dieser Benimmregeln war. Er trug im Grunde selten etwas anderes als eine Khaki-Hose, eine leuchtend rote Yale-Baseballkappe und ein Lacoste-Polohemd mit aufgestelltem Kragen. »Er glaubte an den Alligator«, erinnerte sich Alice später.

Alles an diesem Mann war ungewöhnlich, wichtig und – jedenfalls für eine Vierzehnjährige – *magisch*. Schon bald gingen Clark und Alice mit ihren Hunden am East River Drive joggen und sangen dabei Lieder aus Musicals, so laut sie nur konnten. Clark kannte alle in- und auswendig – von *Annie* bis Cole Porter. Es dauerte nicht lange, ehe sie den Park hinter sich ließen und ihr Revier auf die gesamte Stadt ausdehnten. Sie aßen Vanilleeis mit Schokoladensoße im Rumpelmayer, der Eisdiele im alten St. Moritz Hotel, oder frische Bagels von H&H Bagels in der Upper West Side. Er nahm sie ins Metropolitan Museum of Art mit, wo er jedes Detail jedes Bildes zu kennen schien. In der Michael-Clark-Rockefeller-Sammlung, die nach seinem Cousin benannt war, der 1961 unter tragischen Umständen in Neu-Guinea verschwunden war, hielt er stets andächtig inne, um einen »Moment der Ruhe« zu genießen. Während ihrer Ausflüge sprach er immer wieder in ein Walkie-Talkie, weil – so behauptete er – ein Rockefeller stets den Sicherheitsdienst über seinen Aufenthaltsort informieren müsse. »Siehst du?«, sagte er zu Alice und deutete auf die schwarzen Limousinen, die ihnen angeblich durch die Straßen folgten und ihn nicht aus den Augen ließen.

Alice stellte ihn schon bald ihren Eltern vor. Ihre Mutter war sogleich genauso von ihm eingenommen wie Alice. Es dauerte nicht lange, ehe man gut befreundet war, und Alice begann, ihn Onkel oder Cousin zu nennen (sie benutzte merkwürdigerweise beide Bezeichnungen), während Clark sie als seine Nichte vorstellte. Ihre Mutter verehrte ihn so sehr, dass sie behauptete, er sei ihr geliebter Neffe. Mutter und Tochter besuchten ihn in seiner Wohnung am Dag Hammarskjöld Plaza an der Ecke der Second Avenue und der East 47th Street. Die beiden fanden seine Einrichtung, die hauptsächlich aus Gartenmobiliar bestand, etwas ungewöhnlich, doch sie sahen darin einen Ausdruck der Exzentrizität der Rockefellers. Als er Alices Großmutter zum Essen einlud, eine große alte Dame der Upper East Side mit exzellenten gesellschaftlichen Beziehungen, reichte er ihr die Rechnung mit der Begründung, dass er dazu erzogen wurde, niemals Geld bei sich zu haben. Auch das sahen sie als Zeichen der Rockefeller-Exzentrizität.

Zu Thanksgiving musste er sich angeblich mit dem Rockefeller-Clan zum traditionellen Essen in Kykuit treffen, dem historischen Landsitz der Familie in der Nähe von Tarrytown im Staat New York. John D. Rockefeller hatte ihn 1913 errichten lassen, und er war seit vier Generationen im Besitz der Familie. Im Laufe ihrer Freundschaft holte er hin und wieder Alices Hund ab und behauptete, ihn zusammen mit seinem Gordon Setter zu dem Familienfest mitzunehmen. Bei seiner

Rückkehr schwärmte er dann von »Onkel David, Onkel Laurence und Onkel Jay«. Alice und ihre Mutter lauschten gebannt seinen Berichten vom riesigen Landsitz, den unglaublich vielen Bediensteten und der perfekten Familie. Doch trotz seiner Abstammung und den Privilegien, die sie mit sich brachte, schien Clark eine melancholische Ader zu haben. Er beklagte sich immer wieder, ganz allein auf der Welt zu sein. Seine Eltern seien bei einem tragischen Unfall ums Leben gekommen, als er noch jung gewesen sei. Bereits mit vierzehn sei er wegen seiner hohen Intelligenz, die der eines Wunderkindes entsprach, nach Yale geschickt worden. Selbst sein Geburtstag war ein schicksalhaftes Datum: der 29. Februar 1960, ein Schaltjahr, was bedeutete, dass er ihn nur alle vier Jahre feiern konnte. »Er erzählte diese Geschichten mit so viel Gefühl«, erinnerte sich Alice. Oft seien dabei auch Tränen geflossen. Seine Arbeit sei wichtig, kompliziert, auf höchster Ebene und extrem geheim – obwohl er ab und zu einige Details verlauten ließ –, aber er hatte stets Zeit, um sich mit Menschen zu treffen, die ihm wichtig waren. »Ich kann nichts und niemanden lieben, der nicht besonders ist«, pflegte er zu sagen. Alice und ihre Mutter fühlten sich tief geehrt, Teil dieses erlesenen Kreises zu sein.

Mit der Zeit wurde Clark mit dem Segen der Mutter zu einer Art Ersatzvater von Alice. Als 1994 die Debütanten-Saison vor der Tür stand, in der das Mädchen offiziell in die Gesellschaft eingeführt werden sollte, war er es, der sie vorbereitete. Er begleitete sie in Frack, Fliege und Lackschuhen, die er wie immer ohne Socken trug, zu den Bällen. »Wenn ich noch einmal ein junges Mädchen wäre, würde ich alles genauso wieder machen. Er war mir sehr wichtig und ich ihm ebenfalls«, erzählte Alice. »Ich brauchte ihn damals. Er war mein Patenonkel, mein Onkel und mein Cousin. Er war irgendwie immer für mich da.«

Aber auch Alice und ihre Mutter boten Clark Rockefeller zwei Dinge, die für ihn wesentlich waren: Sie bekräftigten die Glaubwürdigkeit seiner neuen, unglaublichen Identität, und – was mindestens genauso wichtig war – sie boten ihm eine Familie. Eine echte Familie, die ihm Zugang zu den höheren Gefilden der New Yorker Gesellschaft bot.

So nahm der Kreis jener, die Clark Rockefeller auf den Leim gingen, stetig und unaufhaltsam zu.

In seinen frühen Tagen in New York wurde Clark Rockefeller in der Kirche St. Thomas durch ein Verhalten bekannt, das zu einem festem Bestandteil seines Modus Operandi werden sollte: durch einen Wutanfall. Laut John Wells hatte er zuvor seinen »kirchlichen Zufluchtsort« bei den Fifth-Avenue-Presbyterianern an der Ecke Fifth Avenue und West 55th Street gefunden, einem altehrwürdigen Gotteshaus, das sich selbst als »Heimstatt eines persönlichen Umgangs mit Jesus inmitten des Trubels und der Hektik von Midtown Manhattan« anpries. Er berichtete, Clark habe die Kirche verlassen, weil man ihm die Taufe des Mädchens, das er mittlerweile seine Nichte nannte, verweigerte. »Clark erzählte uns, er selbst sei in St. Thomas getauft worden. Obwohl er kein Gemeindemitglied war, hätten seine Eltern ihn Anfang der sechziger Jahre dort taufen lassen«, fuhr Wells fort. »Er behauptete, dass ihn eine lange Familiengeschichte mit der Kirche verbinden würde.«

»Er wollte, dass Alice getauft wurde, und ihre Mutter stimmte diesem Vorschlag begeistert zu«, erklärte Alice Johnsons Vater. Seine (mittlerweile von ihm geschiedene) Frau sei leicht zu beeindrucken – insbesondere durch einen solch noblen Namen. Sie setzte sich schon bald für ihren jungen Familienfreund ein, den sie für einen Rockefeller hielt. Alices Vater bestätigte, dass Rockefeller zuvor regelmäßig die Presbyterianer in der Fifth Avenue besucht habe, und fügte hinzu, Clark habe selten eine Gelegenheit ausgelassen, um zu erwähnen, dass »die Rockefeller-Familie ein Haus um die Ecke besitzt, in dem Nelson Rockefeller gestorben ist. Er starb, wie es heißt, im Bett auf seiner Sekretärin. Er schied also glücklich aus dieser Welt.« Clark Rockefeller vermochte stets ein pikantes Detail aus dem Leben der Rockefellerfamilie aus dem Ärmel zu schütteln.

»Er war brillant«, gab John Wells zu. Clark Rockefeller markierte immer den Exzentriker und erzählte Wells das Gleiche, das er vorher bereits der vierzehnjährigen Alice Johnson erklärt hatte – nämlich dass er »sicherheitsbesessen« sei. »Er hatte stets sein Walkie-Talkie dabei, von dem er behauptete, dass es ihn direkt mit der Zentrale einer Sicherheitsfirma verbinde«, erzählte Wells. »Ab und zu holte er es heraus und meldete sich bei der Zentrale, um zu berichten, wo er sich gerade befände, wer bei ihm sei und in welche Richtung er jetzt laufe. Er beteuerte immer wieder, es sei ein Sicherheitsdienst für besonders gefährdete Personen und er müsse sich regelmäßig in der Zentrale melden.«

Es war ein geschickter Schachzug, sich als derart sicherheitsbesessen auszugeben. So vermochte er alle Fragen hinsichtlich seiner Herkunft abzuschmettern. »In Clarks Welt wollte man ständig herausfinden, wie reich er war. Sobald er jedoch klargemacht hatte, dass er manisch sicherheitsbewusst war, konnte er sich hinter dieser Fassade verbergen und musste alle Fragen, die seine Privatsphäre berührten, nicht mehr beantworten.«

Am Morgen nach meinem Treffen mit John Wells wohnte ich dem Gottesdienst in St. Thomas bei. Die Kirche war beeindruckend mit all ihren Platzanweisern im Frack, dem Pfarrer, der umgeben von riesigen Kerzen das Hauptschiff hinabschritt, und den teuer gekleideten Besuchern. Wie schon Clark Rockefeller vor mir, blieb auch ich zum Kaffeestündchen nach dem Gottesdienst, zu dem die Gäste in den Keller gingen. Genau wie John Wells versprochen hatte, war es eine gute Inszenierung. Die Frauen gossen den Kaffee aus silbernen Kannen ein, während die Männer Wein aus teuer aussehenden Flaschen dekantierten. Es gab Horsd'œuvres und zwanglose Gespräche. Man fühlte sich willkommen, in einer Gemeinschaft aufgehoben, die von Höflichkeit und Vertrauensseligkeit geprägt war. Die Leute hier schienen sich absolut sicher zu sein, dass nichts Böses wagen würde, in einer von Gottes prachtvollsten Heimstätten auf Erden Einzug zu halten.

Im Februar 1992 gab es eine weitere frühe Sichtung von Clark Rockefeller.

Natürlich kannte er mittlerweile die Signale, mit denen man die Eingeweihten anlocken konnte. Zu den wichtigsten zählten: ein Rassehund, in Rockefellers Fall der Gordon Setter Yates. Nichts bricht das Eis zwischen zwei Unbekannten schneller als ein Hund, und schon bald lernte Clark Rockefeller alle möglichen einflussreichen Leute kennen – zu denen, so behauptete er, auch Henry Kissinger gehörte.

Eines Tages, als er mit seinem Hund in Tudor City in New York Gassi ging, lernte er Sharlene Spingler kennen, eine junge Frau, die just an diesem Tag aus einer geräumigen Wohnung in einem Ziegelhaus aus dem Jahr 1905 in eine Zweizimmerwohnung umgezogen war, nachdem sie bei einer Erbstreitigkeit mit ihren Brüdern ihr Zuhause verloren hatte. Sharlene ging mit ihrem schwarzen Shar-Pei und einem rötlich weißen English Setter spazieren. Auf einmal kam ein »zierlicher junger Mann Anfang dreißig mit blonden Haaren« über die

Straße gelaufen, um sie anzusprechen. Sie hatte ihn noch nie zuvor gesehen.

»Sie haben ja einen fantastischen Hund! Diesen English Setter!«, begeisterte sich der Fremde. »Ich tue alles für Sie, ich gehe gerne für Sie Gassi!«

»Ich dachte: Das ist aber forsch«, erinnerte sich Sharlene. Doch zugleich fand sie seine Vorgehensweise auch reizvoll.

Wir saßen in einem Restaurant in der Grand Central Station in New York, als Sharlene, eine ausgesprochen intelligente blonde Frau mit einem scharfen Witz mir von ihrer Begegnung mit Clark Rockefeller erzählte. Ihre Familie war bereits 1643 nach Manhattan in die Neue Welt gekommen.

»Es war mein erster Tag in der neuen Wohnung. Er sah mich auf der anderen Straßenseite mit den Hunden. Aber so sind Hundebesitzer. Sie unterhalten sich gern miteinander.«

Darauf hatte Clark es natürlich abgesehen. Durch die Hunde wurden die beiden rasch Bekannte, wenn nicht sogar Freunde. Dann begann der junge Mann, ihr die unendlichen Geschichten zu erzählen, wie Sharlene es nannte. Sie wiederholte sie in meiner Gegenwart. Im Nachhinein klangen alle sehr unwahrscheinlich, aber doch irgendwie glaubhaft, insbesondere wenn sie aus dem Mund eines Rockefeller kamen. So behauptete er, mit Henry Kissinger befreundet zu sein oder mit seinem Hund in seinem Learjet nach London zu fliegen, wo »das Essen so ungenießbar ist, dass ich Müsli mitnehmen muss«. Er sagte, er würde oft Freunde mit auf den 3400 Hektar großen Familiensitz in Pocantico Hills in der Nähe von Tarrytown einladen, damit die Hunde richtig Auslauf bekämen. Sein Job bestünde darin, »Regierungen zu beraten, wie viel Geld sie drucken sollen«. Einmal fragte ihn Sharlene, die selbst gute Beziehungen hatte, ob er im Verwaltungsrat von Freunden, die eine Satellitenfirma besaßen und sich mit dem

Namen Rockefeller schmücken wollten, aufgelistet werden könne und was er im Gegenzug dafür wolle. Rockefeller stand aus seinem Sessel auf und meinte: »Es gibt nichts, was sie für mich tun können. Ich möchte meinen Steuerstatus nicht gefährden. Durch ein vom Kongress verabschiedetes Gesetz bin ich nicht steuerpflichtig und wohne offiziell in Texas.« (Zuvor hatte er Sharlene bereits von den verschiedenen Amtseinführungen amerikanischer Präsidenten erzählt, denen er angeblich beigewohnt hatte.)

Falls solche Geschichten einmal nicht ausreichen sollten, vervollständigte seine Garderobe das Bild. »Er trug stets diese leuchtend grünen Cordhosen mit aufgedruckten Enten oder etwas Ähnlichem«, sagte Sharlene Spingler. »Dazu ein rosafarbenes Hemd und einen blauen Blazer mit einer grünen Fliege. Er war das perfekte Abziehbild eines Yale-Absolventen.«

Er half ihr, den Computer zu konfigurieren. Es gab keinerlei Zweifel, dass er sich auf diesem Gebiet auskannte. Außerdem nahm er ihren Rechner in den renommierten No. 5 Tudor City Place mit, von dem er behauptete, dass sich dort sein Büro befände.

Falls er tatsächlich eine Art menschlicher Schwamm war, der Ideen, Träume, Identitäten und Charakteristika von jedem, mit dem er in Kontakt kam, in sich aufzusaugen vermochte, dann bekam er auch etwas von Sharlene Spingler, das ihm neue Horizonte in New York eröffnen würde. Durch ihre Bekanntschaft öffneten sich für ihn die Tore einiger der exklusivsten Privatclubs der Welt.

»Er wusste bereits, wie man Kirchen und Gemeinden hinters Licht führt. Es lag also irgendwie auf der Hand, dass der nächste Schritt die privaten Clubs sein würden«, meinte Sharlene. »Damals – 1993 – konnte man noch Mitglied des India

House werden, eines privaten Herrenklubs an der Wall Street, wenn man zwischen 850 und 1200 Dollar zahlte, was einem dann auch Zugang zu vielen anderen Clubs gewährte.« Sie listete die renommiertesten Clubs der Stadt auf – darunter auch Lotos, Amerikas ältester und ehrwürdigster literarischer Club und schon seit 1870 die erste Wahl für die Vanderbilts, Whitneys, Roosevelts und Rockefellers, sowie der Metropolitan Club, der 1891 von führenden New Yorker Persönlichkeiten gegründet worden war.

Das waren nur einige wenige einer Vielzahl von privaten Clubs, die einen mit einer Mitgliedschaft des India-House-Clubs willkommen hießen.»Er kam durch die Hintertür herein«, erklärte Sharlene – genauso, wie sie das Procedere zuvor Clark erklärt hatte.

Also leistete Rockefeller eine einmalige Zahlung von 850 bis 1200 Dollar und erlangte Zugang zu den Clubs, in denen sich die reichsten und mächtigsten Bürger der Ostküste vergnügten. Und nicht nur das: Die Mitgliedschaften halfen ihm zudem, diese Leute davon zu überzeugen, dass er einer von ihnen war.

Kurz nach seiner Rückkehr 1992 aus dem Nichts zog Clark Rockefeller in eine Zweizimmerwohnung in der East 57th Street 400, einem imposanten Art-déco-Gebäude aus weißem Stein, das noch vor dem Krieg erbaut worden war. Im Jahr 2008 nahm ich den Lift in den sechsten Stock und wurde von einer klassischen Schönheit mit braunen Haaren namens Martha Henry begrüßt, der Inhaberin von Martha Henry Inc. Fine Art. Sie wohnte in der Wohnung 7L und zeigte mir die Tür zu seinem ehemaligen Appartement schräg gegenüber.

»Ich habe meine Tür oft offen gelassen«, berichtete sie. Sie sei Raucherin gewesen und habe ihre Wohnung so durchgelüftet.»Er stellte sich mir als Clark Rockefeller vor, protzte damit aber nicht und ging auch nicht weiter darauf ein.« Er habe den Namen einfach im Raum stehen und seine Wirkung tun lassen.»Er erzählte, dass er daran arbeite, das Schuldenproblem der Dritten Welt zu lösen, insbesondere das des pazifischen Raums.«

Sie lachte. Die Tür zu ihrer Wohnung war offen, und sie starrte auf den Eingang zu seinem Appartement, als würde er noch immer dort stehen – in der für ihn typischen Aufmachung und mit blond gefärbten Haarsträhnchen.»Als ich die Geschichte von der Entschuldung hörte, dachte ich mir: ›Der hat sie nicht mehr alle. Das ist doch kein richtiger Job.‹ Aber dann dachte ich: ›Okay, er ist ein Rockefeller. So was gehört dazu.‹

Er sagte, seine Eltern seien bei einem Autounfall ums Leben gekommen, als er sechzehn war. Er sei in Cambridge und Boston aufgewachsen und habe in Harvard studiert. Ich meinte: ›Wenn Ihre Eltern starben, als Sie sechzehn waren, wer hat sich dann um Sie gekümmert?‹ Er antwortete: ›Ich habe alles selbst gemacht. Ich wohnte in unserem Stadthaus und bin zur Schule gegangen. Aber meinen Abschluss habe ich schon sehr früh geschafft.‹ Dann glaubte ich zu begreifen. Er war ein Mathegenie und wollte deshalb die Probleme der Dritten Welt lösen.«

Er lud sie des Öfteren zu Partys ein, die er schon bald in seiner Wohnung gab.»Alle waren in Khaki-Hosen gekleidet und hatten einen Gin und Tonic in der Hand«, erinnerte sich Martha Henry. Sie lernte auch seine Nichte Alice Johnson kennen, die er ihr als Debütantin vorstellte. Je öfter sie Clark Rockefeller traf, desto mehr häuften sich seine »Marotten, seine Exzentrizitäten und sein Verfolgungswahn«.

»Er erzählte mir einmal, dass er nie in Restaurants essen

würde«, berichtete Martha Henry. »Ich sagte: ›Aber Clark, das
ist doch verrückt! Warum um alles in der Welt essen Sie nicht
in Restaurants?‹ Er antwortete: ›Weil man den Küchen nicht
trauen kann. Ich esse nur in meinen Clubs.‹

Er war *sehr* heikel, wenn es ums Essen ging, und aß immer nur seine kleinen Sandwichs. Sie wissen schon – die
mit Gurke und Brunnenkresse auf Weißbrot mit abgeschnit-
tener Kruste. Auch bei Keksen vertraute er nur einer Sorte
und zwar den Nantuckets von Pepperidge Farm. Er trank ausschließlich Earl Grey. Und sein Lieblingsessen? Mein Gott,
sein Lieblingsessen war Haggis.«

»Haggis?«, wiederholte ich.

»Ein schottisches Nationalgericht«, erklärte sie. »Sein Lieb-
lingsdrink war ein Sherry, Harveys Bristol Cream.«

Trotz zahlreicher Merkwürdigkeiten wirkte dieses Pot-
pourri aus Reichtum, Geschmack und Standesbewusstsein
wegen seines berühmten Namens glaubwürdig auf sie. Sie
dachte wie viele andere auch: »Na ja, er ist ein Rockefeller. So
jemand ist eben ein Exzentriker!«

Eines Tages rief Clark sie an, um ihr mitzuteilen, dass er
einige Bilder geerbt habe, und sie zu bitten, ihm bei deren
Schätzung behilflich zu sein.

»Wir haben einen Jackson Pollock, einen Mondrian, etwas
von einem Künstler namens Rothko und einen Twombly oder
so«, erzählte er, wobei er die Namen dieser Meister der modernen Kunst völlig falsch aussprach. »Mir blieb die Spucke
weg«, sagte Martha Henry. »Der Rothko allein war damals
mindestens acht Millionen Dollar wert. Heutzutage liegt er
zwischen dreißig und vierzig Millionen.«

Die Kunsthändlerin unterbrach Rockefeller, eilte aus ihrer
Wohnung zu ihm hinüber und rechnete bereits, wie viel die
Bilder in etwa wert sein würden. Als sich die Tür zur Woh-

nung Nummer 7M öffnete, war sie sprachlos. Das einzigartige Multimillionen-Dollar-Erbe, das in ein Museum gehört hätte, stand wahllos an Tische gelehnt da oder hing an den Wänden. »Sie müssen sich versichern lassen, und zwar sofort! Sie müssen eine Alarmanlage installieren! Der Kunstmarkt erholt sich gerade von einer Flaute, aber das hier sind sehr, sehr wertvolle Bilder, Clark«, erklärte sie und fragte dann: »Woher haben Sie bloß diese Schätze?«

»Er meinte, er habe sie von seiner Großtante Blanchette geerbt«, erzählte sie mir. (Blanchette Rockefeller war eine Mäzenin des Museum of Modern Art und die Witwe von John D. Rockefeller III.) Laut Clark Rockefeller habe sie »das kleine Museum an der 53rd Street gegründet«. Martha Henry hatte nach Luft geschnappt.

»Ich bin sehr enttäuscht‹, erklärte er, ›weil ich eigentlich den Bierstadt haben wollte und nicht dieses moderne Zeug.‹« Albert Bierstadt war ein aus Deutschland stammender Maler amerikanischer Landschaften des neunzehnten Jahrhunderts.

»Das alles stimmte«, erklärte Martha Henry. »Ich habe nachgeforscht, und Blanchette Rockefeller starb tatsächlich im Jahr 1992. Die Behauptung mit ihrem Erbe passte. Ich dachte: ›Er ist wirklich ein Rockefeller! Was sonst? Man geht schließlich nicht in die Madison Avenue und holt sich mal kurz solche Gemälde. Das geht nicht an einem Nachmittag.‹« Die Bilder hatten sie endgültig überzeugt.

Im Grunde ärgerte sie sich über sich selbst, weil ihr eine große Gelegenheit entgangen war. »Ich wohnte direkt neben einem Mann – wirklich direkt daneben –, der als Rockefeller die Möglichkeit hatte, großartige Kunstwerke zu sammeln. Und trotzdem habe ich nichts daraus gemacht«, erklärte sie. »Das hat mir eine Weile richtig zu schaffen gemacht.«

Damals verwandelte sie sich sofort von der netten Nachbarin zur Kunsthändlerin. Sie musste unbedingt mit ihm ins Geschäft kommen, um ihn als Kunden an sich zu binden. Das wurde ihr besonders klar, als sie ihn zur Eröffnung einer Kunstgalerie einlud, die sie angemietet hatte. Sobald sein berühmter Name bekannt wurde, war er von sämtlichen Kunsthändlern der Stadt umringt. »Am Tag darauf rief er mich an und beschwerte sich: ›Ich werde diese Kunsthändler nicht mehr los!‹«, erinnerte sich Martha Henry. »Ich meinte nur: ›Sie sollten auch nicht zur Eröffnung einer Kunstgalerie gehen und jedem erklären, dass Sie Clark Rockefeller sind. Wenn Sie unbemerkt bleiben wollen, sollten Sie das bleiben lassen.‹«

Martha Henry hatte ihn schließlich als Erste kennengelernt. Es sollte nicht lange dauern, ehe sie ihn zum Erwerb eines großen Kunstwerks begleitete. Der erste Anlaufpunkt war Knoedler & Company, eine berühmte Galerie in der Upper East Side, die schon seit dem amerikanischen Bürgerkrieg existierte und bei der bereits John D. Rockefeller gekauft hatte. Dort zeigte ihm Martha Henry ein Werk aus dem Nachlass Adolph Gottliebs, ein bedeutendes Gemälde aus den fünfziger Jahren. Sie stimmten darin überein, dass es bei einem Kaufpreis von circa 300 000 bis 400 000 Dollar eine gute Ergänzung für seine Sammlung darstellen würde. »Für jemanden wie Clark hatte es eine perfekte Provenienz«, erklärte Martha Henry. »Gottliebs Erben wollten es verkaufen, aber nicht unbedingt jedem. Bei einem Rockefeller hatten sie jedoch sicher nichts dagegen einzuwenden.«

Von diesem Zeitpunkt an besuchte Clark Rockefeller die Galerie Knoedler immer wieder, um den Gottlieb genau zu betrachten. Manchmal kam er auch allein. Ich sprach mit der Frau, die ihm das Bild gezeigt hatte. Sie hatte damals eine Führungsposition im Whitney Museum of American Art innegehabt, dem führenden Museum für moderne Kunst an der Madison Avenue in New York City, und war Expertin für Gegenwartskunst. Schon bald hatte sie bemerkt, dass Rockefeller auf diesem Gebiet ebenfalls sehr bewandert war. »Er kannte sich in Kunstgeschichte aus«, erinnerte sie sich. »Und er sprach auch über die anderen Werke in seiner Sammlung.« Während sie gemeinsam überlegten, ob er den Gottlieb kaufen sollte, lud er sie ein, doch einige Bilder seiner Sammlung zu begutachten. Wie alle anderen war sie von den großen Werken der bedeutendsten amerikanischen Künstler der Gegenwart beeindruckt. »Ganz ehrlich – ich habe nie auch nur eine Sekunde lang an der Echtheit dieser Bilder gezweifelt.«

Doch als es schließlich konkret darum ging, den Gottlieb zu erwerben, erwies sich Clark Rockefeller als ausgesprochen zurückhaltend. Eines Tages, als er und seine Kunsthändlerin Martha Henry zum x-ten Mal vor dem Bild standen und es von allen Blickwinkeln aus betrachteten, erklärte der Spross der berühmten Familie endlich: »Auf dem Gemälde ist *Grün*. Ich kaufe nie ein Gemälde, auf dem Grün ist.«

»Wie bitte?«, fragte Martha Henry verdutzt.

»Nun – Mondrian benutzte zum Beispiel lediglich Primärfarben, und Grün wäre ihm niemals auf die Leinwand gekommen«, erklärte er.

»Oh Clark! Sie sollten sich nicht an den Primärfarben aufhängen«, entfuhr es Henry. »Wir sind doch nicht mehr im Kindergarten!« Aber er rückte keinen Millimeter mehr von seinem Standpunkt ab, und so kam es nie zu einem Kauf.

Unterdessen passierten immer wieder seltsame Dinge im Appartement 7M. Clark backte zum Beispiel ein Brot für einen Nachbarn, den er kaum kannte, was Martha Henry merkwürdig vorkam. Die meisten New Yorker hatten nicht einmal Zeit, ihr Brot zu toasten, geschweige denn es selbst zu backen. Aber Rockefeller schien alle Zeit der Welt zu haben, vor allem für Freizeitaktivitäten. »Er arbeitete offenbar nicht, hatte aber auch nie zu wenig Geld«, überlegte Martha Henry, die manchmal mittags mit ihm essen ging. »Er zahlte«, beteuerte sie. »Und zwar immer in bar.

Einmal rief er an und wollte wissen, ob ich einen geeigneten jungen Mann kennen würde, der seine Nichte auf einen ihrer Debütantinnenbälle begleiten könnte. Er meinte, ihr ursprünglicher Partner habe absagen müssen, und die Familie würde sämtliche Kosten übernehmen.« Martha Henry erlaubte sich daraufhin einen kleinen Scherz auf Clarks Kosten. Tatsächlich kannte sie jemanden, der ihr erst vor kurzem gestanden hatte, dass er nichts lieber täte, als auf einen echten New Yorker Debütantinnenball zu gehen. Es handelte sich um ihren Lebensgefährten, was sie Rockefeller aber verschwieg.

»Auf welcher Schule war er?«, wollte Clark Rockefeller wissen.

»Auf St. Paul's«, antwortete Martha. St Paul's war eine Privatschule in New Hampshire.

»Sehr gut.«

Als Martha Henry erklärte, der besagte Mann sei allerdings bereits dreiundvierzig, erwiderte Rockefeller: »Wirklich, Martha! Das ist überhaupt nicht lustig!«

Auch Rose Mina, die er kennengelernt hatte, als er noch als Christopher Chichester bei Nikko arbeitete, spielte zu jener Zeit eine große Rolle in seinem Leben. Ich entdeckte ihren Namen mehrmals auf Kreditkartenauszügen, die Rockefeller unter seinem ehemaligen Alias erhalten hatte: 14. Oktober 1988: Flugticket für [MINA/R] via Pan American World Airways von JFK über London nach Delhi von Thomas Cook Travel.‹ Es gab auch einen Rückflug: ›Für [MINA/R] via United Airlines von Delhi über Tokio Narita nach JFK. Außerdem buchte er zwei Tickets für einen gewissen Henry Mina mit einer ähnlich komplizierten Reiseroute von Pittsburgh nach Delhi. Das Ticket wurde jedoch storniert und neu ausgestellt. Warum buchte Gerhartsreiter Flüge für Rose und Henry Mina nach Delhi und Tokio? Später wurde Rose Mina von den Medien als Geschäftspartnerin und Verwalterin seines Besitzes bezeichnet. Doch trotz wiederholter Versuche der Presse, sie zum Reden zu bringen, sowie Dutzenden von E-Mails und Briefen meinerseits weigerte sich Rose Mina, auch nur ein Wort zum Thema Clark Rockefeller zu äußern.

Dabei spielte sie wohl eine entscheidende Rolle bei seinem Aufstieg in New York. »Ich habe überlegt, wie es wohl gewesen sein könnte«, erklärte mir Martha Henry in ihrer Wohnung. »Eine Zeit lang kam jemand jede Nacht zwischen halb zwölf und ein Uhr zu ihm, um dann am nächsten Morgen zwischen halb sechs und sieben wieder zu verschwinden. Ich konnte die Tür hören. Wenn ich schlief, wachte ich davon auf. Das ging beinahe jede Nacht so.«

Wir sahen durch den Spion, der einen guten Blick auf den Flur bot. »Ich war natürlich neugierig und schaute nach, wer da ein und aus ging«, gab sie zu. »Es war eine Asiatin, und sie sah wie eine Geschäftsfrau aus. Mit dunklem Kostüm und einer Aktentasche. Einmal sprach ich ihn auf sie an und sagte ›Clark, Sie haben eine Freundin‹, woraufhin er zurückgab: ›Nein, nein! Das ist nicht meine Freundin, sie verwaltet doch nur mein Vermögen.‹«

Martha Henry glaubte ihm und nahm an, dass sie lediglich gute Freunde wären und sie vermutlich auf seinem Sofa schlief. Investmentbanker arbeiteten schließlich zu allen Tages- und Nachtzeiten. Trotzdem hörte sie nicht auf, Rockefeller mit der Frau aufzuziehen. Immer wieder erhielt sie jedoch die gleiche Antwort. Die Frau verwalte einfach sein Vermögen. Plötzlich jedoch tauchte sie nicht mehr auf. »Sie ist nie wieder gekommen«, meinte Martha Henry.

Es sollte nicht mehr lange dauern, ehe auch Clark Rockefeller verschwand. Etwa zwei Jahre nachdem er neben Martha Henry eingezogen war erklärte er ihr, dass er sich etwas Größeres suche. Vielleicht habe sie ja von einer Wohnung gehört? Sie rief eine befreundete Immobilienmaklerin an und riet ihm dann zu Alwyn Court, einem Gebäude an der West 58th Street, das eine der filigransten Terracotta-Fassaden der Stadt hatte. »»Kommt nicht in Frage, da könnte ich nie wohnen‹, empörte er sich über den Vorschlag meiner Freundin. ›Das Gebäude ist so trostlos und deprimierend, und die Wohnungen sind so düster.‹« Außerdem, hatte er hinzugefügt, wolle er eine Wohnung in einem Haus von Cushman & Wakefield mieten. »Die gehören der Familie – die sogenannten Rockefeller-Gebäude –, und ich muss nur wenig Miete zahlen.«

Er brauche eine große Wohnung mit genügend Platz für seine Kunstsammlung, seinen Gordon Setter und – das hatte er ganz vergessen – seine zukünftige Frau. Er würde nämlich heiraten, erzählte er Martha Henry. Und der Name der glücklichen Braut? Der Name war Sandra Lynne Boss.

KAPITEL ZEHN

Sandra

Sie betrat den Gerichtssaal so, wie ich mir ihr Auftreten in allen Lebenslagen vorstellte: selbstsicher und perfekt hergerichtet hatte sie scheinbar alles unter Kontrolle. Die groß gewachsene, schlanke, elegante und attraktive Frau trug ein marineblaues konservatives Kostüm. Ihre mit Strähnchen aufgehellten braunen Haare waren zu einem kinnlangen Bob geschnitten, und ihre reine Haut schien sehr wenig Make-up zu benötigen. Selbst in diesem verhältnismäßig kleinen Gerichtssaal war es klar, dass es sich bei der zweiundvierzigjährigen Sandra Lynne Boss um eine außergewöhnliche Frau und einen echten Star handelte.

»Ich heiße Sandy Boss. Mein Nachname wird B-O-S-S buchstabiert«, verkündete sie dem Staatsanwalt mit energischer Stimme und klarer Aussprache. Sie lebte in London, wo sie als Direktorin beziehungsweise Seniorpartnerin bei McKinsey & Company arbeitete, der weltweit führenden Unternehmensberatergruppe, die Konzernen, Behörden und Regierungen hilft, ihre Arbeitsprozesse zu optimieren.

Fragen bezüglich ihrer Herkunft beantwortete sie kurz und knapp. Geboren: »In Seattle.« Familie: »Mein Vater heißt Bill und meine Mutter Vera. Ich habe eine Zwillingsschwester namens Julia.« Schulischer Werdegang: »Blanchet High

School.« Universität:»Stanford.« Studienabschluss:»Amerikanistik und als zweites Hauptfach Volkswirtschaft.«

Was Boss nicht verriet, war die Tatsache, dass ihr Leben – ebenso wie das ihres Exmannes – aus einer Aneinanderreihung von Neuerfindungen bestand. Als Tochter eines Boeing-Ingenieurs stammte sie aus der gehobenen Mittelschicht von Seattle und wuchs laut einer Bekannten in »einem zweistöckigen Einfamilienhaus mit ausgebautem Keller« auf. Schon in ihrer Kindheit entwickelte sie einen Charakterzug, der sie in ihrem Leben stets begleiten sollte. »Sie besitzt ein unglaublich ausgeprägtes Konkurrenzdenken – viel stärker als alle anderen«, erzählte mir eine ihrer Freundinnen und fügte hinzu, dass sich dieses am deutlichsten ihrer Zwillingsschwester Julia gegenüber äußere. In einem Artikel der *Seattle Times* aus dem Jahr 1985 stand: »Julia und Sandra, zwei Mädchen im letzten Jahr der Blanchet High School, sind die einzigen Geschwister, die als ›herausragende Schüler‹ bezeichnet wurden. Sie verbrachten nie mehr als drei Tage voneinander getrennt… Nichtsdestotrotz verkündete Sandra nach der Ankündigung ihrer Schwester, in Yale zu studieren, sie wolle nach Stanford.«

»Julia und Sandy spielten schon als Kinder immer dieses verrückte Spiel«, meinte eine weitere Freundin der beiden Frauen. »Sie machten aus allem einen Wettkampf und besprachen danach, wer die jeweilige Runde gewonnen hat.« In der Kindheit ging es noch um den Verkauf von Keksen, an der High School und der Universität um die besten Noten, und als sie erwachsen wurden, waren es meist materielle Dinge. »Wenn eine der beiden einen Hermès-Schal und die andere Louboutin-Schuhe besaß, diskutierten sie darüber, was besser war, denn beides kostete ungefähr das Gleiche.« Im Zeugenstand äußerte sich Sandra diesbezüglich so: »Zwillinge sind einander sehr ähnlich, und wir haben uns schon immer gern verglichen. Ich würde behaupten, dass wir für Zwillinge ein ganz normales Verhältnis haben. Wir lieben einander und vergleichen, wie wir im Leben vorankommen.«

Nachdem Julia Boss ein einjähriges Masterprogramm im englischen Oxford absolviert hatte, promovierte sie in Geschichte an der Yale University und arbeitete anschließend als Lektorin bei Algonquin Books in New York. Im Jahr 1994 heiratete sie Charles Knapp, einen Yale-Absolventen, der ebenfalls im Verlagswesen tätig war.

Sandra hingegen bekleidete währenddessen verschiedene Stellen – alle auf hohem Niveau. Ihre Kollegen hielten sie für klug, wenn auch ehrgeizig und extrem zurückhaltend, was Privates betraf. »Wir waren eine gesellige Gruppe«, berichtete ein ehemaliger Mitarbeiter von Sandra Boss. »Wir haben viel zusammen unternommen. Nur Sandy war nie dabei. Sie hat immer ihr eigenes Ding durchgezogen.« Doch trotz ihrer Schüchternheit, fügte er hinzu, »war ihr der gesellschaftliche Aufstieg sehr wichtig. Sie wollte immer dazugehören und hat doch immer draußengestanden.« Dann jedoch hatte sie ihren zukünftigen Mann kennengelernt.

Nach einer kurzen Vorrede kam Staatsanwalt David Deakin zur Schlüsselfrage. Er richtete den Blick auf den Angeklagten, der mit ausdrucksloser Miene zwischen seinen Anwälten saß und vor sich hin starrte. »Kennen Sie diesen Mann?«, wollte er von Sandra Boss wissen und zeigte auf Clark Rockefeller.

Sobald sich ihr Blick auf Rockefeller richtete, versteinerte sich ihre Miene. Jegliche Spur eines Lächelns, das vorher vielleicht noch ihr Gesicht erhellt hatte, war nun verschwunden.

»Ja, allerdings«, antwortete sie steif.

»Waren Sie mit diesem Mann verheiratet?«

»Ja, das war ich.«

Sandra

»Und unter welchem Namen kannten Sie ihn, als Sie mit ihm verheiratet waren?«

»Als Clark Rockefeller.«

»Wann haben Sie den Angeklagten das erste Mal getroffen?«

Sie saß kerzengerade auf ihrem Stuhl und begann eine Geschichte zu erzählen, die den gesamten Gerichtssaal in Bann zog.

»Im Frühjahr 1993«, fing sie an, »war ich in New York und suchte dort nach einem Sommerjob.« Sie war damals sechsundzwanzig Jahre alt gewesen und hatte vor ihrem letzten Jahr an der Harvard Business School gestanden. »Wir telefonierten miteinander. Er war ein Bekannter meiner Schwester, die ihn durch die Kirche... St. Thomas an der Fifth Avenue kennengelernt hatte. Ich weiß nicht, ob sie ein eingetragenes Gemeindemitglied war, jedenfalls besuchte sie regelmäßig den Gottesdienst.«

Sandra Boss war in Seattle in der episkopalen Gemeinde erzogen worden. Im Laufe ihrer Anhörung vor den Geschworenen, die zur Anklage Rockefellers wegen Entführung führen sollte, bat der Staatsanwalt sie, die Einstellung ihrer Familie der Kirche gegenüber auf einer Skala von eins bis zehn einzustufen – von gleichgültig bis sehr fromm.

»Ich würde sagen, zwischen acht und neun. Jeden Sonntag ging es in die Kirche, es gab Bibelstunde, und ich besuchte stets christliche Schulen.«

»Wie wichtig war es Ihnen, dass der Mann [den Sie heirateten] oder an dem Sie Interesse zeigten, Ihre religiöse Anschauung teilte?«

»Es war mir wichtig«, erwiderte sie. »Ich bin in dieser Hinsicht nicht zwanghaft. Aber ich wollte mit jemandem zusammen sein, der mein Wertesystem teilt.«

Und so war Clark Rockefeller allein durch seine regelmäßige Anwesenheit in der Kirche von St. Thomas als geeignet befunden worden.

Was ihr erstes Treffen anging, so sagte Sandra Boss vor Gericht aus:»Er gab eine Party und hatte von meiner Schwester erfahren, dass ich mich gerade in New York aufhielt. Also lud er mich auch ein.«

»Um was für eine Party handelte es sich?«

»Es war eine Cluedo-Party. Jeder Gast sollte eine Rolle übernehmen.« (Cluedo ist ein Brettspiel, in dem die Spieler Gäste in einer Villa sind und herausfinden müssen, wer von ihnen Dr. Schwarz, ihren millionenschweren Gastgeber, umgebracht hat.)

Rockefeller ordnete jedem seiner acht Gäste eine Rolle zu und wies sie an, in ihrem jeweiligen Kostüm zu erscheinen. Außerdem sollten sie dem Pförtner sagen, dass sie zu Dr. Schwarz wollten. Rockefeller spielte Professor Bloom, einen Archäologen, der wie Rockefeller auch stets den Fragen der anderen ausweicht, wenn es um seine Vergangenheit geht.

»Ich sollte Fräulein Gloria Roth spielen«, fuhr Sandra Boss fort. Dabei handelte es sich um die Femme fatale des Spiels, deren Schauspielerkarriere den Bach hinunterging. Ihr Ziel war es, sich einen reichen Ehemann zu schnappen, weshalb sie auch die Einladung in die Villa Schwarz angenommen hatte.

Sandra und ihre Schwester klopften an der Tür ihres Gastgebers, und Professor Bloom öffnete ihnen. Er trug eine zu seiner Spielfigur passende purpurrote Hose und hielt ein Glas Sherry in der Hand. Sandras erster Eindruck von ihm war sehr positiv.»Er war blond, blauäugig, adrett, ordentlich und attraktiv«, sagte sie vor den Geschworenen aus.»Zudem war er sehr aufmerksam. Man merkt schnell, ob sich ein Mann um einen bemüht. Er kümmerte sich um mich.«

»Ich glaube ziemlich sicher den Grund zu kennen, warum Clark diese Cluedo-Party gab«, sagte Tom Rizer, der als Reverend Jakob Grün eingeladen war – jene Figur, deren Job auf dem Spiel stand, wenn ihre sexuellen Abenteuer an die Öffentlichkeit gelangten.

»Es war offensichtlich, dass Clark auf diese Weise Sandy kennenlernen wollte«, fuhr Rizer fort. »Er war bereits an Sandys Schwester Julia interessiert gewesen, aber sie hatte schon einen Mann. Als er hörte, dass es noch eine Schwester gab ... Soweit ich es mitbekommen habe, war es Liebe auf den ersten Blick – und zwar für beide. Sandy war von ihm begeistert, er war auch ein sehr gut aussehender Mann.«

Im Zeugenstand berichtete Sandra, dass sie mit Rockefeller auf der Party hauptsächlich oberflächlich geplaudert hatte. Doch kurz nach ihrer Rückkehr nach Boston rief er sie an und erklärte, er würde sie gerne bald wiedersehen. »Ich dachte, das könne ganz nett werden«, sagte sie aus. Als sie das nächste Mal nach New York kam, begannen sie »sich gelegentlich zu treffen«, wie sie es nannte. Sandra war auf keine Beziehung erpicht, insbesondere auf keine Fernbeziehung. Sie wollte sich ganz auf ihre Karriere konzentrieren.

Alle vorherigen Beziehungen waren in die Brüche gegangen, erklärte sie – auch weil die Männer von ihrer Intelligenz eingeschüchtert waren. Rockefeller war anders. Er »machte eine große Sache daraus und feierte meine Intelligenz geradezu, anstatt zu sagen: ›Du wärst ja ganz nett, wenn du nur ein bisschen dümmer wärst.‹ Das hat mir natürlich gefallen.« Vor Gericht gab sie offen zu, allein von der Tatsache angetan gewesen zu sein, dass ein Mann wie Clark Rockefeller »begeistert war, mich kennenzulernen, und an einer Beziehung interessiert war«.

»Wie haben Sie sich gefühlt?«, wollte der Staatsanwalt von ihr wissen.

»Gut, geschmeichelt. Ich mochte ihn.«

Sandra Boss sagte weiter aus:»Er behauptete, sein Vater wäre George Percy Rockefeller und dass er von der William-Linie [der Rockefeller] abstamme. Der Mädchenname seiner Mutter sei Mary Roberts gewesen. Sie sei aus Virginia gekommen. Sein Vater habe als Ingenieur für die Marine gearbeitet. Seine Mutter könne man als Vollzeitmutter beschreiben, obwohl sie ihre Zeit hauptsächlich mit Shoppen und Wohltätigkeitsveranstaltungen verbracht habe.

Er erklärte, sehr reich zu sein und im Sutton Place 19 aufgewachsen zu sein, einem großen Stadthaus, das er mir in New York zeigte.« Dabei handelte es sich um eine Enklave des Alten Geldes, die sich sechs Blöcke am East River entlang erstreckte. Sutton Place war für einen Rockefeller eine passende Adresse.

»Außerdem erklärte er, Häuser in Maine und in New Hope in Pennsylvania sowie in Pound Ridge zu besitzen. Zudem habe die Familie ein großes Boot – solche Dinge eben.«

Doch trotz seines Reichtums und seines Status habe Rockefeller immer wieder betont, ein ganz normaler Mann zu sein, fuhr Sandra Boss fort.»Es war eine interessante Herangehensweise. Obwohl er einem alles mitteilte, tat er es doch auf eine Art, die suggerierte: ›Ich bin ja so zurückhaltend.‹«

Sein privilegiertes Leben hielte auch viele Qualen für ihn parat, hatte er Sandra Boss erklärt. Als er zwei oder drei Jahre alt gewesen sei, sei er zu Hause in Sutton Place die Treppe hinuntergefallen.»Der Unfall beeinflusste sein Sprachvermögen, so dass er zwar Dinge aufnahm, aber nicht sprechen konnte«, berichtete sie. Stumm wie er war sei er nicht zur Schule geschickt (außer für einen einzigen Tag an die Collegiate School, eine Ganztagsschule für Jungen in New Yorks Upper West Side, die 1628 gegründet worden war), sondern zu Hause unterrichtet worden.

Die ärztliche Diagnose habe Aphasie gelautet, eine Sprach-
störung. Eines Tages jedoch sei der Durchbruch gekommen:
Ein Nachbar habe seinen Hund zu den Rockefellers gebracht.
Er habe sie darum gebeten, auf ihn aufzupassen, während
er verreist war. »Der Hund war in ihrem Stadthaus. Er sah
ihn und sagte ›Wuffheit‹. Danach begann er wieder zu sprechen.«

Boss erzählte all das, ohne eine Miene zu verziehen. Das
Wort ›Wuffheit‹ habe genügt, um den Bann zu brechen. Von
nun an habe sich Clark in der Schule geradezu überschlagen.
Die Universität Yale habe ihn bereits mit vierzehn Jahren als
Studenten aufgenommen.

»Hat er erklärt, wie ein Vierzehnjähriger Yale besuchen
konnte?«, fragte der Staatsanwalt.

»Er hat behauptet, dass die Universität ein Früheinsteiger-
programm habe und immer wieder jüngere Studenten zuge-
lassen werden würden«, gab Sandra Boss zur Antwort. Er habe
nichts lieber getan, als von seiner tollen Zeit an der Uni zu
schwärmen, von seinen Freunden, den Vorlesungen und wie
er in seinem Hauptfach Mathematik geglänzt habe. In diesem
Zusammenhang habe er ihr auch von einem traumatischen
Erlebnis während seines letzten Jahres in Yale erzählt.

»Seine Eltern wollten ihn besuchen«, erklärte Sandra. Clark
habe das Wochenende jedoch auf dem Campus bleiben wollen. Also habe er ihnen vorgeschlagen, dass sie sich in einen
ihrer zahlreichen Sportwagen statt in eine Limousine setzten,
um zu ihm zu kommen. Ein Zweisitzer sei ausreichend, da er
nicht mit nach New Haven kommen würde. Auf dem Weg
nach Yale, erzählte er, verlor seine Mutter die Kontrolle über
den Wagen, und sowohl sie als auch sein Vater kamen ums
Leben. Ihr Sohn, gerade achtzehn, blieb allein zurück. »Er erklärte, die Familie väterlicherseits habe versucht, das Sorge-

recht für ihn zu bekommen. Doch das habe er zu verhindern vermocht, so dass er weiterhin in Sutton Place wohnen bleiben konnte.«

»Gab es … einen Grund, an seinen Worten zu zweifeln?«, wollte der Staatsanwalt wissen. Der gesamte Gerichtssaal hielt den Atem an.

»Nein«, erwiderte sie.

Der Staatsanwalt ließ nicht locker. Hatte sie tatsächlich geglaubt, dass er derart klug war, um als Vierzehnjähriger in Yale eingeschrieben zu sein?

»Ja«, sagte sie.

»Warum?«

»Aus zwei Gründen: Erstens war er sehr intelligent. Er war einer der intelligentesten Menschen, die ich jemals getroffen habe. Und zweitens weil auch ich im Teenageralter gefragt worden war, ob ich nicht an die Universität wolle. Ich wusste also, dass es für intelligente Kinder möglich ist, an einer Universität aufgenommen zu werden, obwohl ich es selbst damals abgelehnt habe.«

Die Beziehung zwischen Boss und Rockefeller entwickelte sich rasch weiter. »Er war sehr belesen. Er kannte insbesondere die Klassiker, das gefiel mir. Außerdem war er sehr in der Kirche involviert. Wir teilten viele Wertvorstellungen und Ziele miteinander. Zudem zeigte er sich als außerordentlich aufmerksam, war extrem höflich und freundlich. Immer wieder machte er mir Komplimente.«

Sie fand es auch bemerkenswert, dass er sich scheinbar nicht um materielle Dinge kümmerte. Es machte ihm offensichtlich nichts aus, dass das »Vermögen«, das ihm sein Vater hinterlassen hatte, »unglücklicherweise« wegen rechtlicher Komplikationen für ihn nicht zugänglich war. Rockefeller behauptete, sein Vater »wurde beschuldigt«, während seiner Zeit bei der Marine Geld veruntreut zu haben. Sandra schätzte es auch, dass er »viele Hoffnungen mit mir teilte, wie man die Welt verändern könnte« und – so habe er es ihr gegenüber dargestellt – dass er sein Leben der Unterstützung anderer gewidmet hatte.

»Das zeigte auch seine Arbeit, bei der er sich mit den Schuldenlasten kleinerer Länder auseinandersetzte«, sagte Boss vor Gericht aus und erklärte, dass er Entwicklungsländern dabei geholfen habe, ihre Schulden bei Banken zu verkleinern oder umzustrukturieren.

Als sie im Sommer 1993 nach New York kam, um für die Firma Merrill Lynch auf dem Kreditmarkt zu arbeiten (»in der Preisermittlung von Derivaten«, wie sie aussagte), »waren wir ein Paar«. Und als sie nach ihrem Sommerjob wieder nach Massachusetts zurückkehrte, um ihr zweites Jahr an der Harvard Business School zu absolvieren, setzten sie die Beziehung trotz der großen Entfernung fort. Sandra Boss fuhr mindestens zweimal im Monat nach New York, um ihn abzuholen. »Er hatte keinen Führerschein« – wegen einer Sehschwäche.

Obwohl sie einander erst wenige Monate kannten, erklärte Sandra, dass »es bereits sehr romantisch mit ihm war und sich die Beziehung stetig vertiefte… Wir sprachen ernsthaft über eine Hochzeit.«

Er habe zwar seine Schwächen gehabt, aber welcher intelligente, wohlhabende und gut ausgebildete Mensch hatte das nicht? »Er war verrückt nach *Raumschiff Enterprise*«, gestand sie den Geschworenen, »und veranstaltete immer ein Riesentheater, um die Sendung unbedingt am Sonntagabend, oder wann sie lief, anzusehen. Man kann schon fast sagen, dass er ein Trekkie war. Außerdem verhielt er sich auch sehr exzentrisch, wenn es um seinen Hund ging. Er kochte extra für ihn und bürstete ihn jeden Tag ausführlich. Immer wieder erklärte er: ›Ich gehe nicht auf diese oder jene Party, wenn ich meinen Hund nicht mitnehmen kann.‹ Es war zwar nett, aber auch exzentrisch.«

Das Nette überwog offenbar das Exzentrische, und so verliebte sich Sarah Boss in Clark Rockefeller. Im Frühjahr 1994 lud er sie nach Islesboro ein, auf eine Insel vor der Küste von Maine – ein abgeschiedenes Fleckchen, wo viele Reiche ihre Sommerresidenzen haben. Bei sich hatte er einen Ring mit drei einfachen Diamanten von Tiffany. Er wusste, dass er Sandra passen würde, denn er hatte ihn mit Hilfe ihrer Zwillingsschwester Julia im Flagshipstore an der Fifth Avenue ausgesucht. Sie hatte ihn für ihn anprobiert, wie Sandra später erfuhr. Er erzählte auch, dass er für den Ring »seinen letzten Cent« ausgegeben habe.

Clark machte ihr einen Heiratsantrag, und Sandra sagte Ja. Kurz darauf flog das Paar nach Seattle, damit Clark offiziell bei Sandras Vater um ihre Hand anhalten konnte. William Boss fand dieses Verhalten sowohl altmodisch als auch liebenswert und willigte ein. Von der Familie Rockefeller gab es kaum jemanden kennenzulernen. Clark war ein Einzelkind gewesen, und seine Eltern lebten nicht mehr. Da war nur eine Frau, seine Tante, und deren Tochter Alice Johnson, die er als seine Cousine bezeichnete. Natürlich stellte er Sandra den beiden in ihrer Wohnung am United Nations Plaza vor. Sie umsorgten ihn, als gehörte er zur Familie, wobei er das aus ihrer Sicht ja auch tatsächlich tat. »Das ist meine Cousine Alice und das ist meine Tante«, erklärte Clark. Alice und ihre Mutter schlossen Sandra bald genauso sehr ins Herz, wie sie es zuvor mit Clark getan hatten. »Sie war so, wie ich auch einmal werden wollte: intelligent, schön und unabhängig«, sagte Alice Johnson später und fügte hinzu, dass Sandras Eltern

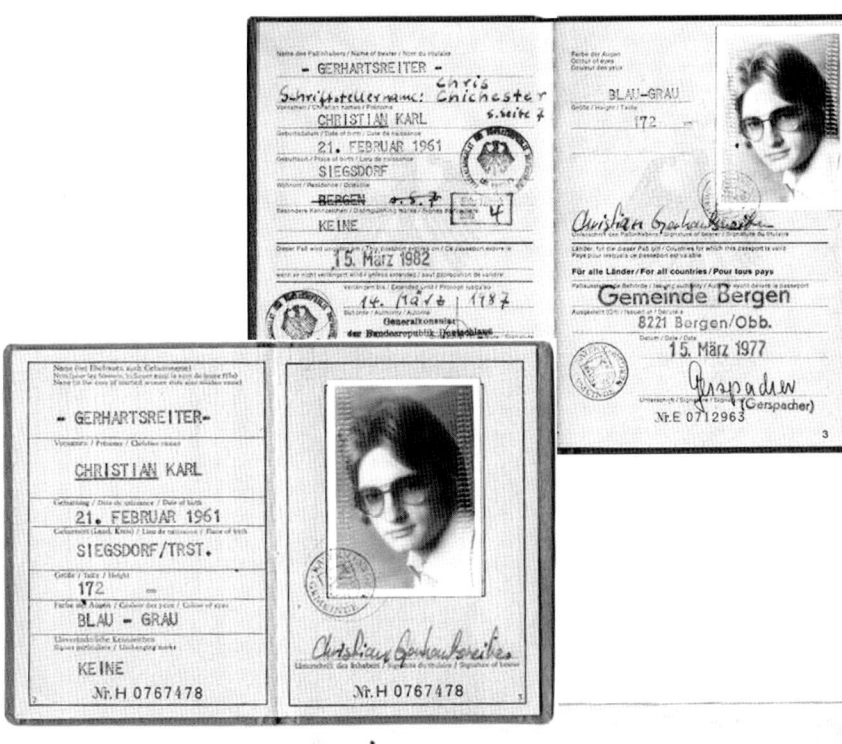

GEBURTSURKUNDE

Christian Karl Gerharts-
reiter betrat am 16. De-
zember 1978 als Siebzehn-
jähriger in Boston das
erste Mal amerikanischen
Boden. Hier abgebildet:
sein Reisepass, sein Per-
sonalausweis und seine
Geburtsurkunde. Seinen
Eltern hatte er erzählt,
dass er eine Arbeit als DJ
in New York City ange-
nommen habe. Sie wollten
ihm monatlich etwas Geld
schicken, bis er sich in der
Fremde eingelebt hatte.
Sobald er sein Touristen-
visum in der Hand hielt,
packte er seine sieben
Sachen und flog von
München nach Boston.

(Standesamt Siegsdorf - - - - - - - Nr. 17/1961.)

- - - - - Christian Karl Gerhartsreiter - - -

ist am 21.Februar 1961 - - - - - - - - - - - -

in Siegsdorf - - - - - - - - - - - - - - geboren.

Eltern: Simon Gerhartsreiter,katholisch und - -
Irmengard Gerhartsreiter geborene Huber, - -
katholisch,beide wohnhaft in Bergen. - - - -

Änderungen des Geburtseintrags: keine.

Siegsdorf, den 27.Februar 1961.

Der Standesbeamte

i.V.

(Heinz)

Gebühr: .... DM
Verz. Nr.

Boorberg-Vordruck StA 112 B – Geburtsurkunde – E a
Richard Boorberg Verlag, München 27, Maria-Theresia-Str. 26 (2560)

Gerhartsreiter vorne in der Mitte in einer Gruppe neunjähriger Jungen bei der Erstkommunion im bayerischen Bergen. »Christian kann wegen seiner geringen Größe oder auch nur aus Zufall in vorderster Reihe stehen. Allerdings nahm er immer gern die Zügel in die Hand«, berichtete ein ehemaliger Klassenkamerad.

Bergen hat etwas Märchenhaftes: ein pittoresker Weiler in einem grünen Tal inmitten der majestätischen bayrischen Alpen. Mittelpunkt des Ortes sind Kirche und Wirtshaus. Gerhartsreiter wohnte im Haus in der Bahnhofstraße 19.

»Er warf sich immer irgendwie in Pose«, erinnerte sich eine Bekannte, die ihn in Deutschland kennenlernte. »Er war fest davon überzeugt, einmal etwas Besonderes zu werden«, fügte ihr Mann hinzu. »Er wollte sich unbedingt einen Namen machen.«

Das Foto der amerikanischen Einwanderungs-behörde zeigt Gerhartsreiter nach seiner Ankunft im Jahr 1978. Nachdem er in Boston gelandet war, besuchte er in Connecticut einen Highschool-Studenten. Gerhartsreiter hatte ihn im Sommer zuvor im Zug kennengelernt, als der junge Amerikaner mit einem Interrail-Ticket durch Europa reiste.

Er zog mit einem Set Golfschlä-ger ins Wohnheim und gab sich betont aristokratisch. »Angeb-lich waren Mutter oder Vater Botschafter«, erzählte sein Zim-merkollege. »Er behauptete, aus Boston zu kommen.« Um das zu unterstreichen, habe er jeden Tag Boston Cream Pie gegessen, fügte ein anderer Bekannter hinzu.

»Er erzählte herum, dass er der englischen Königs-familie angehöre und nannte sich Christopher Chichester«, berichtete der schwedische Cowboy-Friseur Jann of Sweden – hier in seiner Kluft. »Jedes Mal, wenn er eine Dame traf, gab er ihr einen Handkuss, ehe er sich vor-stellte. Die Frauen hielten Chichester für ein Geschenk Gottes.«

Dieser Artikel aus einer Lokalzeitung aus San Marino zeigt ein Foto von Christopher Chichester als Produzent der im Kabelfernsehen ausgestrahlten Sendung »Inside San Marino«. Ebenfalls abgebildet ist die Moderatorin Peggy Ebright.

SACRAMENTO CONNECTION. Assemblyman Richard Mountjoy will be the featured guest on the May 29 edition of "Inside of San Marino," scheduled for 7 p.m. on American Cablevision Channel 6. Above, Mountjoy (center) discusses the program's format with producer Christopher Chichester and moderator Peggy Ebright. Mountjoy represents the 42nd District, which includes San Marino, and is one of the state's leading conservatives. On the cablecast, Mrs. Ebright asks him about reapportionment, legislative reform, the school finance bill and his grassroot political beginnings.

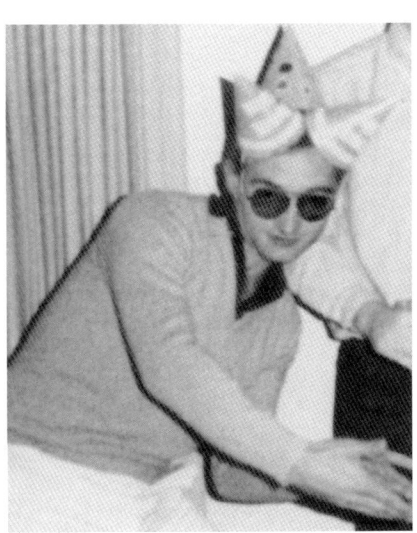

Christopher Chichester wurde zu einem bekannten Mitglied der Gemeinde San Marinos. Er galt nicht nur als begehrter Salonlöwe, der bei den reichen Damen der Gesellschaft gut ankam, sondern gab sich auch als ehrgeiziger Filmstudent und Hilfslehrkraft an der renommierten Filmhochschule der University of Southern California aus. Hier sieht man ihn auf einer Party von Freunden.

Ruth Detrick ›Didi‹ Sohus (oben rechts) als Debütantin. Zusammen mit ihrem dritten Mann adoptierte sie einen Jungen namens John, der sich als Einzelgänger entpuppte, bis er seine zukünftige Ehefrau kennenlernte – die rothaarige halbe Blackfoot-Indianerin Linda Mayfield. Mit einer Größe von 1,80 Meter und einem Gewicht von mehr als 100 Kilo wirkte sie im Vergleich zu John, der 1,67 Meter maß, ausgesprochen massig. Auf dem unteren Foto ist das Paar an seinem Hochzeitstag zu sehen.

»Ich habe keine Ahnung, warum er hierher kam«, erklärte ein Einwohner von Cornish in New Hampshire, wo Clark Rockefeller ein historisches Anwesen in eine ständige Baustelle verwandelte. »Ich nehme an, dass er irgendwo im Nirgendwo wohnen wollte. Er behauptete, er habe etwas gesucht, das viel Arbeit benötigt.« Das Haus war mit einer schweren Kette und unzähligen Schildern gesichert, auf denen ZUTRITT VERBOTEN, VORSICHT und VORSICHT BISSIGE HUNDE stand.

»Wenn ich mich nicht täusche, erhielt er die Rolle des Mars, und seine Tochter spielte eine Nymphe«, erinnerte sich Gregory Schwarz, der Direktor des Besucherzentrums der historischen Saint-Gaudens-Anlage. Clark Rockefeller war die Rolle des Gottes des Krieges wie auf den Leib geschneidert. Schließlich hatte er sich bereits mit einem großen Teil der Bevölkerung von Cornish angelegt.

Oben und gegenüberliegende Seite: Diese Schnappschüsse stammen von Laura White, eine von Rockefellers engsten Vertrauten aus Cornish. Hier sitzt er mit der White-Familie am Esstisch. Ebenfalls abgebildet ist eine Seite aus Laura Whites Kalender, in dem er mehrmals erwähnt wird. Neben Clark ist Whites Sohn Charlie zu sehen. »Er war das Aufregendste, was uns hier seit langer Zeit passiert war«, erinnerte sich Laura Whites Mutter.

»Er hasste es, wenn man ihn fotografierte«, erinnerte sich Laura White. Auf fast jedem Bild schnitt Rockefeller eine entstellende Grimasse.

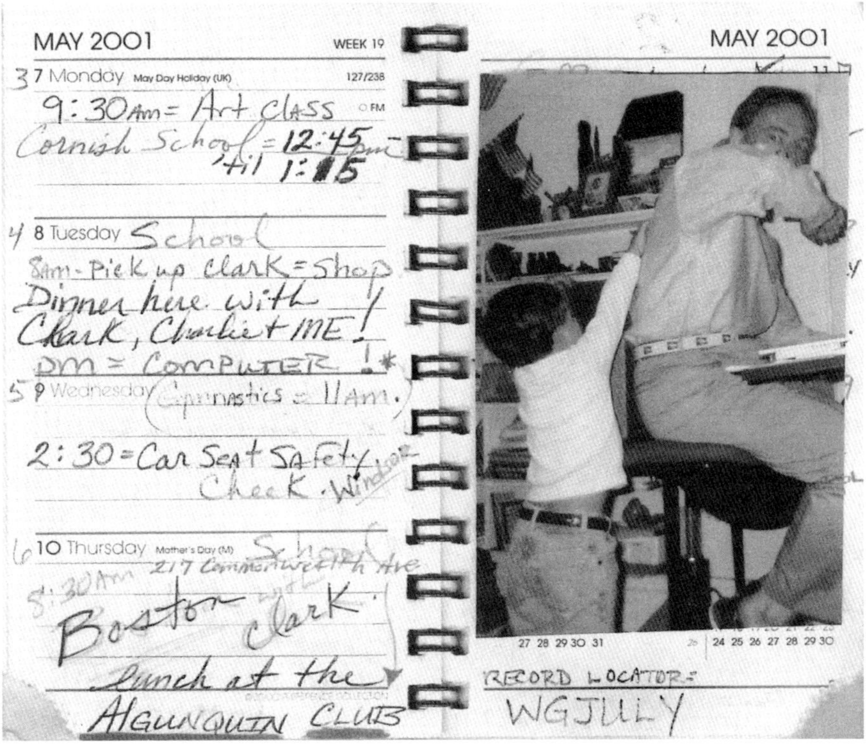

MAY 2001   WEEK 19   MAY 2001

3 7 Monday   May Day Holiday (UK)   127/238

9:30 Am = Art Class   ○ FM
Cornish School = 12:45 Ami
'til 1:15

4 8 Tuesday School
8am - Pick up Clark = Shop
Dinner here with
Clark, Charlie + ME!
DM = COMPUTER !*

5 9 Wednesday Gymnastics = 11 Am.

2:30 = Car Seat Safety
Check . Wind

6 10 Thursday Mother's Day (M) School
8:30 Am 217 Commonwealth Ave
Boston Clark
lunch at the
ALGUNQUIN CLUB

27 28 29 30 31   ≫ 24 25 26 27 28 29 30

RECORD LOCATOR =
WGJULY

Obwohl Rockefeller den Fotografen verbot, bei gesellschaftlichen Ereignissen in Boston Aufnahmen von ihm zu machen, warf er sich bei einer Veranstaltung im Liberty Hotel – zuvor das Charles Street Gefängnis – in Pose. Es stellte sich beinahe als prophetisch heraus, dass viele der Gäste, unter ihnen auch Rockefeller, ganz im Sinne der ehemaligen Nutzung des Gebäudes Spielzeughandschellen trugen.

Rockefeller behauptete, seine Tochter Reigh »Snooks« Rockefeller habe bereits sehr gut lesen können, als sie nach Boston zogen. Im Alter von drei las sie bereits aus dem *Nature*-Magazin vor. Angeblich hatte er ihr Tennysons Gedicht »Das Gänseblümchen« 25-mal an einem Abend vorgelesen. Er behauptete, sie habe es nicht nur verstanden, sondern es habe ihr auch ausgezeichnet gefallen.

Bild noch nicht freigegeben.

Die Ermittler fanden sich bei ihren Nachforschungen zum Verschwinden von John und Linda Sohus mehrmals in Sackgassen wieder: Zeugen waren verstorben, Staatsanwälte waren nach ersten Erfolgen versetzt worden, und Kriminalbeamte verloren im Labyrinth der Ermittlungen den Mut und widmeten sich anderen Fällen. So blieb derjenige, der im Zusammenhang mit den Ermittlungen gesucht wurde, nicht nur auf freiem Fuß, sondern stieg auch ungestört die soziale Leiter immer weiter hinauf.

Kapitän Chip Smith ging im Maklerbüro von Obsidian Realty in Baltimore ein und aus. Mit seiner lachsfarbenen Hose und den Segelschuhen, die er stets ohne Socken trug, hinterließ er einen etwas merkwürdigen Eindruck. Doch er war Kunde und als solcher König. Die Makler ließen ihn an ihre Computer und gaben ihm sogar einen Schlüssel zum Büro. Letztlich kaufte er über Obsidian ein Haus in der Ploy Street 618. In einem Zimmer dieses Haus (unten abgebildet) entdeckten Kriminalbeamte verschiedene Puzzleteile der neuen Identität.

Kurz nach seiner Verhaftung erweckte Rockefeller den Anschein kühler Selbstbeherrschung. In zwei Interviews, die er der *Today*-Show und dem *Boston Globe* (Foto) gab, wirkte er vor den Kameras völlig gelassen.

Rockefeller beauftragte anfangs den erfahrenen Bostoner Anwalt Stephen Hrones mit seiner Verteidigung. Als die Medien sich für den Fall interessierten, riet Hrones seinem Mandanten »Feuer mit Feuer zu bekämpfen«. Später meinte er: »Wir mussten an die Öffentlichkeit und seine Seite der Geschichte schildern. Vor allem die des liebenden Vaters. Das war seine Stärke, die ich bei jeder Gelegenheit herauszustellen versuchte: Wie kommt jemand dazu, sein eigenes Kind zu entführen?«

»Lächelnd kam er ins Zimmer geeilt. Er hatte das freundliche Auftreten eines Gastgebers, der einen Gast auf seiner Party willkommen heißt«, schrieb ein Reporter des *Boston Globe*. »Clark Rockefeller«, begrüßte uns, blickte jeden an und reichte ihm die Hand. Seine Fingernägel waren manikürt, und zur Gefängniskleidung trug er Loafers mit Quasten. Er wandte sich einem Besucher nach dem anderen zu und verbeugte sich. »Clark Rockefeller«, stellte er sich mit seinem Oberschicht-Akzent vor. »Freut mich, Sie kennenzulernen. Wie geht es Ihnen?«

Bei der Verlesung der Anklageschrift am 5. August 2008 erschien Rockefeller in seiner typischen Privatschulen-Kluft, die er auch als Bonvivant in Boston getragen hatte. Doch der Druck der bevorstehenden Verhandlung zeigte sich bereits in seiner Miene und dem ungepflegten Erscheinungsbild.

COMM V CHRISTIAN KARL GERHARTSREITER				
S	YEAR	DR. HOWE	DR. ABLOW	DR. CHU
...rts Reiter	1979, Berlin, CT	"Not a Delusion"	"Probably Not a Delusion"	"Not a Delusion"
		...ot a Delusion"	"Probably Not a Delusion"	"Not a Delusion"
	...5, Las Vegas	"Not a Delusion"	"Probably Not a Delusion"	"Not a Delusion"
Crowe	1985, Greenwich, CT	"Not a Delusion"	"Probably Not a Delusion"	"Not a Delusion"
...ntbatten	1985 Postal Offcls.	"Not a Delusion"	"Probably Not a Delusion"	"Not a Delusion"
...k Rockefeller	1993-2008	"Delusion"	"Delusion"	"Not a Delusion"
...rles "Chip" Smith	2007-2008	"Probably Not a Delusion"	"Probably Not a Delusion"	"Not a Delusion"

Während der Verhandlung befragte Staatsanwalt David Deakin einen Zeuge nach dem anderen zu Rockefellers Gemütszustand zur Zeit der Entführung. Hier ein Diagramm mit den Beurteilungen der Experten.

Während ihrer gesamten Aussage vor Gericht blieb Rockefellers Exfrau sehr konzentriert und selbstsicher. Sie erklärte, wie es Rockefeller gelungen war, eine so intelligente Karrierefrau zu verführen. »Man kann auf einem Gebiet brillant und großartig sein, während man auf einem anderen eklatante Fehler begeht.« Obwohl sie der Strafverteidiger wiederholt dazu aufforderte, doch zu erläutern, wie sie den unglaublichen Lügen ihres Exmannes hatte Glauben schenken können, hielt sie an ihrer Geschichte fest und gab zudem einen Einblick in die Qualen, die sie während der Entführung ihrer Tochter durchleiden musste.

Rockefeller, der sich anfangs vor Polizeibeamten und Journalisten als perfekter reicher Gentleman mit einem unfehlbaren Geschmack ausgegeben und sich wie ein Gastgeber präsentierte hatte, wurde gegen Ende der Gerichtsverhandlung zunehmend stiller. Er sagte kein Wort mehr, war blass und wirkte fast gespenstisch. Es schien fast, als fielen ihm nach einem Leben voller Lügen endlich keine Geschichten mehr ein.

nach dem Kennenlernen ihrer Familie ganz und gar überzeugt waren, ihre Tochter würde einen Rockefeller heiraten. »Etwa zwei Jahre lang trafen wir uns mehr oder weniger täglich«, sagte Sandra Boss bezüglich der Johnsons aus.

Nichts von all dem ließ Sandra Boss stutzig werden, und dennoch gab es hier und da Anzeichen dafür, dass Clark Rockefeller nicht der ideale Ehemann sein würde. »In den zwei Jahren vor unserer Hochzeit markierte er beinahe immer den netten, liebenswerten, intelligenten Mann«, führte sie aus. »Ab und zu jedoch konnte er aufgebracht und zornig werden, was mich irritierte. Einmal habe ich sogar gesagt: ›Ich weiß nicht, was ich von deinen Wutausbrüchen halten soll.‹ Er antwortete: ›Nun, du hast dich bereits verpflichtet, denn ich habe für dich den Rechtsstreit durch einen Vergleich beigelegt.‹« Damit meinte er den Nachlass seines Vaters, der wegen dessen angeblicher Veruntreuung bei der Marine noch nicht freigegeben worden war. Er hatte ihr erklärt, der Vergleich habe ihn fünfzig Millionen Dollar gekostet – sein gesamtes Erbe. »Er hatte sich zu einem Vergleich entschlossen, … um mich keinen finanziellen Risiken auszusetzen«, erklärte Boss. »Er wiederholte nachdrücklich, dass ihm Liebe wichtiger sei als Geld, und er mich schützen wolle.«

Auf die Frage, wie sie einer so offensichtlichen Lüge Glauben schenken konnte, gab Boss im Kreuzverhör vor Gericht zu bedenken, »dass geistige Intelligenz nicht gleich emotionaler Intelligenz ist. Ich empfand es als große Geste seinerseits, die er nicht machen musste, was ich ihm auch sagte.« Als der Staatsanwalt andeutete, dass sie mehr »gesunden Menschenverstand« hätte zeigen können, um diese offensichtlichen Tricks zu durchschauen, entgegnete sie: »Vermutlich. Ich will nicht behaupten, mir den weltbesten Ehemann ausgesucht zu haben. Es ist ziemlich eindeutig, dass ich einen blinden Fleck hatte. Ich will damit nur sagen, dass man auf einem Gebiet brillant und großartig sein kann, während man auf einem anderen eklatante Fehler begeht.«

Nachdem sie in Harvard ihren MBA-Abschluss absolviert hatte, begann Sandra Boss als Partnerin bei McKinsey & Company und verdiente etwa 80 000 Dollar im Jahr.

»Wo hat Clark Rockefeller zu jener Zeit gearbeitet?«

»Er überraschte mich, als er eines Tages verkündete, dass er seine Stelle zur Neuverhandlung von Schulden gekündigt habe und jetzt als Berater für Länder der Dritten Welt mit ökonomischen Problemen anfangen wolle.«

»Hat er vor Ihrer Hochzeit eine andere Einkommensquelle als die der Neuverhandlung von Schulden oder als Berater der Dritten Welt erwähnt?«

»Nein. Er behauptete vielmehr, dass der Vergleich sein ganzes Vermögen aufgefressen habe. Das hieß im Klartext: ›Nimm mich, wie ich bin.‹«

Das tat sie auch. Wer er war und was er getan hatte, ehe er in ihr gesellschaftlich steil noch oben führendes Leben getreten war – darüber hatte sie sich offenbar nie Gedanken gemacht, geschweige denn ihren Verlobten gefragt. Es sollte ein Geheimnis bleiben, das vorerst nicht gelüftet wurde.

Sandras Zwillingsschwester Julia und Charles Knapp heirateten ein halbes Jahr vor Clark und Sandra. Der aufwendigen Zeremonie in St. Thomas folgte ein Empfang in der großen Halle. Julia und Charles machten 1990 ihren Abschluss in Yale, und Charles war zudem Mitglied der Whiffenpoofs, einer seit 1909 existierende A-cappella-Gruppe, für die jeweils vierzehn Yale-Studenten in ihrem letzten Jahr an der Universität auserwählt werden. Es war also nicht verwunderlich, dass Charles' »Whiffs«, wie man sie auch nannte, zur Hochzeit sangen.

Sandra

Um nicht in den Schatten gestellt zu werden, legten Sandra und Clark ihre Verlobung auf den gleichen Tag wie die Hochzeit der Schwester. So konnten die Gäste von St. Thomas direkt in Clarks Wohnung fahren. »Es gab Stiltonkäse und Sherry«, erinnerte sich später einer der Gäste. »Der Hund Yates leckte ständig den Käse ab. Jeder ermahnte ihn: ›Yates! Die Schnauze nicht auf den Tisch!‹«

Mittlerweile kannte jeder die Macken und Exzentrizitäten von Sandras Verlobtem. Selbst der Tag seiner Geburt war merkwürdig und außergewöhnlich gewesen, ganz zu ihm passend. »Charles Knapp und ich veranstalteten ein Fest zu seinem zweiunddreißigsten Geburtstag und zwar in einem herrlichen Raum im ersten Stock der Landmark Tavern in New York«, erzählte Tom Rizer. »Clark feierte seinen Geburtstag nur in Schaltjahren, weil er am 29. Februar geboren war. Das behauptete er zumindest.«

Gerhartsreiters wahres Geburtsdatum fiel auf den 21. Februar 1961. Aber niemand zweifelte an seiner Aussage. Clark Rockefeller wob weiter an der Legende, die er um seine Person schuf. Er war ein Meister darin geworden, alle von dem zu überzeugen, was er erzählte. Sogar sein Freundeskreis in New York – intelligente und gebildete Menschen, die die gleichen Privatschulen und Universitäten besucht hatten wie Rockefeller auch angeblich – glaubte, er sei eine wichtige Persönlichkeit. »Wir gingen immer davon aus, dass Sandra Bescheid wusste [wer er wirklich war], uns es aber nicht verraten wollte«, sagte John Wells. Ein weiterer Bekannter Sandras, der auch Rockefeller gut kannte, fügte hinzu: »Wir dachten, dass es sich bei ihm um den illegitimen Sohn [eines Rockefeller] handelte, dessen Mutter viel Geld erhalten hatte und dann verstorben war. Und dass er dann den Familiennamen seines Vaters angenommen hatte, der ihn aber aus Gehässigkeit nicht anerkannte. Für uns war es wie ein Spiel. Julia, Sandras Zwillingsschwester, machte dabei allerdings nie mit. Im Gegenteil – sie mochte es überhaupt nicht. Sie wollte nicht darüber reden.«

Ich stellte die offensichtliche Frage. »Glauben Sie, dass Sandra alles für bare Münze nahm, was ihr Rockefeller auftischte?«

»Ja, ich glaube, das wollte sie auch«, antwortete der Mann. »Ich habe sie einmal gefragt, und sie fühlte sich sofort angegriffen. Ich war damals betrunken und grob und sagte: ›Woher willst du wissen, dass er wirklich Clark Rockefeller und nicht irgendein Serienmörder auf der Flucht ist?‹ Sie entgegnete: ›Ich bin seine Verlobte. Ich werde seine Frau. Ich hoffe doch, dass er mir mehr über sich und seine Vergangenheit mitteilt als dir.‹«

Ganz gleich wie misstrauisch Sandras Freunde Clarks Geschichten gegenüber waren – die Wahrheit sollte selbst ihre wildesten Spekulationen bei weitem übertreffen.

Die Hochzeit zwischen Sandra Boss und Clark Rockefeller fand am 14. Oktober 1995 in einem Quäkerhaus auf der Insel Nantucket in Massachusetts statt. Die Insel ist ein Zufluchtsort für viele von Amerikas Superreichen. Lediglich sieben Gäste waren geladen: »Meine Schwester, ihr Mann, meine Eltern und drei Leute, die mit dem Quäkerhaus von Nantucket zu tun hatten«, erzählte Sandra. Außerdem kam noch ein Hund – nämlich Clarks Gordon Setter Yates.

Sandra und Clark waren beide strenggläubige Episkopale. Warum heirateten sie also bei den Quäkern? Es lag an einem von Clarks schon bald berühmt-berüchtigten Wutausbrüchen, der mit seiner angeblichen Cousine Alice Johnson zusammenhing.

»Er ging zum Pfarrer von St. Thomas, um ihn zu fragen, ob sie [Alice] von der Kirche aufgenommen und ohne Konfirmationsstunden konfirmiert werden könne«, erinnerte sich Rockefellers Freund Tom Rizer. »Schließlich sei sie eine Rockefeller, erklärte Clark. So etwas wie diese Stunden müsse *sie* doch nicht über sich ergehen lassen. Natürlich wurde seine Bitte abgelehnt. Daraufhin brauste er auf und brüllte, er würde nie wieder einen Fuß in St. Thomas setzen, und er wurde Quäker.«

Sandra erzählte er eine andere Geschichte. »Er behauptete, dass ihn die Gemeinde von St. Thomas dazu dränge, Geld zu spenden. Was durchaus möglich war«, berichtete sie den Geschworenen. »Es ist eine reiche Kirche, die ihre Gemeindemitglieder regelmäßig um Spenden bittet. Auf einmal war er begeistert von der Schlichtheit der Quäker. Dort ging es sehr demokratisch zu – nach dem Motto: Es zählt allein das spirituelle Leben des Einzelnen.«

Das historische Quäkerhaus auf Nantucket bot Rockefeller zwar nicht die Gelegenheit, gesellschaftlich weiterzukommen, aber das hatte ihm ja bereits St. Thomas ermöglicht. Was die Quäker ihm gaben, war Ruhe. Ihre Kirche war der perfekte Ort für jemanden, der darauf erpicht war, dass die Behörden weder seinen Namen noch andere persönliche Daten erfuhren.

»Wenn man heiraten möchte, ohne sich mit den Behörden auseinandersetzen zu wollen, sind die Quäker ideal«, versicherte mir John Wells. Vor der Heirat hatte Sandra »sämtliche Papiere für den Standesbeamten ausgefüllt« und ihrem Mann gegeben, damit dieser sie abschicken konnte, »damit wir unsere Heiratsurkunde erhielten«, sagte sie. »Er hat mir hundertprozentig versichert, dass alles ordnungsgemäß erledigt worden sei.«

In Wahrheit jedoch schickte Rockefeller die Formulare nie

ab. Die beiden feierten also ohne Heiratsurkunde eine Hochzeit, die an sich schon höchst merkwürdig verlief. Zum einen war da die Sache mit Rockefellers Familie. Seine Eltern lebten zwar angeblich nicht mehr, aber andere Verwandte sollten der Hochzeit beiwohnen, wie Clark behauptet hatte. Doch wegen diverser Probleme habe er sie in letzter Minute ausgeladen. Sie solle sich keine Sorgen machen, versicherte er Sandra, sie würde seine Verwandtschaft bestimmt noch kennenlernen. An ihrer statt gab es Yates, den einzigen Gast des Bräutigams, der als »hündischer Trauzeuge« fungierte.

Zum anderen fand die Zeremonie in dem schlichten Quäkerhaus statt, das 1838 erbaut worden war, um die Gemeinde aufzunehmen, die sich zuvor im Haus der Quäkerin Mary Coffin Starbuck getroffen hatte. Yates lief das Hauptschiff hinunter. Von seinen Lefzen tropfte es, und die sieben Gäste saßen in unbequemen Holzbänken, während sich vorne Clark Rockefeller und Sandra Boss schweigend ansahen. »Bei einer Quäker-Hochzeit sitzt man herum und wartet, bis jemand etwas sagt«, erklärte mir einer der Hochzeitsgäste und fügte hinzu, dass Braut und Bräutigam sich ihr eigenes Eheversprechen aussuchen konnten. Auch Sandra Boss erläuterte den Geschworenen: »Das Interessante bei den Quäkern ist die Tatsache, dass es keinen Liturg gibt. Bei einem Quäker-Gottesdienst sagt jeder das, was ihn gerade beschäftigt oder bewegt.« Der Hochzeitsgast, der sich mit mir traf, konnte sich nicht an das Eheversprechen der beiden erinnern. Er wusste nur noch, »dass alles ziemlich schnell vorüber war und wir danach in ein Restaurant in Nantucket gingen«.

Dann zog sich das frisch vermählte Paar in das urige Häuschen zurück, das sie gemietet hatten, um dort ihre erste Nacht als Mann und Frau zu verbringen. Sie blieben eine Woche in Nantucket, ehe sie wieder nach New York zurückkehrten.

Zweiter Teil

KAPITEL ELF

»Die Gebeine von San Marino«

Ungefähr zur gleichen Zeit, als Clark Rockefeller sein neues Leben als Ehemann von Sandra Boss in New York begann, schickte das seit langem vermisste Ehepaar John und Linda Sohus ein Zeichen aus dem Jenseits. Das Verschwinden der beiden war mehr oder weniger in Vergessenheit geraten, und niemand kümmerte sich mehr darum. Schließlich handelte es sich um zwei relativ unbedeutende Leute, die schon bald auch von denen vergessen waren, die einmal mit ihnen zusammengearbeitet hatten.

Nur eine Frau wollte das nicht so einfach akzeptieren: Lindas beste Freundin Sue Coffman. Sobald die beiden mit ihrer irrwitzigen Geschichte, als Agenten für ein geheimes Regierungsprogramm zu arbeiten, verschwunden waren und nur noch bizarre Postkarten eintrafen, die Linda angeblich aus Paris geschickt hatte, wusste Coffman instinktiv, dass etwas nicht stimmen konnte. Es entstand »ein großes Loch in meinem Leben, ein großes Fragezeichen in meinem Kopf«, pflegte sie jedem zu erklären, der ihr zuhörte. Manchmal glaubte sie den Verstand zu verlieren, bei dem Versuch, die vielen scheinbar unlösbaren Fragen zu beantworten und das Rätsel des Verschwindens ihrer Freundin zu lösen.

»Ich habe oft davon geträumt«, erzählte sie, als wir in ihrem Wohnzimmer in Orange in Kalifornien saßen, unweit von Disneyland. Sue Coffman, eine schmale, gefühlvolle Frau, seit dem Verschwinden ihrer besten Freundin verheiratet und Mutter eines Sohnes, war auch noch viele Jahre später intensiv damit beschäftigt, Linda zu finden. Sie hatte eine Liste aller Vorfälle, die vor dem Verschwinden Lindas passiert waren, erstellt und ausgedruckt und zeigte mir nicht nur diese, sondern auch Fotos und andere für den Fall relevante Dinge, die sie gesammelt hatte. Mittlerweile waren beinahe dreißig Jahre seit Lindas Verschwinden vergangen.

Linda Sohus habe stets im Mittelpunkt dieser Träume gestanden, erzählte sie, und ich versuchte mir die große, rothaarige Künstlerin und Science-Fiction-Liebhaberin vorzustellen, wie sie durch die Träume ihrer Freundin wie eines ihrer hübschen gezeichneten Pferde flog. »Linda tauchte immer wieder plötzlich in meinen Träumen auf und fragte: ›Weswegen machst du dir Sorgen? Ich bin doch hier.‹«

»Und warum hast du mich nicht angerufen?«, fragte Sue immer.

»Ich hatte so viel zu tun«, antwortete Linda dann.

Sue Coffman sah ihre Träume als Omen, als Hinweise darauf, bei der Polizei nicht lockerzulassen, sondern sie immer wieder mit Fragen nach Linda zu bombardieren. »In meinen Träumen war ich immer sehr aufgeregt, da mir gar nicht bewusst war, dass ich träume. Es fühlte sich genauso an, wie wenn ich jetzt hier sitze und mich mit Ihnen unterhalte.«

Ihre ständigen Nachfragen bei der Polizei bewirkten, dass man den Fall als Vermisstenanzeige wieder aufrollen wollte. Aber es fand sich keine neue Spur. Sue las mir aus dem Bericht eines Beamten zu Beginn des Falles vor: »Er schreibt: ›Sie ist über einundzwanzig. Sie kann verschwinden, wann sie will, und gehen, wohin sie will. Es gibt nichts zu ermitteln.‹

Dann meinte er zu mir: ›Machen Sie sich keine Sorgen, und hören Sie endlich auf, nach ihr zu suchen.‹ Seine Ermittlungen ergaben, dass John und Linda in Frankreich lebten und nichts mehr von ihrem alten Leben wissen wollten.« Dann fügte sie hinzu: »Aber konnte ich das glauben? Nein, unmöglich.«

Selbst die Entdeckung von Johns und Lindas Pick-up in Greenwich, wo ein Pfarrerssohn diesen von einem gewissen Christopher Crowe erworben hatte – einem Mann, von dem die Behörden wussten, dass er zuvor als Christopher Chichester und noch früher als Christian Karl Gerhartsreiter bekannt gewesen war –, erweckte nicht genug Misstrauen bei der Polizei. Sue Coffman wollte dennoch nicht aufgeben.

»Liebe Kathy«, schrieb sie am 15. März 1990 an Lindas Halbschwester, fünf Jahre nach deren Verschwinden.

Ich hoffe, Du erinnerst Dich noch an mich, an Lindas Freundin von vor einer halben Ewigkeit? Wie geht es Dir? Und hast Du etwas Neues über Lindas Verschwinden herausbekommen?… Obwohl inzwischen fünf Jahre vergangen sind (kaum zu glauben!), kann ich das Ganze immer noch nicht akzeptieren. Manchmal vergehen Wochen, ohne dass ich an sie denken würde, aber dann träume ich plötzlich von ihr oder erinnere mich an die Dinge, die wir damals gemacht haben, und ich ärgere mich über mich selbst, weil ich nicht mehr unternehme, um sie zu finden.

Als wir das letzte Mal miteinander sprachen, hatte ich Dir Neuigkeiten zu berichten: Ihr Pick-up war irgendwo im Osten gefunden worden und gehörte nun jemand anderem. Ich hatte so sehr gehofft, nun vielleicht ein paar Antworten zu bekommen. Doch nachdem drei Monate vergangen waren, ohne dass ich einen Anruf von der Polizei erhielt, rief ich auf dem Revier an. Das war im März vergangenen Jahres. Leider ist der Beamte, mit dem ich mich ganz gut verstand, mittlerweile versetzt worden.

Es war nicht das einzige Mal, dass Sue Coffman derartige Probleme hatte. Immer wieder gab es neue Beamten, die sich nicht unbedingt für alte, ungelöste Fälle interessierten. Verwandte wie Lindas Halbschwester entschieden sich irgendwann, nach vorne zu blicken und ihr Leben weiterzuführen. »Kathy, ich habe dir letztes Jahr geschrieben, aber du hast nie geantwortet«, war in einem Brief von Sue Coffman an Lindas Halbschwester zu lesen. Er war beinahe zwei Jahre nach dem ersten verfasst worden. »Wenn Du kein Interesse mehr an der Suche hast (es ist mir klar, dass das Ganze jetzt bereits sieben Jahre her ist und Linda entweder einem Zeugenschutzprogramm beigetreten oder tot sein muss), dann kann ich das gut verstehen. Könntest Du mich nur wissen lassen, dass Du diesen Brief erhalten hast? Dann höre ich auch bestimmt auf, Dich zu nerven. Die Sache lässt mich einfach nicht ruhen.«

Sue Coffman gab nicht auf. Nachdem sie in einer »Dear-Abby«-Kolumne gelesen hatte, dass »die Heilsarmee vermisste Verwandte ausfindig macht«, forderte sie die nötigen Formulare an. Doch es waren nur Blutsverwandte zu einer solchen Suche berechtigt. Schließlich schickte sie einen letzten verzweifelten Brief an die Fernsehsendung *Unsolved Mysteries* mit Robert Stack, in der von ungelösten und oftmals in Vergessenheit geratenen Fällen berichtet wurde und man diese auch nachstellte. Sie kannte keinen der Beteiligten, deshalb schrieb sie auf gut Glück an die Adresse der Produktionsfirma im kalifornischen Burbank.

»WAS GESCHAH MIT LINDA CHRISTINE HOPE BLACKFOOT MAYFIELD SOHUS?«, begann ihr Brief vom 23. September 1993. Auf drei einzeilig getippten Seiten schilderte sie die unglaubliche Geschichte von Linda bis zu ihrem Verschwinden. »Ich habe leider nicht das Geld, um einen Privatdetektiv anzuheuern. Die Polizei vertritt die Meinung, dass ein erwachsener Mensch das gute Recht hat zu verschwinden (nach mehr als sieben Jahren haben sie den Fall zu den Akten gelegt und Linda für ›vermutlich tot‹ erklärt). Aber es gibt zu viele Details, die keinen Sinn ergeben. Anbei finden Sie eine Liste all jener Punkte, die nicht zusammenpassen.«

Sie zählte alles auf: die eigentümliche Anstellung als Spion für die Regierung; die sechs Katzen, die Linda einfach zurückließ; der Pick-up, den sie zu Hause vor der Tür in der Lorain Road geparkt hatten und den die Bank nicht fand, um ihn wieder in Besitz zu nehmen, bis er später in Greenwich auftauchte. Sue Coffman schrieb sogar von ihrem Verdacht, dass die Polizei etwas mit dem Ganzen zu tun haben könnte. »Es könnte sich um einen Zufall handeln, aber jedes Mal, wenn ich mich in den vergangenen Jahren an die Polizei wandte, wurde mir ein anderer Ermittler zugewiesen. Jedes Mal, wenn ein Beamter eine Spur aufgenommen zu haben schien, wurde ihm der Fall entzogen, und er wurde versetzt«, schrieb sie an *Unsolved Mysteries*.

Sie bat darum, Lindas Geschichte »in die Sendung aufzunehmen« und verriet, dass in ihrem Leben »ein großes Loch ist, denn ich habe keine Ahnung, wo sich Linda befindet. Ich möchte nach vorne schauen und mein Leben wieder im Griff haben ... Falls sie noch am Leben ist, dann möchte ich sie wiedersehen. Falls sie tot sein sollte, kann ich zumindest damit abschließen. Doch diese Unsicherheit macht mich wahnsinnig. Ich kann sie nicht abschütteln ... Wir waren so enge Freundinnen.«

Zum Schluss wandte sie sich an Linda selbst: »Linda, es gibt so viele Dinge, die ich dir erzählen muss!«

Unsolved Mysteries bedankte sich für ihren Brief, schien jedoch nicht an der Geschichte interessiert zu sein. Acht Monate nachdem Sue Coffman an die Fernsehshow geschrieben hatte, meldete sich Linda Sohus gewissermaßen persönlich und in einer für sie typischen surrealen Art.

»Verdammt!«, rief laut Aussage eines Nachbarn der Baggerführer Jose Perez, der für die Firma California Pools arbeitete und kurz nach der Mittagspause am 5. Mai 1994 etwas Seltsames aus der Erde holte. Er hob gerade ein Loch für einen elf Meter langen Pool im Garten der Lorain Road 1920 in San Marino aus. Das Grundstück, das einmal Didi Sohus gehört hatte, befand sich inzwischen im Besitz von Bob und Martha Parada, die dort mit ihrem dreijährigen Sohn wohnten. Sie hatten das Haus 1986 von Didi Sohus erworben, die nach dem mysteriösen Verschwinden ihres Sohnes John, ihrer Schwiegertochter Linda und ihres Mieters Christopher Chichester in eine Wohnwagensiedlung gezogen war.

Die neuen Besitzer ließen das alte, baufällige Haus abreißen und durch ein neues zweistöckiges Gebäude aus Ziegel ersetzen. Das Gästehaus im Garten blieb zuerst stehen, bis sie beschlossen, einen Swimmingpool zu bauen. An jenem Vormittag im Jahr 1994 hob Perez gerade die Grube aus, als seine Schaufel in einer Tiefe von etwa einem Meter zwanzig auf etwas Hartes stieß. Es begann, schrecklich zu stinken, und er glaubte zuerst, einen Müllberg ausgebuddelt zu haben. »So etwas ist ganz normal«, erklärte er später einem Reporter der *Pasadena Star News*. »Ich habe 6000 Schwimmbecken ausgehoben und dabei unter anderem ein Auto, ein Pferd und einen Hund gefunden.«

Als er vom Bagger sprang, um den Müll beiseitezuschaffen, trat sein Vater Jose Perez Senior zu ihm, der ebenfalls für

California Pools arbeitete, um zu sehen, warum sein Sohn nicht weitergrub. Wie sich herausstellte, hatte die Baggerschaufel eine Fiberglaskiste zertrümmert und so einige Plastiksäcke freigelegt. Jose Perez Senior nahm ein Metallrohr und stocherte damit zwischen den Säcken herum.

Kurz darauf vernahm Bill Woods, der einige Häuser weiter wohnte, Joses Schrei. Einer der Plastiksäcke enthielt einen menschlichen Schädel »mit Haaren«, wie Perez der Lokalzeitung erzählte. »Er ließ ihn zu Boden fallen und bemerkte auch Zähne und einen Kiefer«, hieß es später im Polizeibericht. Die Zeitung wusste mehr: »Perez erkannte weitere Knochenstücke wie einen Unterarm und Teile eines Rückgrats.«

Im Artikel lautete es weiter: »Die Familie Parada versuchte, Ruhe zu bewahren, während sich Polizeibeamte mit der Frage beschäftigten, wie die menschlichen Überreste in die Plastiksäcke gelangt waren.« Ein Polizist bemerkte: »Das ist ein echter Krimi.«

Die Arbeiter hatten ein vorbeifahrendes Polizeiauto herangewinkt. Eine der ersten am Tatort war Tricia Gough. Vierzehn Jahre später traf ich die groß gewachsene brünette Frau in einem langärmligen schwarzen T-Shirt mit Biker-Emblemen in einem Starbucks-Café. Sie hatte sich inzwischen zur Lehrerin umschulen lassen, anstatt weiterhin bei der Mordkommission zu arbeiten. Doch wie die meisten anderen, die an jenem Tag dabei gewesen waren, konnte auch sie sich noch so gut daran erinnern, als wäre es gestern passiert.

»Die Umrisse des Pools waren bereits erkennbar. Daneben lagen die menschlichen Überreste«, erzählte sie. »Sie befanden sich in Plastiksäcken, wie man sie in jedem Laden kaufen kann. Die Leiche war eingepackt und noch mit Jeans und – wenn ich mich nicht täusche – einem Flanellhemd bekleidet. Sie hatte auch noch Socken an. Die Gerichtsmediziner mussten erst einmal die Klamotten vom Gewebe lösen. In den Socken fanden sie Zehenknochen. Doch zuallererst mussten sie das Plastik loswerden.«

Handelte es sich bei der Leiche um John Sohus? Die Größe des Toten entsprach durchaus der des klein gewachsenen John Sohus. Auch die Jeans und das Flanellhemd hätten zu ihm gepasst. Es war die Kleidung, die er fast jeden Tag getragen hatte. Eindeutige Beweise gab es jedoch keine: DNA-Tests waren nicht möglich, da John adoptiert worden war und seine biologischen Eltern nicht mehr auffindbar waren. Eine zahnärztliche Untersuchung hätte vielleicht mehr Aufschluss geben können. Doch seine alten Zahnarztunterlagen waren verloren gegangen, wie man Tricia Gough mitteilte.

Die Polizei konzentrierte sich nun auf Christopher Chichester, von dem Tricia Gough erklärte, dass er in San Marino ausgesprochen beliebt gewesen sei. »Die Leute wollten sozusagen alle zu seiner Clique gehören«, berichtete sie. »Doch den Beschreibungen nach konnte ich persönlich nur einen Schwindler erkennen, einen Möchtegern, der es auf Geld abgesehen hatte. Doch die meisten sahen das nicht. Er tat so, als ob er aus einer Familie Großindustrieller stamme. Aber wenn man so reich ist, warum wohnt man dann in einem winzigen Hinterhaus, das schon deutlich bessere Tage gesehen hat und völlig überwachsen und reparaturbedürftig ist?«

Nachdem Chichester als Hochstapler aufgeflogen war, erklärte sie, taten alle so, als hätten sie es schon immer geahnt. »Insbesondere diese liebenswerten Damen«, sagte Tricia Gough und meinte damit San Marinos Witwen, die sich von dem jungen Unbekannten hatten um den Finger wickeln lassen, ihn zur Kirche chauffiert und alles fraglos geschluckt hatten, was er ihnen auftischte.

»Offenbar verbrachte er viel Zeit in Alhambra«, erklärte

sie. Das war ein Städtchen in der Nähe von San Marino. Tricia Gough konnte ermitteln, dass Chichester des Öfteren zusammen mit John und Linda Sohus dorthin gefahren war, um Freunde zu besuchen. »Er las gerne und verstand sich wohl deshalb so gut mit Linda Sohus«, fuhr sie fort. »Er gehört zu jener Sorte Menschen, die immer genau das sagen, was man hören will. So nach dem Motto: ›Sie mögen Bücher? Ach – ich auch!‹ Dazu muss man noch nie ein Buch in die Hand genommen haben. Es geht nur darum, sein Gegenüber am Reden zu halten. Wie ein Chamäleon verwandelt man sich stets in das, was gerade am meisten weiterhilft.«

»Und wer hat Ihrer Meinung nach John Sohus umgebracht?«, fragte ich.

»Ich nahm schon damals an, dass Chichester irgendetwas damit zu tun haben muss. Und das tue ich heute noch«, erwiderte sie. »Doch was Linda Sohus betrifft, war ich mir nie ganz sicher. Ich werde das Gefühl nicht los, dass sie auch darin verwickelt war. Ich glaube nicht, dass sie tot ist, sondern, dass sie irgendwo da draußen herumläuft.«

Irgendwo da draußen mit ihren sechs Katzen. Diese Katzen stellten für Tricia Gough einen wesentlichen Beleg für ihren Verdacht dar. Für Linda waren die Katzen wie Kinder gewesen, deshalb war die Kriminalbeamtin davon überzeugt, dass Linda jemanden beauftragt hatte, die Tiere abzuholen, ehe man sie einschläferte. Jemand, der ihren Aufenthaltsort nach John Sohus' Tod kannte und der aller Wahrscheinlichkeit nach auch mit Christopher Chichester bekannt war. »Ich glaube nicht an derartige Zufälle«, erklärte sie.

Im Januar 1995 – zehn Monate, bevor Clark Rockefeller Sandra Boss heiratete – waren John und Linda Sohus plötzlich in aller Munde. Die Fernsehsendung *Unsolved Mysteries* brachte dank Sue Coffmans Hartnäckigkeit und dem Toten, von dem man annahm, dass es sich tatsächlich um John Sohus handelte – schließlich war er im Garten seiner Mutter gefunden worden –, einen Beitrag mit dem Titel »Die Gebeine von San Marino«, der in ganz Amerika ausgestrahlt wurde.

Die Sendung beginnt mit dem wabernden Logo von *Unsolved Mysteries*. »Mai 1994 in Kalifornien, etwas nördlich von Los Angeles«, sagt der Erzähler, der Schauspieler Robert Stack. »Die Ausschachtung eines Swimmingpools muss abgebrochen werden, als Arbeiter eine fürchterliche Entdeckung machen. Sie stoßen auf drei Plastiksäcke und eine Fiberglaskiste mit Leichenteilen.«

Man sieht eine Nahaufnahme von zwei Leuten der Spurensicherung, die gerade einen Plastiksack öffnen, um einen verwesten menschlichen Schädel freizulegen. Dazu vernimmt man die Stimme eines Detectives: »Wir hatten keine Ahnung, um wen es sich hier handelte. Doch später erfuhren wir von unseren Kollegen aus San Marino, dass zwei Bewohner des Hauses im Jahr 1985 als vermisst gemeldet worden waren.«

Es folgt ein Foto von John und Linda Sohus an ihrem Hochzeitstag. Der zierliche Computerfreak ist in einem grauen Anzug und mit einer Fliegersonnenbrille neben seiner Braut zu sehen, einer großen Frau mit einem weißen Schleier, die Augen in die Ferne gerichtet. »Bei den beiden Vermissten handelt es sich um John Sohus und seine Frau Linda, beide Ende zwanzig«, fährt Robert Stack fort. »Ihr plötzliches Verschwinden stellte alle, die ihnen nahestanden, vor ein Rätsel. Der schreckliche Fund war eine makabre Wendung in dem beinahe seit zehn Jahren ungelösten Fall. Auf einmal deutete alles darauf hin, dass bei dem Verschwinden von John oder Linda Sohus ein Verbrechen im Spiel gewesen sein musste.«

Stack läuft in einem Zimmer mit Bücherwand im Hinter-

grund auf die Kamera zu. »Im Laufe ihrer Ermittlungen stießen die Beamten auf Charaktere, wie sie sich selbst ein er-
fahrener Krimiautor nicht hätte ausdenken können. Obwohl
John und Linda bereits seit zwei Jahren verheiratet waren,
wohnten sie noch bei seiner Mutter Didi Sohus, die man ge-
trost als Alkoholikerin bezeichnen darf. Die faszinierendste
Rolle sollte jedoch ein mysteriöser junger Mann spielen, der
unter dem Namen Christopher Chichester bekannt war.«

Der Bildschirm füllt sich mit dem Gesicht eines Mannes in
Anzug und Krawatte und mit einer Brille auf der Nase. Sein
Mund steht in dem für ihn typischen blasierten High-Society-
Ausdruck leicht offen.

Nun wird über das Leben des vermissten Ehepaars und sein
eingeschränktes Dasein unter dem Dach von Didi Sohus berichtet, bis »ihnen endlich das Quäntchen Glück widerfuhr,
auf das sie gehofft hatten« – ein wichtiger, streng geheimer
Job bei der Regierung. Dann wird von ihrem Verschwinden
erzählt. Es folgen nachgestellte Szenen mit Didi, wie sie das
Ehepaar und dessen Freunde sowie die Polizisten behandelte,
von denen einige von echten Beamten gespielt werden, die
mit dem Fall zu tun hatten.

Die Schauspielerin, die Didi Sohus spielt, nimmt unsicher
den Telefonhörer zur Hand und lallt hinein: »Hallo?« Sie trägt
einen rosafarbenen Morgenmantel und hält einen Drink in
der faltigen Hand.

»Ist Linda zurück?«, will die Schauspielerin wissen, die Lindas Halbschwester mimt.

»Ich darf nichts sagen«, wehrt Didi trotzig ab. Dann fügt
sie nach einer kurzen Pause geheimnisvoll hinzu: »Es ist eine
Mission.«

»Eine Mission? *Was* für eine Mission? Was redest du da?«,
will die Halbschwester wissen.

Didi nennt einige Details jener Aufgabe für die Regierung, für die John und Linda San Marino so fluchtartig verlassen mussten, und bricht dann das Gespräch ab. »Mehr darf ich nicht sagen.« Sie wendet sich wieder dem Glas in ihrer Hand zu.

»Didi weigerte sich, denjenigen zu nennen, den sie als ihren Kontakt bezeichnete«, klärt Robert Stack den Zuschauer auf. »Ohne einen Hinweis auf ein Verbrechen waren den Behörden die Hände gebunden.«

Unsolved Mysteries schildert nun die Umstände, unter denen auch Didi San Marino verließ und starb. »Neun Monate nach ihrem Tod wurde unerwartet wieder an den Fall erinnert«, erklärt Stack. Die Kamera wandert von Didis verlebtem Gesicht zu John und Lindas weißem Pick-up, der vor einer Kirche hält. Ein Schauspieler, der Christopher Chichester ähnelt, steigt aus dem Auto und läuft die Stufen zu einem Mann hoch, der einen Besen in der Hand hält. Es ist der Sohn des Reverends.

Die Szene zeigt, wie Chichester, der sich mittlerweile Crowe nennt, seinem Freund den Wagen zeigt und erläutert, dass er keine Zulassungspapiere habe und diese noch von der kalifornischen Zulassungsbehörde besorgen müsse. Nachdem der Sohn des Reverends die Papiere anforderte und erfuhr, dass der Wagen eigentlich wegen nicht geleisteter Kreditzahlungen gepfändet werden soll, entscheidet er sich gegen den Kauf des Trucks. Seine Anfrage rüttelt jedoch die Polizei in San Marino erneut auf. Sie weiß, dass der Wagen des verschwundenen Ehepaares nun in Greenwich steht, und kontaktiert den Kriminalbeamten Daniel Allen. Dieser findet heraus, dass »Mr. Chichester und Mr. Crowe ein und dieselbe Person waren«.

Erneut erscheint auf dem Bildschirm eine Aufnahme von Crowe/Chichester in Anzug und Krawatte.

»Es war eine verblüffende Entdeckung«, erklärt Stack.
»Crowe oder Chichester – ganz gleich, welchen Namen er benutzte, der rätselhafte frühere Mieter schien der Einzige zu
sein, der Licht in das Dunkel des Verschwindens der Sohus'
bringen konnte. Doch Christopher Crowe alias Christopher
Chichester war untergetaucht… Und so sollte die Ermittlung
erneut ins Stocken geraten, bis im Mai 1994 die Leichenteile
ausgegraben wurden.«

Besonders geheimnisvoll fanden die Ermittler, dass es keine
Spuren von Einschüssen oder sonstige Indizien gab, die auf
eine äußere Gewalteinwirkung schließen ließen. Doch die Gebeine waren in drei verschiedene Plastiksäcke verpackt, der
Schädel befand sich in einem vierten, das genügte den Ermittlern, um von einem Verbrechen auszugehen.

Erneut spielt sich auf dem Bildschirm eine nachgestellte
Szene ab, in der Ermittler der Mordkommission das Gästehaus hinter dem Hauptgebäude betreten. Sie besprühen den
Betonboden mit Luminol, einer chemischen Substanz, die
laut Stack »unverkennbar zu leuchten beginnt, wenn sie mit
Blut in Kontakt kommt – ganz gleich vor wie vielen Jahren es
auch weggewischt worden sein mag«.

Auch mir lagen Berichte über den Einsatz von Luminol vor,
die das Ganze noch klarer machten: Eine ältere Frau, die vor
Chichester in dem Häuschen wohnte, hatte für den unteren
Rand des Sofas eine Zierborte angefertigt. Als Chichester die
Lorain Road 1920 verließ, war diese verschwunden, obwohl
»sie nur zu diesem Sofa passte«, wie es in dem mir vorliegenden Bericht hieß. Zwei Teppichbodenstücke waren ebenfalls
entfernt worden.

Als sich die Kriminalisten 1994 in dem Gästehaus umsa-
hen, glaubten sie, die fehlende Borte könnte vielleicht ein »be-
lastendes Indiz« darstellen, da sie menschliches Blut aufwies.

Deshalb kam beim nächsten Mal das Luminol zum Einsatz. Es war der 21. Juni 1994, Sommersonnenwende und somit der längste Tag des Jahres. Tests mit Luminol brauchen völlige Dunkelheit, damit man ein mögliches Leuchten erkennen kann. Die Polizei musste also warten, bis um zwei Uhr nachts endlich der Mond untergegangen war. »Luminol wurde auf dem Betonboden des Gästehauses der Sohus' verteilt«, fährt Stack in seiner Schilderung fort. »Innerhalb weniger Sekunden würde sich nun zeigen, ob es eindeutige Beweise für einen Mord gab oder nicht.«

Die Polizeibeamten, die Gasmasken tragen, schalten die Lichter aus und starren gebannt auf den Boden, auf dem ein großer Fleck zu leuchten beginnt – »große Mengen einer Flüssigkeit, die nur Blut sein kann«, erklärt der Polizist aus San Marino, der in der Fernsehsendung auftritt.

»Das verräterische Leuchten war eindeutig«, fährt Stack fort. »Aber um wessen Blut handelte es sich? Wurde John Sohus tatsächlich im Gästehaus ermordet und dann im Garten vergraben? Wenn ja – was geschah mit seiner Frau Linda? Offiziell werden sowohl John als auch Linda weiterhin vermisst. Wer weiß? Vielleicht genießen sie ja in diesem Augenblick ein aufregendes Leben in Europa.«

Die Sendung endet mit einem Bild von Christopher Chichester Crowe und mit Stacks Worten: »Die Behörden möchten dringend mit diesem jungen Mann namens Christopher Chichester in Kontakt treten. Sie wissen, dass sein wahrer Name Christian Gerhartsreiter ist und er aus Deutschland stammt. Er spricht tadelloses Englisch und hat sich noch weiterer Namen wie Christopher Crowe und Christopher Mountbatten bedient. Gerhartsreiter wurde 1961 geboren. Er ist einen Meter siebzig groß, wiegt etwa 70 Kilo und hat dünne blonde Haare. Obwohl er der Tat nicht verdächtigt wird, er-

hoffen sich die Behörden, dass er etwas Licht in das rätselhafte Verschwinden von John und Linda Sohus bringen kann.
Sollten Sie Informationen haben, die zur Lösung dieses Falls
beitragen könnten, melden Sie sich beim Morddezernat der
Polizei von Los Angeles oder wenden Sie sich an Ihre Polizeidienststelle vor Ort.«

Die Behörden wussten nun mehr oder weniger alles. Die
Ermittler hatten ihnen den wahren Namen, das Geburtsdatum und die Nationalität des Hochstaplers sowie eine Perso-
nenbeschreibung geliefert. Sie kannten sogar seinen letzten
Aufenthalt und seine Namen in Greenwich.

Trotzdem wussten sie im Grunde nichts. Denn Gerhartsreiter hatte inzwischen sämtliche Charakteristika jenes Mannes abgestreift, den sie – und dank *Unsolved Mysteries* auch
Amerikas Fernsehzuschauer – nun suchten. Er war nicht
mehr unter den genannten Namen bekannt, war nirgendwo
registriert, und so gab es nichts, womit man ihn hätte aufspü-
ren können. Er war jetzt Clark Rockefeller, führte ein Leben
in der High Society von New Yorks Upper East Side und war
mit der intelligenten, schönen und nichtsahnenden Harvard-
Absolventin Sandra Boss verlobt.

KAPITEL ZWÖLF

Der Letzte Wille der Didi Sohus

In der Hoffnung, den Geheimnissen in San Marino auf den Grund zu kommen, vereinbarte ich ein Treffen mit dem leitenden Ermittler des Falles Linda und John Sohus. Er hieß Timothy Miley und war Kriminalbeamter der Mordkommission der Polizei von Los Angeles. Wir trafen uns in einer Hotelbar, und Miley, der bereits Hunderte von Morden bearbeitet hatte, berichtete mir von dem verworrensten und verzwicktesten Fall seiner bisherigen Laufbahn.

»Das ist wie eines dieser Puzzle mit tausend Einzelteilen«, begann er. »Es wird vermutlich immer Lücken geben, aber ich glaube doch, dass man das Bild als solches allmählich erkennen wird.«

Dann erzählte er mir eine Geschichte, die direkt einem Film Noir hätte entsprungen sein können – jenem Genre, das den jungen Einwanderer Gerhartsreiter während seines gesamten Werdegangs als Hochstapler so faszinierte. Miley erläuterte, wie Christopher Chichester in San Marino an Geld gelangt war. »Die kleinen alten Damen steckten ihm hier und da etwas zu. Er hatte eine ganze Reihe von kleinen Betrügereien am Laufen, durch die er den Ehemännern 10 000 oder auch 15 000 Dollar abknöpfen wollte.« Obwohl niemand offen zugab, Chichester Geld gegeben zu haben, war sich Miley sicher, dass es so gewesen sein musste. »Er besaß genügend, ohne jemals arbeiten zu müssen.«

Miley fuhr fort: »Ich halte ihn nicht für genial. Er manipuliert einfach. Er sucht sich Menschen aus, die sich leicht beeindrucken lassen, und zieht dann seine Masche ab.« Der Polizist erklärte, dass Chichester bei seiner alkoholkranken und zudem an Demenz leidenden Vermieterin wohl hoffte, große Beute zu machen. Didi Sohus gehörte ein wertvolles Grundstück. Außerdem besaß sie die Antiquitäten ihrer Mutter und beträchtliche Investitionen in Aktien und Anleihen. Angeblich soll Chichester versucht haben, sie dazu zu bringen, ihm ihr Vermögen zu überschreiben.

Sein größter Widersacher war natürlich Didis einziger Sohn John Sohus. Ihn musste sie erst enterben, damit ein anderer seinen Platz einnehmen konnte. Genau das passierte, als John bei seiner »geheimen Mission« verschwand. Danach änderte Didi ihren letzten Willen folgendermaßen: »Im Vollbesitz meiner geistigen Kräfte enterbe ich hiermit John Robert Sohus und entziehe ihm jeglichen Anspruch auf meinen Nachlass.« Laut Miley »muss es Chichester gewesen sein, der sie davon überzeugte, dass John und Linda sie einfach links liegen gelassen hatten und nichts mehr mit ihr zu tun haben wollten«.

Der Ermittler erläuterte mir, was John und Linda seiner Meinung nach widerfahren war. Zuerst einmal musste das Ehepaar Chichesters Behauptung Glauben geschenkt haben, dass er ihnen eine Anstellung bei der Regierung in New York organisiert habe. Sie sollten getrennt an die Ostküste fliegen – zuerst John, dann Linda. Am Tag vor Lindas Flug wurde sie jedoch weinend in ihrem Pick-up in Loma Linda vor dem Haus von Elmer und Jean Kelln gesehen, jenem Ehepaar, mit dem Chichester (damals noch Gerhartsreiter) als Tramper in

Deutschland Bekanntschaft geschlossen hatte. Chichester besuchte die Kellns, um einige seiner Habseligkeiten abzuholen. John Sohus war mit allergrößter Wahrscheinlichkeit zu diesem Zeitpunkt bereits tot. Ermordet. Laut Gerichtsmediziner war dies durch »stumpfe Gewalteinwirkung« erfolgt. »Es muss ein Schlag mit einem flachen, harten Gegenstand gegen den Hinterkopf gewesen sein«, verriet Miley. Aber wusste Linda davon? Sie weinte wohl eher, weil Chichester seine Pläne ständig änderte. Eigentlich sollte sie sich schon bald auf dem Flug nach New York befinden, doch stattdessen war sie noch immer in Kalifornien. Sie musste verwirrt und verängstigt gewesen sein und vielleicht bereits geahnt haben, dass sie und John die ganze Zeit über belogen und betrogen worden waren.

Glaubte Miley, dass Linda und Chicester ein Verhältnis miteinander hatten oder unter einer Decke steckten?

»Nein, ich glaube das nicht«, antwortete er. »Aber die anderen schon.«

»Und was kann mit Linda passiert sein?«

»Ich vermute, dass sie irgendwo dort draußen in der Wüste begraben liegt«, erwiderte Miley. »Auf jeden Fall lebt sie nicht vergnügt in Frankreich und schreibt von dort Postkarten.« Um seine Theorie zu begründen, dass diese Karten nicht von ihr stammen konnten, erklärte er: »Sie hatte nie einen Pass und ist auch nie in Frankreich eingereist oder hat es wieder verlassen. Außerdem hatte sie überhaupt nicht genügend Geld, um eine solche Reise zu finanzieren … Sie war auch bestimmt nicht verschlagen genug, sich einen gefälschten Pass oder eine andere Identität zuzulegen.«

Chichester hielt sich noch weitere vier Monate nach dem Verschwinden von John und Linda in der Lorain Road auf, »um Didi weiter zu bearbeiten«, wie Miley es ausdrückte. Jetzt, da das junge Ehepaar weg war, konnte er schalten und walten, wie er wollte. »Von nun an hatte er das Sagen. Man kann behaupten, dass er Didi zu diesem Zeitpunkt bereits ganz und gar unter seiner Kontrolle hatte.«

Ich kannte einige Details aus jenen Monaten, in denen Chichester nach Johns und Lindas Verschwinden mit Didi allein gewohnt hatte – sowohl aus dem mir vorliegenden Dossier als auch aus diversen Gesprächen mit den Nachbarn. Einer der Anwohner erinnerte sich daran, dass Chichester ihn um seine Motorsäge gebeten hatte. Er fand das merkwürdig, denn Chichester wirkte auf ihn zu zart für eine solche körperliche Arbeit. »Er behauptete, damit einen Busch stutzen zu wollen«, erklärte der Nachbar der Polizei später. Laut einer anderen Aussage bei der Polizei von San Marino, die eine weitere Nachbarin zur gleichen Zeit gemacht hatte, verbrannte Chichester etwas im Kamin der Lorain Road 1920. Der Gestank sei penetrant gewesen. »So etwas habe ich noch nie zuvor gerochen«, hatte die Frau erklärt.

Im Mai 1985 lud Chichester seine Bekannte Dana Farrar, eine Filmstudentin der USC, zu einer Runde Trivial Pursuit ein. Als sie und eine weitere Bekannte eintrafen, bemerkten sie, dass er sich nicht im Gästehaus, sondern im Hauptgebäude breitgemacht hatte. Didi Sohus war nicht zugegen. Sie saßen auf der Terrasse, wo Chichester das Spiel aufgebaut hatte. Er ging des Öfteren hinein, um Eistee und andere Getränke zu holen, und benahm sich, als wäre er der Herr im Haus. »Die Bewohner sind nicht da, ich darf das«, versicherte er Dana Farrar, nachdem sie ihn nach dem Verbleib seiner Vermieterin und ihrer Kinder gefragt hatte.

Als sie einmal vom Spiel aufblickte, stach ihr etwas ins Auge: Der Garten schien frisch umgegraben zu sein. Es sah so aus, als hätte jemand ein großes Loch gegraben und es dann mit frischer Erde wieder aufgefüllt.

»Was wird hier im Garten gemacht, Chris?«, erkundigte sie sich.

»Ach, nichts Wichtiges«, entgegnete er. »Es gibt nur ein paar Probleme mit dem Wasser.«

Tim Miley kontaktierte ebenfalls Don und Linda Wetherbee, auf die auch ich während meiner Recherchen zu Didi Sohus aufmerksam geworden war. Sie wohnten in einer Wohnwagensiedlung zwanzig Minuten von San Marino entfernt. Die Ortschaft hieß La Puente. Hier befand sich auch ihre Firma, ein Wohnwagengeschäft namens Linda's Mobile Homes.

Obwohl sie Welten von der privilegierten Welt von San Marino entfernt waren, wurden die Wetherbees und Didi während ihrer letzten Lebensjahre beste Freunde. Sie sorgten sich um die Frau, nachdem sie ihr Sohn »im Stich gelassen hatte«. Sie veranlassten auch den Verkauf von Didis Haus in der Lorain Road, nachdem sie zu krank und mittellos schien, um dort weiter alleine zu leben, und sie verkauften ihr einen Wohnwagen in La Puente. Da sie praktisch neben ihr wohnten, wurden sie zu Didis Betreuern und später zu deren einzigen Erben und Nachlassverwaltern. Don Wetherbee starb 2001 und Linda sieben Jahre später, doch Tim Miley hatte Linda noch kurz vor ihrem Tod aufgespürt. Sie war gebrechlich und lebte in einem Altenheim, war aber geistig noch rege und legte, wie sich der Ermittler ausdrückte, »die Grundlage für ein Geständnis« ab.

»Sie sprach sehr leise und kleinlaut, als sie mir einige Fragen beantwortete«, erklärte Miley.

»Wie haben Sie Didi kennengelernt?«, hatte er sie zum Beispiel gefragt.

»Durch den Mann im Gästehaus«, hatte sie erwidert.

Miley schilderte mir die Situation. »Die Wetherbees lernten Didi kennen und mischten sich in ihr Leben ein. Sie übernahmen alles. Nachdem sie Didis Haus verkauft hatten, borgten sie sich 40 000 Dollar von ihr. So steht das auch in ihrem Testament. Das Darlehen sollte bei der Vollstreckung nichtig werden.«

»Und was passierte mit den 40 000 Dollar?«, hatte Miley nachgehakt.

»Wir gaben es ihm [Chichester]«, antwortete sie. Es war Teil des Plans gewesen, den sie mit Chichester ausgeheckt hatten – sein Lohn dafür, dass er ihnen Didi vorgestellt hatte. Nach ihrem Tod sollte Chichester eine weitere Zahlung erhalten. Die Summe ist unbekannt, könnte aber bis zu 100 000 Dollar betragen. Das entsprach ungefähr der Hälfte ihres Erbes – wie die drei annahmen – und setzte sich aus dem Erlös des Hauses, der Aktien und der sonstigen persönlichen Besitztümer zusammen.

Hatte Chichester den Wetherbees erzählt, was wirklich mit Didi Sohus, ihrem vermissten Sohn und ihrer Schwiegertochter passiert war? Ich wollte mehr herausfinden und stieß auf zwei Nachkommen der Wetherbees, die aber zu einem Gespräch nicht bereit waren. Der einzige noch lebende Verwandte von Didi Sohus wollte ebenfalls nicht über die Mordermittlungen mit mir sprechen, erklärte aber, dass er Didi das letzte Mal 1986 besucht habe und sie zu dem Zeitpunkt bereits recht krank, schwerhörig und einsam schien. »Sie wollte, dass ich zu ihr zog«, sagte er (was er aber nicht tat). Laut den Verteidigern, die später Clark Rockefeller vertraten, hatte Christopher Chichester jedoch nichts mit dem Verschwinden von John und Linda Sohus zu tun.

Nachdem Didi von den Wetherbees nicht mehr aus den Augen gelassen wurde, verließ Chichester im Sommer 1985 San Marino in Johns und Lindas Pick-up und höchstwahrscheinlich mit 40 000 Dollar – eine große Summe zu jener Zeit –, um sein Leben an der Ostküste als Christopher Crowe neu zu erfinden. »Das war sein Pokereinsatz für das neue Leben. So konnte er jemanden darstellen«, erklärte Miley. »Sobald Chichester Didi den Wetherbees überlassen hatte, verschwand er, denn das hatte er von Anfang an geplant. Von nun an übernahmen sie. Natürlich muss Didi verzweifelt gewesen sein, denn ihr Kontaktmann [Chichester] war jetzt auch verschwunden. Was blieb ihr also anderes übrig, als sich ganz den Wetherbees auszuliefern?«

Chichester sollte vor November 1988 nicht mehr nach San Marino zurückkehren. Mittlerweile hatte er die Identität von Christopher Crowe angenommen und besuchte seine alte Heimat erst, nachdem er mit Ralph Boynton nach Kalifornien geflogen war, um dort einen Deal für seinen Arbeitgeber Kidder Peabody abzuschließen. In San Marino schlüpfte er noch einmal in die Rolle des Christopher Chichester, um sich seinen Teil von Didi Sohus' Erbe zu holen. Er blieb nur einen Tag. Doch er sollte seinen Anteil nie erhalten, denn die Wetherbees »hintergingen ihn«, wie Miley erklärte. »Er tauchte 1988 auf, kurz nachdem sie das Erbe erhalten hatten. Doch er bekam nichts mehr ab, denn sie hatten das ganze Geld bereits ausgegeben.«

»Wir haben ihm erklärt, dass er kein Geld von uns haben könne, weil wir alles an der Börse verloren hatten«, hatte Linda Wetherbee gestanden. Ihrer Meinung nach hatten sie und ihr Mann Anspruch auf das ganze Erbe gehabt. Schließlich seien sie es gewesen, die mit Didi die ganze Zeit vor deren Tod verbracht hätten. »Ich habe mich bis zum Schluss um sie gekümmert«, verteidigte sich Linda. »Ich habe mir das Geld nicht einfach genommen. Wir fuhren sie immer wieder zum Arzt und verbrachten während der letzten zwei Jahre viel Zeit mit ihr.«

In diesem Moment betrat eine Pflegeschwester das Zimmer und bat Miley, das Gespräch ein anderes Mal fortzuführen. »Als ich das nächste Mal dort hinkam, um mit ihr zu sprechen, war sie bereits gestorben«, erzählte der Ermittler.

Solche unglücklichen Zufälle hätten den ganzen Fall durchzogen, beklagte er sich: Zeugen starben, Bezirksstaatsanwälte wurden versetzt, sobald sie erste Fortschritte machten, Ermittler wurden durch die zahlreichen verwirrenden Verwicklungen des Falls abgeschreckt und widmeten sich lieber anderen, klareren Aufgaben. All das hatte zur Folge, dass der Mann im Mittelpunkt nicht nur unbehelligt blieb, sondern sogar ungehindert auf der gesellschaftliche Leiter aufsteigen und sich als Rockefeller ausgeben konnte.

Gleich nach Clarks und Sandras Hochzeit im Oktober 1995 geschah etwas Seltsames. Der Bräutigam bestand darauf, dass sämtliche Gäste Nantucket verließen – Sandras Eltern, ihre Schwester und ihr Schwager –, damit er allein mit seiner Frau sein konnte. Natürlich folgten alle seinem Wunsch und nahmen die nächste Fähre zurück zum Festland. Es war eindeutig, dass Rockefeller das Sagen hatte.

»Hat sich Ihre Beziehung durch die Hochzeit oder während der ersten Monate danach verändert?«, wurde Sandra Boss vor Gericht gefragt.

»Ich würde sagen, der Angeklagte – damals noch mein Ehemann – ließ seinem wahren Temperament freieren Lauf«, erwiderte sie. »Ich hatte ihn bereits zuvor einige Mal unleidlich erlebt, doch er hatte sich stets entschuldigt, nachdem er sich wieder im Griff hatte. Jetzt jedoch zeigte er des Öfteren eine gewisse Launenhaftigkeit. Die zweite große Veränderung bestand darin, dass er wesentlich genauer wissen wollte, was ich tat.«

Sie berichtete, dass er von nun an darauf bestanden habe, seine Frau jeden Tag zur Arbeit zu bringen und sie wieder abzuholen. Außerdem unterstützte er sie in ihren privaten Unternehmungen spürbar weniger und versuchte, den Kontakt zu ihren Freunden zu kontrollieren. Seine Kommentare wurden zunehmend kritischer. Er erklärte gelegentlich, »dass diese oder jene Person dämlich oder geschmacklos oder irgend etwas Ähnliches sei und ich mich nicht mehr mit ihr in der Öffentlichkeit sehen lassen solle«.

Sie zogen in eine Wohnung an der Ecke der 55th Street und der Sixth Avenue in New York. Rockefeller hatte damit geprahlt, dass er Asterisk LLP leitete, eine Firma, von der er Sandra und anderen erzählt hatten, sie fungiere als Finanzberater für Länder der Dritten Welt. »Damit diese gute Entscheidungen treffen können, wie sie ihre Zinsraten und Ausgaben sinnvoll koordinieren«, erklärte Sandra. Clark habe mit seiner Arbeit kein Geld verdient, denn die Nationen, die ihn als Erlöser aus der Schuldenfalle betrachteten, waren bitterarm, und er habe es »moralisch nicht vertreten können«, für seine Leistungen auch noch ein Honorar zu verlangen.

Es klang glaubwürdig. Doch die Arbeit von Sandras Mann war nur vorgetäuscht, wie man inzwischen weiß, während sie bei McKinsey & Company weiter ihre erfolgreiche Karriere aufbaute. »Wir arbeiten für große Arbeitgeber. Zusammen mit ihnen definieren wir die jeweiligen Probleme, die sie nicht aus eigener Kraft lösen können. Dann helfen wir ihnen, ihre Projektplanung derart umzustrukturieren, dass sie in der Lage sind, das jeweilige Problem zu lösen. Das ist meine Arbeit«, erläuterte sie dem Gericht.

Trotz der immer bestimmenderen Art ihres Mannes stieg sie bei McKinsey rasch die Karriereleiter empor, bis sie schließlich für die Firma den New Yorker Senator Charles

Schumer und den Bürgermeister von New York Michael Bloomberg beriet. Später behauptete Rockefeller in einem Interview, dass erst sein Name dies alles möglich gemacht habe. »Wenn sie einen Vorteil daraus ziehen konnte, tat sie das ausgesprochen subtil und achtete darauf, kein weiteres Wort darüber zu verlieren. So in der Art: *Pst, sie ist mit einem Rockefeller verheiratet.*« Diese Vorgehensweise Sandras wurde auch von einer ihrer Bekannten bestätigt. »Alle wussten, dass sie einen Rockefeller zum Mann hatte. Sie konnte ganz uneitel so wirken, als ob es sie nicht im Geringsten interessierte. Doch das stimmte natürlich nicht.«

Ihr Mann setzte seinen mächtigen Namen auf ähnliche Weise ein: Je weniger er scheinbar darum gab, desto höher ragte er über seine Mitmenschen hinaus. Zudem hatte niemand Grund, an der Echtheit des Namens zu zweifeln – ebenso wenig wie die Echtheit der Gemälde in Frage gestellt wurde, die in der Wohnung des frisch vermählten Paares hingen. Die Bilder verliehen seinem Namen Glaubwürdigkeit, während sein Name gleichzeitig garantierte, dass es sich um echte Meisterwerke handelte.

Warum konnte er also nicht eines dieser Gemälde verkaufen, was sicherlich Millionen eingebracht hätte, die er als seinen Beitrag in die Ehe hätte einfließen lassen können? Sandra erklärte, dass die Bilder zur Familienstiftung gehörten. »Er sagte: ›Es ist ein großes Erbe, und es gibt strikte Auflagen. Wir können erst in zehn Jahren verkaufen.‹«

Bis dahin gehörten die Werke ihnen, um sich daran zu ergötzen. »Wir feierten unseren ersten Erwerb eines Kunstwerks – einen großen Rothko – an einem kalten, verregneten Nachmittag in New York«, hieß es in einem Artikel mit dem Titel *Das Ebenbild* im Magazin ARTnews, der zwar Sandra Boss zugeschrieben wurde, von dem jetzt jedoch angenommen wird, dass ihn ihr Ehemann verfasste. »Wir hatten gerade unsere Kunsthändlerin in unsere Wohnung gebeten, eine Rothko-Expertin, als Yates, unser vierzig Kilo schwerer Gordon Setter, von seinem Spaziergang zurückkehrte, auf das Sofa sprang und energisch den Kopf schüttelte. Eine zehn Zentimeter lange Speichelschnur flog durch den Raum.« Natürlich landete sie genau auf dem Rothko. Rockefeller wischte den Speichel nonchalant von dem Gemälde, was Sandra als Beweis für die Behauptung ihres Mannes sah, dass reinrassige Hunde und Kunstwerke in perfekter Harmonie zusammenleben konnten – trotz »geringfügiger Probleme«.

Mr. und Mrs. Rockefeller schafften es ebenfalls, in Harmonie zusammenzuleben. Zumindest am Anfang. »Sie waren beide sehr steif, sehr förmlich. Sie wirkte distanziert, beinahe linkisch«, berichtete eine Bekannte, die manchmal mit ihnen zum Dinner verabredet war. Ein solcher Abend begann gewöhnlich mit Cocktails in einem von Rockefellers Clubs, normalerweise dem Lotos – jenem eleganten literarischen Club in einer Vanderbilt-Villa, wo Clark von den Bediensteten stets mit einem »Guten Abend, Herr Rockefeller« begrüßt wurde.

Eines Abends saßen sie in einem Club, der einen imposanten Blick auf die Skyline von New York bot. »Ich sagte: ›Schauen Sie nur, Clark. Man kann das Rockefeller Center von hier aus sehen!‹«, erzählte die Bekannte. »Daraufhin griff er in seine Tasche und erklärte: ›Und ich habe den Schlüssel bei mir.‹ Das war das erste Mal, dass sich Zweifel bei mir meldeten. Ich dachte: ›Das kann doch nur Unsinn sein. Es gibt garantiert mehr als einen Schlüssel zum Rockefeller Center.‹ Was Sandra gesagt hat? Wahrscheinlich nichts. Ich weiß nur noch, wie sie seinen Namen aussprach. Immer mit zwei Silben: ›Oh Cla-aaark!‹ Und er nannte sie ›*Sohn*-dra‹.«

Obwohl sich der Mann dieser Bekannten beeindruckt

zeigte – er war selbst ein angesehener Geschäftsmann mit einem bekannten Namen –, hinterließ dieses Gehabe bei ihr eher einen unangenehmen Beigeschmack. »Ich fand diese ganze Wichtigtuerei, den übermäßigen Reichtum, die Khaki-Hose und das Polohemd abstoßend. Außerdem waren es keine Menschen, deren Gesellschaft man genoss. Sie hatten nichts Warmherziges. Ich sah jedes Mal auf meine Uhr und dachte: ›Lieber Gott, lass das Essen bald vorbei sein.‹ Ich glaube, andere fühlten sich von der Gegenwart der Rockefellers berauscht – ganz gleich wie unangenehm es war, mit ihnen zusammen zu sein. Es war die Mühe wert, denn sie waren Rockefellers.«

Die grandiose Karriere, das seidene Halstuch und die Kunstsammlung, die eigentlich in ein Museum gehörte (und deren Echtheit nie angezweifelt wurde), verliehen dem ganzen Schwindel noch mehr Glaubwürdigkeit.

Sandras steiler Aufstieg bei McKinsey ließ sie immer mehr Zeit bei der Arbeit verbringen. Clark ging währenddessen oft mit Yates im Central Park spazieren. Einer seiner Lieblingssätze lautete: »Mein Hund hing sehr an Henry Kissingers Hund Amelia.« Der Broadway-Regisseur Jeffrey Richards lernte ihn eines Tages kennen, als er mit seinem Hund Gassi ging. Die beiden Männer kamen ins Gespräch, und Richards erzählte ihm, dass er ein neues Stück von David Ives inszeniere, dem Autor von *All in the Timing*. Rockefeller rief: »Das habe ich *sechsmal* gesehen!« Dann deutete er an, dass er Ives beim nächsten Stück gerne finanziell unter die Arme greifen würde. Richards fand, der Name Rockefeller würde sich hübsch in seinem Lebenslauf machen, und veranlasste ein Treffen zwischen dem Autor und dem potentiellen Mäzen. Rockefeller bot an, mit Ives in seinem Jet, der in Teterboro stehe – dem Flughafen für Privatflugzeuge in New Jersey –, nach Südfrankreich zu fliegen. Doch es kam weder zu dem Treffen noch zu einer finanziellen Unterstützung.

Zu Hause konzentrierte sich Clark zunehmend auf Sandra und ihre Arbeit. »Insbesondere in den ersten Jahren war er sehr unglücklich, weil ich angeblich zu wenig verdient habe. Er setzte mich unter Druck, endlich mehr Geld nach Hause zu bringen«, berichtete Sandra. »Ich schlug vor, dass *er* sich auch eine bezahlte Arbeit zulegen und so zum gemeinsamen Einkommen beitragen könne. Aber er erklärte, sein ehrenamtlicher Beratungsjob sei ausgesprochen wichtig und könne zudem zu Größerem führen.«

Zu was? »Er behauptete, durch seine damalige Arbeit irgendwann eine gute Stelle erreichen zu können«, erklärte Sandra.

Während des Kreuzverhörs wies der Strafverteidiger Jeffrey Denner darauf hin, dass Rockefellers Behauptung bezüglich der hochrangigen Anstellung die Gutgläubigkeit jedes normalen Menschen ziemlich strapaziert hätte – von den 50 Millionen Dollar, die er angeblich der U.S. Marine wegen der Veruntreuung seines Vaters gezahlt hatte, ganz zu schweigen.

»Sie jedoch sind eine kluge Volkswirtin und Unternehmensberaterin. Oder etwa nicht?«, hakte der Verteidiger nach.

»Damals war ich sechsundzwanzig. Ich hatte von so etwas keine Ahnung«, antwortete Sandra.

Ihre vielen Arbeitsstunden bei McKinsey ermöglichten dem arbeitslosen Clark, seinen Lieblingstätigkeiten nachzugehen: den Hund im Park spazieren führen und neue Leute beeindrucken. Zu ihnen gehörte auch der Künstler William Quigley, dessen Werke von Politikern, Leuten im Showbusiness und führenden Geschäftsleuten gekauft werden. Eine Bekannte erzählte ihm eines Tages, dass sie bei einem Spaziergang mit ihrem Hund im Central Park einen Mann mit einem Gordon Setter kennengelernt habe.

»Sie sagte: ›Bill, dieser Mann hat mich zu sich nach Hause eingeladen, und seine Kunstsammlung ist einfach atemberaubend‹«, berichtete Quigley. Wir saßen in seinem Studio in SoHo in Lower Manhattan. Überall standen seine großen, hellen Leinwände. Er war ein freundlicher, leicht untersetzter Mann mit langen Haaren, der schon bald über Rockefeller zu reden begann und mir Erinnerungsstücke und Briefe des angeblichen Kunstliebhabers zeigte, mit dem er viel Zeit verbracht hatte. Er erzählte, seine Freundin, eine Kanadierin, habe damals noch nie von den Rockefellers gehört gehabt, trotzdem sei sie von den Bildern in seiner Wohnung beeindruckt gewesen. »Das musst du einfach sehen«, drängte sie Quigley, der damals noch in Los Angeles wohnte. Um ihm die Entscheidung einfacher zu machen, erwähnte sie, dass sie ihrem neuen Bekannten einige Dias seiner Werke gezeigt habe und der große Sammler *sehr viel* von seiner Arbeit halte. »Er will dich kennenlernen!«, rief sie begeistert.

»Und ich fragte: ›Wie heißt er denn?‹«

Der Künstler lächelte mich an. »Sie sagte: ›Ich weiß nicht so genau, aber er hat irgendeinen berühmten amerikanischen Namen. Ich kann mich nicht erinnern.‹«

»Ich daraufhin: ›Wie kann man das vergessen? Ist er ein Vanderbilt? Ein Mellon?‹«

»Nein, der Name war länger«, erklärte die Freundin.

So ging es eine Weile hin und her, doch sie vermochte sich nicht zu erinnern. Am nächsten Tag rief sie Quigley schließlich an: »Sein Name ist Clark, und er ist ein *Rockefeller.*«

Quigley fiel beinahe der Hörer aus der Hand.

Seine Freundin war mit einem Rockefeller spazieren gegangen? Der Künstler war sprachlos. Und dann erklärte sie ihm auch noch: »Und er ist wirklich nett. Du musst ihn unbedingt kennenlernen.«

Quigley flog also nach New York, und seine Freundin vereinbarte ein Treffen zwischen den beiden. Als Quigley in die Empfangshalle des Gebäudes trat, in dem sich Rockefellers Wohnung befand, kam ihm ein schmächtiger Mann in seiner üblichen Montur entgegen: Baseballkappe, Polohemd, blauer Blazer, Khaki-Hose. Ein Abziehbild der privilegierten Oberschicht. Der Mann stank förmlich nach altem Geld, gutem Stammbaum und unfehlbarem Geschmack. Quigley wusste instinktiv, dass ihm ein Rockefeller gegenüberstand.

»Ah, Sie müssen Quigley sein«, begrüßte Rockefeller den Künstler kühl. Es sollte bald zu seiner Gewohnheit werden, die Leute nur mit Nachnamen anzureden.

Sie gingen in seine Wohnung, wo Rockefeller Quigley einen Sherry anbot, ihm aber nicht seine Kunstsammlung zeigte. Noch nicht. Er wusste bereits, welche Macht Zurückhaltung hatte. Es diente der Unterstreichung seines Status, wenn er nicht alle Trümpfe auf einmal auf den Tisch legte. Stattdessen fragte er Quigley, wie lange er in New York zu bleiben gedenke.

»Drei Tage«, erwiderte dieser.

Nach einem kurzen Plausch verabschiedete sich der Künstler. Zwei Tage vergingen, ohne dass Rockefeller ihn anrief. Am Abend vor Quigleys Abreise klingelte schließlich das Telefon. »Quigley. Es würde mich freuen, wenn Sie sich hierherbemühen könnten, damit ich Ihnen meine Sammlung zeigen kann«, lud ihn Rockefeller ein und bat, um 22 Uhr zu kommen, weil er dann mit seinem Hund Gassi gehen würde.

Quigley traf wie vereinbart ein. Nach einem gemeinsamen Spaziergang verkündete Rockefeller, dass er jetzt bereit sei, in die Wohnung zurückzukehren und seinem neuen Bekannten die Gemälde zu zeigen. »Wir betreten also das Appartement«,

erinnerte sich Quigley. »Zu diesem Zeitpunkt dürfte es mindestens halb elf gewesen sein. Plötzlich finde ich mich inmitten dieser unglaublichen Sammlung wieder. Ich hatte gerade
Lee Seldes' *Das Vermächtnis Mark Rothkos* gelesen – eines
der besten Bücher, das ich kenne. Es vermittelt wirklich einen
Einblick in das Geschäft rund um die Kunstwelt.« Und nun
stand er vor *Black on Grey* aus einer von Rothkos berühmtesten Serien. Allein ein Gemälde dieser Serie sollte 2007 für
zehn Millionen Dollar von Christies verkauft werden. »Damit
war für mich alles echt«, gab Quigley zu. »Ich konnte es kaum
fassen. Und als ich den Flur entlang blickte, fiel mir ein weiterer Rothko auf. Dann ging ich ins Wohnzimmer, kein großer
Raum und eher spärlich möbliert. Es gab zwei schwarze Sofas
mit vielen Hundehaaren und einen kleinen hellen Couchtisch.
Der Boden bestand aus hellen, etwas abgelaufenen Hartholz-
dielen – insgesamt nichts, was einen großartigen Eindruck
hinterließ.«

Doch an der Wand hing ein Bild, das eigentlich nicht in
ein Wohnhaus gehörte. »Ein drei Meter großer Barnett Newman«, schwärmte Quigley. Barnett Newman gilt als Pioneer
des abstrakten Expressionismus und starb 1970. Quigley fügte
hinzu: »Das Bild hatte eine braune Schliere in der Ecke, von
der er behauptete, das sei sein Hund gewesen. Eines Tages sei
der Hund völlig verdreckt in die Wohnung gekommen und
habe dabei das Bild berührt. Clark habe sich nie darum gekümmert, es wieder reinigen zu lassen.«

Typisch für einen Aristokraten, dachte Quigley. Doch er
hatte noch nicht alle Bilder gesehen. »Zwei Gemälde von
Clyfford Still, der zu meinen Lieblingskünstlern gehört«, begeisterte er sich. »*Große* Gemälde. Dazu ein Robert Motherwell über dem Kamin. Und dann noch zwei oder drei weitere
Rothkos.«

Der Wert dieser Werke war unermesslich. Doch das war es nicht, was den Künstler beeindruckte. Am meisten bewegte ihn, dass diese großartige Sammlung in einem ganz normalen Haus und nicht in einem Museum hing. »Ich war sehr aufgeregt und beeindruckt – nicht beeindruckt in dem Sinne ›Wow, ich kenne einen Rockefeller‹, obwohl das sicherlich auch eine Rolle spielte, sondern…« Es schien auch jetzt noch nicht die richtigen Worte zu finden, um seine Gefühle zu schildern.

»Ich war wirklich überwältigt«, sagte er schließlich. »Ich meine… *Mondrian!* Ich sah mir die Bilder genau an und habe keinen Augenblick daran gezweifelt, dass sie echt sind, dachte nie, dass es sich um Kopien handeln könnte. Ich betrachtete sie und dachte: ›Wow, das sind umwerfende Gemälde.‹ Und ich spürte eine Art von Verbindung zu diesen Künstlern. Schließlich kannte ich viele ihrer Werke. Damals stellte ich gerade bei Manny Silvermann aus, und Manny ist vielleicht der Händler schlechthin für diese Art von Kunst in den Vereinigten Staaten. Diese Künstler waren meine Vorbilder. Ich glaube, das war einer der Gründe, warum Clark und ich sofort miteinander klarkamen, denn ich kannte die Geschichte des abstrakten Expressionismus genau. Das war mein Spezialgebiet.«

Quigley und Clark hatten sich eine Dreiviertelstunde lang unterhalten. »Ich glaube, wir hatten gar keine Zeit, uns hinzusetzen. Ich war so beeindruckt von diesen Bildern. Dann streichelte ich den Hund ein bisschen, und Clark meinte: ›Es wird langsam Zeit, dass ich ins Bett komme. Es ist schon spät. Wir bleiben in Kontakt, und ich melde mich wieder, okay?‹«

Quigley flog nach Los Angeles zurück. Er und Rockefeller blieben in Kontakt. Clark half dem Künstler auch bei seiner Webseite, wie er das bei so vielen Bekannten zuvor getan hatte. »Clark und mich verband eine Freundschaft, die wir via E-Mail und Telefon pflegten.«

Schon bald zog Quigley nach New York, wo sich seine Bekanntschaft mit dem wichtigen Sammler vertiefen sollte. Als Rockefeller später in die Schlagzeilen geriet und sich Quigley die Reporter kaum vom Hals halten konnte, gab er eine Pressemitteilung über seine Freundschaft zu dem Hochstapler heraus:

Es schien so, als kannte er jeden in der Kunstwelt, obwohl ihn die Idee von Kunst als Geldanlage anwiderte. Er war ein Purist mit unfehlbarem Geschmack, und wir pflegten uns ausschließlich darüber zu unterhalten. Ich besuchte Galerien, in denen man mir die gesammelten Werke eines bestimmten Künstlers heraussuchte, nur weil Clark vorher angerufen hatte.

Clark wusste mehr über Kunstgeschichte und Ästhetik als die meisten meiner Kollegen. Besonders in Kunstgeschichte war er sehr auf dem Laufenden und verfügte über ein fundiertes Wissen. Er vertrat einige äußerst klare Meinungen zu bestimmten Malern und Künstlern. Es schmeichelte mir natürlich, von einem Rockefeller umworben zu werden und mit ihm bekannt zu sein. Schließlich besaß seine Familie einige der bekanntesten Kunstwerke der größten Künstler des zwanzigsten Jahrhunderts. Nachdem ich seine Sammlung gesehen hatte, zweifelte ich nie an seiner Identität. Er nahm mich in extravagante Privatclubs mit, wo jeder ihn als Mr. Rockefeller begrüßte.

Obwohl ich mich glücklich schätzen kann, viele außergewöhnliche Menschen aus allen Schichten kennengelernt zu haben, die mich und mein Werk unterstützten, verlieh mir die Besonderheit dieser Beziehung zusätzliches Selbstbewusstsein und stärkte meinen Glauben, dass das, was ich in meinen Werken ausdrücken wollte, geschichtliche Relevanz hat.

Natürlich verfolgte Quigley zuerst auch den Hintergedanken, dass sein neuer Freund Interesse am Kauf seiner Werke zeigen könnte. Doch schon bald wurde aus der geschäftlichen Beziehung eine freundschaftliche. Quigley zeigte großes Interesse am Leben dieses eindrucksvollen Mannes, und nach einer Weile wurde ihre Freundschaft durch einen stets ähnlichen Ablauf bestimmt. Sie trafen sich pünktlich um 15 Uhr in einem von Rockefellers privaten Clubs, normalerweise dem Lotos. »Wir saßen in der kleinen Bibliothek und sprachen über das, was in der kommenden Woche alles anstand.«

Im Lotos war Clark überall bekannt. Am Eingangsbereich des Clubs hing in einer Vitrine eine Liste der Mitglieder aus, und Quigley entdeckte dort den Namen L. Rockefeller, der für den anerkannten Naturforscher und Philanthropen Laurance Rockefeller stand. Kurz unter diesem Namen las er »C. Rockefeller«.

»Quigley, wenn ich ein gutes Wort für Sie einlegen würde, damit Sie auch Mitglied werden könnten – vielleicht könnte ich sogar den Mitgliedsbeitrag für Sie drücken –, dann stünde ein Q vor meinem R in der Liste. Quigley gefolgt von Rockefeller«, überlegte Clark und schien die Vorstellung zu genießen, seinem Freund Zutritt zu einem seiner Clubs zu ermöglichen.

Es kam höchst selten vor, dass Sandra zu ihnen stieß, da sie so viele Überstunden machte. Damals war sie in ein Großprojekt von McKinsey in Toronto eingebunden und musste ständig hin und her reisen, was den beiden Männern genug Zeit gab, New York alleine unsicher zu machen. Rockefeller lud ab und zu einen namhaften Gast mit ein – einmal auch in den Metropolitan Club. »Es war ein Harvard-Professor«, erzählte Quigley. »Sehr gebildet und intellektuell. Die beiden sprachen über Quantenphysik und Literatur, hauptsächlich über *Krieg der Sterne* und Quantenphysik. Ich saß zwischen ihnen, und das Ganze kam mir wie ein Ping-Pong-Spiel vor. Ich konnte nicht im Geringsten mithalten.«

In der Bibliothek des Lotos Clubs genoss Rockefeller hin und wieder einen nachmittäglichen Manhattan-Cocktail. Während einer dieser Cocktailstunden ertappte Quigley seinen Freund dabei, wie er lange auf die Bücher starrte, die sie umgaben. Obwohl unzählige Exemplare die Wände säumten, schien ihm eines besonders ins Auge zu stechen. Endlich erhob er sich, nahm es aus dem Regal, betrachtete es von allen Seiten und stellte es dann so zurück, dass der Titel nicht mehr zu sehen war.

»Ich konnte es nicht länger ertragen«, behauptete Clark.

Quigley stand nun ebenfalls auf, um das Buch genauer anzuschauen. Es handelte sich um *Titan*, die Biographie John D. Rockefellers von Ron Chernow.

Nach der Stunde in der Bibliothek zogen sie sich gewöhnlich in den Speisesaal des Clubs zurück. Clark bestellte stets dieselben Kleinigkeiten, von denen Quigley glaubte, es handele sich um Sachen, die er noch aus seiner Kindheit kannte. »Ach, lassen Sie uns die Austern à la Rockefeller nehmen«, verkündete er, während der Kellner ehrfürchtig auf die Bestellung wartete und die Augen sämtlicher Gäste auf Rockefeller gerichtet waren.

Es sollte rasch zu einer Tradition werden: Austern à la Rockefeller für einen Rockefeller. »Quigley, wissen Sie eigentlich, warum man sie Austern à la Rockefeller nennt?«, fragte Clark einmal, nachdem ihm die in Spinat gebackenen Austern gebracht worden waren. »Weil sie *grün* sind.«

Clark genoss es auch, in der Seventh Regiment Mess, einem Restaurant an der Park Avenue Armory zu essen, das für seine betuchten Kunden ebenfalls eine Art Club war. »Wir sind schon seit Jahren Mitglieder«, erklärte er Quigley in dem historischen Raum, in dem »Onkel David« – der einzige noch lebende Enkel von John D. Rockefeller – zu essen pflegte. »Clark mochte besonders das Wort ›großartig‹«, erinnerte sich Quigley. »Alles, was wir aßen oder worüber wir sprachen, war *großartig*. Ich liebe dieses Wort, und es war für mich einfach absolut charakteristisch für ihn.«

Nach einem Mahl aus Rinderrippen und Bohnen-Mais-Eintopf – eine Spezialität des Seventh Regiment Mess – faltete Rockefeller seine Serviette zusammen und erklärte: »Ist das nicht großartig?« Quigley erinnerte sich an einige besonders gelungene Abende. »Dann sagte Clark: ›Das ist ein echter Pfirsich-Melba-Abend‹ und bestellte noch zwei Portionen Pfirsich Melba. Kurz darauf saßen zwei gestandene Männer da und aßen Eisparfait.«

Was den Erwerb eines Werkes des Freundes betraf, lief es nicht so reibungslos. Trotz mehrerer Versprechen zögerte Rockefeller immer wieder, ein Gemälde von Quigley zu erstehen. Damals kosteten sie um die 10 000 Dollar. Nichtsdestotrotz bemühte er sich darum, dass andere Bilder von Quigley kauften, indem er zum Beispiel Larry Gagosian, einen der berühmtesten Kunsthändler der Welt, dazu brachte, seinen Freund zu vertreten. »Manche sind hinter ihm her, und er ruft nie zurück. Bei mir ist das anders. Er ruft mich zu oft an«, erzählte Rockefeller Quigley eines Tages.

Er rief also in der Gagosian Gallery an und behauptete, er wolle einen Quigley erstehen. Einer von Gagosians Angestellten setzte sich sofort mit Quigley in Verbindung und bat den Künstler, der Galerie Diaaufnahmen sämtlicher Werke zukommen zu lassen. »Morgen werden Sandy und ich zu Gagosian gehen und dein Portfolio einmal genau unter die Lupe nehmen«, schrieb Rockefeller am 11. Oktober 1998 in einer E-Mail an Quigley. »Wir nehmen eine wichtige Autorität aus dem Whitney Museum mit und werden zwölf Gemälde bestellen … Unser kleiner Ausflug sollte Gagosian hübsch beeindrucken.«

Rockefeller versicherte Quigley immer wieder, dass der Preis keine Rolle spiele, wenn es um Kunst ginge. Dies drückte er auch in einem von ihm verfassten Empfehlungsschreiben für den Künstler aus:

Sehr geehrte Damen und Herren,
Mr. Quigley bat mich, sein Talent, den finanziellen Wert seiner Werke und sein finanzielles Potential als Künstler einzuschätzen. Man muss jeden Sammler, der eine solche Einschätzung verlangt, als ungeeignet einstufen, Kunst in jeglicher Form zu besitzen. Kurz und knapp: Ich halte Mr. Quigley für eines der größten zeitgenössischen Talente und bin davon überzeugt, dass mir die Geschichte Recht geben wird. Ich besitze eine der größten Privatsammlungen moderner Kunst und weiß, dass sich Mr. Quigleys Gemälde mit vielen Bildern der größten Künstler meiner Sammlung messen können. Über Mr. Quigleys Preise bin ich nicht informiert und kann auch nichts zum Wert seiner Werke sagen. Ich habe für jedes Kunstwerk in meinem Besitz mit einem Blankoscheck bezahlt und meinen Bankier gebeten, mir auf keinen Fall den tatsächlichen Preis zu nennen. Ich betrachte dies als einzige Art und Weise, Vertrauen zwischen Künstler und Sammler aufzubauen. Auf die Frage, ob ich Mr. Quigleys Kunst als sogenannte Kapitalanlage betrachte, will ich nur so viel sagen: Ich verachte jeden, dessen einziges Motiv beim Kauf von Kunst Profitgier ist, und hoffe inbrünstig, dass sogenannte Kunstinvestoren jeden einzelnen Cent wieder verlieren. Leider wird das mit einem Quigley jedoch nicht passieren.

Er unterschrieb mit seinem Nachnamen, dem er imposante Schwünge verlieh. Rockefeller behauptete später, einen kleinen Quigley erstanden zu haben, was diesen laut Rockefeller zu dem einzig lebenden Künstler in seiner Sammlung machte.

Quigley, Sie werden es nicht glauben, aber ich habe gerade eines Ihrer Bilder gekauft. Ich schlenderte die Eighth Avenue auf der Suche nach einer Rolle Klebeband entlang, als ich wieder einmal in das Schaufenster eines Antiquitätenhändlers sah, der hin und wieder auch Kunstwerke hat. Ein guter Freund fand dort vor einigen Jahren einen echten Murillo [Bartolomé Esteban Murillo, ein spanischer Barockmaler, 1617–1682] im Wert von mehr als einer Million Dollar. Das Geschäft dieses Antiquitätenhändlers, der sich auf frühe amerikanische Möbel spezialisiert hat, kauft ganze Nachlässe auf, wodurch die Möbel fast umsonst sind. Sie wissen nie, was sie erwartet, und verkaufen oft Dinge, von denen ihnen nicht ganz klar ist, worum es sich handelt. Jedenfalls bemerkte ich ein abstraktes Bild im Schaufenster, und Sie können sich meine Verwunderung vorstellen, als ich die Initialen W.Q. gefolgt von der Jahresangabe 1991 in der rechten unteren Ecke entdeckte. Auf der Rückseite stand, wie es sich für einen echten Quigley gehört: »W.Q. 1991. Titel: Abrupt Break«... Ich kaufte es.... Ich liebe dieses zwölf mal sechzehn Zoll große Bild schon jetzt. Sie besitzen wirklich außergewöhnliches Talent. Haben Sie meine Nachricht hinsichtlich Gagosian erhalten? Sagen Sie mir doch bitte, was Sie von der Idee halten. Ich treffe ihn nächste Woche und möchte ihn etwas unter Druck setzen.

Doch weder Rockefeller noch das Whitney Museum erstanden einen Quigley – nicht von Gagosian und auch nicht von Quigley persönlich.

Hinter seiner heiteren Fassade lief nicht alles so glatt für Clark Rockefeller, wie es den Anschein hatte – insbesondere zu Hause nicht.

Seinen Bekannten gegenüber erklärte er zum Beispiel: »Sandy kommt am Wochenende zurück. Es wird bestimmt herrlich werden. Entweder fahren wir nach Nantucket oder nach Martha's Vineyard.«

Tatsächlich jedoch arbeitete Sandra extrem hart und viel und entfremdete sich immer mehr von ihrem Ehemann. Sein Verhalten war oft irrational, vor allem wenn es darum ging, nach Connecticut zu fahren. Obwohl er seinen Freunden von ihren gemeinsamen Reisen nach Nantucket und Martha's Vineyard vorschwärmte, wollte er nie wieder nach Connecticut, wo er sein früheres Leben als Christopher Crowe verbracht hatte und als solcher von den Behörden in Verbindung mit dem Verschwinden von John und Linda Sohus gesucht wurde. »Er setzte keinen Fuß mehr nach Connecticut«, berichtete sein Freund John Wells. »Er behauptete, es liege daran, dass seine Eltern in diesem Bundesstaat tödlich verunglückt waren. Wir hatten dort eine Wohnung mit viel Platz. Einmal kam Sandy, weil Clark einen Stoß alter *New Yorker* unterbringen wollte. Darunter befanden sich auch Veröffentlichungen des Rockefeller Center.«

Ein anderer Freund bestätigte dieses seltsame Verhalten Clark Rockefellers: »Er hatte eine echte Neurose, wenn es um Connecticut ging.« Einmal »rastete er sogar aus«, als er merkte, dass sie mit dem Auto auf die Grenze von Connecticut zufuhren. »Ehe wir sie tatsächlich überquerten, bestand Clark darauf, dass wir anhielten und die Toilette aufsuchten, da er auf keinen Fall in Connecticut anhalten wollte«, schilderte der Freund. Sobald sie sich auf der anderen Seite der Grenze befanden, schlug Clark seinen Kragen hoch, setzte einen Hut auf und sank tief in den Sitz. »Der Hund spielte im Auto verrückt und bellte wie wild, während Clark... Er benahm sich so merkwürdig, als ob er nicht erkannt werden wollte. Es war völlig unverständlich.«

Zum Ende des Jahres 1999 sollte Sandra Partnerin bei McKinsey & Company werden – einer der jüngsten Partner der Firmengeschichte. Sie verdiente mittlerweile sehr gut, wobei ihr Geld weiterhin von ihrem Ehemann kontrolliert wurde, der ihre Gehaltsschecks einzahlte, die laufenden Rechnungen beglich und ihre Einkommenssteuererklärung einreichte. Geld war nicht das Einzige, das er kontrollierte. »Er isolierte mich von meinen Freunden«, erklärte Sandra den Geschworenen. »Er isolierte mich von meiner Familie. Ich durfte keine Ferngespräche mehr führen. Er brüllte meine Bekannten an... Wie ich bald merkte, konnte er extrem furchteinflößend und einschüchternd auftreten.«

Im Gericht musste man sie gar nicht erst dazu auffordern, das näher zu erläutern.

»Er brüllte mich so lange immer und immer wieder an, bis ich endlich nachgab«, erzählte sie. »Er schlug mir zwar nicht ins Gesicht, da er wusste, dass ich mit der Vorstellung groß geworden bin, mich nicht scheiden zu lassen, solange der Mann mir nicht ins Gesicht schlägt oder mich betrügt... Ansonsten muss man stetig an seiner Beziehung arbeiten, denn das verlangt schließlich das Ehegelübde, das man abgelegt hat. Also schlug er mir nicht ins Gesicht. Und von seinen Betrügereien erfuhr ich erst später.«

»Hat er Sie stattdessen an einer anderen Stelle geschlagen?«, wollte der Staatsanwalt wissen.

»Damals benutzte er andere Methoden«, erläuterte sie. Dazu habe Schlafentzug und sexuelle Nötigung gehört. »Das alles diente einzig und allein dazu zu zeigen, wer der Herr und Meister war.«

»Warum blieben Sie bei ihm?«

»Zum einen hatte ich große Angst«, antwortete Sandra. »Ich wusste, dass er mich nicht einfach gehen lassen würde. Mir war nicht klar, warum er gerade mich ausgesucht hatte, aber es war eindeutig, dass er eine starke Persönlichkeit war. Ich sah keinen Ausweg. Zudem haben Pflichtgefühle in meiner Erziehung eine ungeheuer große Rolle gespielt. Man war selbst für seine Ehe verantwortlich und musste daran arbeiten. Meine Eltern führten eine schreckliche Ehe, blieben aber trotzdem fünfunddreißig Jahre lang zusammen. Ich wusste, dass das Leben hart sein kann. Da musste ich einfach durch.«

Zwischen Herbst 1994 und dem Ende des Jahres 1998 hatten die beiden zusammen in New York gewohnt. Sandra Boss fuhr mit ihrer Aussage fort: »Clark, der bereits zu Hause sehr unangenehm geworden war, dies aber noch nicht nach außen durchscheinen ließ, rastete plötzlich komplett aus. Ich kann es mir nicht erklären, doch er behauptete, einen Nervenzusammenbruch erlitten zu haben. Er wurde immer zorniger, immer bedrohlicher.«

Ein Vorfall – ob Zufall oder nicht, ist unklar – schien den Zusammenbruch ausgelöst zu haben. Er brach einen Streit mit »irgendeinem Passanten in Central Park vom Zaun«, erklärte Sandra, wahrscheinlich als er seinen Hund Gassi führte. Der Streit wurde immer lauter und heftiger, bis jemand die Polizei rief. »Die Beamten folgten ihm in ihrem Streifenwagen. Ich sah, wie er zur Wohnung zurückkehrte. Dann beobachtete ich, wie der Streifenwagen anhielt und Clark mit dem Polizisten im Auto debattierte.«

Nach einer Weile kam er in die Wohnung gestürmt und verkündete, dass er ein für alle Mal genug von New York habe.

Er erklärte Sandra, dass ihn die Stadt »überwältige«. »Seine Arbeit machte ihm zu schaffen. Das war zu jenem Zeitpunkt, als die Krise in Asien um sich griff [sie begann im Juli 1997 in Thailand, wo der Baht stark fiel, ehe sie sich über ganz Asien ausbreitete und mit ihr die Angst vor einer drohenden Weltfinanzkrise]. Und er sagte, dass er Klienten habe, die deswegen in furchtbaren Problemen stecken würden.«

Clark behauptete, seine Kunden besäßen die Unverfrorenheit, ihn für die Krise verantwortlich zu machen, als hätte er allein sie vor dem finanziellen Tsunami in Asien retten können.

Sandra glaubte ihm, obwohl sie nie einen einzigen »Kollegen, Vorgesetzten oder Untergebenen« getroffen hatte, der mit ihm in dieser angeblich so angesehenen Finanzberaterfirma arbeitete. Sie vertraute ihm sogar so hundertprozentig, dass sie einwilligte, von New York nach Nantucket zu ziehen, auch wenn das für sie hieß, von Montag bis Freitag oder sogar Samstag in einem Hotel schlafen zu müssen, um dann nur am Wochenende zurück nach Nantucket fahren zu können. »Es schien ihn wieder zufriedener zu machen, und das war gut«, sagte sie.

Gegen Ende des Jahres 1998 schickte Rockefeller aus seinem Büro bei Asterisk LLP eine Rundmail an seinen stetig wachsenden Freundes- und Bekanntenkreis:

Zuerst einmal möchte ich erklären, warum ich so lange verschwunden war. Während eines UN-Meetings am Freitag vor dem Tag der Arbeit starrte ich auf einen Stapel Papiere, den mir ein Delegierter gereicht hatte… Das Nächste, woran ich mich erinnern kann, ist ein New Yorker Krankenhaus, wo ich fünf Stunden später wieder zu mir kam. Kurz danach wurde ich entlassen, wobei mir die Ärzte erklärten, dass ich mich völlig verausgabt hätte. Kurz gesagt (ich zitiere): Burnout. Die einfache Erklärung: zu viele neunzehnstündige Arbeitstage. Im Juni, Juli und August kam ich allein auf 1085 Arbeitsstunden, etwa vierhundert mehr als Leute in ähnlichen beruflichen Situationen. Im Sommer gab es zudem weiteren Stress – zum Beispiel die unerwartete Pensionierung meines Partners in Maine, was beinahe zu einem Zusammenbruch der Geschäfte geführt hätte. Und um fair zu sein, muss ich auch Shelby [einen weiteren Gordon Setter] auf diese Stressliste setzen.

Ich liebe den kleinen Strolch, aber er bereitet mir viel zusätzliche Arbeit – und zwar tagtäglich. Shelbys bedauerlicher Hang zum Frühaufstehen hinderte mich daran, den Schlaf zu bekommen, den ich so dringend benötigt hätte. Auf den Rat meines Arztes hin beschloss ich irgendwann, mein Leben zu ändern. Hier also mein Plan: Ich erlaube mir eine berufliche Auszeit und fahre in die Villa meines Cousins nach Cap Ferrat in Frankreich. Sie liegt in einer kleinen Ortschaft auf einer Halbinsel zwischen Nizza und Monaco. Shelby und Yates werden mich begleiten. Wie lange ich dort bleibe, hängt davon ab, wie es mir gefällt. Ich werde in etwa sechs Monaten zurückkehren – oder länger bleiben, wenn es mir guttun sollte. Sollte ich meine Auszeit bis in den Sommer 1999 verlängern, werde ich entweder im Sommerhaus von Freunden in der Bretagne oder in der Normandie wohnen oder Shelbys früheren Bundesstaat Montana besuchen.

Sandy unterstützt mich in meinem Vorhaben voll und ganz. Außerdem kann sie so die ganze Zeit über in Toronto bleiben und muss nicht jedes Wochenende die lange Reise auf sich nehmen, nur um mich zu sehen. Sie hat sich bereits Urlaub zwischen Thanksgiving und Silvester genommen, damit wir uns in Cortina d'Ampezzo in den italienischen Dolomiten treffen können. Wir verbrachten letztes Jahr dort einen Monat, ohne etwas zu tun, und genossen es beide sehr. Auch Yates gefiel es.

Ich sollte nicht vergessen zu erwähnen, dass meine Firma im März ihre Niederlassung in New York schließt. Ständig steigende Mietpreise und ein neuer Vermieter, der unser Privileg, Hunde mitzubringen, nicht verlängern wollte, zwangen uns dazu, unsere Pläne, »es virtuell anzugehen« (ich zitiere), früher als geplant zu vollziehen. Von nun an werden meine Kollegen und ich uns nicht mehr an einem Ort treffen, sondern unsere Geschäfte elektronisch erledigen. Wir haben zu diesem Zweck fünf Millionen Dollar für ein privates Netzwerk in unserem Büro in Washington investiert.

Clark verbrachte seine Zeit in Wahrheit nicht in Cap Ferrat oder Cortina d'Ampezzo, sondern auf Nantucket – und zwar meist allein, da seine Frau mindestens vier Tage in der Woche arbeiten musste. Als die Hauptsaison vor der Tür stand und sich die Mieten wegen der zahlreichen Touristen vervierfachten, zog das Ehepaar nach Woodstock in Vermont, dem Sommersitz von Laurance Rockefeller. Während der ganzen Zeit wurde Sandra bei McKinsey immer erfolgreicher. Natürlich versicherte ihr faulenzender Ehemann, dass auch er beruflich große Erfolge zu verbuchen habe, wenn sich diese auch nicht in Dollar bemerkbar machten. Stattdessen setzte er sie unter Druck, immer mehr zu verdienen.

Rockefeller hatte ihr mittlerweile zu verstehen gegeben, er erwarte nichts Geringeres als einen Sitz im Vorstandsgremium der US-Notenbank – einem Komitee aus sieben Leuten, das die gesamte Währungspolitik der Vereinigten Staaten festlegt und überwacht.

Während des Kreuzverhörs durch Rockefellers Verteidiger wurde Sandra gefragt, wie es möglich gewesen sei, dass ihr bei solch ungeheuren Geschichten keine Zweifel kamen. »Der Angeklagte log mich bewusst an«, entgegnete sie und beharrte darauf, dass sie in persönlichen Dingen noch unerfahren und naiv gewesen sei, auch wenn sie sich im Geschäftsleben als sehr geschickt und clever erwies. Es war nicht klar, worauf der Verteidiger eigentlich hinauswollte, doch hörte er nicht auf, Sandra Boss mit Rockefellers ständigen Lügen zu konfrontieren. Habe sie denn nicht irgendwann einmal merken müssen, dass sie einen Mann geheiratet hatte, der in dieser Gestalt einzig und allein seiner eigenen Fantasie entsprungen war und dessen prekäre Verbindung zur Realität nur in jener Frau bestand, die jetzt vor Gericht gegen ihn aussagte?

Der Verteidiger nannte sie »Ms. Boss« und kam auf ihren ersten Arbeitgeber in New York zurück. »Hielten Sie es für einen Zufall, dass Sie einen Job bei Merrill Lynch in deren Abteilung für verschuldete Märkte bekommen hatten und gleichzeitig von diesem Mann umworben wurden, der in derselben Branche arbeitete?«

»Ja, allerdings. Schulden sind ein extrem breit gefächertes Feld, und es gab keinerlei Verbindung zwischen dem, was ich tat – dem Strukturieren von kommunalen Anleihen – und dem, was er tat, nämlich die Schuldenlast der Dritten Welt neu zu verhandeln.«

»Lassen Sie uns über Kreditkarten sprechen. Haben Sie ihn jemals mit einer Kreditkarte gesehen?«

»Ja… Als ich ihn kennenlernte, hatte er eine, die auf seinen Namen lief.«

»Wissen Sie, ob er ein Konto besaß?«

»Nein, das weiß ich nicht.«

»Haben Sie ihn jemals mit einem Scheckbuch gesehen?«

»Ja, mit meinem.«

Der Gerichtssaal brach in Lachen aus.

»Das glaube ich Ihnen gerne«, gab der Verteidiger zu. »Aber vergessen wir für den Moment Ihr Scheckbuch. Haben Sie ihn jemals mit einem eigenen Scheckbuch gesehen?«

»Nein. Nur mit Kreditkarten.«

Sie hatte tatsächlich nie erlebt, wie er einen Scheck von seinem eigenen Konto ausstellte. Obwohl sie keine konkreten Beweise hatte, dass er ein Girokonto oder ein Sparbuch besaß, war sie davon ausgegangen – allein schon deshalb, weil sie niemanden kannte, der ohne ein solches Konto auskam. Außerdem wäre sie nie auf die Idee gekommen, ihn nach so etwas zu fragen.

Der Verteidiger schien darauf aus zu sein, Sandra zu zermürben und sie dazu zu bringen, Gefühle zu zeigen. Doch es war klar, dass sie ihm diesen Gefallen nicht tun würde.

»Sie waren zwölf Jahre lang mit diesem Mann verheiratet, Sie waren fünfzehn Jahre lang ein Paar«, fuhr der Verteidiger fort. »Sie sind Wirtschaftswissenschaftlerin und haben eine führende Position in einem der bekanntesten und erfolgreichsten Beraterunternehmen der Welt inne. Trotzdem behaupten Sie, keine Ahnung gehabt zu haben, ob Ihr Ehemann ein Girokonto besaß oder nicht. Ist dieses Thema denn nie angesprochen worden, als es um eine gemeinsame finanzielle Planung ging?«

»Wenn ich mich nicht irre, versuchen Sie eine Verbindung zwischen privater und geschäftlicher Intelligenz herzustellen. Dort, wo ich herkomme, geht man nicht bei Rot über die Straße. Die Menschen sind grundehrlich. Deshalb ist mir nie in den Sinn gekommen, dass ich einmal mein Leben mit jemandem teilen könnte, der mich in solch fundamentalen Fragen betrügt und hintergeht.«

Der Verteidiger ließ noch immer nicht locker. Hatte sie jemals einen Fahrzeugschein bei ihm gesehen? »Ja, er besaß viele Fahrzeugscheine«, antwortete Sandra (was für sich genommen schon merkwürdig war, da ihr Mann keinen Führerschein hatte). Ob diese auf seinen Namen ausgestellt gewesen seien? »Nein, alle Autos waren auf den Namen der Stiftung ausgestellt, der sie gehörten.« Mit wessen Geld wurde diese Stiftung finanziert? »Mit meinem Geld«, erwiderte Sandra Boss. Sei sie während der fünfzehn Jahre, die sie mit ihrem Exmann verbrachte, jemals über eine Aktie oder ein Depotkonto auf seinen Namen gestoßen? »Nein. Ich kann mit Sicherheit behaupten, dass meine Antwort immer Nein lauten wird, ganz gleich wie oft Sie mich nach auf ihn ausgestellten Dokumenten fragen.«

Die Kette der Fragen riss nicht ab, und sie beantwortete jede ruhig und gelassen. Sie hatte nie Bilder von ihm als Baby gesehen, aber er hatte ihr Bilder von sich als Junge gezeigt. Auch kannte sie Fotos von seinen angeblichen Eltern, die bei einem Autounfall ums Leben gekommen seien, als er gerade einmal achtzehn Jahre alt war. Sie sei nie bei einer Rockefeller-Familienfeier zugegen gewesen, obwohl ihr Mann des Öfteren behauptet habe, dass sie eingeladen seien. Auf die Frage, ob sie jemals eine solche schriftliche Einladung gesehen habe, erwiderte sie: »Nein, habe ich nicht.« Sie war in den fünfzehn gemeinsamen Jahren so sehr Teil des Lebens dieses Mannes geworden, dass es ihr unmöglich war, ihn als das zu erkennen, was er tatsächlich war.

Als dem Verteidiger schließlich nichts mehr einfiel, sagte er: »Keine weiteren Fragen, Euer Ehren.« Die Verhandlung wurde unterbrochen.

KAPITEL DREIZEHN

Der Landjunker

Für die Freunde und Bekannten Clark Rockefellers war er ein Prinz. Er war so freundlich, so zuvorkommend und beflissen darum bemüht, es allen recht zu machen. Er sorgte sich um seine Mitmenschen und schien echtes Interesse an ihnen zu zeigen. Er war jemand, den man kennenlernen wollte und dessen Freundschaft man suchte. Man lud ihn gerne zum Dinner ein, denn er war ein wahrer Aristokrat, der mit Bonmots auftrumpfte und sich äußerst gewählt auszudrücken wusste. »Wohl wahr«, »Herrje« und »Grundgütiger« gehörten zu seinen Lieblingsaussprüchen. Zudem machte er immer wieder nicht sehr dezente Anspielungen auf seine berühmte Familie.

Seiner Frau gegenüber gab er sich jedoch völlig anders: mürrisch, besitzergreifend, aufbrausend und – insbesondere nach jener Auseinandersetzung im Central Park, die dazu führte, dass die Polizei auf ihn aufmerksam wurde – paranoid. Der attraktive junge Mann, der Sandra mit Geschenken und Aufmerksamkeit überhäuft hatte, existierte nicht mehr.

Die Umzüge von New York nach Nantucket und dann nach Woodstock in Vermont reichten nicht, um Clark die Malaise vergessen zu lassen, in die ihn sein angeblicher Nervenzusammenbruch gebracht hatte. Gegen Ende des Jahres 1999 wollte er noch weiter weg und bestand darauf, dass sie nach Cornish in New Hampshire zogen.

Ein Artikel in der *New York Times* von Februar 2010 schildert Cornish als »ein Städtchen mit 1700 Einwohnern an den Ufern des Connecticut [mit] zwei Gemischtwarenhandlungen, einer Postfiliale, einer Kirche und Eichen, Ackerland und grünen Hügeln, so weit das Auge reicht«. Es erlangte eine gewisse Berühmtheit, als Augustus Saint-Gaudens, ein großer Bildhauer des späten neunzehnten Jahrhunderts, es zu einer beliebten Künstlersommerkolonie machte und namhafte Maler wie Maxfield Parrish und John White Alexander sich dort aufhielten. Selbst Woodrow Wilson verbrachte mehrere Sommer im Haus des Schriftstellers Winston Churchill (der nicht mit dem ehemaligen britischen Premierminister verwandt ist).

Nach dem Ersten Weltkrieg löste sich die Künstlerkolonie auf, und als Clark Rockefeller zu Beginn des Jahres 2000 750 000 Dollar seiner Frau in Doveridge steckte, das ehemalige Anwesen des berühmten Juristen Learned Hand, gab es in Cornish nur noch einen berühmten Bürger, den sehr zurückgezogen lebenden Autor J. D. Salinger. Manche behaupten, dass Salingers Anwesenheit, dessen Meisterwerk *Der Fänger im Roggen* von 1951 als die beste Schilderung von pubertärer Angst und Entfremdung gilt, auch der eigentliche Grund dafür gewesen war, warum Rockefeller Cornish wählte.

Die Geschichte von Rockefellers Ankunft lässt sich am besten aus der Sicht von Peter Burling erzählen, einem ehemaligen Staatssenator und langjährigen Mitglied der Regierung von New Hampshire, der in dieser Gegend aufwuchs und seinen Juraabschluss in Harvard gemacht hatte. Wir trafen uns in einem Café einige Kilometer außerhalb von Cornish, und ich fragte ihn, warum sich Rockefeller wohl gerade diesen Ort ausgesucht hatte.

»Ich glaube, es hängt mit der Geschichte von Cornish als Künstlerkolonie zusammen«, erwiderte er. »Hier ist es zudem sehr ruhig. Cornish ist abgelegen und still. Für einen Hochstapler ist es der ideale Ort, seine Fähigkeiten unter Beweis zu stellen. Noch bevor ich ihn persönlich kennenlernte, hatte ich bereits von ihm gehört. Es hieß, ein gewisser Clark Rockefeller habe sich ein Haus gekauft. Wir trafen ihn dann auf einem extra für ihn organisierten Fest. Die Gastgeber Jim Brown, ein Strafverteidiger, und Judy Brown, eine Professorin für Verfassungsrecht an der Northeastern University, gelten als sehr gute Menschenkenner. Außerdem sind sie gute Freunde von mir und hochintelligent.«

»Und warum gaben sie eine Feier für Clark Rockefeller?«, wollte ich wissen.

Burling sah mich an, als hätte ich eine unglaublich naive Frage gestellt. »Neue Nachbarn«, erklärte er. »Das gehört hier zum guten Ton. Er war neu, und Jim und Judy wollte ihn ein paar Leuten vorstellen.«

Ich fragte Burling nach seinen Erwartungen, ehe er Rockefeller persönlich traf.

»Ich hatte keine Erwartungen. Es gibt Rockefellers in Woodstock, und ich ging mit einem Rockefeller auf die Milton School«, sagte er. Die Milton Academy war eine Privatschule für Boston und seine Umgebung, die sich solch namhafter Schüler wie T. S. Eliot sowie Robert und Ted Kennedy rühmen konnte.

Burling und Clark Rockefeller kamen jedoch von Anfang an nicht miteinander zurecht. Zur Willkommensfeier der Browns für ihren neuen Mitbürger kamen etwa dreißig Gäste. Rockefeller trat irgendwann zu Burlings Ehefrau Jean, einer Richterin beim Landgericht, und fragte sie: »Wissen Sie, was man unter abstraktem Expressionismus versteht?«

Der Senator schüttelte den Kopf. »Selbstverständlich wusste sie das«, sagte er. »Aber die Frage wurde auf so unerhört grobe Art gestellt, dass er damit zu erkennen gab, was er von ihr hielt. Er hielt sie für unbedarft und vertrottelt. So etwas tut man nicht. Dadurch wusste sie allerdings, wie er vorging: Er machte andere Leute nieder, um sich über sie erheben zu können. Wenn ich mich recht erinnere, meinte sie hinterher: ›Ich habe ihm meine üblichen zwanzig Sekunden gewidmet.‹ Sie arbeitete achtundzwanzig Jahre lang als Richterin und wusste genau, wer ihr Unsinn erzählte und wer ehrlich war. Danach wollte sie nichts mehr mit ihm zu tun haben.«

Burling trank einen Schluck Kaffee. »Wenn jemand neu in einen kleinen Ort wie Cornish kommt, ist er erst einmal für die nächsten drei oder vier Wochen Stadtgespräch. Ich hakte ihn als Hochstapler ab und erklärte den anderen: ›Das ist kein echter Rockefeller.‹ Natürlich fragten sie mich, woher ich das wissen wolle, und ich antwortete: ›Alle Rockefeller, die ich kenne – und es gibt einige von ihnen in Woodstock –, sind in Amerika geboren. Er ist aus Übersee. Solche Adjektive und Adverbien benutzt man hier nicht.‹ Ein Mann entgegnete: ›Aber er spricht doch wie einer, der auf eine teure Privatschule gegangen ist!‹ Ich sagte nur: ›Ich bin in Newport in Rhode Island aufgewachsen, und das ist kein Akzent einer Privatschule.‹«

Bei seinem Misstrauen und seiner Abneigung gegenüber Rockefeller kann man sich gut vorstellen, wie entsetzt Burling war, als sich der Neuling mit einem seiner besten Freunde aus Cornish zusammentat, einem gewissen Don MacLeay, und begann, diesen laut Burling auszunutzen. Burling hatte MacLeay in einem Zeitungsartikel einmal als »Michelangelo mit Bagger« beschrieben. Ich erzählte ihm, dass ich mich am selben Nachmittag mit MacLeay verabredet hatte. »Er möchte mir Doveridge zeigen«, erklärte ich.

»Bitte, seien Sie vorsichtig, wenn Sie dort sind«, warnte er mich. Eine bizarre Warnung, die ich jedoch schon bald gut verstehen sollte.

In Plainfield, einem kleinen Ort, der an Cornish angrenzt, ging ich auf Don MacLeays Haus zu, als ich einen Aufkleber auf seinem Pick-up bemerkte:

DON MACLEAY
ABRISS, AUSHUB, RÄUMUNG,
RODUNG, PLANIERUNG IN PLAINFIELD –
UND WENN ES NICHT COUNTRY IST, DANN IST ES
KEINE MUSIK.

Er war ein sehr schmächtiger Mann, der Ende siebzig zu sein schien. Seine Haut war von den harten Wintern New Englands gezeichnet. Er lud mich ins Haus ein, das er selbst gebaut hatte. Im Wohnzimmer setzte er sich auf einen Stuhl, schlug die dünnen Beine übereinander und begann mit seiner Geschichte.

MacLeay hatte auf seinem Traktor gesessen, als ihm Clark Rockefeller vorgestellt wurde. Da ihm seine Arbeit wichtiger war, als neue Leute kennenzulernen, sagte er zu dem Nachbarn, der die beiden miteinander bekannt machte: »Lass mich das erst einmal zu Ende machen. Ich komme dann gleich.«

»Ich habe es nicht so mit Namen«, erzählte mir MacLeay. »Also stieg ich vom Traktor und sagte zu ihm: ›Sie sind also Chris Rockefeller.‹ Er zuckte sichtbar zusammen und war wahrscheinlich irritiert, dass ich ihn mit einem falschen Vornamen angesprochen hatte.«

MacLeay und ich stiegen in seinen Pick-up und fuhren nach Doveridge. »Ich weiß nicht, warum er gerade hierher kam. Ich nehme an, er wollte abseits von allem Rummel sein. Er behauptete, etwas gesucht zu haben, an dem er viel herumbasteln kann.«

MacLeay parkte auf einer Wiese und führte mich dann zu dem fünfundzwanzig Hektar großen Anwesen. »Hier ist es«, erklärte er. Wir gingen zur Einfahrt, die mit einer schweren Kette und unzähligen Schildern gesichert war, auf denen ZUTRITT VERBOTEN, VORSICHT und VORSICHT BISSIGE HUNDE stand.

Meine Kinnlade klappte herunter. Wir standen vor einer Ruine. Der Garten war überwuchert, das Haus wurde mit Stützen aufrechterhalten und schien unbewohnbar zu sein. Die Schilder dienten nicht dazu, Einbrecher abzuschrecken, sondern sollten verhindern, dass Leute von herabstürzenden Teilen des Hauses, das völlig entkernt war, verletzt wurden. Alle Versuche, das Anwesen wieder zu verkaufen, waren bis zum Zeitpunkt meines Besuches fehlgeschlagen.

Ich konnte mir kaum vorstellen, dass eine erfolgreiche Karrierefrau wie Sandra Boss hier wohnen wollte. Aber anscheinend wollte sie das auch nicht. In den Monaten nach Rockefellers Kauf von Doveridge (obwohl er alles in die Wege geleitet hatte, lief die Kaufurkunde auf ihren Namen) hatte sich Sandra vor allem auf Geschäftsreisen befunden.

Rockefeller hatte sich bei MacLeay erkundigt, ob sich dieser um die Renovierung kümmern könne. Aber MacLeay meinte ohne Umschweife: »Ich hebe Löcher aus, bin aber kein Bauunternehmer.« Als er sich erkundigte, was er denn mit dem großen Anwesen vorhabe, erklärte Rockefeller: »Ich will Honig und starken Apfelmost verkaufen.« Doch laut MacLeay besaß Rockefeller für das Geschäft genauso viel Talent wie für die Renovierung: Er bestellte Apparate, zum Beispiel eine Apfelpresse, doch nicht alle Teile trafen vor dem Winter ein, so dass die LKW-Ladungen voller Äpfel, die er gekauft hatte, dem Frost zum Opfer fielen.

Als wir uns bückten, um unter der Kette durchzuschlüpfen und dann um das Haus herumzugehen, erzählte MacLeay, dass Rockefeller einen großen Verschleiß an Arbeitern gehabt hätte. »Er durchlief alle Baufirmen… Er hatte vierzehn verschiedene Maurer, doch kaum fingen sie bei ihm an, brach er einen Streit vom Zaun und feuerte sie wieder, nur um neue zu engagieren. Und das Spiel fing wieder von vorne an.«

Er schlug vor, dass wir wieder zur Straße zurückkehren sollten, damit uns nicht etwas auf den Kopf fiel oder wir ausrutschten und in einen Graben stürzten. Ich wollte wissen, was es mit dem riesigen Loch auf sich hatte, das unter dem Haus gegraben worden war.

MacLeay seufzte. »Der Mann, der das Haus aufbockte, hob die Grube aus, damit Rockefeller ein richtiges Fundament errichten lassen konnte.« Er fügte hinzu, dass Clark Rockefeller allein für den Zement 25 000 Dollar ausgegeben habe. »Er wollte einen Keller anlegen, um dort seine Autos zu parken, denn er sammelte Oldtimer.«

Obwohl Clark keinen Führerschein hatte, kaufte er in Cornish nicht nur ein Auto, sondern eine ganze Anzahl von Wagen, die meisten davon Oldtimer. Ein Auto, erzählte MacLeay, war eine speziell ausgebaute Limousine mit drehbaren Sitzen, so dass man während der Fahrt hervorragend arbeiten konnte. Rockefeller behauptete, das Auto habe einmal den Rockefellers aus Woodstock gehört.

»Was haben Sie sich denn *da* zugelegt?«, hatte MacLeay wissen wollen.

»Nun, unsere Stiftung ist so angelegt, dass wir kaufen

können, was wir wollen. Aber wir dürfen es nicht mehr verkaufen – nur an Mitglieder der Familie.« Rockefeller hatte hinzugefügt, dass er den Wagen für einen Apfel und ein Ei erstanden habe, nur damit er nicht auf dem Schrottplatz endete.

»Ich dachte mir: Die Reichen sind wirklich seltsam«, gab MacLeay zu.

Es dauerte nicht lange, bis Rockefeller eine Autosammlung mit dreiundzwanzig Wagen hatte – alle möglichen Automarken aus allen möglichen Baujahren. Manche waren derart heruntergekommen, dass sie nicht einmal mehr ansprangen und höchstens noch ausgestellt werden konnten. Er parkte sie irgendwo auf dem Grundstück, denn die Garage unter dem Haus war noch nicht einmal ausgehoben.

»Ich möchte einen Swimmingpool«, verkündete er eines Tages, woraufhin sein Baggerführer und inzwischen guter Freund Don MacLeay entgegnete: »Mann, warum machen Sie nicht erst einmal eine Sache fertig?«

Der Swimmingpool sollte 50 000 Dollar kosten. Doch wie so viele Projekte gedieh auch dieses nicht weit. Es wurde nur ein Loch ausgehoben. Clark und die Swimmingpool-Firma gerieten in Streit. Es schien, als täte Rockefeller alles dafür, sich in Cornish einzugliedern, bemühte sich gleichzeitig aber auch herauszustechen. Wie man es auch betrachten mochte – sein Verhalten war äußerst merkwürdig. Es war eine Sache, die Leute in einer geschäftigen Stadt wie New York hinters Licht zu führen, wo man von einem Ort zum anderen ziehen konnte, ohne dass einen Gerüchte verfolgten. Aber in einem kleinen Ort wie Cornish, wo jeder jeden kannte? Vielleicht hatte Rockefeller tatsächlich einen Nervenzusammenbruch erlitten. Oder Cornish war nur ein weiterer Jux für ihn, um herauszufinden, wie weit er gehen konnte, ehe man ihm auf die Schliche kam.

»Ich weiß es nicht«, erwiderte MacLeay, als er über Rockefellers gescheiterte Projekte in Doveridge nachdachte. »Ich glaube, er wollte einfach sehen, wie schnell er ihr Geld ausgeben konnte.« Er meinte das Geld von Sandra Boss. Die Bewohner von Cornish bekamen sie selten zu Gesicht, redeten dafür aber umso mehr über sie. Doch niemand ahnte, dass sie es war, die Rockefeller seinen großen Auftritt in Cornish ermöglichte (ebenso wie zuvor in Nantucket und Woodstock) – oder dass er kurz davor stand, sie zu verlieren.

Sandra pendelte zwischen der Ruine am Blow-Me-Down-Fluss in Cornish und ihrer Führungsposition bei McKinsey in New York hin und her. Manchmal flog sie von New Hampshire zur Arbeit, manchmal fuhr sie mit dem Auto. Doch die Reise war immer lang und anstrengend, und sie verbrachte viel Zeit in Hotels in New York oder unterwegs.

»Im Sommer 2000«, erklärte sie den Geschworenen, »hatte ich genügend Zeit allein verbracht, weg von Clark, so dass die Quälerei und die schlimmen Dinge, die er mir angetan hatte, nicht mehr Teil meines Alltags waren. Ich wurde wieder stärker und beschoss, mich von ihm zu trennen. Also mietete ich mir eine kleine Wohnung in New York und erklärte ihm, dass ich Zeit brauchen würde, um alles zu überdenken.«

Nach einer Weile, so sagte sie später aus, »merkte ich, dass ich nicht mehr verheiratet sein wollte. Ich erklärte ihm, dass ich mehr Wochenenden in New York verbringen wolle, um mir das Ganze noch einmal durch den Kopf gehen zu lassen. Ich war nicht glücklich in unserer Ehe, verstehen Sie, und gab ihm zu verstehen, dass ich ihn verlassen könnte.«

Sofort eilte Rockefeller nach New York. Er war nicht länger der griesgrämige, zurückgezogene Miesepeter, sondern verwandelte sich wieder in den Mann, in den sich Sandra verliebt hatte. Wieder überhäufte er sie mit Blumen, Schmuck und anderen Geschenken und bedachte sie mit unzähligen Komplimenten und Aufmerksamkeiten.

»Der Clark von früher war zurück«, berichtete Sandra Boss den Geschworenen. »Er war unwahrscheinlich zuvorkommend und romantisch. Zum Beispiel lieh er sich unglaublich teuren Schmuck seiner Familie, damit ich diesen zu einer Party tragen konnte. Später stellte sich heraus, dass er sich die Stücke von einem Freund geborgt und nur behauptet hatte, dass sie von seiner Familie kämen. Er stellte mir neue Freunde vor, die ihn schon seit der Kindheit kannten und ihre Hand für ihn ins Feuer legten. Viele solche Dinge passierten.«

Sie gab zu, dass sie die Aufmerksamkeit genossen hatte. »Ich war sehr empfänglich dafür, aber es stimmte mich nicht grundsätzlich um. Ich gab meinen Plan nicht auf, mich von ihm zu trennen.«

Eines Abends während dieser »zweiten romantischen Phase«, wie Sandra Boss es nannte, lockte ihr Mann sie mit seinem ganzen Charme und seiner Verführungskunst ins Bett. »Wir verhüteten mit Kondomen. Die kann man natürlich manipulieren. Genau das, glaube ich, hat er getan«, erklärte sie den Geschworenen. »Auf einmal war alles viel feuchter, aber ich nahm nicht an … Ich meine, ich kam gar nicht auf die Idee, dass mich mein Mann in dieser Situation schwängern wollte.«

»Wann wurden Sie schwanger?«

»Anfang September 2000.«

Sie schilderte ihre verzweifelte Lage.

»Er umgab mich mit einem Schleier der Paranoia. Er sperrte meine Familie und meine Freunde aus und versuchte, mich immer nervöser zu machen, damit ich glaubte, dass ich mich allein auf ihn verlassen kann.

Ich spürte die psychischen Auswirkungen der Schwangerschaft und fühlte mich desorientiert und verunsichert. Meine Eltern ließen sich genau zu jenem Zeitpunkt scheiden. Ich war zu schwach, um jetzt auch noch eine Möglichkeit zu finden, mich von ihm zu trennen.

Außerdem glaubte ich weiterhin, dass eine Familie zusammenbleiben muss und ein Kind seinen Vater braucht – all solche Sachen.« Diese Einstellung wiederholte sie in der Verhandlung immer wieder. »Ich war in dem Glauben erzogen worden, dass man an einer Beziehung arbeiten muss. Allein der Gedanke, mich zu trennen, fiel mir schwer. Aber meinen Mann auch noch schwanger zu verlassen, fühlte sich an, als ob ich von einer Verpflichtung weglaufen würde... Ich dachte nur, dass die Belastung, die eine Trennung mit sich bringt, sehr hoch ist, und ich konnte mir nicht zugestehen, dass ich meine Ehe nur wegen meines Wunschs, glücklich zu sein, wegwarf. Wenn ich dann noch daran dachte, dass ein dritter Mensch betroffen sein würde [ihr ungeborenes Kind], wurde das Ganze völlig unmöglich für mich. Ich hatte einfach nicht die Kraft dazu.«

»Wie haben Sie sich letztlich entschieden?«, fragte der Anwalt.

»Ich beschloss zu bleiben... Ich sagte meinem Mann, dass wir es noch einmal versuchen sollten.«

Ihr Mann taktierte in seinem Spiel um die Kontrolle über ihr Leben scheinbar merkwürdig, doch im Nachhinein erwies sich sein nächster Schachzug als ausgesprochen geschickt. »Zuerst war er sich nicht sicher«, sagte Sandra Boss vor Gericht aus. »Er meinte: ›Ich muss erst einmal darüber nachdenken. Es ist besser, wenn du vorerst nicht nach Hause kommst.‹ Es gab also eine Zeit der Ungewissheit.«

Sandra kehrte Weihnachten 2000 nach Cornish zurück, und es sah für das Ehepaar wieder besser aus. Sie waren nicht

nur wieder zusammen und erwarteten ein Kind, sondern
Clark erzählte Sandra auch von einem aufregenden Start-up-
Unternehmen namens Jet Propulsion Physics, an dem er be-
teiligt war. Er habe ein Patent für einen Strahlenantrieb für
wenig Geld – im Grunde umsonst – erworben und plane, es
mit einigen seiner ehemaligen Kommilitonen für die kom-
merzielle Nutzung zu entwickeln. Obwohl Sandra nie einen Beweis für die Existenz dieses Patents sah, gab es keinen
Grund für sie, an ihrem Mann zu zweifeln. Schließlich hatte
er ihr schon von ganz anderen, großartigeren Leistungen erzählt: dass er texanischen Freunden bei der Verwaltung ihrer Ölquellen geholfen hatte, einen ausgezeichneten Draht
zu Michael Heseltine besaß, dem Vizepremierminister von
Großbritannien, oder Mitglied der Trilateralen Kommission
sei, einer privaten Vereinigung wichtiger Persönlichkeiten,
die 1973 von David Rockefeller gegründet worden war, um
die Beziehungen zwischen den Vereinigten Staaten, Europa
und Japan zu fördern. Er sprach von der mächtigen Organisation stets nur als von der »Gruppe« und gab auf die Frage, ob
man dort auch Geld verdienen könne, zu verstehen, es sei unter der Würde eines Rockefellers, nach Bezahlung zu fragen.
Keine dieser Behauptungen wurde jemals in Frage gestellt, geschweige denn angefochten.

Es war eindeutig, dass Rockefeller erneut alle Trümpfe in
der Hand hielt.

KAPITEL VIERZEHN

Snooks

Reigh Storrow Mills Rockefeller, die Tochter von Clark Rockefeller und Sandra Lynne Boss, kam am 24. Mai 2001 im Dartmouth-Hitchcock-Krankenhaus in Lebanon/New Hampshire zur Welt. Rockefeller wählte ihren ersten Vornamen, weil er einmal in Cornish auf dem Amt einer Angestellten namens Reigh Helen Sweetser begegnet war und ihr Name ihm spontan gefallen hatte.

Bei Reighs Geburt war Rockefeller nicht anwesend. Er kam nicht ins Krankenhaus, und seine Frau hatte keine Ahnung, wo er sich aufhielt. Erst achtzehn Stunden nachdem Reigh auf die Welt gekommen war, stattete er den beiden einen Besuch ab. Wo war er während dieser entscheidenden Zeitspanne gewesen? Wie immer hatte er Kontakt zu den Einwohnern von Cornish gesucht, womit er auch in den ersten drei Monaten nach Reighs Geburt fortfuhr.

Er hatte genügend Zeit, da Sandra drei Monate Mutterschaftsurlaub in Anspruch genommen hatte und sich um die kleine Tochter allein kümmerte. »Wir waren unzertrennlich«, sagte sie später vor Gericht aus. Ihr Ehemann hingegen habe wenig Zeit mit seiner Tochter verbracht. »Ich glaube, er verhielt sich wie die meisten Väter. Er fand sie niedlich, kümmerte sich aber kaum um sie.«

Unweit von Doveridge in einem von Cornishs großen Anwesen luden mich die Whites, eine alteingesessene Familie, zu einem Gespräch über Clark ein. In den ersten fünf Jahren seiner Zeit in Cornish war Laura White seine engste Vertraute gewesen. Als alleinerziehende Mutter und Stewardess wohnte die lebhafte Blondine zusammen mit ihrem kleinen Sohn Charlie bei ihren Eltern.

Laura fuhr Clark in jener Nacht, in der Reigh geboren wurde, ins Krankenhaus. Sie wusste nicht mehr, wie viel Zeit nach der Geburt verstrichen war, konnte sich aber noch daran erinnern, dass »es mitten in der Nacht gewesen sein muss«. Sie chauffierte ihn in einem seiner Autos aus der stetig wachsenden Sammlung. Für den besonderen Anlass hatte er sich einen Roadmaster ausgesucht, einen großen Straßenkreuzer, den Buick während der dreißiger Jahre gebaut hatte, statt wie üblich den kugelsicheren Cadillac zu benutzen.

Er bat Laura White, ihn zum Krankenhaus zu fahren, weil sein Chauffeur in jener Nacht nicht konnte. Nachdem er bei Frau und Kind vorbeigeschaut hatte, wollte er von Laura wieder zurückgefahren werden. Er erklärte: »Ich leide an einer Krankenhausphobie.«

Wir saßen auf der Terrasse der Whites und blickten auf eine sommerliche Idylle aus frischem Grün, die – so glaubte ich zu spüren – seit dem Verschwinden des berühmten Mannes, der das Örtchen mit seinem außergewöhnlichen und oftmals unglaublichen Benehmen auf Trab gehalten hatte, etwas langweiliger geworden war. »Wenn er mit einem seiner alten Schlitten über die überdachte Brücke fuhr, staunten die Leute«, erzählte Laura. Die historische Brücke war ein Nationaldenkmal und erstreckte sich über den Connecticut River, um Cornish in New Hampshire und Windsor in Vermont miteinander zu verbinden.

Sie sah ihren Sohn Charlie an, der zu uns auf die Terrasse gekommen war, und bat ihn, mir zu sagen, wie er und seine Freunde Clark genannt hatten.

»Für uns war er immer Lila-Hose«, meinte Charlie.

»Weil er immer lilafarbene Hosen trug«, erklärte mir Laura. Rockefeller schaute oft bei Laura und ihrer Familie vorbei – beinahe täglich, insbesondere zur Essenszeit. Er klopfte nie an, sondern kam einfach herein, was aber die Whites nicht störte. Wenn ein Familienfest stattfand, ein Geburtstag oder Ähnliches, wurde Clark oftmals eingeladen.

»Er hasste es, wenn man ihn fotografierte«, erinnerte sich Laura und holte einen Stapel Aufnahmen von Rockefeller mit der White-Familie hervor. Es war wirklich bemerkenswert, dass er auf jedem Foto irgendeine Grimasse schnitt oder sich irgendwie verstellte. Auf einem Bild, das auf einer Geburtstagsfeier gemacht worden war, hatte er die Augen geschlossen. Auf einem anderen zog er die Mundwinkel mit den Fingern nach oben und streckte die Zunge heraus, auf einem weiteren vergrub er sein Gesicht in den Händen. Ich vermutete, es würde aussehen, als wollte er keinen Beweis für seinen Aufenthalt in Cornish hinterlassen. »Ich habe es schließlich aufgegeben, ihn zu fotografieren, weil er so ein Spielverderber war.«

Dann holte sie aus jener Zeit ein Tagebuch hervor. »Ich habe damals Helmut Kohl einen Brief geschickt«, sagte sie, »weil Clark mir erzählt hatte, dass ihn der deutsche Bundeskanzler hier besucht habe… Ach, hier geht es um Mom«, fuhr sie fort und deutete auf einen Eintrag über einen Ausflug Clark Rockefellers und ihrer Mutter in seinem Cadillac nach Boston.

Das Tagebuch rief viele Erinnerungen wach. »Oh Gott! Da hat er uns von seinem Urlaub in Kanada erzählt, wo er zum

Helikopter-Skiing war. Nach Italien ist er auch immer zum Skifahren geflogen. Außerdem besaß er eine Wohnung in Paris, die er verkaufen wollte. Und nach seinem Abschluss in Harvard ist er jahrelang um die Welt gereist. Zudem hatte er noch einen Cousin in Cap Ferrat.«

Sie hielt einen Augenblick inne und las. »Oh! Der war auch gut! Er meinte: ›Wusstest du, dass Britney Spears Physikerin ist?‹ Ich sagte: ›Aber Clark, Britney Spears ist nie und nimmer Physikerin.‹ Doch er beharrte darauf und erklärte, dass seine Leute ihre Leute angerufen hätten und sie am Wochenende vorbeikommen wolle. Das Wochenende kam, und ich fragte ihn: ›Und Clark? ist Britney Spears gekommen?‹«

Schon begann sie mit der nächsten Geschichte. »Er behauptete, er habe Kontakt mit [dem Radiomoderator] Garrison Keillor. Er meinte: ›Meine Leute haben sich mit Garrison Keillor in Verbindung gesetzt, und Garrison kommt vorbei, um in meinem Haus eine Show zu produzieren, sobald es fertig ist.‹« Garrison Keillor erschien nie in Doveridge, und das Haus wurde auch nie fertig. Trotzdem nahm Rockefeller immer mehr Leute in Cornish für sich ein. Obwohl er sich des Öfteren merkwürdig verhielt und nicht selten sogar danebenbenahm, standen ihm die Türen der Gemeinde offen. Er spielte seine bisher wohl dreisteste, lauteste und auch zornigste Rolle – einen Landjunker mit scheinbar unerschöpflichem Reichtum.

Es ist leicht vorstellbar, dass die herzliche Gemeinde von Cornish Platz für einen Mann mit all seinen Macken hatte, insbesondere da die Menschen aus New England für ihre Absonderlichkeiten bekannt sind. An der berühmten Brücke des Ortes hängt noch immer ein uraltes Schild, auf dem zu lesen ist: PFERDE AN DEN ZÜGELN FÜHREN. Darunter wird noch die Strafe für diejenigen aufgelistet, die trotzdem darüber reiten: ZWEI DOLLAR BUSSGELD.

Wie Lauras Mutter treffend meinte: »Er war das Aufregendste, was uns hier seit langer Zeit passiert war.«

Viele Bewohner von Cornish konnten sich noch daran erinnern, wie Clark Rockefeller die Platt Road, die Straße, an der Doveridge liegt, mit seinem Segway Personal Transporter hinunterrollte. Es ist ein zweirädriger sogenannter Selbstbalance-Roller, auf dem der Fahrer aufrecht zwischen den Rädern steht und sich am Lenker festhält. Das Gefährt wurde von dem Neuengländer Dean Kamen erfunden, der in einem selbstentworfenen hexagonalen Haus kurz vor Manchester in New Hampshire wohnte. Obwohl das Gerät also von einem Einheimischen erfunden und erbaut worden war, wäre niemand in Cornish auf die Idee gekommen, es zu benutzen – niemand außer Rockefeller. »Es war nichts, womit man sich in Cornish hätte erwischen lassen wollen«, erinnerte sich Senator Peter Burling. »Aber irgendwann war ich gerade im Stall und gab den Pferden etwas zu trinken, als Clark auf der Platt Road auftauchte. Mit seiner Baseballkappe. Und auf einem Segway.

Ich rief wohl so etwas wie ›Du lieber Himmel, nun schaut euch das an!‹ Im Nachhinein betrachtet, hätte man sehen können, dass bei diesem Mann nichts stimmte, alles falsch und auch irgendwie dämlich war.« Aber damals, fügte der Senator hinzu, sprach ganz Cornish über den Mann auf dem Segway, und alle Türen öffneten sich ihm.

Er verbrachte viel Zeit im Rathaus von Cornish, einem roten Ziegelgebäude in der Mitte des Orts. BINGO JEDEN DIENSTAG stand draußen angeschlagen, als ich dorthin kam. Merilynn Bourne, die Leiterin des Gemeinderates von Cornish, ohne den nichts läuft, saß an ihrem Schreibtisch. Sie war eine geschäftige, geradlinige blonde Frau mit dem für New

England typischen Akzent und galt als Clark Rockefellers heftigste Kritikerin in Cornish. Sobald ich seinen Namen erwähnte, redete sie ohne Umschweife los.

»Alles, was er tat, diente nur dazu, sein Ansehen zu verbessern«, begann sie. »Er musste stets größer und besser als die anderen sein. Dabei war er nicht einmal groß, wenn er vor einem stand. Also musste er sich aufplustern – wie ein Gockel. Er trug immer Segelschuhe ohne Socken, selbst im tiefsten Winter. Dazu seine Jachthose, den blauen Blazer und das weiße Hemd. Sein Chauffeur! Er selbst besaß keinen Führerschein, setzte sich aber immer wieder gerne hinter das Steuer, so dass ich ihn ermahnen musste: ›Clark, das dürfen Sie nicht.‹«

Er hegte eine grundlegende Verachtung jedem Gesetz gegenüber, und wenn Merilynn Bourne ihn daran erinnerte, dass er nicht ohne Führerschein fahren dürfe, lächelte er höhnisch. Sie stellte mehrmals seine Identität in Frage und erzählte ihm, sie habe Freunde, die die echten Rockefellers in Woodstock in Vermont kannten, und diese Freunde behaupteten, die echten Rockefellers hätten noch nie von ihm gehört.

»Wie kann das sein, Clark?«, forderte sie ihn heraus.

»Weil ich meinen wahren Vornamen geheim halte«, antwortete er und fügte hinzu, dass er sich so eine gewisse »Anonymität« ermöglicht habe. Das fand Merilynn erst recht verdächtig. Wenn er auf Anonymität aus war, hätte er ja wohl seinen Nachnamen und nicht seinen Vornamen geändert. Einem weniger skeptischen Menschen leuchtete seine Erklärung vielleicht ein, nicht aber Merilynn Bourne.

»Viele gingen ihm auf den Leim und sagten zu mir: ›Ich verstehe dich nicht. Warum glaubst du ihm nicht?‹ Ich antwortete stets: ›Ich kann meinerseits nicht verstehen, wie man auch nur einem einzigen seiner Worte Glauben schenken kann. Erkennt ihr denn keinen Scharlatan, wenn er euch in die Augen sieht? Der ist wie der Kaiser aus dem Märchen *Des Kaisers neue Kleider*. Seht ihr denn nicht, dass er völlig nackt vor euch steht?‹ Aber sie erwiderten nur: ›Ach, woher willst du das wissen?‹ Ich sagte: ›Ich war auch noch nie im Weltraum, um nachzusehen, ob die Erde wirklich rund ist, aber ich bin mir trotzdem sicher, dass sie es ist. Ich kann seine DNA zwar nicht untersuchen lassen, aber ich weiß dennoch, dass er nicht das ist, was er vorgibt. Ich erkenne einen Scharlatan, wenn ich einen sehe. Außerdem hat er keinen Privatschulen-Akzent, und aus Boston kommt er auch nicht. Dieser Akzent ist europäisch. Da wette ich mit euch.‹ Ich wünschte, ich hätte es getan.«

Wie seiner Ehefrau Sandra Boss erzählte er auch Merilynn Bourne von seiner neuen Geschäftsidee, den Jet Propulsion Laboratories. Als sie sich nach der Webseite der neuen Firma erkundigte, nannte er ihr allerdings nur die Adresse einer Seite, auf der lediglich der Name der Firma stand und auf der man sich einloggen musste, um mehr zu erfahren. Natürlich verriet Rockefeller ihr nie den Zugangscode.

Außer Rockefeller kamen auch regelmäßig verschiedene Leute in offiziellen Funktionen zu ihr, die Rockefeller kontaktiert hatte und die direkt oder indirekt auf seine großartige gesellschaftliche Stellung verwiesen. Merilynn Bourne gab einige dieser Szenen zum Besten, in denen der angebliche Menschenfreund Clark seinem jeweiligen Gegenüber in mächtiger Position gehörig Sand in die Augen gestreut hatte.

»Clark hat sich bereiterklärt, der Straßenmeisterei einen Grabenbagger zu schenken«, unterrichtete sie zum Beispiel eines Tages der Leiter dieser Behörde und freute sich darüber, dass Rockefeller der Gemeinde Gerätschaften kaufen wollte, die diese aus eigener Tasche nicht bezahlen konnte. »Hören

Sie auf, mit Clark zu reden«, ermahnte ihn Bourne. »Damit setzen Sie sich nur in die Nesseln. Das bringt niemandem etwas. Er wird nichts geben, weil er nie *irgendjemandem* irgendetwas gegeben hat.«

Eine Woche später erschien ein sichtlich aufgebrachter Rockefeller in ihrem Büro. »Wenn ich es richtig verstehe, wollen Sie meine Spende für die Straßenmeisterei nicht annehmen. Können Sie mir das erklären?«

»Also, Clark. Ich gehe davon aus, dass Sie die Gemeinde, wenn Sie Ihr Geschenk annehmen würde, in kürzester Zeit bitten würden, etwas für Sie zu tun – und zwar umsonst. Sagen Sie mir, wenn ich falschliege.«

»Natürlich würde ich das.«

»Dann handelt es sich ja wohl auch nicht um ein Geschenk – oder?«, entgegnete sie.

Er zeigte sich ebenso großzügig dem Sheriff gegenüber, dem er versprach: »Ich werde Ihnen dies und das für Ihren Streifenwagen schenken.« Der Polizist ging daraufhin zu Merilynn und sagte: »Ich habe mit Clark gesprochen und …«

Weiter ließ sie ihn nicht kommen. »Jedes Mal, wenn jemand hier hereinkommt und erklärt, er habe mit Clark Rockefeller gesprochen, stellen sich mir alle Haare auf. Warum reden Sie überhaupt mit diesem Mann? Er ist ein Lügner. Man kann ihm nichts glauben. Hören Sie auf, Ihre Zeit mit ihm zu verschwenden.«

»Er hat sich aber bereiterklärt, mir etwas für den Wagen zu kaufen«, erklärte der Sheriff.

»Meine Antwort lautet Nein«, entgegnete Merilynn. »Das kommt überhaupt nicht in Frage.«

Mir erklärte sie später: »Und da es für uns überhaupt nicht in Frage kam, Geld oder Geschenke von ihm anzunehmen, wurde er sie eben in der nächsten Stadt, in Plainfield, los.

Dann schrieb er einen Brief an die Lokalzeitung *Valley News* und unterzeichnete ihn mit einem erfundenen Namen. Darin stand: ›Es ist wirklich schade, dass Cornish so rückständig ist, nicht einmal die großzügigen Gaben eines Mannes wie Clark Rockefeller anzunehmen.‹ Ich dachte mir nur: ›Wenn die wüssten…‹

›Ich verstehe euch nicht‹, sagte Rockefeller später zu mir. Dann sah er mich wie eine Kobra an, die Augenlider auf halbmast, lächelte höhnisch und erklärte schließlich: ›Ich habe Wichtigeres zu tun.‹«

Ich erkundigte mich, wie er es geschafft haben konnte, die Leute in einem kultivierten Ort wie Cornish so erfolgreich hinters Licht zu führen. »Da gibt es zwei Erklärungen. Zum einen hat Cornish, die ehemalige Künstlerkolonie, etwas Geschichte, Stil und Kultur«, antwortete sie. »Kurz: es hat eine gewisse Klasse. Und [Clark dachte]: ›Hier leben nur dumpfe Landeier, die ich problemlos beeindrucken kann.‹ Genau darauf haben sich seine Aktivitäten auch beschränkt. Welcher Einwohner von Cornish käme auch nur auf die Idee, im März in Top-Sider-Schuhen ohne Socken zu einer Gemeinderatssitzung zu gehen? Außerdem hatte er sich den Pullover über die Schultern geworfen und die Ärmel um den Hals geknotet. Als ob er das *Handbuch für die oberen Schichten* gelesen hätte! Ich wuchs in Newport in Rhode Island auf und kenne diese Schicht genau. Einem Bekannten von mir, der seinen Pulli noch immer so trägt, sage ich öfter: ›Mittlerweile bist du zweiundsechzig. Findest du nicht, dass es langsam an der Zeit wird, deinen Pulli wie jeder andere vernünftige Mensch zu tragen?‹

Ich glaube, Clark hat den ganzen Ort übertölpelt, und das ist traurig. Ich hatte gehofft, dass die Leute hier etwas klüger sind. Aber nicht jeder ist in der Lage, jemanden wie Clark zu durchschauen. Sie haben ja gehört, was Sandra vor Gericht ausgesagt hat: ›Ich will damit nur sagen, dass man auf einem Gebiet brillant und großartig sein kann, während man auf einem anderen eklatante Fehler begeht.‹ Ich glaube, Leute wie Clark suchen sich bewusst Menschen wie Sandra aus, die in ihrem Privatleben ein geringes Selbstwertgefühl besitzen. Ich denke, das war seine Vorgehensweise, deshalb konnte er sie so ausnehmen. Sie ist eigentlich eine ruhige, distanzierte, konservative Frau. Sie arbeitet zwar in der Hochfinanz und als Unternehmensberaterin, aber sie ist nicht der CEO, der das ganze Unternehmen leitet. Jemand wie Clark war in der Lage, sich das schwächste Schaf der Herde auszusuchen, und hat sich gedacht: ›Auf die Frau konzentriere ich mich. Ich werde ihr Selbstwertgefühl aufbauen und mich für sie unentbehrlich machen.‹ Dann sitzt er den ganzen lieben langen Tag zu Hause und spielt den feinen Herrn, während sie zur Arbeit geht.«

Nach dreimonatiger Mutterzeit fuhr Sandra wieder nach New York zur Arbeit und ließ das Baby in der Obhut eines Kindermädchens. Mitte der Woche war sie allerdings bereits wieder zu Hause und blieb auch über das Wochenende, um so viel Zeit wie möglich mit ihrer Tochter zu verbringen. Schon bald kündigte das erste Kindermädchen, und ein zweites wurde eingestellt. Danach ersetzten Babysitter die Kindermädchen, doch sie arbeiteten immer kürzer, bis Clark eines Tages davon überzeugt war, dass er selbst am besten auf Reigh aufpassen könne.

»Er wollte keine Kindermädchen oder Babysitter mehr«, erklärte Sandra vor Gericht. »Er behauptete, dass er es besser machen würde.«

Clark und Reigh kamen sich über Bücher näher. Schon mit

gut zwei Jahren konnte sie lesen. Über das Lesen hatte sich Christian Gerhartsreiter Amerika erschlossen und nun ermöglichte es ihm eine erste Verbindung zu seiner Tochter. »Er mochte es, sich mit ihr auf geistiger Ebene auseinanderzusetzen«, sagte Sandra Boss.

Während der nächsten Jahre kümmerte sich Clark um Reigh. Sandra war die ganze Woche unterwegs und überließ ihrem Mann alles, was ihre Tochter, das Haus und ihr Konto betraf. Sie beklagte sich zwar, dass das Leben für sie in Cornish unerträglich geworden wäre, aber Clark gab nicht nach.

»Der Angeklagte wollte auf dem Land leben und zeigte sich in keiner Weise bereit, einen Umzug auch nur in Erwägung zu ziehen«, schilderte sie vor Gericht. Sie erklärte sogar, Rockefeller habe es begrüßt, wenn sie nicht bereits Mitte der Woche nach Hause kam. Er wollte sein Leben in Cornish – und seine Tochter – für sich haben.

»Reigh ist sehr intelligent«, sagte Sandra den Geschworenen. »Sie hat das ABC gelernt, als sie noch ganz klein war und konnte kurz danach bereits lesen. Sobald ihr Verstand erwachte, wollte Clark sie kontrollieren. Er würde es ›anleiten‹ nennen. Eines Tages verkündete er, er habe beschlossen, von nun an Reighs einziger Betreuer zu sein. Ich arbeitete, und er trug seiner Meinung nach nicht genug zum Haushalt bei, deshalb wolle er nun ausschließlich ihre Erziehung übernehmen. Ich widersprach ihm, aber er ließ mich wissen, dass er kein gesteigertes Interesse an meiner Meinung habe.«

Ihr Ehemann »dominierte die Situation« mit ihrer Tochter, erklärte sie. Als das Kind größer wurde, war er »unfähig«, ihre emotionalen Bedürfnisse zu begreifen. »Stattdessen konzentrierte er sich ganz und gar auf ihre intellektuelle Entwicklung. Er spornte sie an, immer mehr und immer schneller zu lernen. Er bestimmte sehr genau, was sie aß und was sie anzog... Ich habe noch nicht erwähnt, dass er auch mir vorschrieb, was ich anziehen soll. Er bestand darauf, dass ich eine gewisse Kleidung trug, und dieses Verhalten weitete er dann auf unsere Tochter aus.«

Merilynn Bourne konnte sich noch gut daran erinnern. »Sie trug die gleichen Sachen wie er. Immer ein Izod- oder Lacoste-Hemd mit dem Alligator und die gleiche Khaki-Hose, der gleiche L.L.Bean-Hummer-Gürtel, die gleichen Segelschuhe ohne Socken. Und sie hatte einen Pagenschnitt. Ich sagte: ›Sie ist nur eine Erweiterung seiner selbst. Das ist Selbstliebe, nicht die echte Liebe eines Vaters.‹ Er ließ sie ständig Gedichte oder Bibelpassagen auswendig lernen, um sie dann allen vorführen zu können.«

»Sie sollte der unwiderlegbare Beweis seiner Brillanz, seines Talents werden«, interpretierte Staatsanwalt David Deakin Clark Rockefellers Besessenheit in Bezug auf seine Tochter. Clark nannte sie schon bald Snooks, vermutlich nach der kleinen Tochter der Familie Savio in Berlin in Connecticut, bei der er zu Anfang in Amerika gewohnt hatte. »Ich glaube, es ist eindeutig, dass er in Reigh jemanden gefunden hatte, aus dem er etwas Echtes, etwas Wahres machen konnte. Sie sollte ihn legitimieren. Er wollte ihr die Möglichkeiten geben, die er selbst nie gehabt hatte. Sie sollte etwas Besonderes werden. Durch Reigh Rockefeller, die Nobelpreisträgerin in Physik oder die Autorin, die den Pulitzer-Preis gewinnt, oder die Präsidentin der Universität Stanford, wollte er zu etwas Richtigem, Wahrem werden – nämlich zum Vater von Reigh Rockefeller. Und das wäre in seiner Welt eine echte Leistung gewesen.«

Das Kind sollte eine tiefe Veränderung in Rockefeller bewirken. Als sie älter und intelligenter wurde, lernte er, sie zu lieben. Er war vernarrt in sie. Durch diese Liebe und Hingabe sollte der Mann, der seine gesamte Vergangenheit immer wieder so erfolgreich hinter sich gelassen hatte, endlich einen Anker in seinem Leben haben – einen Menschen, den er nicht anlügen, betrügen oder verlassen konnte. »Das einzig Wahre in seinem Leben war seine Tochter, seine Liebe zu seiner Tochter«, erklärte Thomas Lee, der Superintendent der Polizei von Boston. »Alles andere war Lug und Trug.«

KAPITEL FÜNFZEHN

Gott des Krieges

Unweit von Doveridge liegt das historische Anwesen Saint-Gaudens, der 365 Hektar große ehemalige Besitz von Augustus Saint-Gaudens. Der Künstler war 1885 auf der Suche nach »Lincoln-Männern« in die Gegend gekommen, um diese als Modelle für seine schon bald berühmten Skulpturen des amerikanischen Präsidenten und andere Heldenfiguren zu verwenden. Im Jahr 1905 führte die Künstlerkolonie in Cornish anlässlich des zwanzigjährigen Jubiläums von Saint-Gaudens' Ankunft ein Maskenspiel auf, das an ein klassisches Stück angelehnt war und an dem auch einige reiche New Yorker teilnahmen, die den Künstlern aufs Land gefolgt waren.

2005 feierte die Belegschaft des historischen Anwesens das hundertjährige Jubiläum dieser Aufführung, indem sie das Stück *Die Götter und die goldene Schüssel* erneut auf die Bühne brachte. Wie schon zwanzig Jahre zuvor in San Marino schaffte es Clark Rockefeller auch diesmal, Teil des Ensembles zu werden.

»Wenn ich mich nicht täusche, erhielt er die Rolle des Mars, und seine Tochter spielte eine Nymphe«, erinnerte sich Gregory Schwarz, der Direktor des Besucherzentrums der historischen Saint-Gaudens-Anlage. Auf einem Foto ist Rockefeller in einer goldenen Rüstung mit dazu passendem Helm zu sehen. Er hält mit verkniffenem Mund einen Speer in der Hand. Rockefeller war die Rolle des Kriegsgottes geradezu auf den Leib geschnitten, denn er hatte sich inzwischen mit einem Großteil der Bevölkerung Cornishs angelegt.

Die Unannehmlichkeiten begannen im Sommer 2001, als zwei Damen aus Cornish, Nancy Nash-Cummings und Dr. Sylvie Rudolph, zusammen schwimmen gehen wollten. Senator Peter Burling erklärte mir, dass »Nancy eine überaus fähige und wunderbare Frau ist. Sie als sehr belesen und gebildet zu bezeichnen sowie als Grundpfeiler sämtlicher kultureller Aktivitäten wäre geradezu eine Untertreibung. Sylvie Rudolph ist eine außerordentlich zuverlässige und beliebte Ärztin, die in unserer Notaufnahme arbeitet. Im Übrigen ist sie studierte Juristin.«

Burling schlug vor, ich solle mit Nancy Nash-Cummings in Kontakt treten, um die Geschichte aus erster Hand zu erfahren. Das tat ich. Als ich sie als Erstes nach ihrem Befinden fragte, erwiderte sie: »Oh, prima!« Dann begann sie mit ihrer Erzählung über Clark Rockefeller.

»Es war eine äußerst unangenehme erste Begegnung. Meine Freundin Sylvie Rudolph und ich gehen viel spazieren, und es gibt ein Anwesen neben dem von Clark, wo wir zum Schwimmen und für ein Picknick anhielten. Wir bemerkten eine riesige Pumpe am Blow-Me-Down-Fluss, die sehr laut war, und waren überrascht, da wir nichts davon gehört hatten, dass es eine Genehmigung dafür gab. Also gingen wir auf Clarks Grundstück und schalteten sie aus. Innerhalb weniger Sekunden kam eine Art Hausmeister auf uns zu und wollte wissen, was wir da taten. Wir sagten, dass wir die Pumpe ausgeschaltet hätten, weil sie unglaublich laut sei, und Rockefeller unseres Wissens nach keine Genehmigung dazu besaß. Noch am gleichen Nachmittag versuchte Clark herausfinden, wer wir waren. Im ersten Fax, das er schickte, drohte er, uns zu verklagen.«

Rechtlich gesehen, konnte man den beiden Frauen tatsächlich Hausfriedensbruch vorwerfen. Doch die Grundstücksgrenzen sind in Cornish eher vage gehalten. Außerdem waren die Freundinnen überzeugt, dass man sich bei einem vernünftigen Gespräch einigen konnte, denn so lief das in diesem verschlafenen Örtchen immer ab. Nancy zeigte mir das Fax, das Rockefeller an einen Mittelsmann geschickt hatte, einen Einheimischen namens Max Blumberg. Er bat ihn darin, die Frauen von seinem weiteren Vorgehen zu unterrichten:

Lieber Max,
sie haben es so gewollt!
Damit Melissa [Rockefellers Anwältin] die beiden nicht anzeigt, brauche ich eine **schriftliche Entschuldigung** für
• den Hausfriedensbruch
• die Tatsache, dass sie sich an meiner Pumpe zu schaffen gemacht haben
und **das Versprechen**

nie wieder auch nur in die Nähe meines Swimmingpools zu kommen.

Ich muss diese schriftliche Entschuldigung und das Versprechen **von beiden Frauen unterschrieben und datiert** morgen nicht später als zehn Uhr in meinem blauen Postfach bei der Union Leader [eine Lokalzeitung] erhalten haben.

Falls genannte Schriftstücke nicht um zehn Uhr vorliegen und eine Kopie mit einem Poststempel vom 2. August nicht an Melissa Martin [Adresse hier nicht genannt], Lebanon, NH 03766, geschickt wurde, habe ich Melissa angewiesen,

**eine Beschwerde bei der Polizei in Cornish einzureichen.
DANN WERDEN WIR ANZEIGE ERSTATTEN**

wegen

**Hausfriedensbruch und
unbefugter Bedienung meines Sicherungskastens.**

Falls sie sich nicht bewusst sein sollten, welche Folgen ein
solches Vorgehen hat:

- Sie müssten auf der Polizeistation von Cornish vorstellig
  werden.
- Sie müssten zur Anklageverlesung vor ein Strafgericht.
- Sie müssten sich einen oder mehrere Anwälte nehmen.
- Ihre Namen würden polizeilich vermerkt, in Lokalzeitungen
  genannt und in den jeweiligen Gerichtsakten stehen.
- Nach der rechtmäßigen Verurteilung würde ich eine
  Zivilklage einreichen, die sie noch teurer zu stehen
  kommen würde.

Sie haben die Wahl. Lassen Sie mich bitte wissen, wie sich die
beiden entscheiden. Sie sollten sie davon in Kenntnis setzen,
dass ich nicht bluffe.

»Ich habe das natürlich zunächst einmal als völligen Unsinn
abgetan und gesagt: ›Er ist verrückt, und ich werde bestimmt
nicht auf seine Forderungen eingehen‹«, erzählte mir Nash-
Cummings. »Mein Mann war wütend, weil er meinte, dass ich
in der Tat Hausfriedensbruch begangen und auch unbefugt
etwas an seinem Sicherungskasten gemacht hätte. Der Anwalt, mit dem ich mich in Verbindung setzte, riet uns dazu,
die Entschuldigung zu schreiben, da Rockefeller tatsächlich
berechtigt sei, uns vor Gericht zu bringen. Es würde uns teuer
zu stehen kommen und all das. Es dauerte Stunden, ehe ich

diese vermaledeite Entschuldigung zusammenhatte. Am nächsten Tag gaben wir sie rechtzeitig ab und glaubten: ›Damit haben wir das hinter uns.‹ Doch einen Monat später schickte er uns ein Glas Honig und eine Entschuldigung. Er behauptete, er habe ja keine Ahnung gehabt, dass wir in der Gemeinde so angesehene Frauen seien oder irgend so einen Unsinn.«

Sie sandte mir eine Kopie dieses Briefs, der auf normalem Briefpapier mit dem Namen von Rockefellers Anwesen DOVERIDGE im Briefkopf getippt war. Er schrieb, er sei so aufgebracht gewesen, da jemand zuvor seine Pumpe manipuliert, die Schläuche abgemacht, den Tank mit Zucker gefüllt und sie schließlich sogar gestohlen habe. »Wir entschieden uns dagegen, den Vorfall der Polizei zu melden, weil wir diese ohne einen konkreten Verdächtigen nicht behelligen wollten«, schrieb er weiter. »Mittlerweile haben wir eine ferngesteuerte, sensoraktivierte Nachtsichtkamera in einem Baum in der Nähe der Pumpe installiert, die von Tasco Security überwacht wird, und hoffen so, den Schuldigen bald stellen zu können.«

Er schloss in versöhnlichem Ton: »Ich bitte Sie, den Honig... von unseren eigenen Bienen... als Geschenk entgegenzunehmen. Es ist der erste der Saison. Ich hoffe, somit unsere Differenzen der letzten Wochen beilegen zu können und bin guten Mutes, dass der Verantwortliche schon bald gefasst wird.« Er unterzeichnete schlichtweg nur mit seinem Nachnamen: Rockefeller.

Auf diese Weise verhielt sich Clark des Öfteren auch anderen Einwohnern von Cornish gegenüber. Sein Sicherheitswahn grenzte an Fanatismus. Unter anderem parkte er einen Polizeiwagen vor seinem Haus, den er bei einer Auktion ersteigert hatte. Auf den Wagentüren stand: DOVERIDGE SECURITY. Wenn er nicht auf seinem Segway durch die Gegend rollte, was immer wieder für Aufsehen sorgte, ließ er sich in seinem kugelsicheren Cadillac herumchauffieren.

Der Gott des Krieges, sicher in seiner Festung, war bereit, sich mit den Einwohnern von Cornish in die Schlacht zu stürzen.

Eine seiner ersten Gegnerinnen war Alma Gilbert-Smith, die Gründerin des Cornish Colony Museum, einem Schrein für jene Künstler, die während der kulturellen Hochzeit des Ortes dort gewohnt hatten. Die Künstler waren schon seit langem wieder weggezogen, doch die meisten ihrer Werke hingen in Gilbert-Smiths Haus. Es hatte früher einmal Maxfield Parrish gehört, dessen farbenfrohe, romantische und teilweise skurrile Bilder ihn zu einem besonders oft kopierten Künstler seiner Zeit gemacht hatten. Das prächtige fünfzig Hektar große Anwesen hieß »The Oaks«, und Parrish hatte dort viele seiner berühmtesten Werke geschaffen.

»Parrish errichtete das Haus in Einklang mit der hügeligen Landschaft«, erklärte Alma Gilbert-Smith, eine dunkelhaarige Frau mit einem leichten spanischen Akzent, den sie sich während ihrer langen Jahre in Mexiko City und im Süden von Texas angewöhnt hatte. Als sie mir das Grundstück zeigte, fragte sie: »Duften der Flieder und die Apfelblüten nicht ganz wunderbar?«

Hinter dem Haus lag ein Swimmingpool, und man hatte einen fantastischen Blick auf den Mount Ascutney, der sich auf der anderen Seite des Connecticut River in Vermont befindet. »Parrish und die anderen Künstler der Kolonie errichteten sogenannte Mondpools – Becken, die nur dazu dienten, den Mond widerzuspiegeln«, erklärte mir Alma Gilbert-Smith.

Sie zeigte auf ein benachbartes Haus. »Das dort drüben

war Parrishs Atelier. Es bestand aus fünfzehn Räumen. Und das hier«, fuhr sie fort und deutete auf ein Beet voller Blumen, »sind noch Lydia Parrishs Originalpfingstrosen.« Parrish malte die Pfingstrosen seiner Frau besonders gerne. Im Haus meiner Gastgeberin fanden sich viele Kunstwerke jener Zeit, darunter auch Daniel Chester Frenchs vergoldete Skulptur mit dem Titel *Die ersten Freiwilligen für den Unabhängigkeitskrieg in Concord*, Saint-Gaudens' riesige vergoldete Skulptur namens *Diana des Turmes* (»Das Anwesen Saint-Gaudens' besitzt die gleiche Diana in Bronze, und ich stichele immer wieder, indem ich sage: ›Ihr habt nur die bronzene, ich habe die goldene in meiner Sammlung.‹«) sowie ihr wertvollstes Stück, Parrishs *Nordwand*, das größte Bild, das er jemals malte – ein farbenfrohes, leuchtendes Werk, das einen Meter fünfzig mal fünf Meter vierzig groß ist.

Als wir unseren Rundgang durch das Anwesen wieder aufnahmen, erzählte mir Alma Gilbert-Smith eine Geschichte. »Am 24. Februar 1979 wütete hier ein Feuer. Es war eines der schlimmsten Feuer in der Geschichte Neuenglands. Es brach nachts aus, und wir hatten kein Wasser. Uns blieb nichts anderes übrig, als es mit Schnee zu bekämpfen.«

Wir befanden uns jetzt im hinteren Garten, und sie zeigte mir ein hohes Fenster im ersten Stock. »Mein Mann sprang mit einem großen Parrish unter dem Arm von dort herunter. Er ist ein Whitney [eine angesehene Familie der Gegend] und hatte das Glück, dass seine Familie die Werke der Künstler von Cornish noch zu deren Lebzeiten sammelte.« Sie fügte hinzu, dass ihr Mann ein Nachfahre von »Colonel Barret« sei, »dem Anführer der Freiwilligen«, sowie von General Benjamin Lincoln, »der Lord Charles Cornwallis' Schwert als Zeichen der britischen Niederlage entgegennahm«.

Was sie damit sagen wollte, war eindeutig: Wir befanden

uns hier im Haus *echter* Amerikaner, die sogar das eigene Leben aufs Spiel setzen würden, um die Ehre und das Vermächtnis der Künstlerkolonie in Cornish zu schützen.

Wir kehrten ins Haus zurück, um dort Tee zu trinken, und Alma Gilbert-Smith fuhr mit ihrer Geschichte fort. »Parrish empfing hier viele Persönlichkeiten. Präsident und Mrs. Woodrow Wilson, Teddy Roosevelt, Zelda und F. Scott Fitzgerald und [der Autor] Winston Churchill waren oft zu Gast und begeisterten sich für das prachtvolle Anwesen und den wunderschönen Garten. Isadora Duncan hat sogar im Musikzimmer getanzt.«

Endlich kamen wir zum eigentlichen Grund meines Besuches, zu Clark Rockefeller, den sie lediglich »den Angeklagten« nannte, da er zu dieser Zeit bereits in Boston vor Gericht stand.

»Der Angeklagte verhielt sich gegenüber der Künstlerkolonie in Cornish ausgesprochen respektlos«, sagte sie, und ich erahnte die offenen Wunden, die seine Arroganz bei ihr hinterlassen hatte. »Das offenbart, wie kunsthistorisch bewandert er wirklich war. ›Wen kümmern diese obskuren Künstler aus dem neunzehnten Jahrhundert?‹, fragte er mich.«

»*Wie* bitte?«, empörte sie sich auch jetzt noch bei der Erinnerung an diesen Schwindler, der jene Künstler, denen sie fast ihr ganz Leben gewidmet hatte, so selbstverständlich als unbedeutend abtat. »Sie stellten den Mittelpunkt der Goldenen Epoche der Vereinigten Staaten dar: Augustus Saint-Gaudens, Thomas und Maria Dewing, Frederick MacMonnies, Frederic Remington. Auch heute noch werden diese obskuren Künstler des neunzehnten Jahrhunderts – wie der Angeklagte sich ausdrückte – von den Rockefellers, den Whitneys, den Vanderbilts und den Astors gesammelt.«

Sie fügte hinzu, dass die zwei großen Persönlichkeiten, die

in letzter Zeit Cornish zu ihrer Heimat erwählt hatten – J.D. Salinger und der umstrittene britische Schriftsteller indischer Herkunft Salman Rushdie –, auch die Werke der ehemaligen Künstlerkolonie von Cornish bewundert hätten: »Sowohl Salinger als auch Rushdie erkundigten sich bei mir, ob ich ihnen Zugang zum Museum gewähren könnte, wenn niemand anderer hier ist«, erklärte sie, »damit sie niemand sieht. Natürlich konnte ich das.«

»Hat Clark Rockefeller jemals das Museum besucht?«, wollte ich wissen.

»Nein. Nie.«

Das brachte uns zu der Geschichte ihrer unglücklichen Begegnung mit ihm. »Ich muss erst einmal das Buch holen«, erklärte sie und kehrte kurz darauf mit einem Exemplar von *A Place of Beauty. The Artists and Gardens of the Cornish Colony* von Alma M. Gilbert und Judith B. Tankard, einer Dozentin am Radcliffe College, zurück. »Judith Tankard ist eine echte Expertin für Gärten, und mich hält man für die führende Kennerin von Maxfield Parrish«, sagte sie. Das Buch behandelte die Künstler der Künstlerkolonie von Cornish und ihre Gärten – sowohl zur damaligen Blütezeit als auch in ihrem heutigen Zustand. »Maria Dewing besaß einen der schönsten Gärten von ganz Cornish«, fuhr Alma Gilbert-Smith fort. Ich wusste, dass Maria und Thomas Dewing, dessen Gemälde *Rosen* vor nicht allzu langer Zeit laut Alma Gilbert-Smith »für mehrere Millionen Dollar« den Besitzer gewechselt hatte, lange Zeit in Doveridge gewohnt hatten.

Clark Rockefeller habe die Gartenanlage von Doveridge »vollständig zerstört«, klagte Alma Gilbert-Smith und fügte hinzu: »Also wollte ich zumindest Fotografien von Maria Dewings Garten für das Buch verwenden. Schließlich war er berühmt. Ich hatte die vorherige Besitzerin von Doveridge gebeten, mir ein paar der Aufnahmen zur Verfügung zu stellen, und sie willigte selbstverständlich ein. Doch dann verkaufte sie an Sandra Boss, und ich musste mich an die neuen Besitzer wenden.«

»Soweit ich weiß, haben Sie vor kurzem Doveridge erworben, und ich möchte Sie herzlich willkommen heißen«, hatte sie Rockefeller begrüßt. Sie war sich sicher, dass es kein Problem sein würde, das ein oder andere Foto des Gartens von Doveridge – sowohl im ursprünglichen als auch im heutigen Zustand – zu bekommen. »Ich kannte ja die Rockefellers aus Woodstock und wusste, dass sie ausgesprochen großzügige Menschen mit einem großen Kunstverständnis waren.«

Also rief sie ihn an und erklärte ihm fröhlich, dass sie gerade dabei sei, ein Buch über jene Anwesen von Cornish zu schreiben, die früher Teil der Künstlerkolonie gewesen waren. Selbstverständlich habe sie die Erlaubnis der ehemaligen Besitzerin von Doveridge eingeholt, um die Reste des einmal so fantastischen Gartens von Maria Dewing zu fotografieren. Als sie das erzählte, verdunkelte sich das Gesicht der Kunsthistorikerin aus Cornish, und ihre Stimme sank um eine Oktave, um die unfassbare Antwort wiederzugeben, die sie an jenem Tag bekommen hatte.

»Er sagte: ›Nun, *meine* Erlaubnis haben Sie nicht.‹ Also entgegnete ich: ›Das stimmt, Sir, und genau deshalb rufe ich an.‹ Doch er erwiderte: ›Nun – *nein*. Ich bin sehr bekannt.‹ Als er das sagte, erklärte ich: ›Entschuldigen Sie, aber es gibt hier viele bekannte Leute!‹ Daraufhin sagte er: ›Ich möchte nicht, dass jemand erfährt, wo ich wohne.‹ Ich gab zu bedenken, dass jeder wusste, wer hierhergezogen war. Schließlich stand es in der Lokalzeitung, dass ein Rockefeller zur Gemeinde gehörte. Er sagte: ›Das mag sein, aber sie wissen nicht, *wo genau* ich wohne. Ich werde auch nie zulassen, dass man es erfährt.

Ich verbiete Ihnen hiermit ausdrücklich, Fotos von meinem Grundstück zu machen.‹«

Ich konnte die Wut in ihrer Stimme förmlich greifen. »Ich antwortete: ›Das ist ein überaus bedeutender Garten. Aber wenn Sie nicht möchten, dass ich Fotos mache, werde ich diesem Wunsch natürlich nachkommen. Ich werde dann wohl alte und historische Aufnahmen des Hauses verwenden.‹ Ich glaubte meinen Ohren nicht zu trauen, als er sagte: ›Auch das erlaube ich nicht.‹ Ich entgegnete: ›Darauf haben Sie keinen Einfluss. Es handelt sich um historische Fotografien, und Sie können mich nicht davon abhalten, sie in meinem Buch zu veröffentlichen.‹ Er entgegnete: ›Entschuldigen Sie, aber ich kann Sie nicht nur davon abhalten, die Bilder in Ihrem Buch aufzunehmen, sondern auch verhindern, dass das Buch überhaupt veröffentlicht wird. Ich werde eine einstweilige Verfügung erwirken, damit Ihr Büchlein gar nicht erst gedruckt wird!‹«

Sie ließ das Wort »Büchlein« einen Moment lang im Raum hängen, ehe sie fortfuhr.

»Das mit dem ›Büchlein‹ musste ich erst einmal verarbeiten.« Sie teilte mir mit, dass sie bereits *vierzehn* Bücher veröffentlicht habe und lächelte mich selbstbewusst an. »Also sagte ich ihm: ›Dieses Buch wird veröffentlicht.‹ Er wiederholte: ›Ich werde eine einstweilige Verfügung erwirken. Ich bin sehr bekannt und will auf gar keinen Fall, dass irgendjemand erfährt, wo ich wohne.‹«

Jetzt reichte es Alma Gilbert-Smith endgültig. »Ich habe ihm erklärt: ›Nun, Mr. Rockefeller, wenn es Ihnen wirklich so viel bedeutet, dass niemand von Ihrem neuen Wohnsitz erfährt, wie lange glauben Sie dann wird es wohl dauern, bis die Presse Wind davon bekommt [dass ein Rockefeller die Veröffentlichung eines Kunstbuches verhindern wollte]? Ich pflege einen engen Kontakt zu den Medien und kann dafür sorgen, dass so etwas wirklich sehr schnell geht. Außerdem hat mein Verlag in Kalifornien…‹ Plötzlich unterbrach er mich und fragte: ›*Was haben Sie da gerade gesagt?*‹ Ich setzte erneut an: ›Mein Verlag in Kalifornien, Ten Speed Press, wird höchstwahrscheinlich sehr verärgert sein und selbst dafür sorgen, dass die Öffentlichkeit davon erfährt, falls Sie versuchen sollten, mich an der Veröffentlichung meines Buchs zu hindern.‹ Er meinte daraufhin: ›Ich werde es mir durch den Kopf gehen lassen und mit meinen Anwälten sprechen.‹«

»Verstehen Sie?«, fragte Alma Gilbert-Smith mich, und ich wusste natürlich, was sie damit sagen wollte. Zu jenem Zeitpunkt konnte sie sich der Tatsache nicht bewusst gewesen sein, doch im Nachhinein musste sie gemerkt haben, dass das Wort »Kalifornien« bei Rockefeller einiges auslöste. Schließlich war dies der Bundesstaat, der sich für ihn wegen des Verschwindens von Linda und John Sohus interessierte. Es dauerte nicht lange, ehe sie einen Brief von seinen Anwälten erhielt: Ihr Klient würde es zwar weiterhin verbieten, dass man Bilder von Doveridge mache, erkläre sich aber bereit, von einer einstweiligen Verfügung abzusehen. »Deswegen sind die einzigen farbigen Abbildungen in dem Kapitel Gemälde [des Gartens] von Thomas und Maria Dewing.«

Rockefellers heftige Auseinandersetzung mit Alma Gilbert-Smith und sein Ausbruch den anderen beiden Frauen gegenüber, die seine Pumpe abgestellt hatten, stellten lediglich ein Vorspiel für das dar, was seine größte Schlacht werden sollte: der Krieg um Trinity Church.

Sein Hauptwidersacher war in diesem Fall Peter Burling. Ehe sie gegeneinander im Kampf um die Kirche in den Ring stiegen, lieferten sie sich bereits einige einleitende Scharmützel. »Es ist mir peinlich, darüber zu sprechen. Aber irgendwann beschloss Clark, Teile meiner Persönlichkeit zu übernehmen«, begann Burling, als wir zusammen beim Frühstück saßen. Der Senator hatte sich Mitte der siebziger Jahre ein GMC-Feuerwehrauto aus dem Jahr 1937 für zweihundert Dollar zugelegt, um seine Pferde im Fall eines Feuers schützen zu können. Als er ihn nicht mehr brauchte, stieß er ihn ab. Wer sonst als Clark Rockefeller sollte ihn kaufen, um ihn der wachsenden Sammlung von Oldtimern auf seinem Grundstück in Doveridge hinzuzufügen?

»Clark, was haben Sie mit dem Feuerwehrauto vor?«, fragten ihn die Einheimischen.

»Ich will es für Paraden benutzen und Kinder damit herumfahren lassen«, erwiderte er.

Als Nächstes gerieten Rockefeller und Burling wegen eines Häuschens aneinander, das einmal Rosie Leclaire gehört hatte, der allseits beliebten ehemaligen Pflegerin von Burlings Großvater – ein enger Freund des berühmten Juristen und früheren Bewohners von Doveridge, Learned Hand. (Burling erzählte: »Was mir von der Hinterlassenschaft meines Großvaters fast am besten gefällt, ist eine Notiz, die er an den Richter Learned Hand geschickt hatte und die lautete: ›Mit dir durch die Wälder um Cornish zu spazieren, gehört zu den Höhepunkten meines Lebens.‹«) Als Leclaire starb, war Burling als ihr Testamentsvollstrecker eingesetzt. Der einzige größere Posten war das Haus, und Burling hatte sich in den Kopf gesetzt, es für den höchstmöglichen Preis zu verkaufen, damit er das Geld an ihre Erben weiterleiten konnte.

Auftritt Rockefeller. Er bot einen beschämend niedrigen Betrag für das Haus. »Ich gewann von vornherein den Eindruck, dass Clark etwas im Schilde führte. Er versuchte, das Interesse an dem Haus niedrig zu halten, und ließ alle wissen, dass keiner eine Chance habe, das Haus zu kaufen, da er selbst es erwerben würde. Die anderen bräuchten gar nicht erst mitzubieten. Also beschloss ich, selbst mitzubieten. Er durfte mit seinem Plan nicht einfach davonkommen. Es ging schließlich um Rosie! Sie hätte von mir erwartet, sie zu verteidigen.«

Burlings Empörung war offenkundig. »Dann rief mich Clark an: ›Sie versuchen, mich dazu zu bringen, mehr zu zahlen! Sie wollen das Haus doch gar nicht! Ich will es haben. Das ist *mein* Haus.‹«

Er schüttelte den Kopf. »Ich bitte Sie, es war zum Kotzen. Entschuldigen Sie meine Ausdrucksweise, aber das trifft es einfach. Ich stand da und hörte mir sein Geschrei an, bis ich sagte: ›Clark, wir wollen nur sicherstellen, dass das Haus auch einen fairen Preis erzielt.‹ Daraufhin habe ich erneut ein Gebot abgegeben, was ihn zur Weißglut brachte. Aber er überbot mich. Natürlich wusste zu diesem Zeitpunkt niemand, dass es sich in Wahrheit um Sandras Geld handelte. Ich glaube, das war der ursprüngliche Auslöser. Danach betrachtete er mich als Feind. Es war klar, dass sein Ego auf irgendeiner Ebene nach einer Auseinandersetzung mit mir gierte. Er konzentrierte sich ganz auf mich und sah in mir den Platzhirsch, den es zu besiegen galt.«

Burling kam zu Ohren, dass Rockefeller in ganz Cornish abfällig über ihn redete. »Hier und da hörte ich missbilligende Äußerungen über mich. Natürlich stammten sie alle von Clark.«

Gemäß seinem üblichen Vorgehen zog es Rockefeller auch in Cornish zur Kirche – in diesem Fall zur Trinity Church, deren Holzarchitektur Walker Evans bereits 1808 fotografiert hatte und die vom Nationalen Verzeichnis historischer Stätten als besonders wertvoll eingestuft wurde. »Es ist eine wunderschöne Holzkirche, die zweitälteste Episkopalkirche in New Hampshire«, erklärte Burling. »Ich habe sie 1984 mit dem Versprechen erworben, sie der Gemeinde zurückzugeben.«

»Die Kirche war sein Projekt, sein Baby«, klärte mich Merilynn Bourne über die Verbundenheit des Senators mit der Kirche auf. Er verbrachte zwanzig Jahre damit, sie wieder herzurichten. 2004 war es dann endlich so weit. Die Kirche war vollständig restauriert, und Burling wollte sein Versprechen einlösen, sie der Gemeinde zu übergeben. Es hätte seine Sternstunde werden sollen.

»Doch Clark hatte andere Pläne, wieselte geschäftig herum und schaffte es tatsächlich, die Gemeinde dagegen aufzuwiegeln, die Kirche als Geschenk von mir anzunehmen«, fuhr Burling fort.

Wie hatte es Clark Rockefeller geschafft, die Leute dazu zu bringen, eine solch großzügige Gabe abzulehnen?

»Die Kirche ist ein Wrack«, äffte Burling Rockefeller nach, der das bei jeder Gelegenheit zum Besten gegeben hatte. »Sie sei angeblich nicht vernünftig restauriert. Die Gemeinde wäre ganz schön dämlich, sich darauf einzulassen.

Wer weiß, was er sonst noch erzählt hat. Er hatte diese Gabe, die Menschen von allem zu überzeugen – selbst dass es im August schneit.«

Die Voraussetzungen waren also geschaffen für die mittlerweile »berühmte Gemeinderatssitzung vom März 2004«. Burling leitete die Sitzung, und der erste Punkt auf der Tagesordnung betraf die Frage, ob Cornish 110 000 Dollar für den Bau einer zweiten Polizeidienststelle neben dem Feuerwehrgebäude ausgeben sollte. »Ich eröffnete die Sitzung und kam gleich zum ersten Punkt. Clark, der in der vordersten Reihe saß, hob als Erster die Hand. Also sagte ich: ›Clark, bitte. Sie haben das Wort.‹«

Was als Nächstes passierte, erzählte Burling auf eine Weise, als würde er einen Boxkampf kommentieren. Offensichtlich waren die Wunden auch bei ihm noch nicht verheilt. »Er griff in die Tasche und zog etwas hervor, das wie ein Scheck aussah. Dann verkündete er: ›Ich habe hier einen Scheck über 110 000 Dollar. Wenn die Gemeinde Burlingtons Geschenk annimmt und mir die Kirche für einen Dollar weiterverkauft, spende ich dieses Geld, um die Polizeistation zu bauen.‹«

Burling holte tief Luft. »Es war eine atemberaubende Vorstellung, da es in der Gesellschaft Neuenglands verpönt ist, seinen Reichtum derart öffentlich zur Schau zu stellen. Man konnte förmlich hören, wie die Kinnladen herunterfielen, und 410 Gesichter blickten peinlich berührt drein. Ich schluckte. Er hatte mich am Wickel. Eines der Gemeinderatsmitglieder erzählte mir später, dass er mich ansah und ihm durch den Kopf geschossen sei: ›Das Arschloch hat Burling in eine unmögliche Lage gebracht.‹«

Rockefellers geschickter Schachzug war dennoch erfolgreich. Er zahlte Cornish 110 000 Dollar von Sandra Boss' Geld, damit die Gemeinde die Polizeiwache bauen konnte, und erstand dafür die Kirche für einen Dollar. Jetzt konnte er damit angeben, dass er sich mehr um Cornish kümmere als Burling. Noch schlimmer war jedoch, dass er jetzt beeinflussen konnte, wer zum Gottesdienst kam und welchen Weg die Gemeinde einschlug. Laut Burling nutzte er diese Macht, um eine Kampagne gegen Gene Robinson zu starten, den neuen Bischof der Diözese. Robinson, den Burling als einen »der nettesten Menschen« beschrieb, »die mir jemals begegnet sind«, war der erste bekennend homosexuelle Pfarrer, der nicht dem Zölibat folgte und in der Episkopalkirche zum Bischof aufgestiegen war. Diese Tatsache brachte ihm natürlich viele Feinde in den konservativen Reihen der Kirche ein.

Nach der Sitzung wollte Burling jedoch nicht klein beigeben. »Ich muss zugeben, dass ich ein wenig in die Trickkiste gegriffen habe«, gestand er mir. »Es war vereinbart, dass ich der Gemeinde die Kirche überließ, aber von ihrem Inneren war nie die Rede gewesen.«

Ich fragte ihn, was sich in der Kirche befunden hatte, die er so hingebungsvoll restauriert hatte, nur um sie dann an seinen Erzfeind zu verlieren. »Ein Taufstein aus Granit, einige Bänke, die ich extra für die Kirche bauen ließ, ein Porträt von Philander Chase – einem der bedeutendsten Episkopalen aus Cornish und der erste Bischof von Ohio – und natürlich die Gesangbücher und Ähnliches. Außerdem die herrliche Orgel aus den 1870er Jahren und vieles mehr.

Ich rief also Clark an und sagte: ›Clark, es freut mich, dass die Kirche jetzt Ihnen gehört. Ich werde alles, was sich darin befindet, der Historischen Gesellschaft spenden. Vielleicht sind Sie ja daran interessiert, es ihr abzukaufen oder es gegen eine Spende einzutauschen.‹ Er ist förmlich ausgeflippt und rief: ›Sie Halunke! Wie können Sie es wagen? Alles, was sich in der Kirche befindet, gehört auch zur Kirche!‹ Ich erklärte: ›Clark, das sind Gegenstände, die beim Kauf der Kirche nicht mit erworben wurden.‹«

Der Senator genoss sichtlich seinen kurzen Sieg. »Also schenkte ich alles der Historischen Gesellschaft. Erst später merkte ich, dass das ein gewaltiger Fehler gewesen war. Clark schoss sich daraufhin nämlich auf sie ein und bedrohte sie sogar«, fuhr er fort. »Er erklärte: ›Das ist meine Immobilie, und wenn Sie versuchen sollten, etwas dort herauszuholen, werde ich meine Anwälte einschalten.‹ Es war schrecklich. Die Historische Gesellschaft von Cornish besteht bis heute aus aufrichtigen und durch und durch liebenswerten Menschen, die überhaupt nicht wussten, wie ihnen geschah. Er tyrannisierte sie so lange, bis sie nicht anders konnten, als ihm alles zu überlassen. Sie waren völlig durch den Wind und haben irgendwann klein beigegeben. Sie hatten ja keine Ahnung, mit wem sie es zu tun hatten. Zu dem Zeitpunkt hatte niemand von uns eine Ahnung, mit wem wir es zu tun hatten.«

»Was haben Sie damals vermutet?«, wollte ich wissen.

»Ich weiß nicht. Ich habe zwar nie geglaubt, dass er ein Rockefeller ist, aber mehr wusste ich auch nicht.«

Die Schlacht um die Trinity Church war der *Valley News* zu Ohren gekommen – einer Tageszeitung, die in Teilen von New Hampshire und Vermont erschien. Am 3. Juli 2004 schrieb der Reporter John Gregg über Rockefellers Pläne für die Kirche. Auf seine Frage, ob er mit der Familie von John D. Rockefeller verwandt sei, habe Rockefeller »beharrlich eine Antwort verweigert«. »Vielleicht. Vielleicht aber auch nicht«, äußerte sich Rockefeller gegenüber der Zeitung. »Ich möchte das weder bestätigen noch bestreiten.«

Rockefellers kriegerisches Gebaren zeigte sich auch zu Hause. In Doveridge, wo seine Kunstsammlung sicher verstaut war, um sie vor den andauernden Baumaßnahmen zu schützen, übte Rockefeller totale Kontrolle über seine Tochter, seine Frau und ihr Geld aus. »Der Angeklagte verfügte über das ganze Geld«, erklärte Sandra Boss vor Gericht. »Er gab es auch vollständig aus. Es gab kein Erspartes. Ich kümmerte mich nicht um das Konto. Das war seine Angelegenheit, er überprüfte immer alle Kontoauszüge. Ich kannte nicht einmal die Online-Passwörter. Es war für mich nicht einfach, an Geld zu gelangen, ohne ihn zu fragen.«

Als Reigh drei oder vier Jahre alt war, also in jenem Alter, in dem die meisten Kinder wohlhabender Eltern in die Vorschule gehen, fällte Rockefeller eine Entscheidung: »Er ließ sie nicht gehen«, erzählte Sandra Boss. Er habe ihr auch kaum erlaubt, mit anderen Kindern zu spielen, geschweige denn sich stundenlang mit anderen in einem Zimmer aufzuhalten. »Ich wollte, dass sie mehr unternahm, um soziale Kontakte zu bekommen.«

»Und warum passierte das nicht?«, fragte man sie.

»Der Angeklagte hielt die Auswahl vor Ort für ungeeignet und war der Meinung, dass er es selbst besser konnte.«

Rockefeller bestimmte auch, wann geheizt wurde und was im Kühlschrank stand, so dass Sandra, die mittlerweile zwei Millionen Dollar im Jahr verdiente, oft frierend und hungrig zu Hause saß. »Während meiner Zeit in New Hampshire weigerte sich der Angeklagte, ausreichend zu essen zu besorgen. Ich bin oft nachts vor Hunger aufgewacht.«

»Wurde das Haus überhaupt geheizt?«, lautete die nächste Frage.

»Ehrlich gesagt, kaum«, erwiderte Sandra Boss. »Im Haupttrakt war es oft zu kalt – außer in jenem Teil, wo er schlief.« Das Paar hatte inzwischen getrennte Schlafzimmer. Sandra berichtete, sie habe Angst gehabt und das Gefühl, in der Falle zu sitzen. Vor Gericht wurde sie gefragt, ob sie jemals versucht habe, sich durchzusetzen. »Das habe ich, [aber] die Beschimpfungen waren schwer auszuhalten«, erklärte sie. »Er wurde dann sehr wütend und brüllte viel herum.«

Sie wollte ihn verlassen und dem Terror entkommen, der in Doveridge herrschte. Doch sie wusste nicht, wie sie das tun könnte, ohne ihre Tochter zu verlieren. Sandra Boss musste wiederholte die Frage über sich ergehen lassen, ob sie denn nicht schon früher die Alarmglocken gehört habe, weil »jegliche Hinweise auf ein normales Leben eines klar greifbaren, identifizierbaren Menschen« fehlten, wie Rockefellers Verteidiger meinte.

»Ich habe mich nur darauf konzentriert, genügend zu Essen zu bekommen und so viel Zeit wie möglich mit meiner Tochter zu verbringen«, erklärte sie. »Ich hatte weder Zeit noch Energie, um mich derartigen Fragen zu widmen.« Sie habe zu diesem Zeitpunkt nicht an der Identität ihres Mannes gezweifelt.

»Sie wachen also kalt und hungrig auf, und Ihr Mann misshandelt Sie ... Trotzdem wollen Sie uns erzählen, dass Sie – jemand, der 40 000 Dollar in der Woche verdient – nicht irgendwann die Initiative ergreifen und die Situation ändern?«, bohrte der Verteidiger nach.

»Ich hatte Angst«, gab sie zu.

»Sie hatten Angst, dass Sie das Sorgerecht für Ihre Tochter verlieren würden, falls Sie einen Anwalt aufsuchten?«

»Als ich dem Angeklagten gegenüber erwähnte, dass ich ernsthaft in Erwägung zöge, die Scheidung einzureichen, brüllte er mich vor Reigh an, dass er garantiert das Sorgerecht für sie bekommen würde.«

Die Abgeschiedenheit von Cornish hatte Sandra Boss' Lage noch schwerer gemacht. »Ich brauchte Zeugen«, erklärte sie. »Er war jemand, der sich einen Namen gemacht hatte, der angesehen war. Es war sehr schwierig für mich, ihm zu entkommen.«

Der Verteidiger wollte wissen, wie er sich einen Namen gemacht und bei wem er angesehen war.

»Soweit ich wusste, pflegte er guten Kontakt zu den meisten Nachbarn, die viel von ihm hielten.«

Letztlich habe sie darauf bestanden, dass sich zumindest irgendetwas ändern müsse. »Ich begann ihm zu drohen, ihn zu verlassen, wenn sich unsere Situation nicht entscheidend ändern würde. Als es nicht mehr zu ertragen war, drängte ich auf einen Umzug nach Boston.«

Damals hatte sie bereits für McKinsey in Boston gearbeitet. »Ich wollte, dass Reigh nicht mehr so weit von mir weg ist und ich mehr Zeit mit ihr verbringen konnte. Also sagte ich: ›Wir *müssen* nach Boston ziehen und sie dort zur Schule schicken.‹« Rockefeller habe schließlich zugestanden, dass er es sich überlegen würde. »Reigh und der Angeklagte waren von da an öfter in Boston, um die Stadt kennenzulernen.«

Nach langem Hin und Her habe ihr Ehemann nachgegeben. Er war bereit, von Cornish nach Boston zu ziehen. Natürlich benötigte er dazu eine seinen Anforderungen entsprechende Unterkunft. So stießen er und Sandra Boss auf Beacon Hill – eines von Bostons ältesten und teuersten Vierteln. In der Pinckney Street 68 fanden sie ein vierstöckiges, mit Efeu bewachsenes Stadthaus im Wert von 2,7 Millionen Dollar.

Clark Rockefeller zog im September 2006 mit seiner Frau und ihrer fünfjährigen Tochter nach Boston und ließ Cornish und das unfertige Haus, die historische Kirche sowie viele offene Fragen hinter sich.

KAPITEL SECHZEHN

Der Brahmane von Boston

Während Rockefellers Gerichtsverhandlung wohnte ich beinahe einen ganzen Monat lang im Taj Boston, einem historischen Hotel unweit von Beacon Hill, jenem Viertel, in dem Rockefeller mit seiner Frau Sandra und ihrer Tochter Snooks gelebt hatte. Kurz nach meiner Ankunft in der Stadt fuhr ich nach Beacon Hill, und es war mir sofort klar, warum Clark Rockefeller dem Umzug von Cornish nach Boston 2006 zugestimmt hatte.

Auf der Webseite »Beacon Hill Online« kann man lesen: »Beacon Hill ist ein im 19. Jahrhundert erbautes Wohnviertel Bostons, das nördlich von Boston Common [der grünen Lunge der Stadt] und dem Boston Public Garden liegt [Amerikas erstem botanischen Garten, angelegt 1837]. Viele gehen davon aus, dass das Leben in der Stadt anonym und isoliert ist. Doch in dieser angenehmen Enklave wohnen beinahe zehntausend Menschen. Das Viertel gleicht eher einem Dorf als einer anonymen Metropole. Es rühmt sich zudem eines abwechslungsreichen Gemeinschaftslebens, die Nachbarn kennen einander, und man trifft sich auf der Einkaufsstraße oder bei einer der unzähligen Veranstaltungen.« Auch John Hancock wohnte hier in einem »Landhaus«, als die Gegend noch hauptsächlich aus Weideland bestand, wie die Webseite berichtet. Um 1800 war Beacon Hill die Heimat von Bostons wohlhabendsten Familien, die in Anspielung auf die höchste hinduistische Kaste als Brahmanen von Boston bezeichnet wurden.

Ich schlenderte die Charles Street entlang, die Hauptstraße von Beacon Hill, und bog nach rechts in die Pinckney ein, um Nummer 68, das Stadthaus von Sandra, Clark und Reigh, anzusehen. Es war ein charmantes, elegantes, mit Efeu bewachsenes Haus, über dessen Tür noch Gasleuchten angebracht waren. Später erfuhr ich, dass auch Senator John Kerry ein Haus um die Ecke besaß. Hier fand der deutsche Einwanderer also die Art von Nachbarschaft, die er wohl schon immer gesucht hatte.

Es war ein ruhiger Morgen, und die Straßen waren leer. Ein Mann, der mit seinem Hund spazieren ging, kam auf mich zu. Ich blieb stehen und stellte mich vor. Sobald ich den Namen Clark Rockefeller genannt hatte, lächelte er und erklärte, dass er Rockefellers Nachbar gewesen sei. Er gab mir seine Telefonnummer und schlug vor: »Rufen Sie meine Frau an. Sie kann Ihnen alles über ihn erzählen.«

Wenige Stunden später saß ich im Wohnzimmer eines Hauses, das reich an Historie war. Hier herrschten Höflichkeit und guter Geschmack, und ich saß einer gebildeten und freundlichen Dame gegenüber, die mir von einem Neuankömmling in der Straße erzählte, der die Nachbarschaft im Sturm eroberte. »Ganz Beacon Hill war von diesem Rockefeller fasziniert, ja geradezu besessen«, erklärte sie mir bei Kaffee und Kuchen. »Wir hielten ihn für einen wunderbaren Vater und nannten ihn sogar ›Mr. Mom‹. Sie haben zweieinhalb Jahre hier gewohnt, und die ganze Zeit über haben wir seine Frau nur ein einziges Mal gesehen. Ungelogen. Angeblich hatte sie die Kleine an den Wochenenden, aber wir haben sie nie zu Gesicht bekommen.« Sie erinnerte sich, wie sie Clark auf der Straße kennengelernt hatte. »Er stellte sich vor und sagte: ›Clark Rockefeller. Und das hier ist Snooks.‹ Ihren richtigen Name Reigh kannten wir gar nicht. Er hat sie immer nur Snooks genannt.«

Sie beschrieb seine Kleidung als »diesen robusten ländlichen Look, typisch für New Hampshire – Sie wissen schon, Birkenstock-Sandalen und so«. Sie fügte hinzu, dass er stets ein Izod-Hemd getragen habe, blau oder rot und mit aufgestelltem Kragen, und dazu entweder eine rote oder eine khakifarbene Hose. Die einzigen Schuhe, die er anhatte, waren Top-Sider gewesen – stets ohne Socken. »Selbst im Winter sah er so aus, obwohl er sich doch eigentlich wärmer hätte anziehen müssen.«

Sie hatte ihn nie zur Arbeit gehen sehen. Sie nahm an, dass er es nicht nötig hatte, denn er besaß offensichtlich viel Geld. Seine Aufgabe im Leben bestand darin, sich um seine Tochter zu sorgen. Die Nachbarn konnten sich noch gut an Snooks erinnern. »Wir sitzen oft im Vordergarten. Alle sind nett und freundlich hier. Selbst die Hunde müssen nicht an die Leine«, schilderte sie das Leben in Beacon Hill. »Es gibt hier einen gewissen Phil Sort. Er ist auf dem ganzen Hill unterwegs und sieht dem Balletttänzer Alexander Godunov verblüffend ähnlich. Eines Tages saßen wir also draußen bei ihm« – sie meinte in Sorts Vorgarten –, »als Clark und Snooks die Straße entlangspaziert kamen. Snooks rannte zu uns, setzte sich auf Phils Schoß und fing an, mit seinen Haaren zu spielen. Wir scherzten: ›Sieh nur, Phil, du hast eine neue Freundin!‹ Und Phil meinte: ›Das ist das erste Mal, dass ich die Kleine sehe.‹ Ach, sie war entzückend.

Zu mir sagte sie oft: ›Ich will zu euch kommen und mir alles ansehen!‹ Als sie das zu der Dame in Nummer achtundfünfzig sagte, meinte diese: ›Momentan passt es leider nicht so gut. Aber vielleicht könntest du ja mal zum Spielen kommen.‹ Daraufhin antwortete Snooks: ›Nein, ich komme nicht zum Spielen. Das ist für Kinder, und ich bin kein Kind.‹ Sie war damals vielleicht fünf oder sechs Jahre alt. Er war so stolz auf sie, und sie war so überaus intelligent.«

Ich fragte, ob sie je die Rockefellers zu Hause besucht habe. Aber ja, beteuerte sie, er habe sie, kurz nachdem sie einander kennengelernt hatten, zu sich eingeladen. »Er schien nie richtig dort eingezogen zu sein«, fuhr meine Gesprächspartnerin fort. Noch ein Jahr nach dem Umzug hätten überall unausgepackte Kisten herumgestanden. Alle hätten geglaubt, dass er sich nicht darum kümmern könne, weil er so viel Zeit mit Snooks verbrachte. »Morgens brachte er sie zur Schule, um dann rasch wieder zurückzukehren, weil er irgendetwas vergessen hatte – eine Socke oder so etwas. Er begleitete sie jeden Tag zum Schulbus. Überhaupt überall hin.«

Sie überlegte. »Es war offensichtlich, dass er sich viel um sie kümmerte, denn sie war sehr clever. Das erste Mal, als sie einen ihrer Nachbarn traf, fragte sie: ›Wie heißen Sie?‹ Er antwortete: ›Ich heiße Elwood Headley.‹ Snooks begann sofort, seinen Namen zu *buchstabieren*: ›Hmm, wie? E-L-W-O-O-D H-E-A-D-L-E-Y.‹ Damals war sie erst fünf! Sie war sogar auf dem Titelblatt der *Beacon Hill Times* abgebildet.«

In der Zeitung hatte es ein Foto von Snooks gegeben, auf dem sie an der Kreuzung der Charles Street mit der Beacon Street neben einem Diagramm stand, das sie auf den Bürgersteig gemalt hatte. Es war ein Diagramm des *gesamten* Periodensystems. »Ich sprach Clark natürlich darauf an: ›Weiß sie denn, was das alles bedeutet?‹ Er erwiderte: ›Aber selbstverständlich.‹ Ich lernte das Periodensystem nicht einmal in der *High School*, und sie war gerade erst fünf oder sechs und konnte es bereits auswendig.«

Nachdem Clark seine Aggressivität und Streitlust allem Anschein nach in Cornish zurückgelassen hatte, entwickelten er
und Snooks sich schon bald zu einem festen Bestandteil von
Beacon Hill. Entweder spielten sie miteinander oder gingen
gemeinsam essen. Sie verbrachten auch viel Zeit im Boston
Athenaeum, einer der ältesten und exklusivsten Bibliotheken
der Vereinigten Staaten. »Das Boston Athanaeum wurde 1807
von einer Gruppe von Gentlemen noch vor den öffentlichen
Büchereien gegründet, damit sie einen Leseraum, ein Museum und ein Arbeitszimmer zur Verfügung hatten«, steht in
einer Broschüre. »Zu den ehemaligen Mitgliedern des Atha-
naenums zählen Persönlichkeiten wie John Quincy Adams,
Ralph Waldo Emerson, Amy Lowell, Henry Wadsworth Long-
fellow, Daniel Webster und Lydia Maria Child.«

Jeden Sonntagvormittag las Clark einer Gruppe von Kindern in der Jugendbibliothek des Athanaeums etwas vor. »Er
war umwerfend und konnte vor allem Akzente sehr gut nachahmen«, berichtete einer, der ihn im Athenaeum lesen hörte.
»Er trug Robert Burns vor und konnte alles auswendig. Sein
schottischer Akzent war einwandfrei.« Bereits als sie nach
Boston gezogen waren, so berichtete Clark Rockefeller später, konnte Snooks flüssig lesen. Im Alter von drei las sie Artikel aus dem naturwissenschaftlichen Magazin *Nature*. Er
behauptete, ihr Tennysons Gedicht *Das Gänseblümchen* fünf-
undzwanzigmal an einem Abend vorgelesen zu haben. Sie
habe es nicht nur verstanden, sondern sei auch entzückt davon gewesen. Das sorglos wirkende Kind, dessen Lieblings-
buch *Sara, die kleine Prinzessin* war, schien stets so gut gelaunt zu sein, dass sie mehr durch die Gegend hüpfte als lief.
Ihr bewundernder Vater befand sich ständig an ihrer Seite.
»Ich liebe dich so sehr, Daddy«, sagte sie immer wieder.

»Er war ihr völlig ergeben«, meinte der Harvard-Jurist

John Winthrop Sears, ein ehemaliger Suffolk County Sheriff und angesehener Bürger von Beacon Hill, der in einem historischen Pförtnerhaus an der Acorn Street in der Nähe von Rockefeller wohnte. Sears hatte Clark dabei geholfen, Zugang zur Bibliothek des Athenaeums zu bekommen. Ich besuchte ihn zu Hause am Ende einer charmanten Straße mit Kopfsteinpflaster. Der einen Meter neunzig große, weißhaarige Gentleman im Alter von achtundsiebzig Jahren begrüßte mich herzlich und führte mich dann in sein Wohnzimmer, das voller Bücher stand. Sie drängten sich auf den Regalen und stapelten sich auf dem Boden, während gewaltige Berge von Magazinen und Zeitungen in jedem Zimmer beinahe bis zur Decke reichten – unter anderem sämtliche Ausgaben der *New York Times* der letzten vierzig Jahre.

»Sie bewundern meine Unmengen von Ramsch«, beobachtete er. In den immerhin fünfunddreißig Jahren, die er nun schon in diesem Haus lebte, hatte sich einiges angesammelt. »Da sind auch neue Ausgaben des *Economist* dabei. Sie sitzen gerade darauf. Aber die meisten Dinge sind uralte Zeugen eines regen politischen Lebens. Alles Sachen, die ich lesen wollte. Der riesige Berg hinter Ihnen ist zum Beispiel die Geschichte meines Vaters«, erklärte Sears. »Ich bin der Familienhistoriker. Mein Fehler war es, mir die *Rockefellers* nicht früh genug genauer anzusehen. Mit ihrer Geschichte habe ich mich erst beschäftigt, als es bereits zu spät war.«

Er reichte mir einen zweiseitigen Lebenslauf, der seinen außergewöhnlichen Werdegang beschrieb. Er hatte ein Rhodes-Stipendium erhalten, war bei diversen namhaften Wall-Street-Firmen beschäftigt gewesen, war Mitglied angesehener Privatclubs und ein Philanthrop, der bei vielen Wohltätigkeitsorganisationen tätig war. Zudem war er auch ein angesehener Politiker. Trotzdem musste er zugeben, dem charmanten

Neuankömmling und seiner hinreißenden Tochter ebenfalls völlig auf den Leim gegangen zu sein.

»Ein Freund, von dem man sagen kann, dass er allgemein sehr respektiert wird, rief mich an«, begann Sears, nachdem er uns einen Longdrink gemixt hatte. Dieser Freund war Arzt in der Nähe von Los Angeles. »Er sagte: ›Du hast einen neuen Nachbarn. Ich kenne ihn noch aus Kalifornien. Könntest du dich etwas um ihn kümmern?‹ Dann wiederholte er einige Unterhaltungen, die er mit Clark über seine Interessen geführt habe.« Sears nahm einen Schluck Rum-Cola. »So etwas passiert des Öfteren, und es war eine gute Ausrede, mich meinem neuen Nachbarn Clark vorzustellen. Danach tauchte er sicherlich ein halbes Dutzend Mal mit seiner kleinen Tochter hier auf.«

Sears, der sein Leben lang in Boston gelebt hatte, kannte sich mit den Feinheiten der hiesigen Akzente ausgezeichnet aus. Ich forderte ihn auf, mir den von Rockefeller zu beschreiben. »Er sprach genauso, wie ein privilegierter junger Mann von der Ostküste spricht«, erklärte er. »Er wirkte sehr glaubwürdig und betonte die Vokale so, wie ich es von den besten Schulen Neuenglands oder den angesehenen Clubs kenne, bei denen auch ich Mitglied bin. Clark schien einfach perfekt hierherzupassen.« Er erwähnte Senator John Kerry und fügte hinzu, dass dieser nicht der einzige berühmte Bewohner Beacon Hills sei. »Da ist Nan Ellis, die Schwester des alten Präsidenten Bush sowie der Schriftsteller Robin Cook. Wenn man es nicht schafft, mit einem Senator und der Schwester eines Präsidenten Eindruck zu schinden, mit wem dann?«

Kurz nach ihrer Ankunft in Boston luden Rockefeller und seine Frau Sandra Sears zu einer Veranstaltung von McKinsey & Company ein. »Ich saß mit ihnen zusammen am Tisch. Es war der beste Tisch, denn der CEO von McKinsey saß auch bei uns.« Er befand sich direkt neben Clark und Sandra, die als Partnerin des Büros in Boston selbstverständlich neben dem Chef der mächtigen globalen Unternehmensberatungsfirma Platz genommen hatte. »Clark und Sandra waren damals noch zusammen und gaben das perfekte Bild einer normalen Familie ab.«

Er erinnerte sich auch an Clarks und Sandras Debüt in der höheren Gesellschaft von Boston. Es war der Abend des 30. November 2006. Sie nahmen an einer Wohltätigkeitsveranstaltung für The Mount, ein riesiges fünfzig Hektar großes Anwesen in Lenox in Massachusetts, teil. Es hatte der verstorbenen Schriftstellerin Edith Wharton gehört, die 1921 als erste Frau mit dem Pulitzer-Preis ausgezeichnet wurde, für den Klassiker *Zeit der Unschuld*. Ihre mehr als unglückliche Ehe und letztendliche Scheidung von dem wohlerzogenen, aber gewissenlosen Schuft Teddy Wharton besaß durchaus Gemeinsamkeiten mit Clarks und Sandras Beziehung. »Beide Männer gaben das Geld ihrer Frauen aus«, sagte jemand, der sich mit dem Schicksal der beiden Frauen gut auskannte. »Keiner der beiden Männer war das, für das sie sich ausgaben.« Die Wohltätigkeitsveranstaltung in einem Herrenhaus in der Back Bay, das einem Philanthropen aus Boston gehörte, sollte Geld für das verschuldete Mount einbringen und es somit vor der drohenden Insolvenz retten. Als junge, intelligente Partnerin von McKinsey hatte Sandra die Einladung des Vorstands angenommen, ihre unternehmerischen Fähigkeiten als Treuhänderin des Mount einzusetzen. Laut dem *Boston*-Magazin wollte der Bostoner Gesellschaftsfotograf Bill Brett ein Foto von dem attraktiven Paar machen, das gerade das Anwesen betrat, im dem sich die Reichen tummelten. Sandra wirkte in ihrem Abendkleid jung, schlank und hübsch, während Clark perfekt gekleidet und gepflegt in seinem Smoking auftrat. Der Fotograf hob die Kamera, wie er das bei allen glamourösen Paaren zuvor auch getan hatte. »Sie werden *kein* Foto von mir machen«, soll Rockefeller gesagt haben, als er seine Frau schroff und entschlossen an dem Mann vorbeiführte.

Er war so gar nicht wie die anderen Rockefellers, die Boston mit ihrer Freundlichkeit, ihren großzügigen Geschenken und ihrer Philanthropie bereichert hatten. Clark Rockefeller kannte zudem im Grunde niemanden. Doch das sollte sich mit John Sears' Hilfe bald ändern.

»Da Clark in Boston wie ein Fisch auf dem Trockenen wirkte«, erzählte Sears, habe er versucht, ihm »etwas unter die Arme zu greifen«, wozu unter anderem der Zutritt zum Athanaeum gehörte. »Ja, ich war derjenige, der ihm dort die Türe geöffnet hat. Ich habe ihnen Leser-Karten besorgt und sie auch bezahlt. Ich kann mich noch erinnern, wie aufgeregt ich war, da ich einem Rockefeller behilflich hatte sein können. Wenn sie die Bibliothek zudem verantwortungsbewusst benutzten, würde man sie dort früher oder später ohne Probleme aufnehmen.«

Dabei habe es für die hochgebildeten Bibliothekare des Athenaeums keine Rolle gespielt, ob es sich um einen Rockefeller handelte oder nicht, versicherte mir Sears. »Das ist kein Ort, wo ein Rockefeller einfach hereinspazieren kann, als ob ihm alles gehört. Hohe Tiere sind für sie nichts Ungewöhnliches.« Er zählte eine Reihe von Rockefellers auf, die er kannte und mit denen er befreundet gewesen war, als sie in Boston lebten. »Nelson Rockefeller gab zum Beispiel 1967 einen Ball, um meine Kandidatur als Bürgermeister von Boston zu unterstützen. Es ist also nichts Einmaliges. Es hat uns nicht die Sprache verschlagen, aber wir haben uns gefreut, dass Clark hier war.«

Nachdem wir uns eine Weile unterhalten hatten, wurde mir klar, dass es Clark Rockefeller wieder geschafft hatte, einen weiteren Rang in der gesellschaftlichen Ordnung nach oben zu klettern. Er zog einen langjährigen Bostoner Geschäftsmann, Politiker (und ehemaligen Sheriff), dessen gebildete Beacon-Hill-Nachbarn und die Angestellten einer von Amerikas renommiertesten Bibliotheken in seinen Bann. Sears erzählte, dass daraus eine zweijährige Freundschaft entstand. Er habe Clark mit seiner Tochter immer wieder auf der Straße getroffen und sie zu sich in sein Haus voller Bücher eingeladen.

Sears lächelte verschmitzt und meinte dann: »Er schenkte mir sogar ein Buch über den Rockefeller-Clan.«

»Das würde ich gerne sehen«, erwiderte ich.

»Das können Sie.«

Er stand auf, um das Buch *David Rockefeller: Memoirs* zu holen. Auf dem Cover war der berühmte Mann auf einem Schwarz-Weiß-Foto im Profil zu sehen. Es gab tatsächlich eine gewisse Ähnlichkeit mit Clark. Auf dem Umschlag las ich: »Der jüngste Sohn von John D. Rockefeller junior, einem der reichsten Männer der Vereinigten Staaten, und der Mäzenin moderner Kunst, Abby Aldrich Rockefeller. Nach seinem Abschluss am Harvard College zu Zeiten der großen Depression studierte er an der London School of Economics und der University of Chicago, wo er auch promovierte.«

John Sears drängte mich, das Titelblatt umzublättern. Ich entdeckte auf der Innenseite Clark Rockefellers ausladende Handschrift, die mir mittlerweile nicht mehr fremd war. Die Widmung war datiert. Am 26. Dezember 2006 hatte er Folgendes in das Buch geschrieben:

Obwohl ich ihn seit Ende der achtziger oder Anfang der neunziger Jahre nicht mehr zu Gesicht bekommen habe, hat mir DR (vielleicht aus Versehen) zwei Kopien seiner *Memoiren* geschickt. Signiert. Eine davon soll nun Ihnen gehören, und ich hoffe, dass sie Ihnen viel Freude bereitet. Ich fühle mich wirklich sehr geehrt und kann mich glücklich schätzen, Sie dieses Jahr kennengelernt zu haben. Vielen Dank für Ihre Liebenswürdigkeit. Ihr Nachbar, Clark Rockefeller

Das Buch war tatsächlich mit dem Namen David Rockefeller signiert. Ich erkundigte mich bei Sears, ob die Unterschrift echt sei oder ob Clark sie gefälscht habe. »Ich habe keine Ahnung«, gab er zurück. »Ich kannte Nelson Rockefeller, aber David habe ich nie getroffen.«

Dann berichtete er, dass er selbst einige Male bei den Rockefellers gewesen sei. »Einmal lag ein Mondrian auf dem Boden. Clark verriet mir, dass das Gemälde weit über eine Million Dollar gekostet habe.«

Wir nahmen unsere Drinks und stiegen die enge Treppe zur Dachterrasse des Pförtnerhauses empor. Von hier aus genoss man eine schöne Aussicht auf Boston mit seinen Kirchtürmen. Unter uns sah man ein weiteres, wenn auch neueres Wahrzeichen, auf das Sears mich aufmerksam machte. An der Ecke von Beacon Street und Brimmer Street lag eine Kneipe namens Cheers, auf der die erfolgreiche Fernsehserie der achtziger Jahre basierte.

»Snooks ging nach Southfield«, fuhr Sears fort. Die Southfield-Mädchenschule teilt sich einen Campus mit Sears' früherer Schule Dexter, in der auch John F. Kennedy die Schulbank hatte drücken dürfen. »Es ist eine ganz besondere Schule. Mit elf hatte ich bereits Latein. Jeden Tag wird der Schulbus von einem anderen Lehrer gefahren. Ich glaube, dass diese ausgezeichnete Schule genauso hinters Licht geführt wurde wie wir alle. Gleichzeitig bin ich mir aber auch ziemlich sicher, dass ihnen der Nachname des Vaters letztlich völlig egal war.«

Clark brachte Snooks jeden Morgen zur Bushaltestelle an der Ecke Beacon und Brimmer Street, um nachmittags dort wieder auf sie zu warten. »Sämtliche Leute, deren Kinder entweder Dexter oder Southfield besuchten, lernten Clark und Snooks kennen«, erzählte Sears. »Er kannte alle jungen Eltern in der Umgebung.«

Wenn ich mehr über Clarks Zeit in Boston in Erfahrung bringen wollte, würde es also am besten sein, am nächsten Morgen um halb acht an der Haltestelle des Schulbusses zu warten.

Als sich die Eltern wie jeden Morgen trafen, um ihre Kinder zur Schule zu bringen, wimmelte es nur so von Porsches und Rucksäcken. Die Jungen trugen Dexter-Käppis und die Mädchen ihre Soutfield-Uniformen. Um halb acht stand eine große, fröhlich plaudernde Gruppe vor Cheers und wartete auf die Schulbusse. Sobald die Kinder sicher verfrachtet waren, wurde gerufen und gewinkt. »Bye, Daddy! Bye, Mommy!« Die Eltern blieben, bis die Busse um die Ecke gebogen waren.

Kaum nannte ich den Namen Clark Rockefeller, erdolchten sie mich geradezu mit ihren Blicken und stoben in sämtliche Himmelsrichtungen auseinander. Die meisten weigerten sich, mit mir zu sprechen. Doch der eine oder andere gab schließlich nach. Mancher wollte einfach nur über den Mann reden, der die Gegend und indirekt auch die Einwohner in Verruf gebracht hatte. Andere fühlten sich moralisch dazu verpflichtet, damit endlich die Wahrheit über den echten Clark Rockefeller ans Licht kam.

»Mir erzählte er, dass er die Firma Jet Propulsion für eine

Milliarde Dollar an Boeing verkauft habe und seitdem nicht mehr arbeite«, verriet ein Vater, mit dem ich bald näher bekannt wurde. Rockefeller hatte ihn in den Harvard Club in Boston mitgenommen, um einen Spielenachmittag für ihre Töchter zu planen. »Anderen gegenüber behauptete er, er arbeite für das Pentagon oder die CIA oder das Verteidigungsministerium. Aber nach der Geburt von Snooks hatte er alles hingeworfen und sich von Boeing auszahlen lassen.«

Der Vater war Wachs in den Händen von Rockefeller – zumindest zu Anfang. »Später merkte ich dann, dass seine Frau Sandy sämtliche Rechnungen bezahlte. Aber Clark versuchte, mich vom Gegenteil zu überzeugen. Er meinte: ›Ach, sie verdient nur so drei- oder vierhunderttausend im Jahr.‹ Wenn man dann in Betracht zog, was bei ihnen zu Hause alles herumlag…« – Rockefeller hatte ihm seine Sammlung abstrakter Expressionisten und angebliche Familienstücke der Rockefellers gezeigt – »…dachte ich, sie hätten genügend Geld. Verdammt, er redete doch ständig davon, dass er der Schule ein Planetarium stiften wolle.«

Doch ehe er der Schule das Geld spendete, schien es ihm erst einmal auszureichen, ehrenamtlich am Clay Center für Naturwissenschaften und Technologie zu arbeiten, das ebenfalls zur Schule gehörte. Das hochmoderne Observatorium »ist besser als das von Harvard«, behauptete der Vater eines Schulkindes.

»Ich bin Portfolio-Manager und fragte ihn: ›Wie haben Sie eigentlich Ihr Geld angelegt?‹«, fuhr mein Gesprächspartner fort.

»Ausschließlich in Bundesanleihen«, habe Rockefeller erwidert. Sein neuer Bekannter sah keinen Grund, an der Aussage zu zweifeln, denn viele der Eltern taten das Gleiche.

Der Vater lud mich schließlich zu sich nach Hause in einen

Vorort von Boston ein. Dort fand ich ein perfekt gepflegtes Haus, eine junge und attraktive Frau und eine Tochter vor, die mit Snooks zusammen zur Schule gegangen war. Die Familie schien von dem fürsorglichen Vater und dem merkwürdigen kleinen Mädchen begeistert gewesen zu sein, das 2006 angefangen hatte, in Southfield die Schulbank zu drücken.

Eines Tages hatte bei ihnen das Telefon geklingelt. Am anderen Ende der Leitung war ein Vater gewesen, dessen Tochter ebenfalls Southfield besuchte. Der Mann stellte sich als Clark Rockefeller vor und wollte einen gemeinsamen Spielenachmittag organisieren. »Schließlich sind unsere Töchter im gleichen Alter.«

Er fragte die Mutter, was ihre Tochter denn gerne spiele. »Ich antwortete: ›Ach, was Kinder eben so machen‹«, erinnerte sie sich. »»Sie spielt gern Vater-Mutter-Kind, Lehrer-und-Schüler und Mutter-Baby.‹ Clark schien keine Ahnung zu haben, wovon ich sprach. Stattdessen fragte er: ›Was hält sie vom MFA [dem Boston Museum of Fine Arts]?‹ Ich entgegnete: ›Sie kann noch nicht lesen. Und sie ist noch nie im MFA gewesen.‹

Also gingen wir gemeinsam ins MFA. Snooks kannte jedes Gemälde, jeden Künstler und überhaupt alles. Sie wusste die merkwürdigsten Sachen. Wir schlenderten durch Boston, und Clark fragte sie: ›Snooks, wofür steht dieses Emblem?‹ Sie wissen schon, diese Einprägungen auf den Kanaldeckeln oder die Plaketten an Gebäuden. Sie erkannte alles sofort und erklärte, es gehöre zum städtischen Wasserwerk von Boston. Sie wusste Dinge, von denen niemand anderer eine Ahnung hatte – vor allem keine kleinen Mädchen.«

Ich erkundigte mich bei der Tochter, die weiße Tenniskleidung trug und mit Snooks befreundet gewesen war, was sie von ihr gehalten habe. »Sie war einzigartig. Jedes Mal, wenn wir nicht wussten, wie man dieses oder jenes Wort liest oder ausspricht, haben wir sie gefragt. Sie wusste einfach alles. Wenn wir zum Beispiel keine Ahnung hatten, wie man ›entscheiden‹ buchstabiert, hat sie es uns verraten.«

Das kleine Mädchen war auch mit Snooks' Vater gut bekannt gewesen, den sie Onkel Clark nannte. »Er war sehr nett und hat mir gezeigt, wie man liest und all so was. Onkel Clark hat mir überhaupt viel beigebracht.«

Trotz Snooks' hoher Intelligenz entschieden sich die Verantwortlichen in der Southfield School, sie im Vorkindergarten zu lassen, statt sie in den Kindergarten aufzunehmen, in den sie dem Alter nach eigentlich gehört hätte. Diese Rückstufung fand statt, weil dem Mädchen durch die vielen Jahre, die es abgesondert von anderen Kindern verbracht hatte, soziale Kontakte schwerfielen. Dies konnte auch die Familie ihrer Freundin bezeugen. »Wir gingen zu Geburtstagsfeiern, aber sie weigerte sich immer, mit anderen zu spielen«, erklärte die Mutter. »Alle Kinder stellten sich in einer Reihe an, um ein Stück Pizza oder Kuchen zu bekommen – alle außer Snooks. Sie machte einfach nicht mit, sondern beschäftigte sich immer mit sich selbst, spielte allein. Außerdem führte sie Selbstgespräche oder fragte sich laut: ›Was essen die Menschen in Afrika?‹ Sie lebte in einer anderen Welt.«

Die Familie erinnerte sich noch gut daran, wie sie einmal gemeinsam mit ihrer Tochter, Snooks und deren Vater Schlittschuhlaufen gingen. »Wisst ihr noch, wie man sie vom Eis tragen musste?«, fragte die Mutter.

»Sie fing einfach an, etwas vor sich hin zu plappern«, sagte der Vater.

»Sie schrie und brüllte wie am Spieß«, meinte die Mutter. »Einen richtigen Wutanfall hatte sie.«

»Sie wiederholte immer wieder: ›Reigh ist gut, Reigh ist

gut‹«, berichtete die Tochter. »Wir saßen einfach da, und sie sagte in einem fort: ›Reigh ist gut, Reigh ist gut, Reigh ist GUT!‹«

Trotz dieser Schwierigkeiten war Rockefeller fest entschlossen, dafür zu sorgen, dass seine Tochter im Jahr darauf aus dem Vorkindergarten in die erste Klasse versetzt wurde. Um sein Ziel zu erreichen, begann er einen regelrechten Kreuzzug und versprach der Schule eine große Spende.

»Clark behauptete, ein Planetarium bauen lassen zu wollen, und ich glaube, dass er der Schule gleichzeitig des Öfteren mit irgendetwas drohte«, erklärte der Vater. »Während unserer Unterhaltungen gab er mir zu verstehen, dass er sein Vorhaben als eine Art Druckmittel der Schule gegenüber benutzte, damit man seinem Kind mehr Aufmerksamkeit schenkte. Sie mussten einiges ertragen. Es überraschte mich, dass sie sich alles gefallen ließen. Er wollte einfach nicht akzeptieren, dass man sein Kind als Vorkindergartenkind eingestuft hatte. Es traf ihn tief, dass man sie herabgestuft hatte. Ehrlich gesagt, kann ich das als Vater sogar verstehen.«

Die Schule sollte das Planetarium also nur erhalten, wenn man seine Tochter aus dem Vorkindergarten nahm und in die erste Klasse versetzte?

»Genau«, bestätigte die Mutter.

Clark Rockefeller führte nicht nur die Schule mit seinem berühmten Namen an der Nase herum und versprach großzügige Geldgeschenke, sondern hinterging auch die Eltern in diesem Wohnzimmer. Beide gaben zu, sie hätten Clark so sehr vertraut, dass er manchmal auch auf ihre Tochter aufpassen durfte. »Er kümmerte sich um beide Mädchen«, erklärte die Mutter.

»Ist Onkel Clark ein Genie?«, fragte ihre Tochter.

»Vielleicht«, erwiderte der Vater. »Ich weiß es nicht. Aber

er ist auf jeden Fall ein kluger Kopf. Er weiß, wie man Leuten beeinflusst und was man sagen muss, um ihre Aufmerksamkeit zu gewinnen. John D. Rockefellers erste Firma hieß Clark & Rockefeller. Er war ein Händler, und sein Partner hieß Clark. Das ist vielleicht so gut wie niemandem bekannt – außer Clark, der wusste einfach über alles Bescheid.«

Während des Unterrichts sollten sich die Eltern von der Schule fernhalten, doch zu besonderen Gelegenheiten wie dem Elternabend oder der Weihnachtsaufführung wurden sie eingeladen. Rockefeller erschien zu diesen Terminen regelmäßig, wenn auch so gut wie nie mit seiner Frau Sandra. Sein Auftreten wirkte stets perfekt. In Southfield trat er als der großzügige Philanthrop aus einer berühmten Familie auf, der der Schule ein Planetarium stiften würde. »Fliege, marineblaues Jackett, Khaki-Hose, mal Halbschuhe, mal Top-Siders«, erzählte die Mutter.

»Ach, und ich hatte ganz vergessen, dass Onkel Clark nie Socken getragen hat«, fügte die Tochter hinzu.

Im Herbst 2006 brachte Sandra Boss das Gespräch auf die finanzielle Situation ihres Mannes. Vor Gericht sagte sie aus, ihr Mann habe ihr erzählt, dass er seine Kunstsammlung zehn Jahre lang nicht verkaufen dürfe, da sie nicht ihm, sondern der Stiftung gehöre. Das hatte er bereits 1996 behauptet, als er Sandra kennengelernt hatte. Sie nahm jedoch an, dass er jetzt, nachdem die Frist von zehn Jahren abgelaufen war, durchaus eines der Gemälde verkaufen könne, um auch etwas von seinem Geld in die Ehe einzubringen.

Die Kunstsammlung war für Sandra der einzige handfeste Beweis, dass er wirklich ein Rockefeller war. »Sie war herrlich und ließ mich glauben, dass er zu dieser berühmten Familie gehörte. Schließlich befanden sich einige der größten modernen Kunstwerke darunter«, sagte sie und fügte hinzu, dass Kunstkenner, die wesentlich mehr davon verstünden als sie, die Werke für echt befunden hätten. Als ich ihre Aussage vor Gericht vernahm, rief ich den ehemaligen New Yorker Kunsthändler Sheldon Fish an, der sich Rockefellers Sammlung des Öfteren angesehen hatte, ehe er nach Peru gezogen war. »Ich muss zugeben, dass die Qualität der Werke außerordentlich war«, berichtete Fish. »Sehr überzeugend! Ich habe ihm sogar achthunderttausend Dollar für einen Rothko geboten, das war 1999. Aber er war nicht im Geringsten daran interessiert und meinte, dass die Preise mittlerweile wieder angezogen hätten.« Falls Rockefellers Kunstsammlung aus Fälschungen bestand, sagte Fish, dann seien sie von einem echten Profi geschaffen worden, »der verschiedene Stilrichtungen originalgetreu zu kopieren imstande war. Ein einfacher Test bei neuen Fälschungen moderner Kunst besteht darin, zu überprüfen, ob die Farbe schon trocken ist, denn das dauert mindestens zwanzig Jahre. Wenn man versucht, den Fingernagel in ein trockenes Gemälde zu stecken, kommt man nicht weit«, erklärte er. Fish versuchte nicht ein einziges Mal, bei Rockefellers Werken den Fingernageltest anzuwenden, so sehr war er von der Echtheit der Werke überzeugt. »Ich habe ihm einmal dabei zugesehen, wie er einen Mondrian auspackte, den er angeblich in Japan erworben hatte. Er erzählte mir, er gäbe so um die zehn Millionen im Jahr für Kunst aus.«

Sandra Boss fuhr mit ihrer Aussage fort: »Alle möglichen Leute, unter ihnen auch Museumskuratoren und Kunstexperten, sahen sich die Bilder an und waren begeistert. Also glaubte auch ich, sie wären echt. Irgendwann im Oktober oder November 2006 verkündete er: ›Wow, ich habe mir mal die Preise angesehen, und ich glaube, dass hier mehr als eine Milliarde hängt.‹«

Sie wurde gefragt, ob sie ihren Mann jemals klar dazu aufgefordert habe, »ein Gemälde zu veräußern« und vielleicht »ein paar Million Dollar auf die hohe Kante zu legen«. Sie entgegnete, sie habe es natürlich des Öfteren versucht und sei schockiert gewesen, dass er ihr ganzes Geld ausgegeben, aber trotzdem gemeint habe: »Nein. Wir werden kein einziges Bild verkaufen.«

Dennoch blieb sie treu an seiner Seite und versuchte, auch am Ende des Jahres 2006 noch die Familie zusammenzuhalten. Sie hatte es geschafft, Clark nach Boston zu bringen, und Snooks fühlte sich in der Schule wohl. Inzwischen war sie nicht mehr im Vorkindergarten, sondern dank der Hartnäckigkeit ihres Vaters in der ersten Klasse. »Er versprach mir, sie nicht mehr so stark zu kontrollieren, und dass wir sie zusammen erziehen würden und sie endlich Freunde haben dürfe. Er wollte sich wie ein normaler Mensch benehmen«, erinnerte sich Sandra. »Aber nichts von all dem sollte sich bewahrheiten.«

KAPITEL SIEBZEHN

Pfirsich-Melba-Nächte

S obald Snooks im Schulbus saß, spazierte Rockefeller die Beacon Street hinunter bis zum Starbucks an der Ecke, wo er sich schon bald einer Gruppe aus Juristen, Wissenschaftlern, Geschäftsleuten und einem Architekten angeschlossen hatte, die sich dort jeden Morgen auf dem Weg zur Arbeit auf einen Kaffee traf. Sie hatte sogar einen Namen: Die Café-Society. Also machte ich mich eines Morgens ebenfalls dorthin auf, um mir selbst eine Meinung bilden zu können. Es war ein Leichtes, die Gruppe auszumachen – eine gesellige Runde von Männern und Frauen mitten in dem Starbucks-Café. Als ich mich vorstellte, schienen sie durchaus bereit zu sein, über den Mann zu sprechen, der sich ebenso mühelos in Beacon Hill integriert hatte, wie er sich eine neue E-Mail-Adresse zugelegt hatte (clark@beacon-hill.net).

Sie erzählten mir, dass der Mann in seinem Izod-Hemd eines Morgens atemlos hereingekommen sei, nachdem er zuerst Snooks zur Bushaltestelle gebracht hatte und danach noch einmal kurz nach Hause gegangen war. Bob Skorupa, ein Jurist, erzählte: »Er platzte herein und sagte: ›Ich bin fix und fertig. Ich musste soeben einen Schrank in den vierten Stock meines Hauses schleppen.‹ So führte er sich ein. Man wusste sofort, dass sein Haus vier Etagen hatte.«

Man sah ihn bald ständig mit Snooks auf den Schultern durch das Viertel gehen, beteuerten die Leute. Entweder war er auf dem Weg nach Hause, zur Kirche, zur Karatestunde oder zum Mittagessen im Algonquin Club. Falls Snooks die Kinderkarte gereicht wurde, fuhr sie die Bedienung zur offensichtlichen Freude ihres Vaters an: »Wir sind Erwachsene und möchten die Speisekarte für Erwachsene.«

Es dauerte nicht lange, bis die Gruppe im Starbucks ihn mochte und seine Exzentrizitäten akzeptierte. Schließlich handelte es sich um einen Rockefeller. Er erzählte der Runde, dass er als Vorbild für den intelligenten und etwas verweichlichten Dr. Niles Crane aus der Fernsehserie *Frasier* gedient habe. Während sich die anderen nacheinander verabschiedeten, um zur Arbeit zu gehen, blieb Clark sitzen. Er musste schließlich nirgendwohin.

Der Architekt Patrick Hickox, der seinen Abschluss an der Yale School of Architecture gemacht hatte, war dafür bekannt, zahlreiche Häuser entlang der Ostküste zu konzipieren. Er trug seine Haare lang, hatte ein breit gestreiftes Jackett an und sprach mit einem gewissen Yankee-Akzent. Von seinem Freund Clark erzählte er: »Er behauptete, extrem gut darin zu sein, Prozesse und Probleme zu durchdenken, und seine Fähigkeiten bei der Armee unter Beweis gestellt zu haben – ursprünglich als Vertragspartner, wobei er von den beiden Irak-Kriegen profitiert habe. Ich habe ihn nie nach Details gefragt, obwohl wir uns ein- oder zweimal über Projekte unterhielten, die er damals abwickelte. Clark war nicht der Mann, der mit seinen Errungenschaften oder Leistungen prahlte.«

Bob Skorupa, der Jurist, fügte hinzu: »Einmal erzählte er, dass ein Schlitten oder eine Rakete auf einer Militärbasis in New Mexico explodiert und ein Mensch dabei ums Leben gekommen sei. Er meinte nur: ›Das habe ich entworfen.‹

In der Presse stand nichts darüber, doch als ich mich später an den Computer setzte, googelte ich danach und fand schließlich heraus, dass es einen Unfall mit einer Rakete gegeben hatte und jemand dabei umgekommen war. Es hatte also alles gestimmt.«

John Greene, ein dunkelhaariger Geschäftsmann, der sehr direkt wirkte, nahm nun den Faden auf. »Einmal musste er nach New York und verkündete, er könne einfach in das nächste Transportflugzeug der CIA oder der Marine steigen.« Greene lächelte. »Cool. Das waren keine schlechten Verbindungen.«

Einer der Gründe, warum sie ihm Glauben schenkten, war seine Mitgliedschaft im Algonquin Club, der seit 1886 ein Refugium der oberen Gesellschaftsschichten darstellt. Allein die Adresse – Commonwealth Avenue 217 – flößte allgemein Ehrfurcht ein, auch wenn er nur wenige Gehminuten von der Starbucks-Filiale entfernt lag. Rockefeller hatte die anderen wissen lassen, dass er nicht nur ein einfaches Mitglied, sondern der *Direktor* des Clubs sei. Er lud seine neuen Freunde häufiger in den Club ein. »Es war grandios«, erinnerte sich Hickox. »Soweit ich das miterlebte, wurde er von den Leuten dort respektiert und geschätzt. Er wirkte ein wenig exzentrisch, aber auf eine eher schüchterne Art. Clark war den Bediensteten gegenüber freundlich und stets zu einem Witz aufgelegt. Ich gewann den Eindruck, dass sie ihn mochten.«

Erinnerte er sich daran, ob sich Rockefeller auch mit anderen Clubmitgliedern unterhielt oder Kontakt zu ihnen pflegte? »Soweit ich weiß, stellte er den deutschen Generalkonsul vor. Er hielt ein Rede… auf *Deutsch*«, versicherte mir Hickox. »Clark war ein lebhafter, sehr fesselnder Redner.«

Sie stimmten alle überein, dass die Aristokraten des Algonquin Clubs, von denen einige Verwandte der *echten* Rockefellers waren, nie an seiner Identität gezweifelt hätten. »Er lud Bob und mich in den Algonquin ein«, berichtete Greene. »Sein Name stand auf einer Liste – als *Officer*. Wir hatten eigentlich erwartet, dass er uns einladen würde, da Gäste nicht bezahlen durften. Aber am Tag darauf wollte er das Geld von uns zurückhaben.«

»Der Geiz der Yankees – typisch für einen Rockefeller«, erklärte Hickox. »John D. war auch für seinen Geiz bekannt, und Clark war sehr dagegen, viel Geld für ein gutes Abendessen auszugeben.« Wenn sie sich tatsächlich einmal auf etwas zu trinken trafen, »trank Clark immer Tafelwasser. Das stand nicht einmal auf der Rechnung. Es war ihm unangenehm, Geld auszugeben.«

Greene fuhr mit der Geschichte fort: »Wenn man diesen superschicken Club betrat, sah man an einer Wand die Namen des Vorstands und der Officer des Clubs. Natürlich stand auch sein Name gut sichtbar darunter. John Silber habe ich auch dort gesehen.« John Silber, fünfundzwanzig Jahre lang Direktor der Boston University, war ein renommierter Schriftsteller, Philosoph und Akademiker. »Ich verehrte John Silber sehr, und Clark bot an: ›Ich kann Sie vorstellen.‹ Er klopfte einem hohen Tier auf die Schulter, einem Officer des Clubs, der mich zu John Silber führte und tatsächlich vorstellte. Clark ging da hinein und etablierte sich. In einem Club wie diesem fangen die meisten zu sabbern an, wenn sie den Namen Rockefeller hören.«

Clark lud die Gruppe aus dem Starbucks ein, ihm bei der Silvesterparty 2006 im Algonquin Club Gesellschaft zu leisten. Es wurde getanzt, und danach folgte ein Abendessen mit unzähligen Gängen, Champagner und eine Mitternachtsvorstellung von *Auld Lang Syne*. Rockefellers Tisch stand vorne in der Mitte und war voller Freunde aus dem Starbucks sowie einiger Algonquin-Mitglieder: der König inmitten seines stetig wachsenden Hofstaats.

Ich erkundigte mich auch bei Thomas Lee, dem Superintendent der Bostoner Polizei, bezüglich Rockefellers Ansehen im Algonquin Club. Er hatte sich mit vielen Mitgliedern des Clubs unterhalten und war überzeugt, dass Clark Rockefeller sie alle um den Finger gewickelt hatte.

»Er war immer gerne gesehen«, antwortete Lee. »Jetzt behaupten natürlich alle, irgendetwas habe mit ihm nicht gestimmt – ›Oh ja, wir wussten, dass er dieses oder jenes nicht war.‹ Aber Sie können mir glauben: Er hatte sie erfolgreich umgarnt.«

»Wie ist ihm das gelungen?«, wollte ich wissen.

»Ein Hochstapler lebt davon, dass man glauben will, was er erzählt. So funktioniert das. Menschen haben vorgefasste Meinungen, und derer bediente er sich.«

Je mehr ich darüber sprach, desto klarer wurde mir, dass ich mir den Algonquin Club selbst ansehen musste. Meine gesellschaftlichen Kontakte in Boston waren zwar durchaus nicht schlecht, reichten aber nicht aus. Meine Bekannten schüttelten den Kopf, als ich sie fragte, ob sie etwas für mich tun könnten. Letztlich entschied ich mich für die gleiche Vorgehensweise wie Rockefeller: Ich wollte mir durch die Mitgliedschaft in einem anderen Privatclub Zugang beschaffen. Doch ich gehörte nur dem Aspen Club and Spa an, der keine wechselseitige Mitgliedschaft mit einem anderen Klub zuließ. Also bat ich den Mann am Empfang meines Hotels, für denselben Abend einen Tisch im Algonquin Club zu reservieren.

»Sagen Sie, dass ich eine wechselseitige Mitgliedschaft des Aspen Club besitze«, beauftragte ich ihn, wobei ich bewusst den letzten Teil des Clubnamens unterschlug. Der Rezeptionist rief dort an und hielt dann die Hand über die Muschel, ehe er zu mir sagte: »Der Algonquin Club heißt Sie gerne willkommen, weist aber darauf hin, dass Sie für Ihr Essen und Ihre Getränke mit einer Kreditkarte bezahlen müssen.« Ich nickte. »Dann um zwanzig Uhr für eine Person«, sagte der Rezeptionist und reservierte mir den Tisch.

Der Algonquin Club befand sich in einem mehrstöckigen, riesigen grauen Gebäude mit Gaslaternen vor dem Eingang, die in der Abenddämmerung wie schon seit über einem Jahrhundert flackerten. Ich ging in die kleine Empfangshalle, in der eine Frau hinter einem Schreibtisch saß. An einer Wand hing eine Tafel mit den Namen der Direktoren, auf der Clark Rockefellers durch Abwesenheit glänzte.

»Guten Abend, Mr. Seal. Und? Wie steht es um den Aspen Club?«, erkundigte sich die Dame.

»Sehr gut, danke«, begrüßte ich sie. »Könnten Sie mir sagen, wo ich die Bar finde?«

Als ich durch das Foyer lief, machte ich einen kleinen Umweg, um die privaten Speisesäle zu begutachten, welche die Namen ehemaliger Mitglieder trugen, wie der Calvin-Coolidge-Saal oder der Daniel-Webster-Saal. An den Wänden hingen Bilder von Segelschiffen und Porträts jener Männer, nach denen auch die Säle benannt waren. Schon bald merkte ich, dass sämtliche Augen auf mich gerichtet waren, obwohl niemand mich oder meine Anwesenheit in Frage zu stellen schien. Kaum hatte ich mich in der Marlboro Lounge mit einem Drink und einem silbernen Tablett mit etwas Käse niedergelassen, um die Stunde totzuschlagen, ehe ich mich an meinen Tisch begeben konnte, begann mich ein betagtes Ehepaar mit Cocktails in der Hand in einen Smalltalk zu verwickeln. Kurz darauf ging ich zur Members' Bar, wo mir ein Kellner erklärte: »Mr. Rockefeller hat entweder hier oder im

Speisesaal diniert.« Als ich mich erkundigte, ob sie ihn alle für einen echten Rockefeller gehalten hätten, erwiderte er: »Er war *Mitglied*, da wurde nicht mehr nachgefragt.«

Nachdem die Stunde vorüber war, suchte ich den Speisesaal im ersten Stockwerk auf. Es handelte sich um einen riesigen Raum mit holzgetäfelten Wänden, unzähligen Gemälden, Zinnleuchtern, vier Kaminen und riesigen Fenstern. Ein Kellner im Frack kam an meinen Tisch, und ich fragte, was Clark Rockefeller gewöhnlich gegessen hatte.

»Geräucherter Lachs als Vorspeise, gefolgt von einer Seezunge.«

»Sehr gut, das nehme ich«, sagte ich.

Als die Ober und ihre Hilfskräfte mein Essen und meine Getränke servierten, kam ich immer wieder auf Rockefeller zu sprechen. Obwohl er ein Direktor des Klubs gewesen war, ließ er letztlich seine Mitgliedschaft verfallen. »Genau wie Sie war er Angehöriger eines anderen Clubs, mit dem der Algonquin eine Vereinbarung hat«, erklärte mir einer. Wie Rockefeller jedoch dazu gekommen war, ein vollwertiges Mitglied zu werden, konnte mir niemand erklären. »Entweder wird man empfohlen oder man muss ein Bewerbungsformular ausfüllen. Wir wussten nur, dass er einer berühmten Familie angehört«, fuhr der Kellner fort. »Er war einfach Clark Rockefeller. Jeder hier mochte ihn, und niemand zweifelte an seiner Identität.«

Einige Zeit später stattete ich dem Algonquin Club erneut einen Besuch ab. An jenem Abend war das Publikum wesentlich jünger. Lässig gekleidete junge Männer saßen mit ihren Frauen oder Freundinnen im Speisesaal, während einige Geschäftsleute in der Members' Bar Billard spielten. Sie gaben sich locker und unterhielten sich prächtig in dem Wissen, dass sie sich hier unter Gleichgestellten befanden.

Es waren nicht nur Männer, die in Rockefellers Bann gerieten. Es sollte nicht lange dauern, ehe auch Frauen sich von ihm beeindrucken ließen. Ein weiteres Mitglied der morgendlichen Starbucks-Gruppe war eine Frau namens Amy Patt, die später vor Gericht über Rockefellers Anziehungskraft aussagen musste. Eines Morgens stand sie an der Southfield-Bushaltestelle, ihr jüngstes Kind saß im Kinderwagen, als ein gut gekleideter Mann vom gegenüberliegenden Park über die Straße kam. »Sie sehen heute aber besonders hübsch aus«, rief er entzückt und stellte sich vor. »Clark Rockefeller.«

Da sich die beiden zweimal täglich an der Haltestelle des Schulbusses trafen, wurden sie allmählich Freunde. Nachdem sie ihre Töchter in den Bus gesetzt hatten, gingen sie des Öfteren auf einen Kaffee zu Starbucks um die Ecke, trafen sich in anderen Cafés der Stadt oder gingen in den Algonquin Club. Laut des *Boston*-Magazins taten sie sich zusammen, um ihren kreativen Fähigkeiten freien Lauf zu lassen. So entstand ein Drehbuch aus insgesamt achtzehn Folgen, das auf ihren Erfahrungen bei Starbucks basierte. Rockefeller nannte es *Nicht ganz ordnungsgemäß*. Selbstverständlich wollte er sich in der Fernsehserie selbst spielen. Um sich auf seine Rolle vorzubereiten, begann er einen Kurs in einer Schauspielschule vor Ort zu besuchen.

Während die beiden an der Sitcom arbeiteten, wurde rasch offenkundig, dass Rockefeller auch ein erotisches Interesse an Amy hatte. »Er sagte immer wieder solch alberne Dinge wie: ›Ach, Amy, Amy, Amy, wir sollten Kinder zeugen‹«, erinnerte sie sich. »›Du bist so schlau. Unsere Kinder wären einfach brillant.‹«

Über seine Frau Sandra Boss, die ständig auf Geschäftsreisen zu sein schien, äußerte er sich nur abfällig. Amy glaubte, dass die Ehe zerrüttet wäre und er sich trennen wollte. Selbstverständlich erzählte er auch ihr seine übliche New York-Yale-Lebensgeschichte, die allerdings mit einigen prägnanten Details verfeinert worden war. »Er meinte, er sei mit den Autoren zur Schule gegangen, die die Figur Frasier entwickelt hatten«, sagte Amy aus. Dr. Frasier war die von Kelsey Grammer gespielte, äußerst penible Hauptfigur der gleichnamigen Sitcom. »Außerdem erklärte er, er habe etwas mit Waffen zu tun. Ballistik und so was.«

Sie hatte keinen Grund, seine Aussagen anzuzweifeln. Obwohl sich ihre Bekanntschaft nicht weiterentwickelte, freute sie sich jedes Mal auf die Treffen. »Er war immer so voller Energie und flirtete gerne. Ich habe mich in seiner Gegenwart köstlich amüsiert.«

Um mehr über Rockefellers Anziehungskraft auf Frauen in Erfahrung zu bringen, kontaktierte ich den Architekten Patrick Hickox. Er holte mich in seinem BMW-Cabriolet vor meinem Hotel ab, und wir fuhren zum B&G Oysters Restaurant, in dem er und Rockefeller des Öfteren zusammen gegessen hatten.

»Clark besaß ein ausgezeichnetes, leidenschaftliches Gespür für schöne Frauen«, verriet mir der Architekt auf dem Weg zum Restaurant. »Und er verfolgte sie mit großem Können und viel Charme.« Bei einer solchen Gelegenheit lernten sich die beiden auch ursprünglich kennen. »Es war eine große Veranstaltung in Abendgarderobe.« Hickox war mit seiner Frau und »einer auffallend schönen Angestellten da, die Rockefeller wohl aus der Ferne bereits ausgemacht hatte«. Perfekt gekleidet in seinem Frack von J. Press stellte er sich den dreien als Rockefeller vor. Aus der Dreier- wurde schon bald eine Vierergruppe. Nach der Gala wechselten sie in die Bar des Boston Ritz (das inzwischen Taj Boston heißt), wo die anderen bis fünf Uhr morgens Rockefellers Anekdoten lauschten.

»Dann gingen wir – meine Angestellte war weiterhin mit von der Partie – zu Clark nach Hause nach Beacon Hill. Das Haus war sehr spärlich möbliert. Es gab kaum Tische oder Sitzgelegenheiten, aber es war voller Bilder und Gemälde. Aber statt an den Wänden zu hängen, waren die meisten noch aufgerollt.«

»Glaubten Sie, dass es sich dabei um echte Werke handelte?«, erkundigte ich mich.

»Ich hatte keinen Grund, an ihrer Echtheit zu zweifeln. Sie stammten von großartigen Künstlern – Rothko und Motherwell, wenn ich mich recht entsinne. Es war eine fantastische Sammlung«, beteuerte Hickox.

Die beiden wurden gute Freunde. »Irgendwann stellten einige Leute Clarks Identität in Frage und machten abfällige Kommentare. Ich sagte ihm: ›Clark, ich würde nicht darauf hören. Du bist deine eigene große Geschichte, dich machen deine scharfsinnigen Analysen und deine Bonmots aus. Das bist du und kein anderer.‹«

Sobald wir im B&G Oysters Platz genommen und einen Wein bestellt hatten, legte Hickox Rockefellers Vorzüge dar: sein ehrenamtliches Engagement in der Gemeinde und seine Bereitschaft, Leuten und Wohltätigkeitsorganisationen mit ihren Computern zu helfen. Rockefeller verstand sich so gut auf Computer, dass er beinahe »telepathisch« mit ihnen zu kommunizieren schien, behauptete Hickox. Er benutzte nie eine Kreditkarte, sondern zahlte immer in bar. Der Architekt verstand dieses Verhalten als »ideologisch bedingt« und sah nichts Ungewöhnliches darin, dass ein Mann aus einer so berühmten Familie instinktiv jeglicher Art von Kredit kritisch gegenüberstand. Schließlich schien er gleichzeitig viel Ahnung von der Börse zu haben. Im Frühling 2008 schickte er Hickox sogar eine Mail, in der er ihn vor dem bevorstehenden

Zusammenbruch des amerikanischen Finanzmarkts warnte. »Der Markt ist unwahrscheinlich instabil. Steig jetzt aus Aktiengeschäften und der Börse aus und investiere in Rohstoffe. In Gold.«

Nachdem Hickox zwölf Austern bestellt hatte – jeweils zwei von sechs verschiedenen Sorten –, fragte ich ihn, wie Rockefeller in die Starbucks-Gruppe gepasst habe. »Er war wunderbar. Sehr provokativ«, antwortete er. »Ab und zu haben wir über ernsthafte Geschäfte, Erfindungen und neue Technologien geredet. Aber meistens haben wir einfach nur geplaudert. Autos waren ein beliebtes Thema, einfach alles. Clark war ein Musikliebhaber. Er liebte jede Form von Musik – von sentimentaler Popmusik über große Opern bis hin zur leichten Operette, wie sie so typisch für das Frankreich des neunzehnten Jahrhunderts ist. Zwei oder drei von uns haben gerne komplizierte Melodien gepfiffen. Wir hatten sogar einen Namen: die Whiffenpoofs – nach den Whiffenpoofs of Yale. Ich lieh ihm sämtliche Aufnahmen aller Whiffenpoofs des zwanzigsten Jahrhunderts, die er dann digitalisierte und mir auf CD zurückgab.«

Er trank einen Schluck Chablis und fuhr fort: »Außerdem war Clark ganz verrückt nach Cole Porter.«

»Welche Songs?«, wollte ich wissen.

»Da gab es einen, den er besonders mochte: *From This Moment On*. Ein wunderbarer Song, die Quintessenz von Porters Können. Er suchte sich ein Thema, einen kleinen Satz, den Teil einer Aussage heraus und schuf daraus ein ganzes Universum. Clark begeisterte sich für Diktion und Sprache.«

Wir tranken Wein und summten ein paar Takte aus Cole Porters Klassiker. Er handelt von einer Welt, die sich wegen einer schönen Frau um die eigene Achse dreht. »Eines Abends kam Clark mit neun verschiedenen Versionen des Liedes zu uns«, berichtete Hickox. »Wir hörten uns alle an, und er testete uns, indem er fragte, wer sie gesungen habe. Das war ganz schön schwer.«

Rockefeller interessierte sich nicht nur für amerikanische Musik. Seine Vorlieben gingen in viele Richtungen, ja erstreckten sich bis ins Obskure. »Er ist der Einzige, den ich kenne, der ein Didgeridoo spielen kann – ein Blasinstrument der Aborigines. Ein sehr langes Horn. Eines Abends – keine Ahnung, warum – fragte ich ihn, ob er uns nicht etwas vorspielen wolle. Er stand auf, eilte nach Hause und stand kurze Zeit darauf mit einem zweieinhalb Meter langen Didgeridoo im Zimmer, das er mit außergewöhnlicher Resonanz und Kraft spielte.«

Hickox redete sich langsam warm. »Jeden Sonntagvormittag, selbst wenn wir am Vorabend bis spät nachts unterwegs gewesen waren, las er den Kindern im Athanaeum vor. Er war ein hervorragender Vorleser, ein echter Kenner.«

»Und ein echter Hochstapler«, fügte ich hinzu.

»Ich mag das Wort Hochstapler nicht«, entgegnete Hickox. »Sie dürfen es gerne benutzen, aber ich möchte mich davon distanzieren. Es besteht kein Zweifel daran, dass dieser Mann verschiedene Identitäten angenommen hat. Aber ich habe ihn niemals als jemanden erlebt, der unterschiedliche Persönlichkeiten verkörperte.«

Die Austern wurden auf einem Bett aus Eisstücken serviert. »Ich glaube, viele stellen sich diesen Mann als jemanden vor, der durch und durch unecht ist«, sinnierte Hickox. »Aber er war auch ein liebender und sorgender Mann. Ich bin mir sicher, dass Ihnen bereits andere von seiner Liebe und Zuneigung für seine kleine Tochter erzählt haben. Das war nicht obsessiv. Es gibt für mich keinen Zweifel, dass er ein liebender Vater war. Die Liebe zu seiner Tochter hatte etwas Anrührendes. Ich glaube, sie stellte die wesentliche Realität seines Lebens dar.«

»Vielleicht die einzige Realität«, gab ich zu bedenken.

»Das glaube ich nicht. Ich glaube, viele Dinge waren für Clark real. Es fällt mir nicht ganz leicht, das so zu sagen, aber möglicherweise war manches Irreale für Clark sogar ausgesprochen real. Deshalb widerstrebt es mir auch, den Begriff Hochstapler zu verwenden. Er war jemand, der vielleicht in der Lage gewesen wäre, die Welt intellektuell zu verändern.«

Ich zog skeptisch die Augenbrauen hoch, aber Hickox ließ sich nicht beirren. »Ich bin Architekt. Wissen Sie, wie man als Architekt seinen Lebensunterhalt verdient? Indem man sich etwas vorstellt. Dann verwandeln sich meine Vorstellungen in Realität. Ich habe ein Büro. Damit verdiene ich reales Geld. Aber vielleicht gilt das mehr oder weniger für uns alle, denn sonst würden wir uns nicht weiterentwickeln, sondern immer nur in der einen Realität verharren.«

Er sah mich eindringlich an, ehe er fortfuhr. »Sie befinden sich auf einer Entdeckungsreise«, fasste er meine Absicht zusammen, das Rätsel des Clark Rockefeller auf Papier zu bringen. »Sie wissen nicht, wie sie enden wird. In gewisser Weise vermitteln Sie sich selbst und den Leuten, mit denen Sie sprechen, etwas, das einer Realität entsprechen *könnte*. Mit dieser Realität vor Augen stellen Sie Ihre Fragen, und je mehr Zeit vergeht, desto deutlicher kristallisiert sich eine Idee, eine Vision heraus. Etwas, das aus einer Welt der Vorstellung und der Fiktion kommt, gewinnt eine stetig realer werdende Dimension.«

Er sagte, dass jede Realität vor allem durch Ideen und Visionen geprägt sei, die unserer Fantasie entsprängen. Wenn man es so betrachtet, dachte ich, sind wir alle Hochstapler. Rockefeller allerdings trieb es auf die Spitze, indem er sich eine völlig erfundene Realität zu eigen machte. Hickox verglich die amerikanische Odyssee seines Freundes mit Romanen wie Fieldings *Tom Jones* oder denen von Joseph Conrad. »Truman Capote sprach einmal von ›einer echten Fälschung‹«, fuhr er fort. »Das bedeutet, dass es eigentlich keinen völligen Hochstapler geben kann. Ganz im Gegenteil. Es ist vielmehr vielleicht jemand, der in Wahrheit echt ist, dessen Fundament aber auf einer Fiktion basiert. Ich glaube, alle Amerikaner sind im Grunde das Ergebnis unserer Vorstellungskraft. Das ist es auch, was dieses Land so anziehend macht. In gewisser Weise kann man Clark als den typischen Einwanderer betrachten, der sich ein neues Leben, eine neue Persönlichkeit erschafft, die frei von den Beschränkungen jenes Landes sind, das er hinter sich gelassen hat.«

»Wie hat er Ihrer Meinung nach so viel gelernt, um diese neue Persönlichkeit erfinden zu können?«, fragte ich.

»Er hat ungeheuer viel gelesen«, antwortete Hickox.

»Und Clark Rockefeller war dann seine größte Kreation«, schloss ich.

In diesem Moment wandte Hickox seine Aufmerksamkeit den Austern zu. »Auch auf die Gefahr hin, dass Sie mich überheblich finden, möchte ich Ihnen jetzt zeigen, wie man Austern isst.«

Er habe das Gleiche auch bei Clark getan, versicherte er mir und nahm eine Auster.

»Ich habe Clark hierhergebracht und ihm die verschiedenen Austern beschrieben. Clark hat sich einem anderen Gesprächspartner zugewandt und auf seine aristokratisch gebieterische Weise erklärt: ›Ach was – eine Auster ist eine Auster.‹ Ich sagte ›Abwarten‹ und bestellte jeweils zwei Austern von der gleichen Sorte – genauso, wie ich es heute Abend gemacht habe. Als sie vor uns standen, begann ich, ihm die Feinheiten jeder einzelnen Sorte zu erklären.«

Er ließ sich dieses Vergnügen auch diesmal nicht nehmen und erläuterte mir den Unterschied zwischen einer Auster aus Wellfleet, einer aus Malpeque und einer aus Permquid. Er bat mich, die Muschel an den Mund zu führen, um sie in einem Zug zu leeren. Während ich seiner Anweisung folgte, beschrieb er mir die verschiedenen Geschmacksrichtungen, die er Ebbe, Flut und Ozean nannte. »Ähnlich wie beim Wein wird der Geschmack der Auster im Wesentlichen von ihrem *Terroir* bestimmt – also jener Gegend, aus der sie stammt.« Rockefeller hatte sich diese komplexen Feinheiten im Handumdrehen zu eigen gemacht – Salzgehalt versus gemüseartige Qualität. Um Hickox' Worte zu benutzen: »Manche schmecken nach Meerbrise, während bei anderen eher eine gewisse Erdigkeit besteht, die sie nach Seetang schmecken lässt. Es dauerte nicht lange, ehe sich Clark sämtliche Termini und Geschmacksrichtungen angeeignet hatte. Genauso war er auch in der Kunst, in der Literatur, bei Gesprächen und seiner geistreichen Art.«

Dann kam Hickox auf Martini zu sprechen. »Wein war nicht so sein Ding. Er trank natürlich einen guten Wein, wenn man ihm ein Glas eingoss.« Hickox zeigte auf die Flasche im Weinkühler. »Genau dieser Chablis hat ihm zum Beispiel vorzüglich geschmeckt.« Als er ihm jedoch einen perfekten Wodka-Martini vorsetzte, »der so eisig war, dass man die Verwirbelungen darin sehen konnte«, eröffnete sich Rockefeller eine weitere neue Welt. »Er sagte, das sei der beste Martini, den er jemals getrunken habe.«

»Er war wie ein Schwamm«, warf ich ein.

»Tja, wenn ein Schwamm analytisch sein kann, dann war er ein Schwamm. Er hatte eine unglaublich schnelle Auffassungsgabe und war absolut nicht starr.«

Nach dem Essen führte mich Hickox ins Beehive, eine Bar, die sich dem Restaurant gegenüber befand. »Ich dachte mir, dass Sie es ganz interessant finden könnten«, meinte er. Das Nachtlokal war laut und voll attraktiver junger Frauen.

»Clark war bei Frauen ein echter Charmeur«, fuhr Hickox fort. »Wie eine Katze, die Mäuse jagt und sie im Schuh ihres Besitzers deponiert, brachte er Frauen an unseren Tisch und erklärte: ›Das ist Patrick Hickox, nicht nur einer der besten Architekten dieser Gegend, sondern der Welt.‹ Auf einmal befand ich mich inmitten einer Gruppe, die an meinen Lippen hing und alles hören wollte, was ich zu Kunst, Architektur und der Zukunft der Zivilisation zu sagen hatte.«

Er berichtete, er und Clark hätten diverse Bars und Kneipen besucht, um das Nachtleben von Boston zu erkunden. Clark habe Frauen angelockt, indem er sich der Kunst der »umgekehrten Anmache bediente. Innerhalb kürzester Zeit hatte er sie geködert, und sie hingen an seinen Lippen. Dann führte er sie verzaubert von dannen.«

»Und wie machte er das? Stellte er sich einfach nur mit einem ›Ich bin Clark Rockefeller‹ vor? Reichte das bereits als Lockspruch?«

Hickox nickte. »Einmal behauptete er, eine bestimmte Frau zu mögen, weil sie ungern tanze und er selbst tanzen hasse. Einige Wochen später sagte ich zu ihm: ›Clark, ich bin deiner Tanzlehrerin begegnet… und sie meinte, du seiest ein sehr guter Tänzer.‹«

Er hatte seinen Freund also bei einer kleinen Lüge ertappt, doch der Architekt schien sich nicht besonders daran zu stören. Stattdessen erinnerte er sich lieber an die Nächte, die sie zusammen in der Bar des Liberty Hotels verbracht hatten, dem ehemaligen Charles Street Gefängnis, das nun in Luxuswohnungen umfunktioniert worden war. Die größte Bar in diesem Gebäude hieß *Clink*. »Das war einer unserer Lieblingstreffpunkte«, bestätigte Hickox. »Ein paar andere Lokale, die ich mochte, waren leider nichts für ihn. Er bezeichnete sie als gerontologisch.«

»Als gerontologisch?«, hakte ich nach.

»Das war seine recht unhöfliche Weise zu sagen, dass die Gäste für seinen Geschmack nicht jung genug seien«, klärte mich Hickox auf.

Austern, Martini, junge Frauen, Tanzlehrerinnen. Wo war Sandra Boss die ganze Zeit, während er sich auf diese Weise amüsierte?

»Hat er jemals darüber gesprochen, wie er sich in seine Frau verliebt hat?«, fragte ich den Architekten.

»Kein Wort«, antwortete er.

Während Clark Rockefeller in einem Teil von Boston ein luxuriöses Leben führte, begann er in einem anderen zu sinken, was sich am besten durch eine Episode verdeutlichen lässt, die sich in Bostons Back Bay zutrug. Er hatte ein Ehepaar kennengelernt, ebenfalls Eltern einer Southfield-Schülerin, und ihm seine übliche Geschichte erzählt: dass sein Vater seine Firma für ein Vermögen an die Marine verkauft habe und er selbst für das Verteidigungsministerium arbeite. Trotz seines vollen Terminkalenders fände er immer wieder Zeit, seiner Leidenschaft nachzugehen, dem Segeln. Er sei gerade von einem Törn in Frankreich zurückgekommen, wo er mit dem Team des America's Cup unterwegs gewesen sei. Als er das junge Ehepaar schließlich zum Segeln auf seine Jacht einlud, waren sie natürlich begeistert.

Als das Paar vor dem Boston Sailing Center eintraf, wartete Rockefeller bereits mit seiner Tochter Snooks auf sie. Es täte ihm leid, sagte er, aber sein Schiff läge in der Werft und sie müssten mit einem wesentlich kleineren Boot des Clubs vorliebnehmen. »Wir waren natürlich etwas enttäuscht, nicht auf einer Rockefeller-Jacht segeln zu können«, erinnerte sich der Ehemann.

Die beiden sollten noch viel enttäuschter sein, als sie auf dem kleinen, geliehenen Boot endlich das offene Wasser erreichten und der angebliche America's-Cup-Profi offenbar keine Ahnung hatte. Andere Jachten flogen an ihnen vorbei, während sie sich im böigen Wind mit flatternden Segeln abquälten. Das Boot wurde wie eine Nussschale hin und her geworfen und drohte zu kentern, und es war bald eindeutig, dass Rockefeller keine Kontrolle über die Jolle hatte. Er war derart verzweifelt, dass er die Pinne seiner Tochter überließ, was die beiden Passagiere noch nervöser machte. Schließlich riefen sie, während sie in der Bucht hin und her trieben, einem vorbeipaddelnden Kajakfahrer zu, er möge ihnen helfen.

»Können Sie uns an Land ziehen?«, fragten sie und warfen ihm eine Leine zu, so dass er das Boot mit den vier Insassen abschleppen konnte.

»Und das soll ein America's-Cup-Segler sein?«, empörte sich der Ehemann.

Clark Rockefeller trieb offensichtlich haltlos dahin.

KAPITEL ACHTZEHN

»Finden Sie heraus, wer er ist!«

Vier Monate nachdem die Rockefellers nach Boston gezogen waren, entschied sich Sandra Boss im Dezember 2006 endlich, ihren Mann zu verlassen. Der Tropfen, der das Fass zum Überlaufen gebracht hatte, war ein Vorfall mit ihrer Tochter gewesen.

»Die Schule rief uns an und lud uns zu einem Elternabend ein. Ich glaube, es war der 2. Dezember 2006. Sie hatten bereits längere Zeit vergeblich versucht, sich mit mir in Verbindung zu setzen. Es stellte sich heraus, dass ihnen Clark eine falsche Handynummer gegeben hatte. Offenbar wollte er verhindern, dass ich über ihre schulischen Angelegenheiten informiert wurde. Mir gegenüber behauptete er, in Southfield gäbe es keine Elternabende.«

Als Reighs Lehrer endlich beide Eltern vor sich hatten, äußerten sie ihre Besorgnis.

Sandra Boss erinnerte sich: »Sie priesen ihre intellektuellen Fähigkeiten, meinten aber, dass sie fast täglich einen Wutanfall habe. Sie tat sich im Kontakt zu anderen sehr schwer. Damals war sie fünf. Sie ging immer wieder zu den Lehrern und forderte sie auf: ›Bitte, was soll ich spielen?‹ Zu diesem Zeitpunkt war sie durch seine ständige Kontrolle schon ziemlich gestört. Am Tag nach dem Elternabend sagte ich zu ihm: ›Wir

müssen dem Rat der Lehrer folgen und zu einem Verhaltens-
therapeuten gehen. Das ist Beweis genug, dass wir grundle-
gend etwas an unserer Erziehung ändern müssen.‹ Er schrie
mich an, bedrohte mich und meinte, dass ich nie wieder mit
der Schule sprechen dürfte. Er ist völlig ausgerastet.«

»Nur um alles richtig zu verstehen«, sagte der Staatsanwalt.
»Wie stand er zu dem Vorschlag, Reigh wegen der Dinge, die
in der Schule angesprochen wurden, von einem Therapeuten
behandeln zu lassen?«

»Er hat sich ganz und gar verweigert. Er wollte es unter
allen Umständen vermeiden.«

Doch es war keineswegs einfach, Clark Rockefeller zu verlassen, sondern bedurfte genauer Planung, vor allem, wenn
sie ihre Tochter mitnehmen wollte. Sie war entschlossen, das
Kind nicht in der Obhut ihres Mannes zurückzulassen. Also
verbrachte sie eine Woche damit, sich einen geeigneten Anwalt zu suchen.

»Wir brauchten eine geschickte Strategie, um mich dort herauszuholen«, erklärte Sandra. »Ich machte mir Sorgen um
meine Sicherheit, und ehrlich gesagt, verfolgte er mich jeden
Abend und machte verrückte Dinge, ehe ich ihn verließ. Es
war sehr gefährlich. Ein Psychotherapeut, der mir von meinem Anwalt empfohlen worden war, riet mir, [Reigh] nicht
einfach so von ihm loszureißen, da es uns alle in große Gefahr
gebracht hätte.«

Sie wurde nicht dazu aufgefordert, mehr über die »verrückten Dinge« zu erzählen, die ihr Mann tat, ehe sie ihn verließ,
und sprach auch nicht weiter darüber. Stattdessen schilderte
sie den ausgeklügelten Plan, mit dem sie die Kontrolle über
ihre Tochter und ihr eigenes Leben zurückerobern wollte.
Rockefeller kümmerte sich zwei Drittel der Zeit um Reigh,
und Sandra Boss beantragte sofort zwei Tage pro Woche für

sich. »Dann fingen wir an, sie langsam, aber sicher aus seinen Klauen zu befreien. Ich konzentrierte mich damals ganz darauf, mich um Reigh zu kümmern. Ich wollte sie in Sicherheit wissen und äußerte von Anfang an meine Bedenken, dass er sie entführen könnte.«

Am 17. Januar 2007, beinahe zwei Monate nachdem sie sich dazu durchgerungen hatte, sich von Clark zu trennen, reichte ihr Anwalt die Scheidung ein. Die Anwälte beider Parteien forderten sogleich das Sorgerecht für die Tochter (Sandra zahlte sämtliche Anwaltskosten für Clark). So begannen zwölf Monate zermürbender Auseinandersetzungen. Sandra zog in eine Wohnung gegenüber dem heutigen Taj Boston. »Ich durfte Reigh zwei Tage die Woche sehen, während der Angeklagte sie die restlichen fünf Tage in der Woche betreuen durfte«, sagte sie.

Rockefeller war wie eine verwundete Raubkatze. Wenn er sich nicht um seine Tochter kümmerte, brüllte er und listete die ganzen Sünden auf, die seine Frau ihm gegenüber begangen habe. Er zog in eine kleine Wohnung, von der aus er die Bushaltestelle an der Beacon Street im Blick hatte (das Stadthaus in der Pinckney Street wurde verkauft), und musste sich jetzt damit abfinden, als alleinerziehender Vater mehr auf seine Ausgaben achten zu müssen. Er bot keinen schönen Anblick. »Er war blind vor Wut!«, erklärte ein Freund. Ein Vater aus Southfield meinte: »Als sie sich scheiden ließen, fragte ich ihn, wie alles aufgeteilt werden solle, und er antwortete: ›Alles muss verkauft werden. Ich kann es einfach nicht fassen. Ich kann nicht glauben, dass sie mir das antut.‹ Im Nachhinein betrachtet, stand er kurz davor, seine Maske fallen lassen zu müssen. Sandra lieferte das Geld, mit dem er sich seine Oldtimer oder Kunstwerke hatte kaufen können oder in teure Bars ging. Als sie den Geldhahn abdrehte, war er am Boden zerstört.«

Rockefeller drohte, mit jedem Scheidungsanwalt in Boston zu sprechen, so dass Sandra wegen eines möglichen Interessenkonflikts keinen von ihnen engagieren könne. Doch sie hatte bereits einen – und zwar einen guten. Rockefeller wollte nun an Geld kommen, indem er die alten Autos und Möbel verkaufte, die er von Sandra nach der Trennung erhalten hatte. Don MacLeay, der Baggerführer aus Cornish, erhielt deswegen einen Anruf von Clark. »Ich hatte ihm einen Buick Baujahr 1991 verkauft, und er rief mich an, um mir zu sagen, dass sich Sandy von ihm scheiden lassen wollte. Dann forderte er mich auf, nach Boston zu fahren, um den Buick wieder abzuholen und ihm den Kaufpreis zurückzugeben. Es ging um 4500 Dollar, glaube ich. Ich dachte: Warum macht sich jemand wie er, der vorher das Geld mit beiden Händen ausgab, Sorgen um eine solche Summe? Zu jener Zeit war meine Frau sehr krank. Ich sagte: ›Clark, ich habe gerade viel am Hals.‹ Zwei oder drei Tage später rief er noch einmal an und fragte: ›Haben Sie den Buick schon abgeholt?‹ Ich erwiderte: ›Nein. Und das werde ich auch nicht. Ich habe auch Probleme.‹«

»Dann sind Sie nicht mehr mein Freund«, habe Rockefeller ihn angeschnauzt.

Clark kontaktierte wegen seiner Scheidung einen weiteren Bekannten, den Kunsthändler Sheldon Fish. »Er behauptete: ›Sandy war nur hinter meinem Geld her. Sie hat mich nur geheiratet, weil ich ein Rockefeller bin‹«, erinnerte sich Fish. »Er klagte: ›Sie hat meinen Namen benutzt, und jetzt will sie mich bis aufs letzte Hemd ausziehen. Vielleicht kann ich die Gemälde gegen das Sorgerecht für Reigh eintauschen.‹« Kurz darauf erhielt Fish, der mittlerweile nach Peru gezogen war, einen zweiten Anruf von Rockefeller. »Er sagte: ›Ich musste Sandy alle Gemälde geben, um das Sorgerecht für Reigh zu bekommen. Ich habe lediglich zwei Millionen übrig, das ist heutzutage nicht viel. Ich weiß nicht, wie es weitergehen soll.‹ Ich erwiderte: ›Kommen Sie nach Peru, da bedeuten zwei Millionen Dollar noch sehr viel Geld.‹ Aber er änderte immer wieder seine Geschichten und erzählte jedes Mal etwas anderes.«

Auch seine Mitautorin Amy Patt bemerkte bei Clark während des Scheidungsprozederes eine Veränderung. Zuerst suchte er eine Arbeit, die nicht unbedingt nur mit Waffen oder Ballistik zu tun haben musste. »Er meinte, die Dexter Southfield School habe ihn wegen einer Stelle als Pressesprecher kontaktiert«, sagte sie vor den Geschworenen aus. Die Scheidung und die Angst, seine Tochter zu verlieren, hätten ihn so sehr belastet, dass er sich nicht mehr auf die Sitcom konzentrieren konnte. Letztlich verlief das Projekt im Sand – jedoch nicht, ehe Rockefeller seiner Bekannten verriet, was er tun würde, falls es Sandra schaffte, Snooks nach London mitzunehmen. Er wollte sich ebenfalls für eine Stelle bei einer Firma im Ausland bewerben und behauptete, die chinesische Regierung habe ihn bereits wegen einer möglichen Anstellung in ihrer Raketenabteilung angesprochen.

»Der Job ist genau auf mich zugeschnitten, Amy«, versicherte er ihr und erinnerte sie an seine langjährige Erfahrung im Bereich der Ballistik. Die Chinesen hätten ihm einen Drei-Jahres-Vertrag mit einem Jahresgehalt von einer Million Dollar angeboten. Falls die Scheidung aus dem Ruder laufen sollte, würden sich seine einflussreichen Freunde in der chinesischen Regierung darum kümmern und »mir helfen, alles wieder geradezubiegen«.

Auf die Frage, was er damit meine und was denn so schieflaufen könne, antwortete er, es habe mit seiner Tochter zu tun und dass er sie sich vielleicht zurückholen müsse.

Später bat er Amy, dem Prozesspfleger gegenüber, der bei Scheidungsfällen mit Kindern vor Gericht für deren Sorgerecht und Besuchsrecht zuständig war, eine Falschaussage zu machen. Sie solle behaupten, sie sei seine feste Freundin. »Er hoffte, bessere Chancen zu haben, wenn er sich in einer dauerhaften Beziehung befand.« Amy weigerte sich.

Selbst der Architekt Patrick Hickox, Rockefellers glühendster Verteidiger von all jenen, die ich während meiner Recherchen kennenlernte, hatte eine beunruhigende Veränderung bemerkt, nachdem sich Sandra von Rockefeller getrennt hatte. Hickox erzählte mir von einer gemeinsamen Reise ungefähr zur Zeit der Scheidung. Sie waren nach Cornish gefahren, zu Rockefellers altem Haus. »Wir nahmen meinen kleinen Sportwagen. In Cornish sollte ich in einem Gästehaus auf seinem Grundstück schlafen.« Der vornehme Architekt war erblasst, als er seine Unterkunft erblickt hatte. Das Haus war leer gewesen, Matratzen hatten auf dem Boden gelegen. »Unbenutzte Laken steckten noch in ihren Verpackungen und waren im ganzen Zimmer verstreut. Er packte sie aus ihren Plastikhüllen. Dann fuhr ich ihn den Hügel hinauf, um ihn in sein Haus zu bringen, ehe ich kurz nach Mitternacht zurückkehrte. Ich lief erst einmal um das ganze Haus und überprüfte, ob auch alle Fenster verschlossen waren. Ich habe sogar mit einem Messer unter dem Kopfkissen geschlafen.«

»Mit einem Messer?«, fragte ich. »Warum in aller Welt haben Sie mit einem Messer unter dem Kopfkissen geschlafen?«

»Ich hatte keinen wirklichen Grund, dachte mir aber: ›Ich bin mir bei diesem Mann nicht mehr sicher.‹«

In Boston beschwerte sich Rockefeller einem seiner Nachbarn von Beacon Hill gegenüber, dass er nicht einmal 200 Dollar ausgeben dürfe, um den Efeu am Haus in der Pinckney Street stutzen zu lassen, ohne bei Sandra oder ihren Anwälte um Erlaubnis zu fragen. Das Haus stand mittlerweile zum Verkauf. Jedem, der ihm zuhörte, jammerte er vor, Sandra habe ihm seinen ganzen Besitz geraubt. Seine sorgfältig kultivierte Fassade des reichen und mächtigen Mannes aus bestem Hause begann langsam Bruchstellen aufzuweisen. Als letzte Demütigung musste er seine Mitgliedschaft im Algonquin Club zurückgeben. Jetzt durfte er seinen Lieblingsclub nur noch aufgrund einer wechselseitigen Mitgliedschaft mit einem anderen Club betreten.

»Während der ersten sechs oder sieben Monate redete er nur [über] eine Rolle als Hausmann und forderte das Sorgerecht für Reigh und Unterhaltszahlungen für den Rest seines Lebens«, sagte Sandra Boss vor Gericht aus. »Ich wusste natürlich, dass das für Reigh gefährlich werden konnte.«

Das Scheidungsverfahren wurde mehrere Monate lang auf Eis gelegt, und ein Antrag folgte dem anderen. Rockefeller drohte seiner Frau mit Aussagen ihrer Nachbarn in Boston und Cornish, die täglich gesehen hätten, wie er sich liebevoll um Snooks gekümmert habe.

Plötzlich brachte jedoch unerwartete Hilfe aus Seattle den Durchbruch für Sandra. Ihr Vater, der pensionierte Boeing-Ingenieur William Boss, »stolperte über Informationen, die sich als sehr nützlich erwiesen«, meinte sie. Rockefeller hatte ihr früher erzählt, seine Mutter sei die verstorbene Mary Roberts und stamme aus dem Süden Virginias. Zwei Jahre vor ihrer Trennung hatte er Sandra Boss zufolge jedoch seine Geschichte auf einmal geändert. Nun war seine Mutter die Kinderdarstellerin Ann Carter gewesen.

»Das ließ mich aufhorchen. Sobald er von ihr erzählte und meinte, sie sei eine Kinderdarstellerin gewesen, dachte ich: ›Seltsam – ich habe noch nie von ihr gehört.‹« Als sie nachfragte, habe er nur geantwortet: »Ich habe es bloß noch nie erwähnt.«

»Ich sagte: ›Aber du hast einen anderen Namen genannt.‹ Er fuhr mich an: ›Rede doch keinen Unsinn.‹ Er hat mich beschimpft und darauf bestanden, dass ich mich irre. Außerdem habe er sie erst einmal erwähnt, da sie tot sei. Er nannte mich eine Idiotin. Danach erzählte er uns alles über seine Mutter Ann Carter und wie sehr Reigh ihr doch gliche und so weiter und so fort.«

William Boss, der es seinem Schwiegersohn sehr übelnahm, dass er seiner Tochter zwölf Jahre Ehehölle zugemutet hatte und sie jetzt auch noch einer schrecklichen Scheidung aussetzte, begann sich im Internet umzusehen. Er gab den Namen Ann Carter ein und las einen Eintrag in Wikipedia. Es stellte sich heraus, dass Ann Carter nicht nur noch lebte, sondern zudem gerade eine Dokumentation für [den amerikanischen Kabelsender] TBS drehte.

William Boss rief seine Tochter an und erzählte ihr, was er herausgefunden hatte. »Er sagte: ›Das ist ein Wunder. Clarks Mutter ist nicht tot. Da stimmt was nicht.‹« Sie erfuhren, dass Ann Carter weder einen Sohn namens Clark Rockefeller hatte noch jemals von einem Mann solchen Namens gehört hatte.

Auch vor diesem Vorfall hatte Sandra Boss schon einmal an der Identität ihres Mannes gezweifelt. Vor einigen Monaten, Anfang des Jahres 2007, hatte das Ehepaar seine Einkommenssteuererklärung abgeben müssen.

»Damals gab er sich noch nett, um mich dazu zu bringen, zu ihm zurückzukehren«, erklärte Sandra Boss. »Ich schlug vor, Phil [ihren langjährigen Steuerberater] wegen der Steuererklärung anzurufen. Er beschimpfte Phil als inkompetent und ungeeignet und sagte, wir sollten ihn nicht mehr beauftragen.«

»Soll ich mich nicht darum kümmern, jemand anderen zu finden?«, schlug Rockefeller vor.

Doch Sandra war nicht mehr an der Meinung ihres Mannes interessiert, der schon bald ihr Ex sein sollte. »Ich rufe Phil an«, erklärte sie entschlossen.

»Das tat ich auch, woraufhin wir ein paarmal hin und her mailten. Ich sagte: ›Ich möchte übrigens sichergehen, dass mit meinen Steuern alles in Ordnung ist. Schließlich haben Sie bisher immer nur mit Clark zusammengearbeitet, und ich weiß nicht, ob Ihnen überhaupt bewusst ist, dass ich eine sechsjährige Tochter namens Reigh habe.‹

Er antwortete: ›Doch, natürlich. Das weiß ich. Ihr Bruder hat es mir erzählt.‹

So habe ich herausgefunden, dass sich Clark meinem Steuerberater gegenüber als mein Bruder ausgegeben hatte, damit er bestimmen konnte, was auf den Steuerformularen stand.«

»Das heißt, Sie wurden als Alleinstehende versteuert und nicht als ein Ehepaar?«

»Genau«, entgegnete Boss.

Nach mehr als zehn Jahren, in denen es immer wieder deutliche Hinweise gegeben hatte, dass etwas nicht stimmte, begann Sandra Boss endlich an der Identität ihres Mannes zu zweifeln. »Ich heuerte einen Privatdetektiv an und gab ihm alle Informationen – alles, was Clark über sich erzählt hatte … und sagte: ›Finden Sie heraus, wer er ist.‹«

Sandra Boss hatte ihre Anwälte gebeten, ihr einen guten Privatdetektiv zu nennen, und Frank Rudewicz angeheuert, einen ehemaligen Polizeibeamten mit mehr als zwanzig Jahren Erfahrung.

Er war bereit, sich mit mir zum Abendessen in Boston zu treffen. Während ich auf ihn wartete, las ich das Protokoll seiner Aussage vor Gericht. Er beschrieb sein Geschäft so: »Wir sind eine anerkannte Privatdetektei und machen alles von Observationen über interne Ermittlungen und Computerforensik bis hin zur Unterstützung vor Gericht und zwar landesweit.« Auf seiner Homepage war zudem zu lesen, dass er ein »zertifizierter Spezialist zur Bekämpfung von Geldwäsche« war und langjährige Erfahrung in »der Ermittlung von Betrugsfällen, Vorfällen am Arbeitsplatz und Mitarbeiterfehlverhalten« hatte.

Ich erwartete einen hartgesottenen Detektiv im Stil eines Columbo oder Mannix. Doch Rudewicz stellte sich als ein großer, freundlicher, gepflegter Mann im Anzug heraus. Er hatte nichts dagegen, mir über den außergewöhnlichsten Fall seiner langen Karriere zu erzählen – noch außergewöhnlicher, bemerkte er, als ein berühmter Fall, der von der Fernsehserie *Forensic Files* aufgegriffen worden war. Damals hatte Rudewicz einen Mann ausfindig gemacht, der immer wieder falsche Namen und Identitäten annahm, um seinen eigenen Tod vorzutäuschen und so sechs Millionen Dollar Versicherungsprämie einzustreichen (dank Rudewicz konnte die Versicherungsgesellschaft die Auszahlung verweigern und den Betrüger rechtlich belangen).

»Ich erhielt einen Anruf von Sandra Boss' Anwalt. Zuvor hatte ich noch nie von ihr gehört. Der Anwalt beauftragte mich, ein Vermögensprofil zu erstellen.«

Wäre es nicht um einen Rockefeller gegangen, hätte es sich auf den ersten Blick um eine reine Routineangelegenheit gehandelt. Ein Vermögensprofil ist in Scheidungsfällen das übliche Procedere, wenn mindestens eine Partei verdächtigt wird, Geld an der anderen vorbeischaffen zu wollen. Dazu muss man in öffentlichen Registern suchen, Bankkonten überprüfen und Gegenproben von Datenbanken machen, um den Weg des jeweiligen Geldflusses zu verfolgen und mögliche Verstecke ausfindig zu machen. »In diesem Fall gab es viele Bauprojekte, und Ms. Boss vermutete, er könnte mit den Auftragnehmern unter einer Decke stecken und Schmiergeld einstreichen.« Rudewicz ahmte den Akzent von Clark Rockefeller nach, als er über die nicht enden wollenden Bauprojekte in Cornish sprach: »›Wir machen das so: Das ist ein 400 000-Dollar-Projekt. Sie bekommen 300 000, und ich behalte 100 000, und wir sind im Geschäft.‹«

Rockefeller hatte überall auf dem Grundstück in Cornish tiefe Löcher graben lassen. Er nannte sie Sicherheitsbunker. Seine Frau fürchtete, dass er dort ihr Geld vergrub. Der Ermittler fahndete aber nicht nur nach Bargeld, sondern auch nach Booten, Autos – alles, was versteckt sein könnte. Sandra war überzeugt, dass er Geld beiseitegeschafft hatte, denn jeden Monat verschwanden ungeheure Summen von ihrem Konto. Sie hatte wegen ihrer Arbeit keine Zeit gehabt, dem nachzugehen. Jetzt wollte sie jedoch endlich Antworten. »Sie sagte: ›Ehe ich diesem Mann mein Geld überlasse – und ich weiß, dass ich das sowieso nicht vermeiden kann, wenn ich die Scheidung durchziehen möchte –, will ich wissen, ob er mich bestohlen hat. Ich will wissen, ob er Geld gebunkert hat. Falls er schon 500 000 von mir hat, muss ich ihm keine Million anbieten. Dann kann ich mit einer geringeren Summe anfangen‹«, erklärte Rudewicz.

Obwohl er wenig persönlichen Kontakt mit seiner Auftraggeberin hatte, hielt er sie für eine »ausgesprochen durchorganisierte, ehrgeizige Frau, die meiner Meinung nach daran gewöhnt war, Befehle zu erteilen und zu bestimmen. Zumindest in diesem Kontext«. Mit anderen Worten, eine harte Lady – außer wenn es um ihren Mann ging, wie sie bereits vor Gericht eingeräumt hatte. Anfangs war sie weniger an der Frage interessiert, wer ihr Mann eigentlich war, sondern wollte vor allem wissen, wie viel Geld er ihr abgeknöpft hatte. Sie hatte dem

Detektiv erklärt, dass Millionen ihres hart verdienten Geldes durch die Hände von Clark Rockefeller gegangen seien. Der Privatermittler machte sich also an die Arbeit.

»Wir begannen mit seinem Namen, seinem Geburtsdatum [Sandra hatte ihm den 29. Februar 1960 genannt] und seiner Adresse«, erzählte Rudewicz. Sobald man diese Daten in eine Datenbank eingab, erhielt man gewöhnlich eine Liste mit ehemaligen Adressen, potentiellen Verwandten, Nachbarn und manchmal sogar Arbeitgebern.

Bei Rockefeller fand der Mann die gemeinsamen Adressen mit Sandra Boss in New York, in Cornish und in Boston, aber nichts vor 1994, jenem Jahr, in dem er Sandra kennengelernt hatte. »Das war merkwürdig. Schließlich hatten wir es nicht mit einem Siebzehnjährigen zu tun, der gerade anfing, sein Leben aufzubauen, sondern mit einem erwachsenen Mann mit einem bekannten Namen, der nach eigener Aussage vor seiner Beziehung zu Sandra Boss schon ein ereignisreiches Leben geführt hatte.«

Rudewicz suchte vergeblich nach Verstecken oder beiseitegeschafftem Geld. Schlimmer noch: Er fand *überhaupt nichts* unter Clark Rockefellers Namen. Nichts, was er von Sandra oder ihren Anwälten über Rockefeller erfahren hatte, konnte verifiziert werden. Es gab keine Daten über seine Geburt, obwohl seine Geburtsurkunde eigentlich leicht hätte aufzutreiben sein müssen – insbesondere, wenn er tatsächlich in einem Krankenhaus in New York geboren worden war, wie er behauptet hatte. Rudewicz fand auch nichts über seine Eltern oder über die Umstände und den Zeitpunkt ihres Todes. Auch von dem angeblichen 50-Millionen-Dollar-Deal mit der US Marine waren keine Unterlagen vorhanden. In Yale hatte man noch nie von ihm gehört – ob er nun als Vierzehnjähriger dort eingeschrieben gewesen sein mochte oder nicht –, und im Sutton Place 19 hatte ebenfalls noch nie ein Rockefeller gelebt. Seine angebliche Beziehung zu seinem »Patenonkel«, dem verstorbenen Harry Copeland, von dem Rockefeller in einer schriftlichen Erklärung behauptete, dass er ihm sämtliche Informationen über seine vor langem verstorbenen Eltern gegeben habe, schien auch aus der Luft gegriffen zu sein (Rudewicz spürte Copelands über neunzigjährige Witwe in einem Altersheim in Virginia auf, sprach aber nie persönlich mit ihr).

Rockefeller hatte keinen beruflichen Werdegang, keine Verwandten, keine früheren Adressen, keinen Pass und keine Kreditkarten, die nicht von Sandra Boss beglichen wurden. Es gab nicht einmal eine Heiratsurkunde unter Clark Rockefellers und Sandra Boss' Namen. Kurz gesagt: Es gab keinerlei Spuren eines Clark Rockefeller, bevor dieser Sandra Boss kennengelernt hatte.

Doch die meisten seiner Lügen enthielten ein Körnchen Wahrheit.

»Clark Rockefellers größtes Talent, wenn man es denn so nennen will, besteht darin, all seine Geschichten an Tatsachen anzulehnen. Nicht das große Ganze war wahr, aber dafür stimmten kleine Einzelheiten«, sagte Rudewicz. »Gibt es eine Ann Carter? Ja. Gibt es einen Rockefeller, der am 29. Februar 1960 geboren wurde? Ja. Es gibt einen gewissen Scott Rockefeller, der an diesem Tag in New York zur Welt kam und auf Long Island lebt. Ich fing also an, stutzig zu werden. Er hatte offenbar gut recherchiert und jemanden mit einem bestimmten Geburtstag und Namen gewählt, damit jeder, der das nachprüfen würde, bis zu einem gewissen Punkt kam und nicht weiter. So gewann er Zeit.«

Rudewicz reichte mir ein Papier aus seiner Aktentasche. Es handelte sich um eine Fotokopie des Yale-Jahrbuchs von 1978 und zeigte einen gewissen James Frederick Clark – ein junger Mann, der mit der Rockefeller-Familie entfernt verwandt war. Er hatte drei Namen, die auch Clark Rockefeller benutzte. Ebenso hatte er sich dessen akademischen Werdegang angeeignet – Hilfskraft des Dekans von Yale, im Blasorchester, Mitglied der Theatergruppe. Es lag also nahe, dass Rockefeller das Yale-Jahrbuch durchsucht hatte, bis er jemanden fand, der ihm imponierte, um sich dann die besten Dinge für den Charakter herauszugreifen, den er erschuf.

Rudewicz sah sich auch Rockefellers Handydaten an, fand aber wieder nichts. Sandra und er versuchten, an seinen Computer zu gelangen, wo er höchstwahrscheinlich seine Geheimnisse verwahrte, doch er hatte ihn mitgenommen. »Er ließ mich nie auch nur in die Nähe seines Computers«, erklärte Sandra Boss dem Privatdetektiv, der Blogs, soziale Netzwerke und sonstige Internetquellen durchforstete, die ein Licht auf seine Zielperson werfen konnten. Aber er stieß auf nichts weiter als auf technische Webseiten und eine Rezension, die Clark für ein Buch bei Amazon abgegeben hatte.

Bereits am zweiten Tag seiner Ermittlungen schöpfte Rudewicz Verdacht. »Ich berichtete dem Anwalt von Sandra Boss, dass es keine Akten oder Aufzeichnungen über Rockefeller gab, nicht einmal Adressen. Wir mussten der Klientin diese Tatsache sehr vorsichtig vermitteln. Schließlich handelte es sich um ihren Ehemann. Da konnten wir nicht einfach mit der Tür ins Haus fallen und erklären: ›Sie haben einen eiskalten, knallharten Lügner geheiratet.‹«

»Und wie haben Sie das gemacht?«, wollte ich wissen.

»Ich habe ihr gesagt: ›Wir wissen nicht, mit wem wir es zu tun haben. Wir wissen nur, dass er nicht Clark Rockefeller heißt. Mehr nicht.‹«

Trotz der immer eindeutigeren Beweise hielt Clark an seinem Namen fest, wie der Privatdetektiv aussagte. »Als wir immer wieder gegen eine Wand rannten und nach weiteren Informationen suchten, erfuhr Clark irgendwann, dass eine Privatdetektei engagiert war. Wir forderten eine beglaubigte Kopie der Geburtsurkunde an und erfuhren, dass sie in New York City [ausgestellt worden war] und zwar in einem Krankenhaus, wobei er sich aber nicht mehr erinnern konnte, in welchem. Für solche persönliche Daten benötigt man sowohl einen Antrag als auch eine schriftliche Erklärung, die wir auch erhielten – unterschrieben mit ›Rockefeller‹.«

Vor Gericht wurde Rudewicz aufgefordert, die dem Brief beigefügte schriftliche Erklärung vorzulesen:

Sandra L. Boss und ich lernten uns am 5. Februar 1993 kennen. Seitdem kennt sie mich unter meinem einzigen Namen, und zwar James Frederick Mills Clark Rockefeller. Sollte ich einen anderen Namen haben, ist es wohl kaum zu erklären, warum diese Tatsache in fünfzehn Jahren Ehe nicht ans Licht kam, insbesondere da Sandra während dieser Zeit viele andere Menschen kennenlernte, die mich unter meinem Namen bereits wesentlich länger kannten als sie selbst.

»Mr. Rudewicz, darf ich fragen, wie viele dieser Personenüberprüfungen Sie im Laufe Ihrer Karriere durchgeführt haben?«, erkundigte sich der Staatsanwalt.

»Sie bilden einen wesentlichen Teil unserer Arbeit. Ich würde sagen, tausende.«

»Wie oft ist es bei diesen tausenden von Überprüfungen passiert, dass Sie auf keinerlei Informationen stießen?«

»Noch nie.«

Sandra Boss fasste Rudewiczs Ermittlungsergebnisse vor Gericht folgendermaßen zusammen: »Der Privatdetektiv fand heraus, dass (A) nichts von dem, was Clark mir erzählt hatte, zu beweisen war und (B) er nicht feststellen konnte, wer Clark in Wirklichkeit ist.«

»Erinnern Sie sich an Einzelheiten, die Sie dem Privatdetektiv mitteilten und die sich dann als unwahr herausstellten?«

»Sicher«, antwortete Sandra und begann mit einer langen Liste der Lügen ihres Mannes.

»Er ist nicht im Sutton Place 19 aufgewachsen. Tatsächlich wird das Gebäude schon seit geraumer Zeit von mehreren Parteien bewohnt.

Er war nie in Yale.

Er besuchte nie eine der Schulen, auf denen er angeblich war.

Er arbeitete nie für First Boston.

Er hatte keine Geburtsurkunde, auf der stand, dass er 1960 in New York geboren wurde.«

Kurz gesagt, erklärte Sandra Boss, »alles, was er jemals behauptete«.

Falls sie sich als Absolventin der Harvard Business School und Junior-Partnerin bei McKinsey & Company gedemütigt fühlte, weil sie auf einen solch gewaltigen Betrug hereingefallen war, ließ sie es sich im Gerichtssaal jedenfalls nicht anmerken. Sie wirkte auch nicht gedemütigt, als sie zum ersten Mal davon erfuhr. Stattdessen nahm sie endlich das Ruder in die Hand. Ihre Tage als Ehefrau, die sich alles gefallen ließ und die unter der Fuchtel ihres Manns stand, waren endgültig vorbei.

In Absprache mit ihren Anwälten fasste Sandra Boss einen Entschluss. Sie wusste, dass es Clark hassen würde, vor Gericht zu müssen. »Das merkte ich bereits, als wir wegen einer Lappalie einmal vor Gericht erscheinen mussten. Er war

sehr nervös«, berichtete sie. Also entschied sie sich, alles »auf
eine Karte zu setzen«, wie sie es ausdrückte. Ihre Anwälte
führten »jede Einzelheit seines furchtbaren Verhaltens« sowie die endlose Reihe von Lügen auf. Diese Liste reichten sie
beim Vormundschaftsgericht ein, das für den Fall Boss versus Rockefeller zuständig war, und warteten dann darauf, wie
Rockefeller reagieren würde.

Ihr Ehemann »rastete völlig aus«, erklärte Sandra Boss.
Zwei Tage später habe sie einen Anruf seines Anwalts erhalten, der erklärte: »Clark möchte eine Einigung. Sie bekommen
Reigh und können sie mit nach London nehmen. Er will nur
noch eine Million Dollar.«

Sandras Arbeitgeber ermöglichte ihr den lang ersehnten
Ausweg. Einige Zeit zuvor hatte man ihr eine Stelle in London offeriert. Jetzt war es an der Zeit, dieses Angebot anzunehmen. Also teilte sie ihren Vorgesetzten mit: »Wenn das
Angebot noch steht, würde ich es gerne annehmen.«

Später sagte sie: »Ich hielt ihn für einen wirklich unheimli-
chen Menschen ohne Identität und wollte Reigh so rasch wie
möglich aus dem Land bringen, damit er sie nicht entführen
konnte.«

Der Umzug von Boston nach London zog eine Gehalts-
kürzung von mehr als einer Million Dollar im Jahr nach sich.
Doch allein die Tatsache, dass nun ein Ozean zwischen Reigh
und ihrem Vater liegen würde, war ihr das wert. Sie erklärte
Rockefellers Anwalt: »Ich freue mich, das Sorgerecht für
Reigh zu erhalten. Reden wir also über die Summe.«

Ihr Gegenangebot lag bei 750 000 Dollar. Er konterte mit
800 000. »Wir einigten uns auf 800 000. Außerdem wollte
er zwei Autos, ein Kleid und meinen Verlobungsring«, sagte
Sandra. Welches Kleid – und wozu er es wollte – wurde vor
Gericht nicht weiter diskutiert. Von nun an hatte Rockefeller,

der seine Identität nicht beweisen wollte oder konnte, keinerlei Chance mehr. Sandra Boss bekam alles zugesprochen: das historische Haus und die Kirche in Cornish, das Stadthaus in Beacon Hill und das, was ihr am meisten am Herzen lag: das Sorgerecht für Reigh.

Der Richter willigte ein, dass sie das Kind mit nach London nehmen dürfe, wo die beiden in ein schönes Haus im noblen Viertel Knightsbridge ziehen wollten, während das Besuchsrecht des hingebungsvollen Vaters auf drei beaufsichtigte Treffen im Jahr beschränkt wurde.

»Warum bestanden Sie darauf, dass die Besuche unter Beaufsichtigung stattfinden sollten?«, wurde sie gefragt.

»Weil ich fürchtete, er könne sie entführen. Ich wusste, wie verschlagen er sein konnte. Ich wusste auch, dass er nicht der war, der er zu sein vorgab. Ich hielt es also durchaus für möglich, dass er auch noch eine andere, erschreckende Identität hatte.«

Rockefeller blieb nichts anderes übrig, als alles zu akzeptieren, was Sandra forderte. Vor Gericht führte sie ihre Bedingungen noch einmal auf.

»Ich erhielt das volle Sorgerecht für Reigh und musste ihm im Gegenzug 800 000 Dollar in drei Teilzahlungen überweisen. Merkwürdigerweise einigten wir uns auch darauf, dass keiner von uns ein Buch über die Geschichte schreiben dürfe. Außerdem erhielt er die Erlaubnis Reigh dreimal im Jahr unter Aufsicht zu treffen – entweder in Boston oder in der Stadt, in der er nachweislich wohnte.«

Die Besuche mussten eine Reihe von Auflagen erfüllen. »Reigh durfte nicht über Nacht bleiben. Die ersten zwei Besuche beschränkten sich auf drei aufeinanderfolgende Tage zu jeweils acht Stunden am Tag. Vor und nach jedem Treffen musste er einen Therapeuten aufsuchen. Sämtliche Umstände der Besuche mussten im Voraus besprochen und abgesegnet werden.«

Sandra und Reigh Boss zogen am 23. Dezember 2007 nach London.

»Sie wurde mir vier Tage vor Weihnachten weggenommen. Das war bösartig«, beklagte sich Rockefeller später. »Ich möchte doch nur mit ihr zusammen sein. Ich möchte sie morgens wecken, sie für die Schule fertig machen, zum Bus bringen und dann warten, bis sie wieder nach Hause kommt, um ihr das Abendessen zu bereiten und sie ins Bett zu bringen. Und am nächsten Tag wieder das Gleiche.«

Clarks Freund Bob Skorupa aus der Starbucks-Filiale erinnerte sich: »Am Tag der Scheidung schickte er mir eine SMS: ›Ich habe gerade den Vertrag von Versailles unterzeichnet.‹« Er fühlte sich offenbar genauso genötigt, wie das Deutsche Reich nach dem Ersten Weltkrieg. John Greene, ein weiteres Mitglied der Starbucks-Gruppe, fügte hinzu: »Er gab seine Tochter für 800 000 Dollar auf. Außerdem sollten keine weiteren Ermittlungen bezüglich seiner Identität erfolgen. Wir saßen also hier im Starbucks, und sein Kind war fort, völlig legal nach London gebracht. Ich glaube, er nahm das Geld und bereute es dann später. Meiner Meinung nach plante er bereits in dem Moment, als er das Geld auf dem Konto hatte, seine Tochter zurückzuholen.«

KAPITEL NEUNZEHN

Chip Smith: Baltimore in Maryland

Ein äußerlich gebrochener Rockefeller schlich während der Weihnachtsfeiertage 2007 durch die Straßen von Beacon Hill. Die Miete für seine Junggesellenwohnung im zweiten Stockwerk der Beacon Street 73 wurde noch sechs Monate lang von Sandra Boss gezahlt. Er packte weder die Umzugskartons aus, noch rückte er die Möbel an die richtigen Stellen. Obwohl er vorübergehend eine Bleibe hatte, erklärte er, sich ohne seine Tochter, ohne das Stadthaus in der Pinckney Street und ohne den gesellschaftlichen Einfluss, den er so lange durch die Bankkonten und Kreditkarten seiner Frau genossen hatte, entwurzelt zu fühlen.

»Er behauptete, die Scheidung habe ihn 800 000 Dollar gekostet und zudem müsse er Sandys Anwaltskosten von 1,2 Millionen zahlen. Er meinte, er sei völlig pleite und brauche einen Job. Das fand ich komisch, denn er hatte noch nie zuvor von Arbeit gesprochen«, erklärte ein Freund, der Clarks langsamen Niedergang beobachtete.

Rockefeller verbrachte Weihnachten 2007 mit dem Künstler William Quigley und dessen Familie bei Quigleys Schwester in Boston. Die Kinder im Haus schienen Rockefellers Elend nur noch zu verschlimmern. »Es macht mich so traurig, all die Kinder hier zu sehen«, erklärte er den Quigleys. »Snooks fehlt mir so sehr.« Im Lauf des Abends wurde er auf den Verbleib seiner Kunstsammlung angesprochen. »Ich musste alles der Familienstiftung zurückgeben. Mir gehört nichts mehr.« Als ob das noch nicht genug sei, fügte er hinzu, verlange seine Frau nun auch noch Alimente in Höhe von 15 000 Dollar im Monat. Quigleys Schwager fragte, warum er nicht auch nach London ziehe, um zumindest in der Nähe seiner Tochter zu sein. »Sie sind ein Rockefeller!«, erinnerte er ihn. »Sie können doch tun und lassen, was Sie wollen.« Traurig antwortete Clark: »Alles ist aufgebraucht.« Quigley erinnerte sich noch gut an jenen Abend. »Immer wieder klagte er darüber, wie sehr er sie vermissen würde. Er war am Boden zerstört und völlig fertig.«

Rockefeller schien jedoch etwas Trost darin zu finden, Frauen zu imponieren. »Er hatte immer ein hübsches Mädchen bei sich«, erinnerte sich Sheldon Fish, der Kunsthändler. »Einmal stellte er mich einer Frau aus der Band Dixie Chicks vor.« Ein anderer Freund berichtete: »Er mochte Blondinen.« So machte Rockefeller auch einer meiner Bekannten den Hof – Roxane West, einer jungen Frau aus einer reichen westtexanischen Öl-Familie. Er hatte sie auf einer Party in einer Kunstgalerie in Manhattan kennengelernt. Nach einem gemeinsamen Mittagessen begann er mit dem »Text-Flirten«, wie er es nannte, und schlug ein Wiedersehen vor, während er gleichzeitig darüber sinnierte, wie schwer es ihm fiele, Boston zu verlassen und nach New York zu kommen. Sämtliche Privatclubs seien belegt, und es sei ihm als Rockefeller nicht zuzumuten, in einem normalen Hotel abzusteigen. ›Ich hoffe, du hattest einen schönen Muttertag‹, schrieb er einmal. Am 1. Juni folgte die nächste SMS: »Fühl dich bitte, bitte, BITTE nicht übergangen. Sehr volle Woche, aber sie nähert sich dem Ende. MUSS dich wiedersehen. Werde heute Abend anrufen.

Gerade von den Bermudas zurück, dort Sommerhaus gemietet. Großartige Zeit.«

Er scheute keine Mühen, eine große Scharade abzuziehen. Als er einmal mit ihr telefonierte, tat er so, als unterhielte er sich gleichzeitig mit seiner Tochter, die zu jenem Zeitpunkt jedoch längst in London wohnte. Als Roxane die letzte SMS von ihm erhielt, war sie sich bereits sicher, dass er ein Scharlatan war und sie ihn nie wiedersehen wollte. »Ich hielt alles für riesigen Unsinn und ahnte, dass er nicht derjenige war, der er zu sein vorgab.«

Einer seiner letzten gesellschaftlichen Auftritte in Boston fand bei einer Dinnerparty von Paul und Helen Wessling statt, die in der Commonwealth Avenue wohnten. Bei der Gerichtsverhandlung wurde ein Gast als Zeuge vernommen, der an jener Party teilgenommen hatte. Der Mann war ein Finanzportfolioverwalter namens Nathan Peltz. »Wir tranken Cocktails und warteten auf einen weiteren Gast.« Er identifizierte den Angeklagten als jenen weiteren Gast. Dann wurde er gefragt, ob ihm Rockefeller seinen Beruf genannt habe. Peltz erwiderte, er habe wohl im Investmentbereich gearbeitet. »Ich bekam keine klare Antwort, was den Namen der Firma betraf, für die er angeblich arbeitete. Ich nahm an, dass es sich um private Fonds handelte. Unser Gastgeber war in dieser Branche tätig. Ich bin es gewöhnt, dass man mir erklärt: ›Ich arbeite für X, Y, Z.‹

Er erzählte, er wohne in Beacon Hill und ihm sei gerade ein Kind weggenommen worden. Ein kleines Mädchen, das er Snooks oder Snookums nannte. Er behauptete, das Kind sei außerehelich in England auf die Welt gekommen und die Mutter habe sich vor kurzem von ihm getrennt. Bis dahin habe er das Kind als alleinerziehender Vater aufgezogen, nun aber wolle die Mutter ihr Kind zurück. Weiter führte er aus, sein Kind wäre nach einem Gerichtsbeschluss in Massachusetts zurück nach London gebracht worden ... Von einer Ehefrau hat er nie etwas erwähnt. Es war eindeutig, dass er am Boden zerstört war und sich vom Gericht unfair behandelt fühlte, da es der Mutter nie das Sorgerecht hätte zusprechen dürfen.«

Nach den Cocktails hätten sich die Gäste an den Tisch gesetzt, und das Essen sei serviert worden. Rockefeller habe immer wieder von seiner Tochter angefangen. »Er konnte nicht aufhören, über sie zu reden«, sagte Peltz vor Gericht aus. »Er war sehr wütend. Ich schlug vor, dass er noch einmal mit dem Richter sprechen solle. Er meinte daraufhin, dass er nach England fahren und das Kind holen würde, wenn man ihm vor Gericht nicht helfen wolle. Für mich klang das nach Entführung.«

Während eine sorgfältig konstruierte Persönlichkeit, die des Clark Rockefeller, sich unaufhaltsam auflöste, entstand langsam eine neue. Die Neuerfindung begann im November 2007, ehe er das Sorgerecht für seine Tochter verlor. Sie fing mit einer E-Mail an die Immobilienfirma Obsidian Realty in Baltimore an. Julie Gochar, eine der Inhaber von Obsidian Realty, war die Empfängerin dieser Mail und wurde später im Fall Clark Rockefeller vorgeladen.

Julie Gochar, eine junge blonde Frau in einem weißen Sommerkleid, war mindestens im sechsten Monat schwanger, als sie zu ihrer Aussage erschien. Nachdem sie über ihre Firma Auskunft gegeben hatte, die sie zusammen mit zwei Partnern führte und die mit 27 unabhängigen Vertretern im Einzugsgebiet von Baltimore zusammenarbeitete, fragte der Staatsanwalt, ob sie den Angeklagten kenne.

»Ja, ich kenne ihn«, antwortete sie.

»Und unter welchem Namen ist er Ihnen bekannt?«

»Unter dem Namen Chip Smith«, antwortete sie und fügte hinzu: »Er schickte eine E-Mail an unser Büro, die an mich weitergeleitet wurde. Das war etwa Mitte oder Ende November 2007.«

»Teilte er Ihnen in dieser Mail etwas über sich selbst mit?«

»Nur dass er sich gerade in Chile befände und im nächsten Frühling mit dem Boot nach Baltimore käme, um dort eine Weile zu bleiben.«

»Sie haben auf seine Mail geantwortet?«, wurde sie gefragt. »Selbstverständlich«, erwiderte sie. Der Wohnungsmarkt in Baltimore war zu jener Zeit heiß umkämpft, und jeder Makler wusste, dass eine solche E-Mail mit einem Hausgesuch für eine halbe Million Dollar ein ausgezeichnetes Geschäft sein konnte. »Er brauchte Hilfe, weil er sich in Baltimore nicht auskannte, und genau so etwas ist mein Job«, erklärte sie.

Zu jenem Zeitpunkt hatte er noch nicht seinen Namen, sondern nur seine E-Mail-Adresse angegeben: svshenandoah@ gmail.com. »In den kommenden Mails tauschten wir viele Informationen aus«, fuhr Julie Gochar fort. »Es waren Standardfragen, die ich ihm stellte, um einen Eindruck von den Wünschen des Klienten zu gewinnen ... damit ich das passende Viertel für ihn finden konnte ... Er hatte eine Tochter und benötigte ein Haus, das groß genug für beide war. Er wollte im Zentrum wohnen und projektbezogen arbeiten. Soweit ich weiß, konstruierte er Katamarane oder so.«

Julie Gochar wurde gefragt, was ihr der Segler über seine Tochter namens Muffy mitgeteilt habe. »Ich wusste, dass Muffy sieben Jahre alt war und sich mit ihm zusammen auf dem Boot befand.«

»Hat er Ihnen erklärt, wie er es schaffte, ein siebenjähriges Kind auf einem Boot aufzuziehen?«

»Nur hinsichtlich ihrer Schulausbildung. Sie wurde zu Hause nach dem Calvert-School-Programm unterrichtet, das seine Hauptniederlassung zufällig in Baltimore hat. Er wollte so etwas wie ein Stadtreihenhaus mit Dachterrasse in der Nähe von Camden Yards, so dass er seiner Baseballleidenschaft nachgehen könne. Aber da er gerade um Chile segelte, schrieb er, könne er sich nur unregelmäßig melden.«

»Was hat er Ihnen über die Mutter des Kindes erzählt?«

»Die Mutter sei eine Leihmutter, und er habe sämtliche Dokumente vernichtet, die auf ihre Identität hinweisen könnten«, lautete Julie Gochars Antwort. Auch die Geburtsurkunde seiner Tochter habe er verbrannt, damit sie nie etwas über ihre Mutter in Erfahrung bringen könne. »Das muss sie nicht wissen«, habe er der Maklerin erklärt.

Am Abend, nachdem sie die erste E-Mail erhalten hatte, unterhielt sich Julie Gochar mit ihrem Mann über den neuen potentiellen Kunden – einen Schiffskapitän namens Chip Smith.

»Er ist Segler«, gab sie zu bedenken. »Woher soll er so viel Geld für ein Haus haben?«

»Als Kapitän verdient man sehr viel Geld«, klärte sie ihr Mann auf. Diese Information reichte Julie Gochar, die sich daraufhin an die Arbeit machte, um dem Mann nach seiner Ankunft in Baltimore einige Häuser zeigen zu können.

Nach einigen Monaten des E-Mail- und SMS-Austauschs erhielt sie endlich verbindliche Informationen. Sie berichtete vor Gericht: »Im Februar überlegten wir, wie wir den Umzug von einem Land in ein anderes logistisch angehen sollten und wo die beiden anfangs wohnen würden. Sollten sie in ein Hotel gehen oder für eine Weile eine Wohnung mieten? Wir entschieden uns für Letzteres ... Schließlich unterschrieb er einen Zweimonatsvertrag für ein Reihenhaus, das um die Ecke von unserem Büro war.«

»Warum haben sie ein Haus einem Hotel vorgezogen?«

»Er mochte keine Hotels«, erwiderte Julie Gochar. Er habe ihr gesagt, dass er ihnen misstraue. Also zahlte er 2000 Dollar im Monat für ein Haus, das fast an ihr Büro in der South Wolfe Street grenzte. Der Vertrag begann rechtzeitig für seine Ankunft im April und war auf den Namen S.V. Shenandoah ausgestellt. Julie Gochar hatte offenbar einfach den Namen seiner E-Mail-Adresse übernommen. »Das ist lustig«, schrieb er. »Die E-Mail-Adresse gehört zu meinem Boot, ich aber heiße Charles Smith.« Julie Gochar sagte auch aus, dass er behauptete, den Namen Charles zu hassen und lieber Chip genannt werden wollte. Noch vor seinem Eintreffen schickte er mehrere große Kartons aus Boston an ihr Büro. Er hatte sie vorgewarnt, dass er ihr etwas Kleidung senden würde, »weil ich sonst nichts für die nördliche Halbkugel habe«. Als sie fragte, warum die Pakete aus Boston kämen, obwohl er doch aus Wisconsin stamme, antwortete er: »Ich habe in Harvard studiert und dort ein paar persönliche Dinge gelagert, was unter Harvard-Absolventen nicht unüblich ist.«

Sie arrangierten ein Treffen in ihrem Büro. Als Chip Smith eintrat, traute Julie Gochar ihren Augen kaum. »Er war so ganz anders, als ich ihn mir vorgestellt hatte. Ich hatte einen großen, kräftigen braungebrannten Segler-Typen erwartet … Nichts davon traf auf ihn zu.« Sein Akzent erinnerte sie an Thurston Howell III aus der Fernsehserie *Gilligan's Island*, obwohl sie, wie sie später zugab, noch nie den Akzent eines Bostoner Brahmanen gehört hatte. Außerdem kam er ihr viel zu schmächtig für einen Segler war, geschweige denn für den Kapitän eines Schiffs. Ihr Ehemann hatte auf dem College St. Mary's im südlichen Maryland mit einer Gruppe echter Segler studiert. Sie waren stark und robust und ganz anders als der zart wirkende Gentleman, der mit einer Baseballkappe auf dem Kopf, einer Hornbrille und knallroten Haaren, die gefärbt zu sein schienen, vor ihr stand. »Ich habe mir auf jeden Fall keinen bleichen, windigen Zwerg vorgestellt…«

Er hatte sie bereits vorgewarnt, dass er keinen braunen Teint habe, weil es auf dem Törn nur geregnet habe. »Ich kann kaum fassen, dass ich so lange auf See war und nicht einmal anständig braun geworden bin«, klagte er.

Er war allein und behauptete, seine Tochter sei bei seinen beiden Schwestern in Wisconsin vorerst besser untergebracht und würde erst im Sommer zu ihm ziehen. Er wollte sogleich mit der Besichtigung der Häuser anfangen. Es war April. Je früher er ein Haus hatte, desto früher könne er mit seiner Arbeit beginnen. Eine Bootsfirma aus Baltimore habe ihn eingestellt, um ultramoderne Katamarane zu entwerfen, zu bauen und zu verkaufen.

Da er fast gegenüber wohnte und sich Julie Gochar rühmte, rund um die Uhr ihren Klienten zur Verfügung zu stehen, wurde Chip Smith rasch zu einem gerngesehenen Gast im Büro von Obsidian Realty. Natürlich war er ein wenig merkwürdig in seiner lachsfarbenen Khaki-Hose, auf der kleine Fische aufgestickt waren, und mit seinen Segelschuhen, die er stets ohne Socken trug. Doch er war ein Kunde, und für Julie Gochar ist der Kunde König. »Er kam auch dann vorbei, wenn wir keinen Termin vereinbart hatten. Er wollte sich alle Häuser auf dem Markt anschauen und wissen, wie viel sie wert waren. Überhaupt war er sehr neugierig. Er verbrachte viel Zeit bei uns im Büro.«

Sie überließen ihm sogar einen ihrer Bürocomputer und teilten ihm eine E-Mail-Adresse zu: chip@obsidianrealty.com.

»Hatte er Zugang zu Ihrem Computersystem?«, wurde Julie Gochar vor Gericht gefragt.

»Ja.«

»Und wie kam es dazu?«

»Ich gab ihm den Büroschlüssel«, erwiderte sie. »So konnte er kommen und gehen, wann es ihm beliebte. Es gab vieles, das er sich ansehen wollte, und zu Hause hatte er keinen Computer... Um ehrlich zu sein, wollte ich ihn auch nicht jedes Mal im Büro treffen, wenn er etwas nachschauen wollte.«

Smith verbrachte viele Stunden im Büro von Obsidian Realty. »Es war beinahe, als wäre er bei uns angestellt«, sagte Julie Gochar. Er habe ständig am Computer gesessen und »sich Bootsdesigns, Gold- und Aktienkurse und Ähnliches angesehen«.

Die Tatsache, dass er genügend Geld für eine schöne Immobilie besaß, spielte sicherlich keine unwichtige Rolle. Als Julie Gochar ihm ein Antragsformular für eine Hypothek in Höhe der Summe reichte, die er ausgeben wollte, lehnte er dankend ab und erklärte, er plane, in bar zu zahlen.

»Hören Sie. Ich vertraue Ihnen«, sagte er eines Tages zu Julie Gochar, als sie ihm wieder einige Immobilien zeigen wollte. »Ich stamme aus einer sehr wohlhabenden Familie, möchte aber nicht, dass sich dies herumspricht. Sonst werde ich ständig angepumpt.«

»Dann sollte Ihnen dieser Stadtteil eigentlich gefallen«, erwiderte sie. »Hier kümmert es niemanden, ob Sie Geld haben oder nicht.«

Damit meinte sie ein unaufgeregtes Viertel von Baltimore namens South Point. »Hier können Sie zwischen einem Schlepperkapitän auf der einen und einem Orthopäden auf der anderen Seite wohnen. Ich würde sogar behaupten, dass es Ihre Nachbarn hier vorziehen, wenn Sie es nicht an die große Glocke hängen, dass Sie reich sind.« Er hielt sich allerdings nicht daran. Als Julie Gochar ihn einmal zu einer Büroparty einlud – »Das ist eine gute Möglichkeit, Leute kennenzulernen« –, zögerte er und behauptete, er habe nicht die passenden Kleider für eine solche Gelegenheit, nur um dann mit einem großen weißen Segelhut und einer rosafarbenen Hose aufzutauchen, die von diesem Moment an im Büro Chip Smiths Partyhose genannt wurde.

Er legte auch andere exzentrische Züge an den Tag: So aß er zum Beispiel nur weiße Speisen – wie Hühnersalat, Weißbrot, weiße Kartoffeln, weißes Truthahnfleisch oder das Eiweiß von hartgekochten Eiern. »Tun Sie bitte nichts drauf!«, rief er der Bedienung hinterher, wenn er zu Mittag ein Hühnchen-Sandwich bestellte. Er verriet Julie Gocher: »Wissen Sie, ich bin gegen Tomaten allergisch.« Während sie von einer Immobilie zur anderen fuhren, hatte er stets sein Handy am Ohr und führte Gespräche über Geld, Diamantringe und die Tatsache, dass seine Tochter ihren Namen »Muffy« nicht mochte und er sie stattdessen vielleicht seine TLO nannte: The Little One. Was die Hauswahl betraf, erklärte er Julie Gochar, so sei der Straßenname von großer Wichtigkeit. Er würde nie in der Boston Street wohnen, habe aber nichts gegen die Montgomery Street. Daraufhin fand Julie Gochar ein Haus in der Montgomery Street 10 im Stadtteil Federal Hill, das einem Anwalt gehörte und von dessen Bibliothek Chip Smith begeistert war.

»Er war von der Gegend und dem Straßennamen sehr angetan«, erzählte Gochar. Aber er habe geglaubt, weitere 100 000 Dollar seien nötig, um das Haus auf Vordermann zu bringen. »Ich werde die verlangte Summe nicht bieten«, verriet Chip Smith seiner Maklerin, »sondern 100 000 weniger. Schließlich zahle ich in bar.«

Sein Angebot wurde abgelehnt, woraufhin sofort ein weiterer Interessent bereit war, beinahe die ganze geforderte Summe zu zahlen. Smith versuchte es erneut und bot 150 000

Dollar mehr als bei seinem ersten Angebot. Doch der Verkäufer lehnte auch dies ab und verkaufte stattdessen an den anderen Interessenten, obwohl dieser 50 000 Dollar weniger geboten hatte – das brachte Chip Smith zur Weißglut. »Ich verliere nie«, erklärte er, und an jenem Tag erlebte Julie Gochar eine andere Seite ihres Klienten. »Er hatte einen Wutanfall und brüllte: ›Ich will das Haus! Ich verstehe nicht, warum ich es nicht haben kann! Ich zahle dafür in *bar*!‹ Ich hatte das Gefühl, dass er gewohnt war, immer das zu bekommen, was er sich in den Kopf gesetzt hatte.«

Als er das Haus nicht bekam, ließ Chip Smith die Maklerin links liegen und wandte sich direkt an den Verkäufer. Auch das überzeugte den Verkäufer keineswegs. Julie Gochar war empört. Allmählich begann sie daran zu zweifeln, ob dieser Chip Smith die Zeit und Mühe wert war, die sie investiert hatte, um ein Haus für ihn zu finden.

Mitte Mai wollte er einen Katamaran. Nicht für seine Arbeit, bei der er angeblich Katamarane entwarf, sondern aus anderen Gründen. Er fing an, die Boote in der Anchorage-Marina zu begutachten, die sich rühmte »Baltimores führendes Jachtzentrum« zu sein. Annie Linskey berichtete in der *Baltimore Sun*: Eines Tages traf er dort Bruce Boswell, den Eigentümer eines acht Meter langen Katamarans. Er stellte sich als Chip MacLaughlin vor und fragte Boswell, ob er Interesse habe, seinen Katamaran, der schon bessere Tage gesehen hatte, zu verkaufen. Der Fremde bot 10 000 Dollar, obwohl das Boot kaum die Hälfte wert war. Später sollte es als »reif für die Kettensäge« beschrieben werden. »Ich war froh, es loszuwerden«, erklärte Boswell der *Baltimore Sun* gegenüber.

Sie gingen in eine Bar, wo MacLaughlin »eine großartige Geschichte« zum Besten gab. Er sei nach Baltimore gezogen, um in der Nähe seiner Schwestern zu sein. Er gab mit einer Mitgliedschaft im Century Club an, einem privaten Club in New York, und behauptete, er wolle Baltimores historisches Mayflower Theater erwerben, um es wieder in seinem früheren Glanz erscheinen zu lassen.

Was den Kauf des Katamarans betraf, so schlug Chip vor, den Handel in seinem Büro abzuschließen. Spätabends standen die beiden Männer vor Obsidian Realty. Chip MacLaughlin gab den Sicherheitscode ein, um die Tür mit seinem eigenen Schlüssel zu öffnen. Während er das Bargeld abzählte – 10 000 Dollar in 20- und 50-Dollar-Noten – erklärte er, der Eigentümer der Firma zu sein. Falls Boswell diese Behauptung überprüft hätte, wäre er tatsächlich auf einen Partner mit dem Nachnamen MacLaughlin gestoßen. Allerdings hieß dieser mit Vornamen Henry.

Chip bestand darauf, das Boot auf den Namen Chip Smith anzumelden, berichtete Boswell später, »denn er mochte MacLaughlin nicht«. Alles lief problemlos. Der Katamaran sollte weiterhin bei Bruce Boswells Bruder Harry vor Anker liegen, dem Chip Smith dafür eine jährliche Miete von 2200 Dollar überweisen wollte.

Am 6. Juni rief Rockefeller bei Boston Bullion an, einem Edelmetallhändler im Bostoner Stadtteil Arlington. »Er wollte Gold kaufen«, erklärte der Eigentümer Kenneth Murphy vor Gericht. Der Anrufer gab sich als Clark Rock aus, wohnhaft in der Commonwealth Avenue 217 in Boston, und verkündete, er wolle die etwa zwei Millionen Dollar, die er gerade bei einem Patentstreit gewonnen habe, in Gold investieren. Er brauche auf der Stelle Gold für 465 000 Dollar, weiteres für 300 000 bis zum 30. Juni und bis zum 31. Juli desselben Jahres noch einmal welches für 1,235 Millionen.

Clark Rock bat Murphy, ihn am 9. Juni im Starbucks am

Harvard Square in Cambridge zu treffen. »Er machte auf mich den Eindruck eines Collegeprofessors – typisch Ivy-League«, erinnerte sich Murphy. Rock hatte an jenem Tag 456 000 Dollar an Boston Bullion überwiesen – von einem Konto unter dem Namen Clark Rock. Sobald das Geld eingegangen war, konnte Rock sein Gold abholen, das er ausschließlich in südafrikanischen Krügerrand verlangte. Zehn Tage später, am 20. Juni, erschien er bei Boston Bullion, um sich 527 Krügerrand-Münzen abzuholen, die beinahe zwanzig Kilo wogen. Er legte sie in seine Aktentasche und fragte Murphy, ob er ihn zurück nach Boston fahren könne.

Am folgenden Tag, dem 21. Juni, rief Rock Murphy erneut an und wollte 24 seiner Krügerrand verkaufen. Weitere drei Tage später hatte er seine Meinung geändert. »Er war nicht mehr mit den Krügerrand zufrieden und wollte sie nun gegen American Gold Eagle eintauschen« – die offizielle Goldmünze der Vereinigten Staaten, auf der Augustus Saint-Gaudens' »Lady Liberty« zu sehen ist. American Gold Eagles müssen nicht beim Finanzamt oder einer anderen Stelle gemeldet werden und können somit nicht zurückverfolgt werden. Am 7. Juli kehrte Rock Murphy mit der Aktentasche voller Krügerrand zu Boston Bullion zurück und verließ das Büro mit American Gold Eagles, die zwar einen Nennwert von 50 Dollar das Stück haben, sich aber für den jeweiligen Goldpreis verkaufen lassen, weshalb jede Münze im Gewicht einer Unze mehr als 1000 Dollar wert war. Eine Woche später, am 14. Juli, überwies Rock weitere 300 000 Dollar an Boston Bullion, um etwa 300 American Gold Eagles zu erwerben, die er sieben Tage darauf, am 21. Juli, abholte.

Endlich fand Chip Smith eine passende Bleibe in Baltimore – und zwar in einem ehemaligen Kutscherhaus hinter einem großen Anwesen, das in mehrere Wohneinheiten aufgeteilt worden war. Die Adresse lautete Ploy Street 618, und das Haus lag im Stadtteil Mount Vernon. Julie Gochar wollte Smith die Immobilie zuerst gar nicht zeigen, da sie überzeugt war, dass er den Straßennamen als inakzeptabel ablehnen würde [Ploy bedeutet ›Trick‹ oder ›List‹; Anm. d. Ü]. Zu ihrer Überraschung jedoch gefiel er ihm sogar ausgezeichnet. Der Preis belief sich auf 450 000 Dollar, einschließlich diverser Renovierungsarbeiten, die zum Verkaufszeitpunkt fertiggestellt sein sollten. Dazu gehörten eine neue Küche und neue Teppichböden. Smith bestand darauf, das Haus unter dem Namen seiner GmbH P1OY St. Parking zu registrieren, die angeblich in Nevada gemeldet war.

»Verbrachte der Angeklagte weiterhin so viel Zeit in Ihrem Büro, nachdem sein Angebot akzeptiert worden war?«, fragte der Staatsanwalt Julie Gochar.

»Nein«, antwortete sie. »Er fuhr nach Hause nach Wisconsin, um seine Schwestern und seine Tochter zu besuchen… Beide Schwestern hatten bereits eine oder mehrere Scheidungen hinter sich… Ich hatte den Eindruck, als ob ihm ihre ständigen Eheschließungen und Scheidungen nicht zusagten. Jedes Mal, wenn er nach Hause kam, müsse er immer wieder alles geradebiegen, sagte er, deswegen wirkte er wohl auch nicht sonderlich angetan, sie zu besuchen.«

Der Notartermin für die Übereignung des Hauses sollte am 27. Juni stattfinden. »Doch er wurde aus verschiedenen Gründen immer wieder hinausgeschoben – mehrmals von Seiten des Verkäufers… mehrmals von unserer«, fuhr Julie Gochar fort. »[Chip] war zu jenem Zeitpunkt in Europa unterwegs. Unter anderem hinderte ihn eine Erkrankung daran, rechtzeitig zur Unterzeichnung des Vertrags zurückzukommen. Er schaffte es zumindest, mich über E-Mail auf dem

Laufenden zu halten – jedenfalls, sobald es ihm wieder besser ging und er Zugang zu einem Computer hatte.«

Daraufhin fragte man sie, ob seine Behauptung, im Ausland krank geworden zu sein, von anderer Seite bestätigt worden sei. »Nein, ich wusste es nur von ihm. Er war damals entweder in der Schweiz oder in Schweden… Vier Tage lang verbrachte er angeblich in einem Krankenhaus, bis man wusste, was ihm fehlte. Letztlich sei es nur eine Grippe gewesen, die sich als allergische Reaktion auf sonnengetrocknete Tomaten herausstellte.«

Bei dieser Aussage brach der Gerichtssaal in lautes Lachen aus. Julie Gochar hingegen verzog keine Miene. Sie hatte noch mehr zu berichten.

Smith hatte auch behauptet, dass er zwar mit einem gecharterten Privatjet, den er selbst geflogen habe, in Chestertown gelandet sei – einem Privatflughafen außerhalb Baltimores –, ihr aber das Geld nicht überweisen könne. »Ich kann kein Geld vom Konto dieser Stiftung überweisen«, erklärte er. Also müssten die 450 000 Dollar doch per Bankscheck gezahlt werden. Der Verkauf des Kutscherhauses fand schließlich am 18. Juli 2007 statt. Auf die Frage, ob er sofort eingezogen sei, antwortete Julie Gochar: »Das kann ich nicht sagen. Ich weiß nur, dass er nach Hause fahren wollte, um seine Sachen zu holen. Er hatte eine Menge in Boston deponiert, ehe er segeln gegangen war. Das wollte er zusammenpacken und dann übers Wochenende einziehen.«

»Wissen Sie, wer ihm bei dem Umzug half?«

»Ja – Beth Grinspoon. Sie ist eine Maklerin unseres Büros.«

Die Bostoner Polizeibeamten Ray Mosher und Joseph Leeman, die später den Fall bearbeiteten, sprachen voller Bewunderung von der fünfundzwanzigjährigen Beth Grinspoon. Neben ihrer Arbeit als Immobilienmaklerin jobbte sie abends auch noch als Bedienung und Barkeeperin in der Annabel Lee Tavern. Zudem war sie Triathletin. Das Bild auf der Webseite der Obsidian Realty zeigt eine sportliche, attraktive Frau mit dunklen Haaren, einem braunen Polohemd und türkisfarbenen Ohrringen.

Es blieb den Maklern von Obsidian Realty nicht lange verborgen, dass Chip Smith geizig war. Außerdem wurde ihnen klar, dass einige seiner Geschichten an den Haaren herbeigezogen waren (so hatte er ihnen zum Beispiel erzählt, dass er in einem Video der Backstreet Boys aufgetreten sei). Doch für den Umzug bot er einige tausend Dollar plus Fahrtkosten. Bei dieser Summe griff Beth Grinspoon zu und brachte noch einen Freund mit. Smith bezahlte den beiden den Flug von Baltimore nach Boston mit AirTran, einer Billigfluglinie, und eine Übernachtung im Royal Sonesta Hotel in Cambridge. Als sie am nächsten Morgen von einem Taxi abgeholt wurden, wussten sie nicht, wohin es gehen sollte. Schließlich hielt das Auto vor einem Haus in einem Vorort von Boston, in dem Smiths Besitztümer gelagert waren.

Es war der 22. Juli – ein Tag, nachdem ein Mann namens Clark Rock seine American Gold Eagles im Wert von 300 000 Dollar bei Boston Bullion abgeholt hatte.

Chip Smith hatte einen Siebeneinhalbtonner gemietet. Als offensichtlich wurde, dass der Platz nicht ausreichen würde, organisierte er noch einen Anhänger. Die meisten Dinge waren in Kartons verpackt, die extrem schwer waren.

»Was ist in diesen Kartons?«, fragte Beth Grinspoon nach Aussage der Polizeibeamten. »Gold?«

»Bücher«, entgegnete er.

Irgendwann tauchte die Hauseigentümerin auf, von der Smith behauptete, es handle sich um seine Tante, und drängte sie, schneller zu arbeiten. »Ich habe ihre Gastfreundschaft beziehungsweise die Benutzung ihrer Garage etwas überstrapaziert«, erklärte Smith seinen Helfern und hielt sie ebenfalls zur Eile an. Als şie den Laster und den Anhänger beladen hatten, schickte er Beth Grinspoon und ihren Bekannten nach Baltimore zurück, während er selbst in Boston blieb. Chip blieb Beth vorerst 1400 Dollar schuldig. Am 23. Juli brachte sie die Kartons und Möbel in das Kutscherhaus an der Ploy Street 618. Wie Smith sie angewiesen hatte, ließ sie einen Schlosser kommen, der die Schlösser auswechselte und ihr die neuen Schlüssel gab. Die ganze Zeit über erhielt sie E-Mails und SMS von Smith, der wissen wollte: »Sind Sie fertig?«

Am selben Tag, dem 23. Juli, tauchte Chip Smith wieder als Clark Rockefeller in Boston auf. Er begann mit dem kühnsten Unternehmen seiner Karriere und platzierte sämtliche Beteiligten wie Schachfiguren auf einem Spielbrett.

Am Abend rief er seinen Chauffeur Darryl Hopkins an, um ihn für den kommenden Freitag für eine Fahrt nach New York zu buchen. Er müsse dort einem Vorstandsmeeting beiwohnen. »Er wollte, dass wir um 7 Uhr morgens aufbrechen und zum Vorstandsmeeting fahren, um dann gegen 15 Uhr oder 15.30 Uhr wieder in Boston zu sein«, sagte Hopkins später vor Gericht aus. Obwohl er für diesen Tag schon einen Auftrag eines anderen Kunden hatte, entschied er sich, Rockefeller zu chauffieren. Schließlich war dieser ein Rockefeller, und bei einem Rockefeller als Kunden »begann das Telefon automatisch öfter zu klingeln«. Die Rechnung belief sich auf 700 Dollar.

Während sein Chauffeur also nach New York raste, saß Rockefeller auf der Rückbank und telefonierte. »Bei einem Anruf ging es um ein Wochenende, das er in Newport verbringen wollte – mit dem Sohn von Senator Chafee«, erinnerte sich Hopkins.

»Wissen Sie, wer Senator Chafee ist?«, fragte Rockefeller seinen Chauffeur, nachdem er aufgelegt hatte.

Selbstverständlich wusste er das: Lincoln Chafee war der ehemalige Senator von Rhode Island – ein bekannter Rockefeller-Republikaner.

»Ich bin mit seinem Sohn befreundet«, erklärte Clark Rockefeller und fügte hinzu, dass Chafee Jr. ihn und seine Tochter Snooks übers Wochenende zu einem Segeltörn in Newport eingeladen hatte. Ob Hopkins sie wohl hinfahren könne?

»Sehr gerne.«

Rockefeller wies seinen Chauffeur an, ihn an der Ecke Central Park South und Sixth Avenue abzusetzen. Er würde den Rest des Wegs zum Aufsichtsratsmeeting zu Fuß gehen. Fünfzig Minuten später rief er Hopkins an und erklärte, dass er vor dem Plaza Hotel auf ihn warte. Als Nächstes wollte er zum J.G. Melon Restaurant, sich dort etwas zum Mittagessen mitnehmen – »Steak Tahr-Tahr«, äffte ihn der Fahrer später nach –, und sich schließlich wieder auf den Weg nach Boston machen.

Während er das rohe Fleisch mit bloßen Händen aß – das Restaurant hatte ihm kein Besteck beigelegt –, tätigte Rockefeller einige weitere Anrufe und beschwerte sich über das Aufsichtsratsmeeting. Er behauptete, er würde weder den Stress noch das mickrige Gehalt brauchen, das die Direktoren für jedes Treffen erhielten. Schließlich erklärte er: »Von jetzt an arbeite ich überhaupt nicht mehr.« Zuvor hatte er Hopkins immer wieder von seinen großartigen Aufträgen »für das Verteidigungsministerium« vorgeschwärmt.

In einem weiteren Anruf, den Hopkins auf der Rückfahrt nach Boston mithörte, ging es um einen »sehr anhänglichen« Freund namens Harold, der sich am Wochenende garantiert an Rockefellers Fersen heften würde, wenn er und Snooks mit dem Sohn von Senator Chafee segeln gehen wollten. »Muss ich ihn schon wieder ertragen?«, stöhnte Rockefeller laut ins Handy. »Ist das wirklich *nötig*?«

Sobald er aufgelegt hatte, überlegte er laut, wie er Harold loswerden könne. »Er meinte, Harold sei ein Familienfreund, schwul und sehr... Er beschrieb ihn als sehr anhänglich und extrem besitzergreifend«, erinnerte sich Hopkins. »Außerdem war er angeblich eine unglaubliche Nervensäge, mit dem er sich nun erneut herumschlagen müsse, weil jemand anderer abgesprungen sei.«

Rockefeller hatte keine weiteren Details genannt, und der Fahrer wollte auch nicht weiter nachbohren. »Warum besorgen Sie sich keine einstweilige Verfügung gegen den Mann?«, wollte er nur wissen. Rockefeller entgegnete: »Dafür ist er zu gefährlich. Er könnte mir etwas antun – oder sogar Snooks.«

Dann sagte Rockefeller: »Darryl, hören Sie. Ich weiß, dass Sie gerade in finanziellen Schwierigkeiten stecken. Und ich weiß, dass ich Ihnen da heraushelfen kann. Ich zahle Ihnen 2000 Dollar – sogar 2500 –, wenn wir uns diesen Harold für den Tag vom Hals schaffen.«

Was blieb Hopkins anderes übrig, als dem Plan zuzustimmen? Später musste er seine Gründe für die Entscheidung vor den Geschworenen darlegen. »Ich wusste, dass ich nach Florida zurückkehren musste und dass mein Geschäft durch die Wirtschaftslage bankrottgehen würde. Zu jener Zeit konnte ich nicht einmal mein Auto abbezahlen, denn allein die Versicherung betrug über 5000 Dollar im Jahr. Es war zudem Sommer, und es herrschte Flaute. Meine Frau und ich hatten die Entscheidung getroffen, dass es so nicht weitergehen könne. Falls das Schiff also sinken sollte, dann würden wir zusammen sinken – als Familie.«

Plötzlich saß die Lösung seiner Probleme auf der Rückbank

seines SUV. »Ich glaube nicht, dass es jemanden in Amerika gibt, der den Namen Rockefeller noch nicht gehört hat«, gab Hopkins zu bedenken. »Der Mann musste nicht arbeiten, um seine Rechnungen zu bezahlen. Er wohnte in Beacon Hill. Seine Tochter ging auf die Southfield School. Alles – das Steak Tatar, die Aufsichtsratssitzungen in New York ... Es gab nichts, was darauf hingewiesen hätte, dass es sich nicht um einen echten Rockefeller handelte. Sein Akzent schien Beweis genug zu sein.«

Hopkins zögerte nicht, sondern sagte sofort zu. Für Clark Rockefeller hätte er eine ganze Horde anhänglicher Harolds abgehängt. »Wenn Sie jemanden loswerden möchten, dann werden wir diesen Jemand los«, erklärte Hopkins bereitwillig. Am nächsten Tag trafen sie sich, um den genauen Ablauf durchzugehen. Rockefeller übte sogar vor den Parkportiers des Algonquin Clubs, wie er mit Snooks in die wartende Limousine springen würde. »Ich konnte es kaum erwarten, meine Frau anzurufen, um ihr mitzuteilen, dass uns Clark Rockefeller helfen wollte«, sagte Hopkins.

Nachdem der Chauffeur Clark Rockefeller vor dem Algonquin Club abgesetzt hatte, rief er seine Bekannte Aileen Ang an, die er aus dem Boston Sailing Center kannte. Wie auch Darryl Hopkins glaubte sie jedes Wort, das er ihr erzählte.

»Er war ein Risikokapitalanleger und hatte gerade zehn Millionen in irgendeinem Deal verloren«, sagte die unschuldig wirkende, rundgesichtige Aileen Ang vor Gericht aus. Er hatte ihr gegenüber behauptet, ein alleinerziehender Vater zu sein, dessen höchst komplizierte Exfrau für die *Vogue* arbeite. Sie hätten in Nantucket geheiratet, aber die Hexe habe »die Heiratsunterlagen nie eingereicht«. Dann habe sie ihn und seine Tochter verlassen, als diese drei gewesen sei. »Sie taucht nur auf, wenn sie Geld braucht«. Dass Clark Rockefeller wohlhabend war, hatte Ang auf den ersten Blick gesehen. Er war sogar so reich, dass er sich Sachen leisten konnte, von denen Normalsterbliche nur träumten – wie zum Beispiel durch ein Geburtszentrum in Kalifornien an ein zweites Kind zu gelangen. Er habe sein Sperma dort hinterlegt und brauche nur noch das Ei einer respektablen Mutter. Ein solches Kind, erzählte er Aileen Ang, würde dann »wirklich mir gehören.« Die Frauen stünden bereits Schlange, um mit ihm auszugehen, behauptete er. »Eine schloss mich sogar bei sich zu Hause ein und wollte mich nicht mehr herauslassen.«

Aileen lernte ihn mit der Zeit gut kennen, obwohl sie nie eine intime Beziehung zu ihm hatte. Sie erfuhr, dass er an einer Fernsehserie schrieb, während er »in Harvard promovierte… in Astronomie oder etwas, das mit Sternen zu tun hatte«. Rockefeller erklärte ihr, er wolle sich mit Sternen genau auskennen, ehe er mit seiner Tochter Snooks in seiner neuen 22 Meter langen Jacht um die Welt segle. Er hatte Aileen Ang eingeladen, doch mitzukommen, damit sie Snooks auf der Reise Klavierunterricht geben könne.

Am 25. Juli war Aileen Ang gerade aus einem Kino in Ipswich gekommen, als sie bemerkte, dass ihr Rockefeller eine Nachricht auf dem Handy hinterlassen hatte. Als sie ihn zurückrief, fragte er: »Segeln wir morgen los? Ich bin nicht böse, wenn du nicht mitkommst, muss es aber jetzt wissen.«

Es sei ihr leider nicht möglich, antwortete sie und fügte hinzu: »Mein Leben an Land macht mir Spaß.« Dann wollte er wissen, ob sie ihn und Snooks am nächsten Tag nach New York fahren könne, denn sie müssten unbedingt die neue Jacht abholen. Er würde ihr dafür 500 Dollar zahlen. Sie sagte, sie würde es gern tun, könne aber am Samstag nicht, da sie für die Spendenaktion einer Wohltätigkeitsorganisation zugesagt habe. Rockefeller erwiderte: »Eigentlich müssen wir morgen dort sein. Aber ich werde versuchen, das Ganze zu verlegen.«

Am nächsten Vormittag rief er sie erneut an und berichtete, dass auch Sonntag ginge. »Wollen wir mittags vom Boston Sailing Center losfahren?«

»Gut, ich werde auf dich warten«, versprach Aileen Ang.

Als Clark Rockefeller sie am Sonntagmorgen erneut anrief, stand er kurz davor, die dritte Figur seines Schachspiels in Position zu bringen – den vom Gericht bestimmten, erfahrenen Sozialarbeiter, den er Darryl Hopkins gegenüber als »anhänglichen Freund« Harold (statt Howard) Yaffe bezeichnet hatte. Rockefeller hatte dem Sozialarbeiter erklärt, er »reise von Florida an«, und Yaffe sah keinen Grund, ihm nicht Glauben zu schenken. Er wusste, dass Rockefeller ein geschäftiger Mann war und sogar den ersten Besuch seiner Tochter nach der Scheidung im April hatte absagen müssen. Nun aber war endlich der erste Tag der drei beaufsichtigten Besuche seiner Tochter gekommen: Samstag, der 26. Juli.

Howard Yaffe nahm Snooks von Sandra Boss an der Ecke Commonwealth Avenue und Exeter Street um 11 Uhr in Empfang und ging mit dem kleinen Mädchen über die Straße zum Algonquin Club. Später stellte sich heraus, dass Aileen Angs Spendenaktion einen Störfaktor in Rockefellers Plänen bedeutete, weshalb er mit seiner Tochter und dem Sozialarbeiter mehrere Stunden spazieren gehen musste.

Nachdem sie den Club verlassen hatten, kaufte Rockefeller auf der Post einige Briefmarken, ehe die drei zusammen in eine Buchhandlung gingen. Um 15.30 Uhr befanden sie sich in Fenway Park, wahrscheinlich um sich ein Spiel der Red Sox anzusehen. Doch als Rockefeller die Eintrittskarten abholen wollte, die er angeblich bestellt hatte, weigerte man sich, sie ihm ohne Ausweis zu übergeben. Später stellte sich heraus, dass er sie in Wahrheit nie geordert hatte, sondern das Ganze Teil seines Plans gewesen war. Wegen Aileen Angs Wohltätigkeitsveranstaltung war dieser jedoch zunächst gescheitert und musste auf den nächsten Tag – auf Sonntag, den 27. Juli – verlegt werden.

Der Sonntag begann wie der Tag zuvor: Snooks und Howard Yaffe verabschiedeten sich von Sandra Boss, um Clark Rockefeller im Algonquin Club zu treffen. Die drei gingen ein wenig spazieren und kamen schließlich in den Clarendon Park, wo sich Snooks austoben konnte. »Sie saß auf einer Schaukel, und wir schoben sie an«, erinnerte sich Yaffe. Wie gewöhnlich verbrachte Rockefeller viel Zeit am Telefon. »Es ging um irgendeinen Abschluss in Florida«, erzählte der Sozialarbeiter. Gegen halb zwölf schlug er vor, etwas zu Mittag zu essen.

Um Viertel vor eins liefen sie die Marlborough Street hinunter. Snooks saß auf den Schultern ihres Vaters, und Yaffe folgte ihnen. Als Rockefeller seine Tochter absetzte, da ihm angeblich der Rücken wehtat, und er Yaffe ein historisches Gebäude zeigte, wozu sich der Sozialarbeiter umdrehte, setzte der eigentliche Plan ein. »Ich weiß noch, wie mich Clark beiseitestieß. Es war ein richtiger Bodycheck. Als ich aufstand und mich zu orientieren versuchte, sah ich einen schwarzen SUV mit einer offen stehenden Tür.«

Wie es Rockefeller am vorherigen Abend eingeübt hatte, sprang er jetzt mit seiner Tochter in den Wagen. Snooks verlor dabei Puppe und Rucksack, während Rockefeller dem Fahrer zurief: »Los, los, *los*!«

»Ich hielt die Autotür bereits fest und versuchte, in den Wagen zu kommen, als der SUV losfuhr«, berichtete Yaffe.

Alles lief genau nach Rockefellers Plan. »Harolds« Hände glitten ab, und er fiel zu Boden, wo er benommen und blutend liegen blieb. Darryl Hopkins folgte Rockefellers Anweisungen genau – »rechts, links, rechts, links!« –, bis er ihn vor dem Delikatessenladen White Hen Pantry absetzte, wo bereits ein Taxi auf Rockefeller und seine Tochter wartete, das sie zum Boston Sailing Center brachte. Dort wartete Aileen Ang in ihrem SUV, um sie nach New York zu chauffieren. Als sie die überfüllten Freeways hinter sich gelassen hatten und in der Stadt angekommen waren, gerieten sie vor dem Grand Central Terminal erneut in einen Stau. Rockefeller warf Aileen einen Umschlag mit 500 Dollar auf den Beifahrersitz und verschwand mit Snooks im Verkehr, ohne sich zu verabschieden.

Innerhalb weniger Stunden hatten sowohl Darryl Hopkins als auch Aileen Ang gemerkt, dass man sie zu Komplizen einer Entführung gemacht hatte. In Boston stammelte Howard Yaffe, der wahrscheinlich unter einer Gehirnerschütterung litt, nur immer wieder: »Er hat die Kleine.« Sandra Boss, deren Scheidungszahlung von 800 000 Dollar die Ereignisse dieses dramatischen Tages überhaupt erst ermöglicht hatte, schrie die Polizei hysterisch an: »Ihr findet sie nie!«

Am selben Abend rief Rockefeller, der mittlerweile wieder Chip Smith geworden war, auf dem Weg nach Baltimore Beth Grinspoon an.

»Wo sind meine Schlüssel?«, wollte er wissen. »Ich brauche sie *sofort*!«

»Und wo ist mein Geld?«, entgegnete sie.

»Ich habe es dabei, werde aber nicht vor Mitternacht in Baltimore ankommen«, sagte er.

Sie wusste, wie verkrampft und unruhig er werden konnte, wenn nicht alles genau so lief, wie er sich vorstellte. Sie willigte also ein, die Schlüssel noch vor seiner Ankunft in der Ploy Street abzugeben. Um 21.17 Uhr schrieb er ihr eine SMS: »Beth, tut mir leid, aber ich muss heute Nacht ins

Haus. Zahle gerne für das Taxi [zur Ploy Street]. Bei Ihnen alles fertig?«

»Ja, Esel, bin schon unterwegs«, textete sie ihm zurück.

Innerhalb weniger Minuten erhielt sie eine neue Nachricht von ihm: »Habe ich Ihnen jemals gesagt, dass ich Sie toll finde?« Später: »Habe Pittsburgh um 19 Uhr verlassen, komme gegen Mitternacht an. Funktionieren die Schlüssel?«

»Esel«, schrieb Beth zurück.

»Vielen Dank für Ihre Hilfe!«, lautete seine Antwort.

»Hören Sie auf«, schrieb sie daraufhin. »Sie machen mich noch wahnsinnig. Schon wieder weg. Schlüssel im Kasten. Verziehen Sie sich.«

Am nächsten Tag schrieb ihm Beth Grinspoon erneut eine SMS wegen der 1400 Dollar, die er ihr noch schuldete. »Treffen wir uns heute?«

»Ja, heute Abend.«

Um 17 Uhr textete sie ihm: »Arbeite in der Annabel Lee Tavern.«

Seine Antwort ließ auf sich warten, bis sie schließlich um 21:52 Uhr eine SMS erhielt: »Gerade zurückgekommen. Sind Sie noch in der Annabel Tavern? Wenn nicht, wo dann?«

»Immer noch hier.«

»Bis bald.«

Um 21.50 Uhr kam er in die belebte Bar. Er ging zu Beth, die noch arbeitete, umarmte sie und überreichte ihr einen Umschlag mit dem Geld. »Bleiben Sie auf einen Drink?«, fragte sie.

»Nein, ich habe es eilig«, erwiderte er und verschwand. Sobald er im Taxi zurück zur Ploy Street saß, schrieb er ihr: »Sie sind eine wunderschöne Frau.« Zu Hause wartete seine Tochter Reigh »Snooks«, was Beth Grinspoon nicht wusste. Weder sie noch zahlreiche andere Leute, die er im Laufe des Tages benutzt hatte, hatten auch nur die leiseste Ahnung, dass er einen Großalarm ausgelöst hatte.

Chip Smith alias Clark Rockefeller war zum meist gesuchten Mann Amerikas geworden.

KAPITEL ZWANZIG

Die Fahndung

Die meisten, die Rockefeller in Boston, Cornish oder New York zurückgelassen hatte, glaubten, dass er wieder einmal auf eine seiner Reisen gegangen war – diesmal mit einer Jacht. Einem Freund gegenüber hatte er behauptet, nach Peru zu segeln, gegenüber einem anderen, sich endlich einmal Alaska ansehen zu wollen. In anderen Varianten seiner Geschichte befand er sich auf den Turks- und Caicosinseln, auf den Bermudas oder den Bahamas. Seine Freunde waren alle unwissentlich Teil des ausgeklügelten Plans. Mit ihrer Hilfe hatte er ein riesiges Netz aus falschen Spuren gesponnen, falls man nach ihm fahnden würde.

29. Juli 2008 – MSNBC News Services:
Boston – Seit Dienstag ermittelt die Polizei gegen einen Vater, der mit seiner Tochter untergetaucht ist. Es wird vermutet, dass der in einen Sorgerechtsstreit verwickelte Mann das Land möglicherweise an Bord einer 22 Meter langen Jacht in Richtung Bermudainseln verlassen hat.

30. Juli 2008 – CBS News:
Die Polizei in Delaware geht der Frage nach, ob es sich bei den Personen, die eine Staatsangestellte in Smyrna am Diens-

tag sah, tatsächlich um Clark Rockefeller und seine Tochter Reigh Boss handelte. Sie wandte sich sogleich an die Polizei und berichtete, dass ihr ein gut gekleideter Mann – mutmaßlich Rockefeller – und ein kleines blondes Mädchen in einem geblümten Kleid bei einem Autohändler aufgefallen seien. Die beiden hätten rote Koffer bei sich gehabt. Als sie ihren Wagen wendete, um ein Foto von den Gesuchten zu machen, waren sie jedoch verschwunden.

1. August 2008 – *Sunday Times*, London
Dem FBI zufolge wurde der mysteriöse Clark Rockefeller mit seiner entführten Tochter auf einer Karibikinsel gesichtet, wo er am Donnerstag an Bord einer Jacht eingetroffen sein soll. Mr. Rockefeller, 48, ist seit vergangenem Sonntag auf der Flucht, nachdem er Reigh Boss, 7, während eines genehmigten Besuchs in Boston, Massachusetts, kidnappte. Die Fahndung wurde seit gestern auf die Turks- und Caicosinseln ausgeweitet. [Später berichtete die Polizei der Turks- und Caicosinseln von zwei weiteren möglichen Sichtungen Clark Rockefellers und seiner Tochter Reigh, nachdem zwei Ladenangestellte von NAPA Auto Parts und 7-Eleven sie alarmiert hatten. Die Polizei legte den Angestellten Fotos vor, auf denen diese die Flüchtigen identifizierten. Sie erklärten, dass es sich bei dem Kind um ein Mädchen handelte, dessen Haare kurz geschnitten seien, so dass es einem Jungen ähnle. In einem der beiden Geschäfte bezahlte der Mann mit einer Kreditkarte, die auf den Namen David M. Gibson lief.]

2. August 2008 – *Daily Telegraph*, London:
Die beiden wurden angeblich an diversen Orten sowohl in Nordamerika wie auch im Ausland gesehen. Während der vergangenen sechs Tage versuchten diejenigen, die glaubten,

ihn zu kennen – unter anderem seine frühere Frau, der das Sorgerecht über das Kind zugesprochen worden war – nicht nur herauszufinden, wo er sich aufhält, sondern auch mit wem sie es überhaupt zu tun hatten. Es gibt nicht viele Amerikaner, die 48 Jahre alt werden, ohne einen Führerschein, eine Sozialversicherungsnummer und eine Arbeit zu haben oder einen einzigen Cent Steuern zu zahlen.

Während seiner gesamten Zeit in den Vereinigten Staaten hatte der Einwanderer von der Freundlichkeit und oft auch der Leichtgläubigkeit verschiedener Frauen profitiert – von seiner ersten Ehefrau Amy Jersild über seine Vermieterin Didi Sohus und die Witwen von San Marino bis hin zu Sandra Boss. Jetzt jedoch war ihm eine Reihe von Frauen auf den Fersen – allen voran Noreen Gleason vom FBI, das den Fall übernahm, als sich herausstellte, dass Reigh Boss die Grenzen des Staates Massachusetts überquert hatte, und die Fahndung somit zu einer bundesweiten Angelegenheit wurde.

Vierundzwanzig Stunden nach der Entführung telefonierte Noreen Gleason mit einem Sprecher der Rockefeller-Familie. Sie ging zu diesem Zeitpunkt noch davon aus, dass der Flüchtige tatsächlich ein Mitglied der berühmten Familie war. »Es gab für mich keinen Grund, an seiner Identität zu zweifeln«, erklärte sie. »Obwohl sein Verhalten untypisch für einen Rockefeller war.«

»Wir haben noch nie von ihm gehört«, erklärte der Sprecher der Rockefellers gegenüber Noreen Gleason.

Monate später, als ich sie in ihrem Büro in Boston kontaktierte, staunte sie noch immer über Rockefellers zahlreiche fingierte Reiseziele, die eine ganze Reihe von FBI-Agenten in Atem gehalten hatten. »Alle Spuren, denen wir folgten, verliefen im Sande«, erläuterte sie. Als Beispiel nannte sie eines seiner angeblichen Ziele: Peru. »Er hatte die peruanische Regierung kontaktiert. Nachdem wir also sämtliche Fährten überprüft hatten, so wie wir das gewöhnlich machen, blieben lediglich ein paar Brotkrumen übrig, die darauf hindeuteten, dass er tatsächlich diese Route genommen hatte. Doch nach weiteren Ermittlungen wussten wir: ›Nein, hier ist er nicht.‹ Also mussten wir wieder von vorne anfangen, einer anderen Fährte nachgehen und sie mit der gleichen Sorgfalt und Intensität verfolgen, nur um wiederum zu merken, dass er uns gefoppt hatte. Die Fahndung zog sich lange hin, und wir gingen jedem Hinweis nach. Immer wieder fanden wir etwas. Zum Beispiel hatte er mit jemandem gesprochen, der uns dann bestätigte: ›Ja, Clark erzählte mir, dass er dorthin wolle. Er hat mir sogar eine Landkarte gezeigt.‹«

Im Nachhinein betrachtet, war sogar der Ort, an dem er die Nacht vor der Entführung verbrachte, ein Trick. Die meisten vermuteten, er habe sie im Algonquin Club verbracht. Schließlich traf er dort seine Tochter Snooks und den Sozialarbeiter am Morgen des 27. Juli. Stattdessen war er jedoch bei einer Frau, mit der er eine Affäre hatte. »Ich war gerade aus Dubai zurückgekommen, litt unter Jetlag und hatte einen Kater, raffte mich aber dennoch auf, ihn an jenem Abend zu treffen und mit ihm essen zu gehen«, erklärte sie und fügte hinzu, dass Rockefeller sie ein ganzes Jahr mit seinen tadellosen Manieren, Komplimenten, gutem Latein und der Aufmerksamkeit, die er ihren Kindern schenkte, umworben habe. Er war zu geizig, um tatsächlich im Algonquin abzusteigen, so dass er die meisten Nächte in Boston bei ihr verbrachte. Er hatte angefangen, leere Schachteln, in denen er sein Gold aufbewahrt hatte, auf ihrem Tisch liegen zu lassen und klagte immer heftiger: »Ich *muss* sie zurückbekommen.« Sie verbrachten den Abend vor der Entführung im Palm Steakhouse, ehe sie zu der Frau nach Hause gingen. »Am nächsten Morgen war er verschwunden«, erinnerte sie sich. Im Verlauf des Abends hatte er zudem einen Bekannten besucht und bei ihm ein Glas Wasser getrunken. Als die Polizei wenige Tage später dort auftauchte, hatte der Bekannte das Glas noch nicht abgewaschen, so dass man jetzt zumindest Fingerabdrücke von Rockefeller hatte.

Während die Abdrücke analysiert wurden, gaben die Behörden Bilder des Entführers und seiner Tochter in der Hoffnung an die Presse weiter, dass ihn jemand erkennen würde. Am 31. Juli nahm Sandra Boss ein verzweifeltes Video auf, in dem sie ihren Exmann anflehte, ihre Tochter zurückzubringen. Es wurde in den ganzen USA ausgestrahlt. Sie trug ein schlichtes grünes Top, und ihr Haar war stark zerzaust.

»Clark«, sagte sie mit einer schwachen, tonlosen Stimme. »Reigh, Liebling, ich vermisse dich so sehr. Du bist meine Prinzessin.«

Das Video löste zusammen mit einem Fahndungsbild, auf dem Clark Rockefeller zu sehen war, Anrufe aus dem ganzen Land aus. In Berlin in Connecticut kontaktierte Steve Savio (Ed Savios Bruder) die Associated Press und gab an, sich »hundert Prozent sicher« zu sein, dass es sich bei dem Mann, den die Polizei suchte, um einen gewissen Christian Gerhartsreiter handle – einen Austauschstudenten, den seine Familie vor dreißig Jahren bei sich aufgenommen habe. In Milwaukee bestätigte Amy Jersilds jetziger Ehemann einem Reporter der *Pasadena Star News*, dass seine Frau tatsächlich mit dem vermeintlichen Entführer verheiratet gewesen sei. »Aber es dauerte nur einen Tag.« Der *Boston Herald* setzte sich mit Amys Schwester Beth in Verbindung, die der Zeitung berichtete: »Sie sind nicht lange miteinander ausgegangen. Es war vielmehr eine Art Schnellschuss.«

In San Marino in Kalifornien erzählte der schwedische Friseur Jann Eldnor den Reportern, bei dem Flüchtigen handele es sich um einen gewissen Christopher Chichester. Der britische Aristokrat habe während der achtziger Jahre in San Marino gelebt und behauptet, er sei mit Lord Mountbatten verwandt, ehe er plötzlich verschwand. »Als ich das Foto sah, wusste ich sofort, dass er es ist«, erklärte Jann. »Die Haare, der Kopf – ich habe Jahre an diesem Kopf gearbeitet.« In Greenwich in Connecticut hingegen identifizierten frühere Banker den mysteriösen Mann als Christopher C. Crowe, einen Fernsehproduzenten, der für mindestens drei Investmentfirmen in den späten achtziger Jahren gearbeitet habe, ehe er wie vom Erdboden verschwand. Außerdem meldeten sich unzählige Leute aus New York, aus Cornish und aus Boston, die ihn als Clark Rockefeller kannten – ein distinguiertes, wenn auch etwas exzentrisches Mitglied der amerikanischen Oberschicht und einer der berühmtesten Familien des Landes.

Doch all diese Hinweise auf die Vergangenheit des Flüchtigen nützten den Behörden wenig. Sie brauchten jemanden, der Clark Rockefeller – oder wer er auch sein mochte – wirklich gesehen hatte, seitdem er Boston unter solch dramatischen Umständen verlassen hatte.

»Wir wussten nicht, dass er sich [noch immer] in Baltimore aufhielt«, sagte die Immobilienmaklerin Julie Gochar aus. Sie hatte mehr oder weniger versucht, ihren sonderbaren Klienten Chip Smith, der das Kutscherhaus in der Ploy Street 618 gekauft hatte, zu vergessen. Ihrer Meinung nach befand er sich entweder gerade auf jener Jacht, von der er unablässig geredet hatte, oder in Wisconsin, um seine Schwestern zu besuchen. Doch dann erhielt sie eine Nachricht auf ihrem Handy. Eine ihrer Maklerinnen von Obsidian Realty – Cindy

Neuberger – hatte einen Bericht in der *Today*-Show über die Rockefeller-Entführung gesehen.

»Ich glaube, das war Chip im Fernsehen«, hatte Cindy Neuberger auf ihre Mailbox gesprochen. Als Julie Gochar schließlich ihre Nachrichten abhörte, hatte ihre Kollegin bereits weitere hinterlassen. Julie erinnerte sich: »Sie sagte nur: ›Es ist wichtig, sehr wichtig! Ruf mich an. Ich kann es nicht fassen!‹«

Julie Gochar behielt einen kühlen Kopf und sah sich den Beitrag der *Today*-Show selbst an. Die Ähnlichkeit zwischen dem gesuchten Mann und dem peniblen Kapitän, der sie bis an den Rand des Wahnsinns getrieben hatte, war in der Tat frappierend. Aber sie vermochte nicht mit hundertprozentiger Sicherheit zu sagen, dass es sich um ein und denselben Mann handelte. »Ich weiß nicht, ob er es ist«, meinte sie zu Cindy Neuberger. Julie Gochar war sich laut Cindy vor allem deshalb nicht sicher, weil Chip Smith »immer einen Hut und eine Brille getragen hat«.

Cindy Neuberger jedoch hatte keine Zweifel: Das war Chip Smith. »Wir müssen etwas unternehmen.«

Beth Grinspoon von Obsidian Realty, die Smith bei seinem Umzug von Boston nach Baltimore geholfen hatte, stimmte mit Cindy überein. Auch sie hatte die *Today*-Show gesehen und Julie Gochar mitgeteilt, dass Smith sie erst vor kurzem in der Annabel Lee Tavern aufgesucht habe, um ihr das Geld zu geben, das er ihr noch schuldete. »Er hat also sein Versteck verlassen, nur um Beth zu bezahlen? Das ist merkwürdig«, erklärte Julie. »Ich meine – warum? Vermutlich nahm er wirklich an, dass man ihn nicht fassen würde, und wollte hier nicht in Verruf geraten, weil er seine Schulden nicht beglich. Er ging einfach nicht davon aus, dass man ihn erwischen würde.«

Sie hatte insoweit Recht, als er tatsächlich glaubte, sich erfolgreich eine neue Identität zugelegt zu haben. Später erklärte er einem Interviewer, die Zeit mit seiner Tochter in Baltimore seien »sechs Tage voller Spaß« gewesen. Außerdem fügte er hinzu: »Ich wollte mein ganzes Leben umkrempeln. Boston konnte ich mir nicht mehr leisten, und Baltimore hat mir schon immer ausgesprochen gut gefallen. Ich wollte zudem ein Segelboot. Das ist in Boston fast unmöglich, in Baltimore hingegen im Bereich des Machbaren.«

»Sind Sie untergetaucht?«, wurde er gefragt.

»Das ist vielleicht etwas extrem formuliert«, erwiderte er. »Ich wollte im Grunde nur ein unauffälliges Leben führen.«

Trotzdem, klagte er, hätten diese geruhsamen Tage »ein recht abruptes Ende« genommen.

Obwohl Julies Kollegen sicher waren, dass Clark Rockefeller ihr Chip Smith sei, hatten sie das FBI noch nicht informiert. Julie Gochar war noch immer nicht überzeugt. Später gab sie zu, dass es ihr einiges »Kopfzerbrechen« bereitet habe, ob sie die Behörden davon in Kenntnis setzen solle.

»Beth drängte, dass wir anrufen müssten, aber ich sagte: ›Beth, ich habe ein Baby! Wenn es wirklich derselbe Mann sein sollte, der da draußen unterwegs ist, will ich nicht, dass es in den Medien heißt, wir hätten seinen Aufenthaltsort in Baltimore preisgegeben. Was ist, wenn sie ihn gar nicht erwischen? Ich möchte auf keinen Fall meine Familie in Gefahr bringen.‹«

Am selben Abend sah sie jedoch einen weiteren Beitrag über den Fall im Fernsehen. Er räumte endgültig ihre Zweifel aus, ob es sich bei dem Mann, der seine Tochter entführt hatte, um Chip Smith handelte. Ein Reporter erwähnte, dass der Verdächtige einen Fleck weißer Haare am Hinterkopf aufweise – genau wie Smith. Nun war sie entschlossen. Man hatte sie ebenfalls hinters Licht geführt, und sie war sich nun sicher, dass der angeblich betuchte Kapitän ein Betrüger war.

Er hatte sich Baltimore ausgesucht – seiner Meinung nach wohl ein Nest, in dem »Hinterwäldler wie wir wohnen« –, um dort eine »kleine Makleragentur wie die unsere« für seinen letzten großen Coup zu benutzen. Sein ganzes Gebaren, die ständige Hilfsbedürftigkeit, seine Wutausbrüche und Lügen brachten Julie Gochar nun endlich zur Weißglut.

»Er hatte sich die ganze Zeit über in Baltimore versteckt«, empörte sie sich später. »Entschuldigen Sie bitte meine Ausdrucksweise, aber ich habe mir beinahe in die Hose gemacht, als der Groschen fiel. Ich meine, er war *hier*? Wir hatten doch alle geglaubt, dass er sich irgendwo auf den Turks- und Caicosinseln herumtrieb.«

Julie Gochar und ihr Mann riefen die vom FBI extra eingerichtete Nummer an und hinterließen einen anonymen Hinweis. Doch wegen der unzähligen eingegangenen Tipps und einer wahren Flut von Anrufen wurde diese Spur nie verfolgt. Schließlich kontaktierte Beth Grinspoon das FBI in Baltimore: »Ich weiß, wo Rockefeller ist.« Am nächsten Morgen um sechs Uhr war Julie Gochar beim FBI. »Ich habe ihnen alles erzählt«, berichtete sie – über jedes Detail des Hauses in der Ploy Street bis hin zum baufälligen Katamaran ihres Klienten. Sie nannte den Agenten sogar die Adresse ihres Bruders, von dessen Haus aus sie den Jachthafen überwachen konnten. »Ich gab dem FBI auch Chips Handynummer und bin mir sicher, dass sie ihn so ausfindig machten.« Sie vermutete, sein Gerät sei geortet worden. Auch Beth Grinspoon und Cindy Neuberger arbeiteten mit dem FBI zusammen.

Eine Reihe von Frauen war ausschlaggebend für den Aufstieg des Mannes in den USA. Jetzt sollten ihn drei Frauen in Baltimore zu Fall bringen.

Die Überwachung der Adresse Ploy Street 618 begann um ein Uhr nachts am Samstag, dem 3. August. Das zweistöckige Haus war kaum möbliert. Volle Umzugskartons standen unausgepackt überall herum. Durch die großen, ovalen Fenster konnten die Agenten eine offene Kiste Sherry und ein kleines Gemälde erkennen, das an eine Wand gelehnt war. Man ging davon aus, dass sich Chip Smith und seine Tochter im Haus befanden. Doch während der ersten zwölf Stunden der Observation bemerkte das Team keine Bewegung im Inneren. Noreen Gleason, die von Boston aus den Einsatz leitete, hielt das für kein gutes Zeichen. Sie wusste, dass Rockefeller oft unter Schlaflosigkeit litt und dann die ganze Nacht vor seinem Computer saß. »Wir hatten bereits so viele falsche Spuren verfolgt, dass es uns nicht gewundert hätte, wenn er längst wieder verschwunden wäre und wir uns erneut in einer Sackgasse wiedergefunden hätten.«

Die Sicherheit des Mädchens hatte oberste Priorität. »Wir wollten, dass sie im Haus bleibt. Wir brauchten also einen Köder, um ihn herauszulocken«, erklärte Noreen. »Also überlegten wir uns einen Trick.«

Am Vormittag zuvor hatte Julie Gochar den Ermittlern Smiths heruntergekommenen Katamaran gezeigt. Durch ein Fenster im Boot bemerkten sie einen Aktenordner mit der Aufschrift »Chip Smith« und vermuteten, es handele sich um Notizen zu seiner neuen Identität. Endlich wussten sie, dass sie auf der richtigen Spur waren. Um ihn aus dem Haus in der Ploy Street zu locken, veranlasste das FBI den Manager des Jachthafens, Chip Smith auf seinem Handy anzurufen, um ihm mitzuteilen, dass sein Katamaran ein Leck habe.

»Ich komme«, sagte Smith.

Die Nachbarn beäugten neugierig die mehr als ein Dutzend Polizisten und FBI-Agenten, die mit Schusswaffen heimlich das Haus umzingelten, wirkten aber wenig überrascht. Laut der *Baltimore Sun* hatte eine von ihnen, Lauren Gritzer, eine 26-jährige Wissenschaftlerin an der John Hopkins Medical School, bereits erlebt, wie Smith auch sein konnte. Die Immobilienfirma war beauftragt worden, ihr mitzuteilen, dass sie ihren Grill vor dem Haus entfernen müsse, da dieser den Anblick des Gebäudes verunzieren würde. »Er drohte, die Feuerwehr anzurufen, und sagte, ich müsse mit einer Strafe rechnen«, erklärte Lauren Gritzer gegenüber der *Baltimore Sun*. »Ich dachte nur: ›Von mir aus.‹« Es war die gleiche herrische Art, die er bereits in Cornish an den Tag gelegt hatte. Sie fügte hinzu, dass sein Haus stets dunkel war. »Er hatte nie die Lichter an, selbst abends war alles dunkel.«

Nachdem Smith den Anruf des Hafenmeisters erhalten hatte, dauerte es Noreen Gleason zufolge »fünfzehn oder zwanzig Minuten, bis er so weit war. Jetzt konnten wir auch das kleine Mädchen Reigh sehen, das im Haus herumlief. Die Agenten berichteten mir: ›Wir können sie sehen, Noreen.‹ Ich fragte: ›Geht's ihr gut?‹ Sie antworteten: ›Ja, sie scheint okay zu sein.‹«

Der Flüchtige verließ das Haus und machte sich auf den Weg zum Jachthafen.

»He, Clark!«, rief ein FBI-Agent.

Er drehte sich um.

»Wo wollen Sie hin, Clark?«, erkundigte sich der Agent.

»Ich hole mir ein Putensandwich«, entgegnete er. Das sollte seine letzte Lüge sein, ehe ihn einige FBI-Agenten niederrangen, während andere in das Haus eilten, um das Mädchen herauszuholen.

Am Nachmittag des gleichen Tages saß Clark Rockefeller in einem Verhörraum im Büro des FBI in Baltimore. Er trug dieselben Kleider wie während des beaufsichtigten Besuchs von Snooks in Boston am Wochenende zuvor: ein himmelblaues Lacoste-Polohemd, eine Khaki-Hose, keine Socken. Inzwischen war die Kleidung jedoch verschmutzt, und seine Oberarme, die unter den kurzen Ärmeln herausragten, wirkten blass im Kontrast zu den sonnengebräunten Unterarmen. Auf seiner Nase saß eine schwarze Hornbrille. Er war unrasiert, und seine linke Hand war mit Handschellen an der Wand befestigt. Trotzdem tat er so, als hätte er wie immer alles im Griff.

Die FBI-Agentin Tammy Harty und der Detective Ray Mosher sollten ihn verhören. Beide waren von Anfang an dabei gewesen – Tammy Harty als Mitglied der schnellen Einsatztruppe bei Kindesentführungen und Ray Mosher als der leitende Beamte der Bostoner Polizei. Sie waren gerade in Washington gewesen, wo sie sich auf einen Beitrag über den Fall in der Fernsehserie *America's Most Wanted* vorbereitet hatten, als sie den Anruf erhielten, dass der Entführer endlich gefasst worden war.

»Sind Sie bereit, mit uns zu sprechen?«, fragte Tammy Harty, nachdem sie Rockefeller über sein Recht informiert hatte, die Aussage zu verweigern.

»Ja, bis zu einem gewissen Grad.« Dann fügte er hinzu: »Nennen Sie mich Clark.«

»Sie haben uns die letzte Woche ganz schön auf Trab gehalten«, meinte Tammy. »Sie haben einige unserer besten Leute an ihre Grenzen gebracht.«

»Ich könnte mich jetzt bedanken, aber…«, erwiderte Rockefeller.

Tammy Harty berichtete später, dass sie und Mosher den Mann erst besser hatten kennenlernen wollen. Er sollte ihnen etwas über sich selbst erzählen. Er sagte aus, er verdiene Geld damit, Aufsätze für Studenten zu verfassen; er litte unter Amnesie, was seine Kindheit betraf, habe diese aber höchstwahrscheinlich in New York verbracht; eine seiner wenigen frühen Erinnerungen sei »ein Ausflug zum Mount Rushmore in einem holzverkleideten Ford, einem Country-Squire-Modell«; er habe Vorlesungen an diversen Ivy-League-Universitäten besucht, ohne eingeschrieben gewesen zu sein oder Studiengebühren bezahlt zu haben; sein »Patenonkel«, der verstorbene Harry Copeland, habe ihm den Namen Rockefeller gegeben.

Er fühlte sich sicher und erzählte alle möglichen Geschichten in der Annahme, dass er sich mit der gleichen Leichtigkeit aus der Affäre ziehen könnte, wie er es schon so oft zuvor geschafft hatte. Er rühmte sich nicht nur seines Namens, sondern prahlte auch vor den Ermittlern damit, welche Macht ihm dieser verlieh. Er behauptete, der Name würde jeden verzaubern, »der ihn hört. Es war so einfach, Mitglied eines Clubs zu werden. Ich musste nur den Namen Rockefeller nennen. Schließlich wertete es den Club auf, wenn er sich eines Rockefellers als Vorstandsmitglied rühmen konnte.«

War diese Äußerung ein Versehen? Vielleicht. Doch mehr sagte er zu diesem Thema nicht. Die Agenten versuchten vergeblich, ihm eine Aussage zu entlocken. Insbesondere wollten sie wissen, wieso er sich diesen bekannten Namen zulegte. Tammy Harty und Mosher hatten schon bald den Eindruck, dass er ihn benutzte, um von seiner kleinen Gestalt abzulenken. Immer wieder kam er darauf zurück, dass er klein war. »Niemand bemerkt einen kleinen Mann«, sagte er zum Beispiel.

»Wie groß sind Sie?«, fragte Tammy Harty.

Er wollte seine genaue Größe nicht angeben. Doch als er noch einmal darauf zu sprechen kam, stand er auf und setzte sich sofort wieder hin, damit die Ermittler einen eigenen Eindruck gewinnen konnten.

Weiterhin gestand Rockefeller, dass er außer seinem Namen auch seine außergewöhnliche Kunstsammlung dazu benutzt hatte, so viel Aufmerksamkeit zu erringen. Er behauptete, »ein opportunistischer Freund« habe sie ihm gegeben. Die Kunstwerke hätten jeden getäuscht, selbst seine Frau (später erklärte sein Anwalt, dass sämtliche Gemälde Fälschungen seien – »wertlose Kopien«).

Er gab auch zu, dass ihm seine Tochter das Genick gebrochen habe. »Reigh war wie ein kleines zweites Ich«, erklärte er. »Kinder wissen, wie sie einen um den Finger wickeln können. Ich wollte nur noch mit Reigh zusammen sein.«

Man bot ihm etwas zu essen an. Er bestand auf Pute mit Weißbrot, weil er nur weiße Lebensmittel zu sich nähme. Je länger das Verhör dauerte, desto häufiger wich Rockefeller den Fragen aus. Dann verlangte er, dass auch Reigh ein Abendessen bekommen müsse, und diktierte, was sie genau erhalten solle. Die beiden Beamten verloren allmählich die Geduld, als seine Ablenkungsmanöver immer offensichtlicher wurden.

»Ich wäre am liebsten über den Tisch gesprungen und hätte ihm die Hände um den Hals gelegt – so sehr regte er mich auf«, erklärte Tammy Harty. »Er hatte diese winzig kleinen Knopfaugen.«

Tammy wusste, dass bei den meisten Kindesentführungen, die von einem Elternteil ausgeführt wurden, nicht das Kind, sondern der Ehepartner der eigentliche Auslöser war. Ein Elternteil benutzte das Kind, um sich am anderen zu rächen. Genau dies traf auch auf Clark Rockefeller und Sandra Boss zu. »Weil er acht oder neun Monate ohne Snooks auskommen musste«, erklärte Tammy Harty und fügte hinzu, dass Rockefeller seine Tochter während dieser Zeitspanne nicht ein einziges Mal angerufen oder ihr eine E-Mail geschrieben habe. »Nichts. *Nada.*«

Als er ständig wiederholte: »Ich will doch nur ein guter Vater sein«, unterbrach Tammy Harty ihn schließlich ungeduldig.

»Hören Sie auf mit dem Blödsinn«, fuhr sie ihn an. »Hier geht es nicht um Sie.«

Zuvor hatte man ihm erzählt, dass man seine wahre Identität herausfinden müsse, falls seine kleine Tochter eines Tages wissen wolle, wer ihr Vater sei. *Denken Sie an Ihre Tochter, und sagen Sie es uns*, hatten sie an ihn appelliert. Jetzt aber war es Zeit, eine schärfere Tonart anzuschlagen. »Alles, was Sie hier verzapft haben, ist doch völliger Mist«, erklärte Tammy Harty. Sie stand auf und schrieb in großen Druckbuchstaben HIER GEHT ES UM REIGH auf ein Blatt Papier. Doch er wollte seine wahre Identität nicht preisgeben.

Tammy Harty ließ nicht locker. »Sie müssen anfangen, uns die Wahrheit zu sagen. Hören Sie endlich mit diesen dummen Spielchen auf. Sie haben uns die ganze Zeit über eine Lüge nach der anderen aufgetischt. Wenn Sie glauben, dass Sie uns hinters Licht führen können, müssen Sie früher aufstehen. Wir haben 50 FBI-Agenten auf Sie angesetzt… Wir werden herausfinden, wer Sie sind. Wir sind verdammt gut in unserem Job.«

Sie erinnerte sich: »Er saß einfach da, blinzelte mich an und sagte: ›Es tut mir leid. Es tut mir leid.‹ Ich erwiderte: ›Vergessen Sie das mit dem Leidtun. Verraten Sie uns lieber, wer Sie sind.‹«

Es half nichts. Tammy Harty warf Mosher einen Blick zu. »Ray, was ist das Erste, woran Sie denken, wenn sich jemand so wie Clark verhält?«, wollte sie wissen. »Die eigene Identität verbirgt. Dem eigenen Kind nicht verrät, wer man ist. Der eigenen Frau nicht verrät, wer man ist. Verschiedene Decknamen verwendet.«

»Ich würde annehmen, dass er etwas zu verbergen hat«, antwortete Mosher.

»Was haben Sie zu verbergen, Clark?«, fragte Tammy Harty.
Er antwortete nicht.

»Haben Sie jemanden bestohlen?«
Keine Reaktion.

»Haben Sie jemanden vergewaltigt? Sind Sie ein Serienverbrecher oder gar ein Serienmörder?«

Tammy Harty gab später zu, sie habe gehofft, dass Rockefeller auf das Wort Serienmörder »reagieren und gestehen würde, was in Kalifornien passiert ist. Aber es gab einfach kein Durchkommen. Ich glaube, er nahm noch immer an, diese Scharade aufrechterhalten zu können. Sie hat ja auch lange funktioniert«.

Vielleicht hatte er geglaubt, dieser Situation wie schon so vielen zuvor entkommen zu können, indem er an seinem Kurs festhielt: Je größer die Lüge, desto glaubhafter – selbst wenn es sich um die Polizei oder das FBI handelt.

Am Schluss des vierstündigen Verhörs gab er endlich zu: »Clark Rockefeller existiert nicht.«

»Ach?«, spottete Tammy Harty. »Und mit wem habe ich die Ehre?«

»Dann listete ich seine anderen Namen auf«, erinnerte sie sich später. »Ich fragte ihn: ›Wer ist Christopher Crowe?‹«

»Den gibt es nicht«, hatte Rockefeller geantwortet.

»Wer ist Christopher Chichester?«

»Gibt es nicht.«

»Wer ist Christopher Mountbatten?«

»Gibt es nicht.«

»Mit wem spreche ich dann?«

»Ich weiß es nicht«, insistierte er. »Ich kenne meinen Namen nicht.«

Wenige Tage später fanden die Ermittler heraus, wie er ursprünglich geheißen hatte. Die Analyse der Fingerabdrücke bestätigte, dass er – wie sie bereits vermutet hatten – Christian Karl Gerhartsreiter war. Und unter diesem Namen sollte er fast zehn Monate später in Boston vor Gericht gestellt werden.

KAPITEL EINUNDZWANZIG

Ein letzter Coup?

Er hörte jedoch nie auf, Clark Rockefeller zu sein.

Als er aus der Arrestzelle in Baltimore geführt wurde, war er aufgeschlossen, wortgewandt und darauf erpicht, einen guten Eindruck zu hinterlassen – und das, obwohl er nach Boston gebracht wurde, um dort vor Gericht unter anderem wegen Entführung einer Minderjährigen sowie Gewaltanwendung und Körperverletzung mit einer tödlichen Waffe (dem SUV, den er für seine Flucht benutzt hatte) angeklagt zu werden. Der Bostoner Kriminalbeamte Ray Mosher hatte die Aufgabe, ihn zu begleiten. Als Rockefeller in Handschellen aus der Polizeidienststelle geführt wurde, scharten sich zahlreiche Reporter um ihn und riefen: »Mr. Rockefeller! Mr. Rockefeller!« Der Gefangene schien auf jeden Fall mit ihnen sprechen zu wollen. Doch Mosher hielt ihn davon ab und führte ihn zum bereits wartenden Auto, das sie zum Flughafen fahren sollte, wo sie in den nächsten AirTran-Flug nach Boston stiegen.

Im Flugzeug saß er in Handschellen neben Mosher, was ihn nicht davon abhielt, unentwegt zu reden – insbesondere über ein erstaunliches Mordkomplott, das er angeblich in einem New Yorker Büro aufgedeckt hatte, in dem er die Geschäftsbücher überprüft habe. Die Operation habe den Codenamen

›Operation Hattrick‹ gehabt, flüsterte er, und zum Tod von drei wichtigen Politikern geführt: der Senatoren John Tower und H. John Heinz III. sowie des republikanischen Politstrategen Lee Atwater. Alle seien im Jahr 1991 innerhalb von acht Tagen ums Leben gekommen. »Versprechen Sie mir, dass Sie sich des Falles annehmen?«, fragte er Mosher.

Vielleicht erhoffte er sich, dass ihm der Kriminalbeamte wegen eines größeren Verbrechens weniger Beachtung schenken würde. Doch der Plan ging nicht auf. Mosher bat eine Stewardess, ihm eine Zeitung zu bringen. Als sie mit dem *Boston Globe* zurückkam, reichte er diesen an Rockefeller weiter.

FINGERABDRÜCKE LASSEN NICHTS GUTES AHNEN: BEHÖRDEN UNTERSUCHEN MÖGLICHE VERBINDUNG ZWISCHEN MUTMASSLICHEM ENTFÜHRER UND MORD IN KALIFORNIEN, lautete die Schlagzeile der Ausgabe vom 5. August 2008. Daneben war ein Foto eines etwas verwahrlost wirkenden Rockefellers zu sehen. Der Artikel verwies auf den vermuteten Mord an dem verschwundenen Ehepaar John und Linda Sohus, obwohl ihre Namen damals noch nicht an die Medien weitergegeben worden waren. Rockefeller las die erste Seite sorgfältig mit beinahe feierlichem Ausdruck durch, ehe er Mosher die Zeitung zurückgab.

»Und? Worum ging es in dem Artikel?«, fragte der Kriminalbeamte.

»Ich möchte nicht darüber sprechen«, erwiderte Rockefeller und wurde still. »Sie müssen das schon selbst lesen.«

Von dem Moment an, als sie in Boston landeten, schien er jedoch nicht mehr mit dem Reden aufhören zu können. Bei seinem Anwalt, dessen Honorar von dem Geld bezahlt werden sollte, das nach der Scheidung noch übrig geblieben war, handelte es sich um den bekannten Bostoner Verteidiger

Stephen Hrones. Als sich die Medien sowohl in den USA als auch im Ausland auf den Fall stürzten, ermutigte Hrones seinen Mandanten zum Reden. »Man muss Feuer mit Feuer bekämpfen«, erklärte er später. »Wir mussten an die Öffentlichkeit und seine Seite der Geschichte schildern. Vor allem die Seite des liebenden Vaters. Das war seine Stärke, die ich bei jeder Gelegenheit herauszustellen versuchte: Wie kommt jemand dazu, sein eigenes Kind zu entführen?«

Doch es gab noch eine bedeutendere Frage, die Sandra Boss gestellt hatte, nachdem sie wusste, dass Reigh in Sicherheit und ihr Exmann hinter Gittern war: Wer ist er? »Er ist ein Mysterium, eine Leerstelle«, erklärte David Deakin, der Staatsanwalt von Suffolk County während Rockefellers Anhörung wegen der Festsetzung einer Kaution und fügte hinzu, dass dieser so zahlreiche und vielschichtige Geschichten zu erfinden vermöge, »dass es schwierig ist, sich darin zurechtzufinden, selbst mit einer Datenbank«.

Rockefeller lehnte es ab, sich von den kalifornischen Behörden vernehmen zu lassen, die ihre Ermittlungen im Mordfall Sohus nach seiner Festnahme wiederaufgenommen hatten. Er war jedoch wieder ganz der alte Charmeur, als er und sein Anwalt in NBCs beliebter und bekannter Frühstücksshow *Today* auftraten, um das erste Mal seine Seite der Geschichte zu erzählen. Das *Today*-Team, geleitet von der Korrespondentin Natalie Morales, richtete sich in einem Raum im Nashua-Street-Gefängnis ein. Als Rockefeller in seiner Gefängniskleidung in das behelfsmäßige Studio kam, tat er, als träte er in einen seiner privaten Clubs, und schüttelte jedem Teammitglied die Hand. Als er für das Interview mit Natalie Morales Platz nahm, schlug er die Beine übereinander, neigte den Kopf etwas zur Seite und verriet: »Normalerweise würde ich einen solchen Moment genießen.«

Er könne sich an vieles nicht erinnern, was seine Vergangenheit betraf. Nur einige Szenen aus seiner Kindheit seien ihm im Gedächtnis geblieben. »Ich weiß noch genau, wie wir in einem holzverkleideten Ford nach Mount Rushmore gefahren sind«, verkündete er mit großer Geste. »Da mir Kombis schon immer gefallen haben, glaube ich mich auch zu erinnern, dass es sich um einen jener 68er Fords mit klappbaren Scheinwerfern handelte. Außerdem weiß ich noch genau, wie ich einmal in Oregon Erdbeeren gepflückt habe.«

»Haben Sie John und Linda Sohus ermordet?«, fragte Natalie Morales.

»Ich bin mein ganzes Leben lang Pazifist gewesen«, erwiderte Rockefeller. »Ich bin Mitglied der ›Religiösen Gesellschaft der Freunde‹, also ein Quäker, und glaube als solcher an völlige Gewaltlosigkeit. Ich kann mit einiger Sicherheit behaupten, dass ich niemandem jemals körperlich wehgetan habe.« Auf die Frage, was er seiner Tochter sagen würde, sollte sie jetzt zuschauen, antwortete er: »Sie muss sich ganz fest wünschen, dass wir bald wieder zusammen sind.« Tränen stiegen ihm in die Augen, und seine Stimme begann zu beben, aber er fügte hinzu: »Dass es Hoffnung für uns beide gibt.« Natalie Morales wollte wissen, ob er glaube, Snooks jemals wiederzusehen. Er richtete sich auf. »Natalie, ich kann nicht in die Zukunft blicken… Aber ich hoffe es und wünsche es mir.« Am Ende des ersten Teils des zweiteiligen Interviews zitierte er mit einem perfekten schottischen Akzent einen Vers aus dem Gedicht *Address to a Haggis* von Robert Burns.

In einer später ausgestrahlten Sendung der *Today*-Show wunderte sich die Kriminalpsychologin Pat Brown in einem Gespräch mit Natalie Morales über Rockefellers Fernsehauftritt. »Die meisten Leute haben wohl noch nie einen Menschen, den ich als Psychopathen einstufen würde, derart entlarvend viel über sich selbst reden gehört«, sagte sie. »Er ist ein pathologischer Lügner. Er spinnt seine Geschichten und will immer im Mittelpunkt der Aufmerksamkeit stehen.« Weiterhin beschrieb sie ihn als einen Mann, der »keinerlei Empathie für seine Mitmenschen empfindet«, den nur der eigene Erfolg interessiert und der eine Bedrohung darstellt für jeden, der ihm im Weg steht – sogar für sein eigenes Kind, das er bereits als »Bauernopfer benutzte, um seiner Frau eins auszuwischen«. Rockefellers Darbietung von unbeschwerter Fröhlichkeit, als er sich jedem im Team vorstellte, sei ein weiteres Beispiel für die ständige Selbstdarstellung des Betrügers. Er habe sich wie ein Raubtier durch das Studio geschlichen und »suchte nach einem neuen Opfer«.

Rockefellers nächstes und letztes Interview mit drei Reportern des *Boston Globe* bestätigte die Analyse der Kriminalpsychologin. Der Artikel im *Globe* mit der Schlagzeile ICH BIN MIR NICHT SICHER, WORAN ICH MICH EIGENTLICH ERINNERN SOLL. DARÜBER MACHE ICH MIR KEINE GROSSEN GEDANKEN begann folgendermaßen:

Lächelnd kam er ins Zimmer geeilt. Er hatte das freundliche Auftreten eines Gastgebers, der einen Gast auf seiner Party willkommen heißt. »Clark Rockefeller«, begrüßte er uns, blickte jeden von uns an und reichte ihm die Hand. Seine Fingernägel waren maniküirt, und zu seiner Gefängniskleidung trug er Loafers mit Quasten. Er wandte sich einem Besucher nach dem anderen zu und verbeugte sich leicht dabei. »Clark Rockefeller. Clark Rockefeller«, stellte er sich mit seinem Oberschichtakzent vor. »Freut mich, Sie kennenzulernen. Wie geht es Ihnen?«

Er würzte seine Antworten mit verbalen Verzierungen wie »wohl wahr« oder »außerordentlich«, plauderte darüber, dass er »fünf, sechs oder sieben« Sprachen könne, erzählte uns von dem historischen Roman über die Wurzeln Israels, an dem er gerade arbeite, und von seiner Arbeit als Forscher »an allem von Physik bis Sozialwissenschaft«. Er stellte sich zudem als liebender Vater dar.

Zwei Monate später, als Stephen Hrones seinen Mandanten im Nashua-Street-Gefängnis nach einem Auftritt vor Gericht besuchte, setzte ihn Rockefeller davon in Kenntnis, ihn gegen einen anderen Anwalt ausgetauscht zu haben. Er erklärte, dass seine Freunde nicht mit Hrones' Taktik übereinstimmten, Feuer durch Feuer zu bekämpfen und seine Seite der Geschichten zu erzählen. Er habe bereits ein neues Anwaltsteam engagiert, das der Bostoner Kriminalverteidiger Jeffrey Denner führen solle, der eine völlig andere Vorgehensweise vorgeschlagen habe als Stephen Hrones' Idee, ihn als »liebenden Vater« darzustellen.

Rockefeller wollte jetzt auf Unzurechnungsfähigkeit plädieren.

»In diesem Fall geht es nicht darum, was passiert ist, sondern *warum* es passiert ist«, verkündete Jeffrey Denner in seinem Eröffnungsplädoyer vom 28. Mai 2009 einem mit Reportern und Schaulustigen gefüllten Gerichtssaal. Er war ein schlaksiger Mann, ein angesehener Anwalt mit drahtigen Haaren und einem tiefen Bariton. Zusammen mit seinem jungen Kanzleipartner Timothy Bradl ließ er jeden Vorwurf des Staatsanwalts seinem Mandanten gegenüber sogar noch schlimmer erscheinen, indem er *zugab*, dass Rockefeller seine Tochter entführt habe, und indem er die verschiedenen Identitäten *aufzählte*, die Rockefeller während seiner dreißig Jahre als Hochstapler in den USA erfunden hatte.

Denner gab jedoch zu bedenken, dass sein Mandant kein berechnender Betrüger sei, sondern ein geisteskranker Mann, der Recht von Unrecht nicht zu unterscheiden vermöge. Er legte zahlreiche Beweise für dessen »narzisstische Persönlichkeitsstörung und seinen Größenwahn« vor. Über die Jahre habe sich der Zustand von einem Identitätswandel zum nächsten noch verschlimmert, bis der bedauernswerte Angeklagte in einer »magischen, irrealen Welt« gelebt habe.

»Mit jedem Identitätswechsel geht eine unglaubliche biographische Veränderung einher«, informierte der Verteidiger das Gericht. »Jede Verwandlung zog eine weitere Steigerung seiner ›Großartigkeit‹ nach sich«, bis er schließlich seine perfekte Rolle als Rockefeller fand – mit einer »Kunstsammlung im Wert von Milliarden, Schlüsseln zum Rockefeller Center und vielen anderen Dingen, die [jedem], der nicht unter diesem Größenwahn leidet, als offenkundig lächerlich und absurd vorkommen müssen«.

Die Entführung sei jedoch nicht geplant und ausgeklügelt gewesen, insistierte Denner, sondern das Resultat einer »psychotischen Störung«, die durch den Verlust seiner Tochter vier Tage vor Weihnachten 2007 ausgelöst worden sei.

»Er stand am Rande des Abgrunds und fiel. Er war davon überzeugt, telepathisch mit seiner Tochter kommunizieren zu können. Er glaubte, sie ließe ihm heimlich Nachrichten zukommen – Hilferufe, in denen sie ihn bat, sie zu retten, weil sich niemand um sie kümmere, weil sie in Gefahr schwebe.«

Gefangen in seinen Erinnerungen und von dem einen Menschen getrennt, den er über alles liebte, fuhr Denner fort, habe Rockefeller in seinem Wahn das Gefühl gehabt, es bliebe ihm nichts anderes übrig, als »seine Tochter zu retten«.

Die Verteidigung rief diverse Experten in den Zeugenstand,

darunter einen Psychiater und einen Psychologen, die den Angeklagten untersucht und ihn für unzurechnungsfähig befunden hatten. »Man muss kein Genie sein, oder – mit dem größten Respekt – auch kein Psychiater, um zu merken, dass mit diesem Mann etwas nicht stimmt«, verkündete Denner dem Gericht. »Dieser Mann hat offenkundig nicht alle Tassen im Schrank.«

Denner schloss daraus: »Sollten Sie also glauben, nachdem Sie sämtliche Beweise und Fakten dieses Falls gehört haben, dass der Angeklagte zum Zeitpunkt der Tat an einer psychischen Erkrankung litt, die sein Urteilsvermögen hinsichtlich des Unrechts und des verbrecherischen Elements seiner Tat einschränkte, dann wird Sie der Richter anweisen, den Angeklagten wegen Unzurechnungsfähigkeit für unschuldig zu erklären.«

Ich warf einen Blick auf den Angeklagten – wie er in seinem blauen Blazer und in der Khaki-Hose dasaß und ständig vor sich hin murmelte. Er war so bleich, als hätte er einen Geist gesehen. Er schien nach einem Leben der ständigen Lügen keine Geschichten mehr auf Lager zu haben. Jemand, der gewöhnlich nicht genug reden konnte, sagte vor Gericht kein einziges Wort zu seiner Verteidigung. Doch durch seinen Anwalt ließ er nun vielleicht die größte Geschichte seiner Karriere erzählen. Ich erinnerte mich daran, was Pat Brown, die Kriminalpsychologin aus der *Today*-Show gesagt hatte: Er betritt einen Raum und stellt sich scheinbar freundlich jedem vor. Doch in Wahrheit pirscht er sich an und wählt sein nächstes Opfer. In diesem Fall waren die potentiellen Opfer die Geschworenen und deren Stellvertreter: sieben Männer und neun Frauen.

Die Experten, deren Honorare von Rockefeller und seinen Anwälten bezahlt wurden, versuchten, ihn als Psychopathen
darzustellen. »Sein Vater nannte ihn ›menschlichen Müll‹«,
erklärte Dr. Keith Ablow vor Gericht. Der Star-Psychologe
bestätigte, dass er Rockefeller zwölf bis sechzehn Tage lang
untersucht und dieser ihm von seinem Vater erzählt habe, der
darauf bestanden hätte, dass er ein Handwerk erlerne und sich
nicht länger mit seiner über alles geliebten Musik beschäftige.
Ablow fuhr fort: »Er hat in Mr. Rockefellers Gegenwart auch
die Frage aufgeworfen, ob er homosexuell sei.« Weiter behauptete Ablow, der Vater habe nicht geglaubt, dass Rockefeller sein biologischer Sohn sei und ihn derart beschimpft, dass
diesem gar keine andere Wahl geblieben sei, als zu fliehen und
sich in den USA neu zu erfinden.

Bei der zweiten von der Verteidigung in den Zeugenstand
gerufenen Expertin handelte es sich um die forensische Psy-
chologin Catherine Howe. »Das Faszinierende an Mr. Rockefeller ist die Tatsache, dass er nicht nur mindestens fünf [Kri-
terien für Größenwahn] erfüllt, sondern *alle*.«

Der Staatsanwalt David Deakin hob daraufhin das Buch
The Diagnostic and Statistical Manual of Mental Disorders in
die Luft, aus dem von der Verteidigung immer wieder zitiert
wurde. »Gibt es keine Diagnose für einen Lügner?«, warf er ein.

»Für diesen Begriff gibt es keinen Eintrag – nein«, erwiderte Catherine Howe.

Der Psychiater der Anklage, Dr. James Chu, bezeugte, während seiner Gespräche mit Rockefeller sei es stetig offensichtlicher geworden, dass der Angeklagte eine Geisteskrankheit
nur vortäusche. Rockefeller habe ihm erzählt, dass er 70 Prozent der Zeit überhaupt nicht gewusst habe, wie er an den Ort
gekommen war, an dem er sich gerade befand – was es für
ihn unmöglich gemacht hätte, überhaupt zu funktionieren.

Die Antworten auf Chus Fragen seien »unwahr« und »überzogen« gewesen, doch der Angeklagte sei sich »eindeutig der Unrechtmäßigkeit seiner Handlungen bewusst«.

Mehr als zwei Wochen lang marschierte eine verwirrende Parade von Zeugen und psychologischen Experten auf, die seinen Geisteszustand analysierten und Rockefeller wieder einmal ins Zentrum des Geschehens rückten, zum Star seiner Welt machten. Unweigerlich stellte David Deakin jedem Zeugen die folgenden Fragen: »Gab es Anzeichen dafür, dass der Angeklagte unter Halluzinationen litt?«

»Nein«, lautete die Standardantwort.

»Gab es Anzeichen dafür, dass der Angeklagte unter Wahnvorstellungen litt?«

»Nein.«

In seinem Schlussplädoyer erklärte David Deakin dem Gericht: »Das ist keine Frage des Wahnsinns, sondern eine der Manipulation… Lassen Sie ihn nicht damit davonkommen. Lassen Sie diese Behauptung, schuldunfähig zu sein, nicht den letzten raffinierten Schachzug eines Lebens voller Lügen sein, die einzig und allein darauf abzielten, dass der Angeklagte genau das bekam, was er wollte. Scheuen Sie nicht vor den Fakten zurück, sondern blicken Sie der Wahrheit ins Auge.«

Die meisten Geschworenen waren noch recht jung – vermutlich waren nur vier über dreißig – und schienen sehr beeinflussbar zu sein. Ich betrachtete sie und dachte: Denen kann man leicht einen Bären aufbinden. Sie nahmen ihre Pflicht allerdings sehr ernst und diskutierten den Fall nicht untereinander, ehe sie nicht sämtliche Beweise gehört hatten. Am Ende der zwölftägigen Verhandlung, als sie sich zur Beratung in ein Zimmer in einem der oberen Stockwerke zurückzogen, konnten sie jedoch nicht länger an sich halten.

»Ich kam mir wie in einem Buch von John Grisham vor. Ich konnte einfach nicht fassen, dass dieser Mann all das gemacht hatte und bis dahin damit durchgekommen war. Dass ihm seine Frau [Sandra Boss] auf den Leim gegangen war. Dann dieser arme Chauffeur. Er versuchte doch nur, über die Runden zu kommen, und glaubte, einen Goldesel gefunden zu haben. Die Ermittler … Sind die echt? Es kam mir fast so vor, als ob man sie sorgfältig für ihre Rollen ausgewählt hätte … Wir trauten kaum unseren Ohren, als wir all diese Geschichten hörten«, berichtete einer der Geschworenen später.

Die Geschworenen waren sich einig, dass es sich bei Clark Rockefeller um einen Hochstapler handelte. Es gab auch keinen Zweifel daran, dass er seine Tochter entführt hatte. Aber wieder einmal hatte er sich brillant in Stellung gebracht – vielleicht war das seine einzige Möglichkeit, aus dieser Situation herauszukommen –, indem er die Geschworenen vor ein Dilemma stellte.

»Er muss verrückt sein«, wiederholten sie immer wieder. »Es ist unmöglich, dass ein gesunder Mensch so etwas machen würde.«

Die Geschworenen bestanden aus einem Anwalt, einem Feuerwehrmann, einem Sozialarbeiter, mehreren Studenten (darunter zwei 19-jährige Studienanfänger) und einer jungen Frau, die Medizin studieren wollte. Über fünf Tage lang diskutierten sie darüber, ob Clark Rockefeller als unzurechnungsfähig eingestuft werden musste oder nicht. Er war eindeutig verrückt. Aber war er auch so verrückt, dass man ihn als geisteskrank bezeichnen konnte und dass er nicht wusste, was Recht und Unrecht bedeuteten? Sie kamen nicht weiter.

Eine der Geschworenen versuchte, sich in den Hochstapler hineinzudenken. »Also gut – nehmen wir an, ich bin Clark Rockefeller. Ich habe eine kleine Tochter und bin davon über-

435

zeugt, dass die Scheidung fürchterlich unfair verlief. Außerdem liebe ich das kleine Mädchen von ganzem Herzen. Über viele Jahre war sie ein fester Bestandteil meines Lebens, und ich muss sie zurückhaben – koste es, was es wolle. Ich schaffe das. Ich nehme das Geld von der Scheidung, kaufe ein Haus, bringe sie in meine Gewalt, und danach leben wir glücklich in Baltimore. Cool. Weil ich es will, ist es richtig.«

Sie wusste, dass er alle Merkmale eines typischen Narzissten aufwies, der nach dem Motto lebt: Was mir wichtig ist, ist das Wichtigste überhaupt. »Die Welt dreht sich um das, was ich will oder haben möchte. Nach dieser Maxime schmiede ich meine Pläne und führe sie auch aus«, fuhr sie fort, weiterhin der Denkweise des Angeklagten folgend. »Okay, es ist illegal. Legal, illegal, scheißegal – Hauptsache, ich bekomme, was ich will.

Doch ein Mensch in einem psychotischen Zustand schafft so etwas nicht. Vielleicht kann so jemand davon träumen, aber er kann es nicht ausführen. Dieser Mann hingegen war ein Planer. Ich glaube, er ist sehr intelligent, denn es war auf jeden Fall ein ausgeklügelter Plan.«

Am nächsten Tag kamen die Geschworenen zu einer Entscheidung: Clark Rockefellers Tat war nicht das Handeln eines Verrückten, sondern beruhte auf dem sorgfältig ausgetüftelten Plan eines egozentrischen Narzissten, der lange alles bekommen hatte, was er wollte, und es deshalb für richtig erachtete, 800 000 Dollar Abfindung von Sandra Boss zu erhalten und sich auch seine Tochter zu nehmen. Er war nicht verrückt. Er war schuldig.

Am 12. Juni verlas der Sprecher der Geschworenen das Urteil: schuldig, zumindest in den wichtigsten Anklagepunkten Entführung einer Minderjährigen sowie Gewaltanwendung und Körperverletzung mit einer gefährlichen Waffe. Rockefeller stand auf und sah sich fassungslos blinzelnd um, als das Urteil verkündet wurde. Doch er sagte kein Wort. Seinen Anwälten war es zumindest gelungen, einen Anklagepunkt erfolgreich abzuwenden, nämlich die falsche Namenangabe der Polizei gegenüber. Sie erklärten, dass er den Namen Rockefeller bereits so lange benutzt habe, dass er keine richtige Identität habe angeben können. Die Verteidigung forderte eine milde Strafe: weniger als zwei Jahre hielt Rockefellers Anwalt angemessen für einen »geistig Verwirrten«, der seine »Tochter über alles liebte und ungeheure Fehler beging, als er dieser Liebe Ausdruck verleihen wollte«. Die Staatsanwaltschaft hingegen plädierte für die Höchststrafe – bis zu fünfzehn Jahre Gefängnis – und las eine Aussage von Sandra Boss vor Gericht vor, in der es unter anderem hieß: »Als Reigh mir entrissen wurde, sah ich mich dem schlimmsten Albtraum jeder Mutter ausgeliefert: die Möglichkeit, dass mein Kind spurlos verschwindet. Die immer mehr zutage tretende nebulöse Vergangenheit ihres Entführers verstärkte meine Befürchtungen noch, dass ihr etwas zustoßen könnte.«

Am gleichen Tag schloss Richter Frank Gaziano die Verhandlung mit den Worten: »Der Angeklagte zeigte keine Achtung vor dem Gesetz. Er glaubte, Sandra Boss überlisten zu können, indem er zuerst ihr Geld an sich brachte und dann einen geeigneten Zeitpunkt abwartete, um auch seine Tochter an sich zu bringen. Der Angeklagte beging diese Tat, ohne auch nur einen Moment an die Qualen zu denken, die Ms. Boss dadurch erleiden würde.« Der Richter verurteilte Rockefeller zu vier bis fünf Jahren wegen Entführung sowie zu zwei bis drei Jahren wegen Körperverletzung mit dem SUV, wobei beide Strafen gleichzeitig verbüßt werden konnten.

Der Sträfling Nr. W94579 des Massachusetts Staatsgefängnisses wurde am 14. Juni 2008 zur Verbüßung seiner Strafe in eine psychiatrische Anstalt in Garnder eingeliefert, die um die Jahrhundertwende errichtet worden war. Ihm wurde eine Zelle im zweiten Stock zugewiesen, in der sich nicht mehr als ein Bett, eine Toilette und ein Waschbecken befanden und die er Bekannten gegenüber großartig übertrieben beschrieb: »Ich habe meine eigene Zweizimmer-Suite!«

Er verbrachte seine Zeit mit Lesen, Schreiben und der Vorbereitung seines Einspruchs. Zudem bat er einen Freund, ihm seine Lieblingsmagazine zu bestellen – *Sailing World, Cruising World, Sail, Latitudes & Attitudes* – und erklärte ihm: »Ich weiß nicht, wem ich [außer dir] noch trauen kann. Ich habe solche Angst, dass man mich hintergeht.«

Obwohl er einem Freund zerknirscht von seiner Kindheit und Jugend in Deutschland erzählte und dabei betonte, wie sein tyrannischer Vater ihn dazu gebracht habe, nach Amerika zu fliehen, hielt er öffentlich an seiner Identität als Clark Rockefeller fest. So zeigte er sich ein Jahr nach der Verurteilung bei einem Gerichtstermin in einem Tweedjackett. Sein Antrag auf Strafverkürzung wurde abgelehnt. Was das mysteriöse Verschwinden von John und Linda Sohus betraf, so erklärte sein Strafverteidiger Jeffrey Denner: »Mr. Rockefeller hat mit diesem Fall absolut nichts zu tun.«

Für mich selbst endete die Clark-Rockefeller-Story im Keller eines Vororts, wohin man mich eingeladen hatte, um die zahlreichen irdischen Güter des Christian Karl Gerhartsreiter zu begutachten. Wie und warum diese Dinge dorthin gelangten, kann ich nicht sicher sagen. Doch es war alles dort: seine Geburtsurkunde, sein deutscher Pass, seine Schildpattbrille, die er als Christopher Chichester getragen hatte, ebenso wie die schwarze Ray-Ban-Wayfarer des Clark Rockefeller. Ich betrachtete ein abgenutztes braunes Lederportmonee mit über zwölf Mitgliedsausweisen für diverse Privatclubs – unter anderem für den Algonquin Club, den Harvard Club in Boston, den India House Club, den Metropolitan Club sowie den Lotos Club in New York City. Zudem gab es dort eine erstaunliche Anzahl an Kreditkarten – manche auf seinen eigenen Namen, andere auf den Namen seiner früheren Frau. Der Kartenstapel wurde mit Gummibändern zusammengehalten.

In einem Karton befand sich eine ansehnliche Sammlung von Rockefeller-Memorabilien: Broschüren mit den Namen der berühmten Familie, eine von 1932; private Fotos und Zeitungsartikel der Familienoberhäupter John D. Sr. und Jr., Nelson und David; Aktienurkunden der Chase Manhattan Corporation, die sich im Besitz der Rockefeller befand (unterschrieben von David Rockefeller); ein Schreiben von John D. Rockefeller Jr. (»Teuerste, vielen Dank für Ihren wunderbaren und einfühlsamen Brief…«) sowie andere Dinge, die vermutlich nur einem Rockefeller gehören konnten.

Einige Gemälde, wenn auch nicht die großen Kunstwerke, die er so gerne sein Eigen nannte, befanden sich ebenfalls dort. Manche von ihnen waren gerahmt, andere nicht. Zu ihnen gehörte auch *Abrupt Break*, das kleine Bild seines Freundes William Quigley, das Rockefeller angeblich in einem Antiquitätenladen erstanden hatte. Seine Kleidung, ausschließlich von J. Press, war auf einen Haufen gestapelt und in Plastiksäcken verpackt – unter anderem ein Frack und diverse karierte Sportjacketts. Aus irgendeinem Grund griff ich in die Brusttasche eines solchen Jacketts und hielt zu meiner Überraschung einen kleinen Glasdildo in der Hand. Zudem gab es J.-Press-Hemden, die noch nicht ausgepackt waren, sowie mehrere Paar Schnürschuhe von Church's, dem britischen Schuhhersteller, in der Größe neun. Die Kleidung, die er während der

Gerichtsverhandlung getragen hatte, war in eine Papiertüte gestopft worden – der Blazer, das weiße Hemd, die Khaki-Hose. Die Sammlung kam mir wie ein Selbstbau-Kit für einen Hochstapler vor. Ohne dieses Wissen wirkte sie allerdings eher wie eine entseelte Ansammlung von Dingen.

Sollten diese Gegenstände, die Christian Karl Gerhartsreiters betrügerischen Feldzug quer durch Amerika begleitet hatten, auf einer Müllhalde landen? Oder wollte sich der Gefangene, der vermutlich 2013 entlassen wird, ihrer erneut bedienen und in einer neuen Stadt mit einer neuen Identität weitermachen?

Die Antworten auf diese Fragen lassen in Kalifornien auf sich warten. Dort verhören die Kriminalbeamten des Los Angeles County Sheriff's Department und des FBI noch immer eine nicht endende Reihe von Leuten, die im Laufe der Zeit mit Christian Karl Gerhartsreiter in Kontakt kamen, um endlich das »Puzzle mit tausend Einzelteilen« seiner zahlreichen Leben zusammenzusetzen sowie – was wesentlich wichtiger ist – das Rätsel um den Verbleib von John und Linda Sohus zu lösen.

In einem bescheidenen Haus im südlichen Kalifornien leben die beiden in der Erinnerung von Lindas treuer Freundin Sue Coffman weiter. »Es war ihnen nicht vergönnt, würdevoll zu sterben«, erklärt sie. »Es fand kein Gedenkgottesdienst für sie statt. Es gab keinen Abschied. Es gab nichts.« Sie hofft weiterhin, eines Tages die längst überfällige Gedenkfeier ausrichten zu können, sobald es Antworten darauf gibt, wie sie ums Leben kamen, und man ihren Mörder endlich zur Rechenschaft gezogen hat.

Am 15. März 2011 wurde Christian Karl Gerhartsreiter des Mordes an John Sohus angeklagt. Die Polizeiermittler aus

Los Angeles waren der Meinung, genügend Beweise beisammen zu haben – unter anderem war der Leichnam von San Marino eindeutig als der von John Sohus identifiziert worden. Linda Sohus findet in der Anklageschrift keine Erwähnung. Nach dem Besuch bei seinem Mandanten im Gefängnis erklärte einer der Anwälte Gerhartsreiters den Medien, dass der Mann »absolut unschuldig« sei und alles tun werde, um dies auch zu beweisen.

Ehe Gerhartsreiter von der neuen Anklage erfuhr, hatte er an der Anfechtung seines Urteils gearbeitet. Freunden gegenüber erklärte er, guten Mutes zu sein, dass er frühzeitig aus dem Gefängnis entlassen werden würde. Er freue sich bereits darauf, sein Leben wiederaufzunehmen, vielleicht werde er fürs Fernsehen arbeiten.

Nachdem die Hauptdarsteller im Leben des Christian Karl Gerhartsreiter von der Mordanklage erfahren hatten, riefen sie sich gegenseitig in der ganzen Welt an und spekulierten darüber, welche Maske der rätselhafte Hochstapler wohl als Nächstes aufsetzen würde – oder ob die Schwere der Anklage nun endlich doch das in ihm aufbrechen würde, was von seinem wahren Selbst noch übrig war.

Danksagung

Zuallererst möchte ich mich bei Alessandra Lusardi bedanken, meiner brillanten Lektorin bei Viking Penguin für ihre Klugheit, ihren Enthusiasmus, ihre redaktionellen Fähigkeiten und ihre Geduld bei dem Vorhaben, das »Puzzle mit tausend Einzelteilen« dieses Lebens zusammenzusetzen. Danke auch der Viking Penguin Präsidentin, Clare Ferraro, die eine frühe und eifrige Verfechterin dieses Buches war.

Die Geschichte von Clark Rockefeller wurde zuerst in der Januar-Ausgabe 2009 von *Vanity Fair* veröffentlicht. Dafür möchte ich dem großartigen Wayne Lawson, seinem redaktionellen Genie und seiner Unterstützung danken – weil er zuerst den Artikel und später dieses Buch redigierte. Ebenso will ich mich bei *Vanity Fair*s tollem Redakteur Graydon Carter für den Auftrag, die Wahrheit über Clark Rockefeller herauszufinden, und für seine Begeisterung für den Artikel bedanken, sowie bei Matthew Pressman für seine wertvolle und kluge Arbeit an dem Magazinartikel und diesem Buch.

Mein Dank gilt zudem meinem wunderbaren Literaturagenten Jan Miller Rich von Dupree Miller & Associates und meinem guten Freund und hoch geachteten Ratgeber Jeff Rich mit seinem großartigen Gespür für Geschichten. Ich weiß deine Freundschaft mehr als zu schätzen.

443

Fast jede Geschichte beginnt mit einer Initialzündung. Im Fall von Clark Rockefeller war es Roxane West. Sie hatte ihn in New York kennengelernt und rief mich eines Nachmittags kurz nach der Entführung seiner Tochter an. Sie insistierte leidenschaftlich, dass ich *unbedingt* etwas über diesen Mann schreiben müsse. Vielen Dank, Roxane, für diesen entscheidenden Anruf – ebenso wie für deine Hilfe, deine Einblicke und die zahlreichen Erinnerungen!

Mein herzlicher Dank geht auch an Elizabeth Suman für ihre unermüdlichen, wertvollen Recherchen, die mich auf meiner Reise begleiteten, an John Ruddy für seine ausdauernde Unterstützung und an Tom Colligan, der alle Fakten in diesem Irrgarten aus so vielen Menschen und Orten genau überprüfte.

Ich danke ebenso all den Angestellten des wunderbaren Taj Boston Hotels. Die dort herrschende Gastfreundlichkeit und die herrlichen Räumlichkeiten gaben mir ein zweites Zuhause in Boston. Vielen Dank auch Sheila Donnelly & Associates für ihre Unterstützung in Boston!

Dieses Buch basiert auf beinahe zweihundert Gesprächen mit Menschen, deren Wege den des Mannes kreuzten, der sich schlussendlich Clark Rockefeller nannte. Viele, die mir ihre Zeit schenkten und ihre Gedanken darlegten, wollten namentlich unerwähnt bleiben. Dementsprechend ist die folgende Liste unvollständig.

In Deutschland begleitete mich Marten Rolff, ein Journalist, der vor Ort über Rockefeller berichtet hatte. Vielen Dank, Marten, für Ihre Hilfe bei den Übersetzungen, Kontaktaufnahmen und Hintergrundinformationen. Ich möchte zudem all jenen in dem kleinen Ort Bergen danken, die mit mir, einem ihnen fremden Amerikaner, so offen sprachen – insbesondere den Männern des Biergarten-Stammtischs mitten im Dorf.

In Connecticut möchte ich mich herzlich bei Edward Davio, Chris Bishop, Wyne Campbell und den Polizeikommissaren von Greenwich, Daniel Allen und Jeff Wayne, bedanken.

In San Marino und dem restlichen Kalifornien gilt es, folgenden Leuten meinen Dank auszusprechen: Jann Eldnor, Peggy Ebright, Elmer und Jean Kelln, Sue Coffman, dem Kriminalbeamten Timothy Miley vom Los Angeles County Sheriff's Department, Frank Girardot (Redakteur für die Zeitungen von San Gabriel Valley), Wayne Kelln, Kenneth Veronda, Dana Farrar, Carol Campbell, Bill und Cori Woods, Meredith Bruckner, Carol und Warner J. Iliff, Steven J. Biodrowski, Professor Geoffrey Greene, Bernice Sadamune, Tricia Gough, Lilli Hadsell, Marianne Kent, Lydia Marano, Ralph Wikke, den Produzenten der Fernsehserie *Unsolved Mysteries* und den Mitgliedern der Los Angeles Science Fantasy Society, die John und Linda Sohus in so herzlicher Erinnerung behalten haben.

In New York wiederum gehört mein Dank Anthony Meyer, Martha Henry, William Quigley, Venanzio Ciampa, Lawrence Steigrad und Peggy Stone, Sharlene Spingler, Dave Copeland, Richard Barnett, Stanley Forkner, Bob Brusca, Eric Hunter Later, Ralph Boynton, Sheldon Fish, Jeffrey Richards und Brittney Ross.

In Cornish in New Hampshire möchte ich mich bei Peter Burling, Alma Gilbert-Smith, Merilynn Bourne, Don Mac-Leay, Nancy Nash Cummings, Laura White, Charlie White und Gregory Schwarz bedanken.

In Boston zolle ich meinen Dank Jake Wark, Stephen Hrones, Patrick Hickox, dem Kriminalbeamten Raymond

Mosher, Detective Joe Leeman, Bob Skorupa, John Green, John Sears, der FBI-Spezialagentin Noreen Gleason, Gail Marcinkiewicz, der FBI-Spezialagentin Tamara Hardy, Frank Rudewicz, Gretchen Berg und ihren Kollegen bei NBCs *Dateline* und der *Today*-Show, dem Bostoner Polizei-Superintendant Thomas Lee, dem stellvertretenden Staatsanwalt von Suffolk County, David Deakin, den Strafverteidigern Jeffrey Denner und Timothy Bradl, Jessica Van Sack, Jonathan Saltzman, Denise Lavoie, Victoria Block, Maria Cramer sowie den Angestellten des Algonquin Clubs.

In Baltimore möchte ich mich bei Julie Gochar bedanken.

Mein Dank gilt außerdem Nancy Doherty, Annie Laurie Hines, Carolyn Hines, Keenan Delaney und Tom Ritzer.

Zu guter Letzt will ich meiner Familie danken: Evelyn Abroms Kraus und Melvin Kraus, dem verstorbenen Berney Seal, Eddie und Melissa Seal und ihrer Familie, B. J. und Alana Seal samt Familie sowie allen Mitgliedern der Großfamilien Seal, Abrom, Kraus, Blocker und Gambini.

Bildnachweis